编委会

（按音序排列）

阿列克斯·柯林尼科斯（英国伦敦国王学院）

巴加图利亚（俄罗斯莫斯科大学）

大卫·哈维（美国纽约城市大学）

布罗夫（俄罗斯科学院）

陈先达（中国人民大学）

陈晏清（南开大学）

道格拉斯·凯尔纳（美国加州大学洛杉矶分校）

丰子义（北京大学）

韩庆祥（中共中央党校）

韩　震（北京外国语大学）

吉田宪夫（日本大东文化大学）

凯文·安德森（美国加州大学圣巴巴拉分校）

李景源（中国社会科学院）

马赛罗·默斯托（加拿大约克大学）

米夏埃尔·海因里希（德国应用科学大学）

米夏埃尔·宽特（德国明斯特大学）

莫西里奥·费拉里斯（意大利都灵大学）

欧阳康（华中科技大学）

任　平（苏州大学）

孙正聿（吉林大学）

斯蒂芬·布隆纳（美国鲁特格斯大学）

司各特·拉什（英国伦敦大学）

斯拉沃热·齐泽克（斯洛文尼亚卢布尔雅那大学）

特瑞尔·卡弗（英国布里斯托大学）

王南湜（南开大学）

魏海生（中央编译局）

吴晓明（复旦大学）

星野智（日本中央大学）

张一兵（南京大学）

社会批判理论纪事

第16辑

教育部人文社会科学重点研究基地
南京大学马克思主义社会理论研究中心 三办

主　编　张一兵
副主编　唐正东　刘怀玉
执行编辑　周嘉昕　孙乐强

Register of Critical Theory of Society

江苏人民出版社

图书在版编目(CIP)数据

社会批判理论纪事. 第 16 辑 / 张一兵主编. —南京：
江苏人民出版社，2023.12

ISBN 978 - 7 - 214 - 28453 - 2

Ⅰ. ①社… Ⅱ. ①张… Ⅲ. ①社会批判论－丛刊
Ⅳ. ①C91 - 55

中国国家版本馆 CIP 数据核字(2023)第 203885 号

书　　　　名	社会批判理论纪事(第 16 辑)	
主　　　　编	张一兵	
责 任 编 辑	王　溪	
装 帧 设 计	许文菲	
责 任 监 制	王　娟	
出 版 发 行	江苏人民出版社	
地　　　　址	南京市湖南路 1 号 A 楼,邮编:210009	
照　　　　排	江苏凤凰制版有限公司	
印　　　　刷	江苏凤凰数码印务有限公司	
开　　　　本	652 毫米×960 毫米　1/16	
印　　　　张	25	
字　　　　数	384 千字	
版　　　　次	2023 年 12 月第 1 版	
印　　　　次	2023 年 12 月第 1 次印刷	
标 准 书 号	ISBN 978 - 7 - 214 - 28453 - 2	
定　　　　价	68.00 元	

(江苏人民出版社图书凡印装错误可向承印厂调换)

卷首语

被列斐伏尔誉为"亲密拉克利特"的希腊裔法国哲学家科斯塔斯·阿克塞洛斯(Kostas Axelos 1924—2010)在当代国外马克思主义哲学的历史发展中具有重要影响。他是哲学家、作家、学术活动家，更是思想家。他巧妙融合马克思主义、海德格尔思想和结构主义的元素，以充满诗意的语言阐述抽象的哲学概念，并将其与具体的社会和文化问题紧密联系。他发展了"海德格尔式马克思主义"，并提出了"开放的马克思主义"。他试图通过提出富有成效的问题，揭开所谓"现存意识"的神秘面纱。

阿克塞洛斯的学术兴趣围绕着四个中心主题：世界、游戏、迷误、技术。世界是行星化的；游戏则被视为世界存在和运作的方式——世界本身就"是"游戏；迷误是存在者的解蔽，是理解世界及世界游戏的方式，也是真理遮蔽和显露自身的途径；技术则指向自主性的行星技术。在此基础上，阿克塞洛斯通过建构不同思想家之间的创造性对话，走出了一条通向其"未来思想"即行星性思想的探索之路。

本书首先节译了阿克塞洛斯的相关著作。《行星间奏》介绍了技术发展到行星化阶段、进入行星时代而产生的行星性思想，以及游戏在其中扮演的重要角色，是对行星时代的技术之问。而《马克思、弗洛伊德和未来思想的事业》进一步论述了"行星游戏"的概念，通过马克思与弗洛伊德的创造性对话来从另一进路追问"未来思想"。在《作为诸种系统之系统的游戏》中，阿克塞洛斯基于马克思和海德格尔对游戏的理解，形成了自己独特的游戏概念，并探讨了不同类型游戏的关系以及游戏生存的场域，为理解这一复杂概念提供了深刻思考。《世界：存在生成为总体》聚焦于世界概念，区分了世界与世俗、全球化与世界化，并详细论述了技术和游戏在世俗中的重要角色与地位。

基于上述，本书收录了列斐伏尔的《评科斯塔斯·阿克塞洛斯〈走向行星思维〉》(1965)一文，为我们从另一重要视角进一步审视阿克塞洛斯思想提供了重要参考。而《无世界的世界化》(2005)和《关于马克思和马克思主义》(2009)两篇对晚年阿克塞洛斯的访谈，为我们了解阿克塞洛斯其人其思提供了传记性的重要参考资料。同时，对阿克塞洛斯思想的综述则对以马克思与弗洛伊德、马克思与海德格尔的创造性对话为主线，综述和展望了通向阿克塞洛斯"未来思想"的两条路径。在此基础上，我们期望通过本书的出版，进一步推动国内学界的阿克塞洛斯研究。

在霍克海默诞辰130周年和逝世50周年之际，本书特别推出了"霍克海默研究专题"，收录了2篇霍克海默的译文，努力推动经典法兰克福学派的研究，以学术的方式纪念法兰克福学派的首位思想大师。

此外，在技术愈发成为每个人遭遇之"世界"的当下，我们将重新回到马克思的"机器论片断"研究，本书特别收录了6篇关于"机器论片断"的经典研究译文，为反思当今数字时代提供理论支撑。

最后，本书"青年学者论坛"收录了关于开放马克思主义、资本主义生命现象学批判、情感异化的三篇论文，支持并鼓励学者在经典与前沿领域深耕文本、开拓创新。

目　录

阿克塞洛斯研究专题

行星间奏[①]

科斯塔斯·阿克塞洛斯[②]

　　行星性思想在阿克塞洛斯的思想中占据重要地位,行星性技术的发展引领世界迈入行星性时代,这是行星性思想得以产生的根源。游戏是技术行星性思想的重要表现形式,在行星性时代的背景下,一切都是游戏,在游戏的背后无人也无事隐藏。阿克塞洛斯的游戏是开放的、漫游着的、在时间中循环着的,这是技术发展给我们留下的问与答的游戏,每一个人都是游戏的参与者,既受限于游戏规则又制定游戏规则。回顾阿克塞洛斯的游戏概念的生成理论,既有助于更好地理解他的行星性思想,也有助于回答行星性时代的技术之问。

---

① 英译文摘译自 Kostas Axelos, *Vers la pensée planétaire*, Paris：Editions de Minuit, 1964 的导论和结论章节。——英译者注

中译文译自 Kostas Axelos, "Planetary Interlude", trans. Sally Hess, in *Yale French Studies*, No. 41, "Game, Play, Literature", 1968, pp. 6 - 18. 需要指出的是,由于英译本是从法文原本中节选的,所以总体结构较为松散。为了还原英译本的原貌,使用了直译。——中译者注

② 作者简介:科斯塔斯·阿克塞洛斯(1924—2010),希腊裔法国哲学家,早年加入希腊共产党,后流亡法国加入法国共产党,是 20 世纪后半叶"海德格尔式马克思主义"思潮的代表人物、"开放的马克思主义"的提出者以及法国思想界重要的学术活动家。译者简介:杨栋,德国弗赖堡大学哲学博士,西安交通大学马克思主义学院国外马克思主义研究所教授、博士生导师。——中译者注

一、对行星性思想（planetary thought）的引言

包含着思想的巨大力量——虽然思想就其本身而言试图理解这些力量——以及在说和做中揭示自己的基本推动力,作为**游戏活动**①(play)被展开。宗教想要上演神圣的游戏(game),并将这种游戏包含在其狂热崇拜中,诗歌和艺术在游戏过程(playing)中创造世界的人物,政治游戏以权力为目标,思想通过激发思考之物将自身置入游戏活动,科学在计算和建构中游戏着(plays),而且不认为其与所有东西都有利害关系。语言游戏召唤和命名存在者和事物。工作揭示了力量之游戏活动,并将倾向于成为一种游戏,爱的游戏将我们捕入其网中,同时,斗争将反对力量带入游戏活动。当然,也有特定的游戏活动,我们认为它属于休闲和成人娱乐的领域——在成为儿童卓越的表现之后——并称之为游戏。尽管如此,儿童游戏只是诸种游戏中的一种类型——而且是一种预兆,这些游戏乃是成熟了的儿童所玩的:人类奇妙和悲惨的生物,不成功的玩物,即使他们非常认真地对待自己。游戏不仅是基本推动力中的一种,诸种构型中的一种或者游戏渗布于其中,包含了它们:所有都"存在于"游戏中,而且所有都"使"不是某人或某事之游戏的东西成为游戏。除了世界游戏之外,在面具的背后无人及无事隐藏。此外,不应将游戏活动与严肃和有益的活动相对立。游戏揭起了遮盖着差异和漠不关心的面纱,这种面纱与统一、差异和漠不关心有关。无论做什么,整个人类都既是游戏者又是玩物。人是什么,人所做的,不可能获得某种真理或某个外在的意义,除非因此是完全荒谬、没有意义、无足轻重的。人类的漫游从事着一种游戏,在其中,人类的计划不断被挫败。终极因的问题,与最终的审判相碰撞,这种审判所遭遇到的只是游戏。这个有成千上万个侧面的游戏,既不悲伤也不欢乐;如果人是其中的一个"极",那么另一个就是作为时间的存在,即世界游戏。因为人与世界游戏相应和,所以,某人与他者在同一个游戏中

---

① 着重号为原文作者所加。——中译者注

游戏着。"时间是一个游戏着的孩子,移动着棋子;孩子的王权",赫拉克利特如是说。他是第一个敢于以如此简洁锐利的方式将在世界总体性生成过程中的存在把握为时间、把握为游戏的人。非常伟大的想法有时会非常缓慢地发芽。这些话的潜伏期约为两千五百年。一些(德国)观念论和浪漫主义的思想家和诗人,仍以观念论和浪漫主义的方式,处于表象和自由的范围中、在超越的意义和物理的意义之间、在理论和实践之间、循着康德对于艺术和审美的美之为"无目的的目的性"的理解,再一次瞥见了可能被理解为游戏活动的东西。黑格尔在他的早期著作中曾经说过,游戏,在其漠不关心和"在其最大的放浪中,同时也是最崇高的严肃性和独特的真实"①。席勒对游戏的作用给出了一些指示;在《人的美学教育书简》中,他写道:"只有当人是完全意义上的人时,人才游戏着(plays),**只有在他游戏着的时候他才是完全的人。**"②唯心主义的坚决反对者马克思谈到工作(work),他认为这可以阻止工人"把劳动当作他自己体力和智力的活动(paly)来享受"③。因此,未被异化的工作应当成为游戏活动。

但是,尼采,通过超越了对游戏的人类学和人本主义的定位和诠释的层面,敏感地回应了赫拉克利特的思想性言语。正是尼采,他称颂生成的清白,他理解了存在—虚无的非总体的总体性,用一个词来说,就是世界,乃是作为一种游戏的世界,同样的游戏将在真理漫游中的人与强加于他的东西联系在一起。仔细端详着《存在与时间》的海德格尔,有时颇为胆怯地承认,"存在的本质就是游戏本身"④。他问这样的问题:"游戏的本质是否允许被规定,应该是从根据开始,还是我们必须认为存在和根据——作为离—基(Ab-Grund)——从游戏的本质而来?"⑤"为什么"的问题和采

---

① Georg Lasson, *Erste Druckschriften*, Leipzig: Meiner, 1928, p. 128.

② Johann Christoph Friedrich von Schiller, *Über die ästhetische Erziehung des Menschen*, Stuttgart: Philipp Reclam, 1983, XVth Letter. 卢卡奇在《历史与阶级意识》中对席勒的这一思想给予了足够的肯定,他引用了这一思想,认为其中有一个物化批评的概要。

③ Karl Marx, *Le Capital I*, Paris: Éditions sociales, 1948, p. 181; modified translation. 中译文出自《马克思恩格斯全集》第23卷,北京:人民出版社1972年版,第202页。——中译者注

④ Martin Heidegger, *Identität und Differenz*, Pfullingen: Neske, 1957, p. 64.

⑤ Martin Heidegger, *Le Principe de raison*, trans. André Priou, Paris: Gallimard, 1962, p. 241.

取"因为"形式的答案,被远远抛入游戏中并被游戏抛远,在游戏中被奠基并被吞噬。"'因为'溺亡于游戏中。游戏没有'为什么'。在它游戏着之时,它就游戏着。只有游戏仍然存在:它是最高和最深的。但这种'只有'乃是所有,一,唯一。"[1]

因此,游戏很可能是,而且/或被视为伟大思想和伟大思想家被创建和被吞噬于其中的存在,即伟大的力量,如神话和宗教、诗歌和艺术、政治、思想、科学和技术,以及将我们开放给世界并将世界开放给我们的基本力量,就像语言和工作、爱和奋斗。[2] 更重要的是,它可能不仅仅"是"(be)——在它仍然过于简洁地被量述的游戏活动中——人的特征和他所有表现形式和不断变化的命运的未来维度,而且"是""主词",这主词道说、召唤和命名着在多维和开放的世界的零碎和分散整体之生成过程中的存在。人们既没有固定这个术语,也没有固着于其上,而是用它作为密码。"游戏"不是口号。在探索它之后,找到它并不是一件伟大的功绩;今后的困难将是忘记它。在其中,一切都被建构和摧毁。存在与非存在,自然、上帝和人将成为它的工具,游戏本身既不是观念也不被观念化,也不是物也不被物化,而是对作为漫淫性时间的所有游戏的游戏活动。在谈到世界游戏时,我们不应忘记,我们所游戏着的所有游戏以及完全包含我们的游戏,总是在世界之中,且处于世界和时间之中。我们绝不会在世

---

[1] Martin Heidegger, *Le Principe de raison*, p. 243.

[2] 在过去的时代,某种神学已经朝着神圣及天体游戏的方向发展。更具体地说,某些社会主义者(如傅立叶),某些马克思主义者有时带"无政府主义"地——但无政府主义将成为共产主义的最终目标——在未来的工作中看到一种游戏形式,或声称有权偷懒以从事其他游戏。马尔库塞追随马克思和弗洛伊德,主张建立一个非压迫性的社会,在这个社会中,工作和爱将被发展为一种游戏(cf. Herbert Marcuse, *Eros et civilization: Contribution à Freud*, Paris: Les Éditions de Minuit, 1963)。某些运动的神圣严肃性并没有完全阻止他们瞥见游戏的层面。儿童心理学、被称为美学的艺术理论、一般社会学和文化社会学——处理休闲时间的问题——也促使人们对游戏进行反思。赫伊津哈(Huizinga)处理了《游戏的人》;超现实主义者、巴塔耶、克罗伊斯和布朗肖试图在游戏的方向上有所进展;欧根·芬克在尼采、胡塞尔和海德格尔之后,试图以自己的方式深入探讨宇宙和人类游戏的重要性和思想(cf. Eugen Fink, *La Philosophie de Nietzsche*, Paris: Les Éditions de Minuit, 1964; Eugen Fink, *Spiel als Weltsymbol*, Stuttgart: Kohlhammer, 1960)。游戏与数学理论和控制论以及信息和通信中所蕴含的所有游戏,构成了对同一问题的另一种进路。当存在者、事物和文字破灭并摔成碎片时,游戏看上去几乎开启了行星时代。

界和时间的在场、在游戏自身的在场中发现自己,我们的依存关系总是位于它们的片断之内。

游戏规则的问题只能保持开放。所有个别游戏,甚至那些被认作全球性的(global)游戏,是且仍然是个别的,其规则被尊重和/或被超越。但是,世界游戏,即作为某种游戏的世界,在没有外部规则的情况下自我发展。它不是**从事游戏**,它就"是"(is)游戏。就人类行为的规则而言,现存的规则,可能的和未来的规则,对它们的约束和对它们的规避,它们的规则(通常是笨重的),挫败它们的方式,以及它们的优点和缺点,这些显然是一个封闭的问题,它需要某种爆发,人们只有通过顺应——积极地和/或消极地通过反抗、通过让自己粉碎并通过产生某种"新"东西来挺过这种爆发,一句话,通过与相同的和其他的棋子来从事游戏,接受和改变它,忠于和不忠于游戏的规则和前所未有的游戏,将之前的游戏祛魅并参与(如果你愿意的话就是以成问题的方式)进入和离开世界剧院舞台的集会中。这个游戏并不是悲剧,也不是喜剧,尽管历史的、社会的和人类的世界以及包含它的世界(但不是"唯一的"世界)同样可以被设想为一场巨大且微小的闹剧。通过去看到同一个游戏组织自己的形式和反抗势力,或许达到交往、进化和革命察觉到它们共同冒险的程度,达到语言和工作的力量、爱的力量以及游戏的力量组织反对势力进行对抗的程度,这些反对势力也渴望抓住力量——以不完美的方式。游戏驱逐并拒绝那些不玩游戏的人,也许是为了让他们再次回来,因为到了这个孩子移动棋子而游戏着的时候了。

二、间奏

所有的信仰行为和所有思想家,所有思想和所有经历,以不同的名称和面貌,以及通过诸种反驳和仿冒,说着和做着同一个东西:唯一者——一切。从古老的东方到现代化的西方,正在变得行星化。一切都揭露并伪造着存在,一切都进入世界。但是,既没有明确的话语也没有行动。每个人在相互纠缠的水平上同时是正确的(和错误的),并且与迷误性真理的一小部分接触。思想家思考着，并且他们认为这是他们自己的正确行为，这些行为为任何人和每个人——从最普通的人到平常人和上等人——提供了思考的食粮。然而他们确实实现了飞跃。所有发生的事情终于被接受和远远抛在后面，一切都重新进入无序和前进的行列，尽管并非所有事情总是在某一天、在某些地方、以某种方式被挽救……言语和行为既是一种前奏又是一种具体化，而且我们在固定性和流动性之间不断振荡。即使那些希望自己强大而庞大者、整体和精确者，也不会停止成为近似者和被削弱者，因为他们绕过了深渊。每一个词和每一件事都为思想和行动提供食粮——提供借口，返指他者，并遭遇混乱环境的极端和短暂极限。意见和观点是在包含所有这些观点的全球性和多极性思想中被制定和发表的。各种各样的决定、对它们的否定和对它们的系统化，都隐含在一个多中心和单一的思想中，但这种思想从来没有达乎完全的透明。每个时代都有它的一个及多个风格和对立风格、潮流和反潮流，**时代**（悬搁［époché］）意味着时间和停止的空间，即退隐：在星丛下的进步者也会停止和撤退。

没有什么比这更清楚了。前奏、发展以及（尤其是）结局，仍然是成问题的。我们总已登船并启航了。在间奏中，我们存在——而且我们所不是者也存在。我们所是者以及我们所不是者，乃是游戏之中的间奏，不仅是交互的而且是**内部的**骰子游戏（两人之间的骰子游戏）。人类陷入了这个世界的游戏中，在若干个级别上游戏着。人和游戏。在这个时间的游戏中，一切都发生得太快、太现，并仍处于"有利的"时刻。要在妥协和混合中理解和完善，将自己施加于世界或被它拒绝，陷入记忆和遗忘，从而重复循环。在这个朝向游戏和属于游戏的序曲中，人类蜂拥、迷茫、追随并寻求其路径，寻求着灵巧和困难，希望着一缕光而不避免幻想，不知道如何团结和区分丰富和稀有、财富和贫穷（还有哪些?）。在不可分割但不完全相同的"形式"和"内容"之间、在隐含者和明确者之间、在一般性和特殊性之间，我们不断摇摆于回忆、实现、遗忘和未来之间，在相对和混合的领域中、在空洞和完整之间共同或个别地——必要地或徒劳地、支持或反对从事许多斗争——完成所有这一切。虽然许多平行且相互交织的历史正在同时向前推进——因为所有运动产生反向运动——以寻找其参照点，然而是在参照系统内和通过参照系统运作的。所有被感知和被完成的东西只是存在——虚无——的一部分。思想和生活的结构和体制有时似乎是外在于我们的，如果只是在途中的话，我们就会居住在它们身边。摇摇欲坠地，它们最后追求其实存，我们和它们一起生活，感谢并反对着它们，维护着和改变着它们。我们塑造它们，它们同时塑造我们。如果人是一个注定要被打破并被打坏的玩具、一个打破其玩具的成年孩子，那么时间就是玩弄主权的孩子，而不存在游戏的导演。想要"最终"抓住一切的想法，并不知道它本身是否完全处于语言中以及如何处于其中，而且，这种想法的预设和条件并不十分清晰。它消除、忽视，并留下太多在一边。我们向深渊开放自己，同时我们被诸种系统和总体化所吞噬——因为这些是"总体"的片断和部分，它们将自己确定为全部和/或部分的极权主义——而没有预见到什么可能是家、寓所、生活的栖息地、有思想的人，即某个历史中未完成的、不可完成的存在者，这种人同样如此，既不是紧贴在岩石上的贝壳，也不是一个天真的游牧民或流浪汉。终有一死者希望得到密友并希望冒险，已知的和未知的，未决定由谁决定和他决定了什么，被选择而不是选择。由于他们不能成为他们自己的主人，他们允许自己被固定、被抛弃，被带走、被分散，并投入逃亡。在世界之中的成功和与世界有关的成功，在这之间不能选择（如果有选择的话），以及无法选择那个唯一的世界。所有这些都不构成错误，漫游（**迷误**）指挥着它。星系的**嘲讽**正**注视着我们**。

渴望着光影和配光器、世界的征服者和逃兵、卒子和先驱，人类开始征服星星，同时开垦大海。他对星球和天体发起的袭击并非不是灾难。无论他深入分析和分解——因为他需要分析亦即具体而有形的解决方案和实验，还是他投身于综合——因为抽象化的力量和不可理解的东西同样吸引着他，只要他能精确地以及尽可能地撒出他的网，他的网就能捕获到什么，并通过网到的东西沟通些什么。从来没有完全清醒，也从未完全被蒙蔽，我们是否学会生活，并学会看到存在者和事物，同时从近处和远处、大的和小的、在它们和在我们的漫游中、在一个伟大同时渺小的世界中看到,那里没有胜利者——那里会有被征服者吗?

人无疑不能单独生活,也不能不与另一人一起生活,也不能不与其他人一起生活:既不能没有另一人和其他人,也不能不和另一人和其他人。然而,生活快乐、满足和幸福的问题困扰着他,而不允许他在平和而紧张的宁静之路上前进。这不是生活的问题,也不是通过反对和逆转来思考问题,即使相互引起对立的对手也不允许自己被克服。我们是否适合,同时在紧张和放松之间采取和给予、推动和被推动,而不固定最初、其次和最后的时间——尽管新近者趋于流行、支配,然而,他们也由其祖先及其后代统治,正如最初者支配所有的发展,认知和认可随后而来——我们是否适合在每件事和无关紧要的东西中发挥至关重要的作用:说话和思考,工作和爱,建立和拆除,规划和诗化? 我们有能力在游戏活动中进行游戏吗? 快速拥抱我们的环形赛场也是一个令人兴奋和厌倦、清醒和陶醉,并留下纵横交错轨道的紧箍。我们寻求一种同一和分离、参与和撤出、遭遇和争吵、破坏和修复、成功和平庸的表现,以及由失败和失望组成的智慧。荒谬者远离来源。但来源是什么以及在哪里? 占卜者是谁且在哪里? 施法占卜者被捕获在圈套。言语和事物相互吸引和排斥。忧郁和悲伤的颤抖使他们的黎明和夜幕降临,被闪烁的虚假荣光所吸引。子—午是存在者和无物。预知实现并误入歧途,沉默和噪音相互混合,私人生活和公共生活——每一个撕裂和撕开着另一个——以彼此为生。由于一切都变成了自身及其对立的(错位)统一,我们无法区分和看到具体的种类、联合并理解诸种交换,这些交换与可能和真实、真实和想象、必要性和机会有关。我们没有从可能性中看到是什么使实现成为可能,而是将其视为空洞且未完成的潜力。我们甚至没有问这样一个问题:是否有可能没有实现,以及,已被实现者是唯一可能的吗? 我们不是在想象中看到一个从那儿产生了一系列力量的静止的地方,而是使之成为某种四平八稳退想的廉价市场。我们不问这个问题:何种关系将想象与实际存在者连接在一起? 我们不是偶然发现某种形式的遭遇——当这种情况发生并且发生这种情况时是必要的——我们会把它变成偶然的东西。我们回避这个问题:激活机会的必要性是什么,同时 我们限制了机会和极端偶然性的作用。一切至少是双重的,一分为二,玩着一种双重和三重的游戏,一切乃是双面的。在每种统一性和总体性中,存在着可互换的即可移动的位置,以及重叠和连锁的诸点。一切都不确定。小神灵——和爬行的蠕虫——和人类,陷入了全球齿轮的所有轮子中:他们希望自由并害怕自由,被对意义及基础的追求和放弃所推动和固定,使一切运转起来,以致毫无意义者可以胜利和崩溃,犹豫着是否要开辟一条通往可能包含接受和反抗的道路。

通过庇护临时性和持久性事物的坚固且摇摇欲坠的暂住地,升起和落下诸种技术的座架,它们说和做、组织和计划、建造和破坏作为一个整体而实存着的东西。我们与和我们一起游戏的机器和设备进行游戏。比任何事情都强大,必要性强加于自身,并且,依情况而定者与任意者完全地统治着。差异融入平庸和/或优越的冷漠。每一个是(is)和每一个和(and)(tout *est* et tout *et*)构成一个问题。一切都构成了问题而没有任何问题。唯心主义和浪漫主义失望着,并满足于令人失望的唯物主义和实证主义。我们仍然以形而上学的方式生活和思考:但我们已经超越了它们。在生活"和"思想之间不协调的和谐中。一切都可以在一个也造成混乱的秩序中被分组——部件和被分割的肢体。惊喜和失望落在我们身上。在怀疑和确定之间,在统一性、他性和重复之间的折中,我们被技术时代所迫,用某种时空进行实验——因为我们及时地在时间中用空间实验,因为每个场所都被时间所支配——这种融合了可能的和现实的立场和否定,是一条永恒的通路。而且,我们缺少以实验方式(多元地和一元地)对于发生者是否发生过快或过迟的确定。被谦虚和骄傲所请求,我们相信意志或放弃,无法超越易怒的统治,不是为了消磨时间,而是为了与时间一起度过。

生活似乎想要维持自己:个人生活和一般的人类生活。这是一场已经持续了相当时间的冒险,并且这将持续到……窘迫、焦虑和匆忙想要前进,却不太了解它们是如何被时间包围的。我们共同喜欢最初和"最后"的灾难。有朝一日,大城市的公共广场是否会因杂草而空置?与此同时,人类将会以一种种族混合物的普遍形式统一起来,弥合种族、阶级和国家、国家和宗教的差异,从而恢复原有的统一性吗?有必要避免对现实中的强迫观念和超自然的、心理的、社会和社会学的因素进行额外的分析。在一个维持和废除一切的世界里,我们能否通过成为一个拥有技术的人以及通过准备某种新语言,以最少的戏剧性,而与人们的生死相游戏?这部世界之书仍然难以辨认,需要多次阅读。这种阅读中的一种,每次都占据主导地位,但与其他阅读方式相关联。在对世界之恐怖的反应中,存在着思想的恐怖——以恐怖化了的和使之恐怖的方式。言语的魔力迷惑了存在者和事物,而祛魅继续在路上。匮乏和焦虑向前推进,向何处?

越来越多的新一代人将崛起并着手于他们的恒星之旅。未来的青年将追求——并被追求——为其自身之故和为被捕获者之故的狩猎。而且他会了解失败。被激怒和厌倦,他会反叛和顺从,在不完整的情况下成熟并变老。他将被迫谋生——陷入金钱或其他交换货币所赋予的权力和无能为力中,同时失去其生命。

为了进入第三个千年,人的重量和亮度想要击败重力、在飞行中爬行和上升,进入已经意味着离开了。

一切都可以被批评,所有的立场似乎都不尽如人意,但建设性的命题和反对并未消极地逃避。随着一切变得专业化,一切都变得同样普遍化。一切都变得粗俗平庸,因为被废除的贵族——从本质上来说从未真正存在——没有变得一般化。平庸建立在老生常谈之上,并且跨越所有媒介、手段和**环境**,强加平均术语。发展、改革和革命被强加和构成。对反对派的组织和同化以及对权力本身的反抗何时开始?

世界正在从一个中心走向边缘——在一个具有消退边缘的多中心整体中,而极端的环境回指向中央核心,如果确实存在中心和周长的话。在齿轮和同轴及互交圆中,我们是通过多个来寻求唯一,还是反之亦然?整体和部件互相干扰并互相交换。我们开始怀疑浅薄的深度和深度的浅薄,因为每一种本质主义都是在聪颖和愚蠢之**干涉**中的张开。封闭的一和开放的所有启发我们进行狂野和彻底的、神秘和实验的探求,并导致其截止,因为整个生命成为着迷于天体运动的实验。我们渴望寒冷世界的冰川和炽热沙漠燃烧中的一点温柔和温暖、亲情和"人性"。尽管如此,我们情不自禁地感受到了存在和存在者的严酷、事物的抵抗、过度的天真。

期待使我们固定并将我们调动于不同的视角主义中,在折射和反射镜的任何一方。一切都试图变得独立,但被固定于……错误地计算着必要性—自由之联盟的性质和功能。那些古老的过去似乎已经过时了,古典主义者似乎已死,浪漫主义激发了我们的屈尊俯就,现实主义者给我们带来了痛苦。所以?抽象者和非具象者背对于图像和想象的构造,而没有摆脱程式化的问题。概念性的仪器、表象的框架、直觉和行动的命令在它们向各方爆发的同一时刻得到巩固,从而使我们想到了其他可能性。人们期望超越建设阶段并且不会停止运作的模式和计划。它可以做得更好。

在原理、人类和事物的混战和混淆、丰富和稀缺中,世界之主宰濒于险境了吗?何种统治和何种世界?强力意志和求意志的意志想占有一切。它们激发了各种各样的尝试,而不是如它们所见的那么多样。重要的是要知道——当每件事及无事重要时——什么样的原则、人、民族和国家将取得某种特定的世界范围的统治,开始"完全地"完善虚无主义?看到万物的绝对普遍的混合,看到那些涉及全世界的决定都受到虚无的影响,这难道不是更具决定性的吗?所有渴望统治的游戏,都会在与世界游戏的对抗中使自身破灭。世界游戏本身就支持全球化的结构和历史事件,尽管结构和事件、总体和发展并不严格地相互对立。

游戏是上升和下降的、前进和退出的。它是空气和土、水和火。它并没什么特别的。正是我们,从事游戏并与消耗我们的火焰一道游戏。相信一切,什么都不信。游戏"要求"由人来进行游戏,人总是被击败,即使他们攻击地球和天空的行星。漫游着的恒星有曲线和轨迹。这条路径随处可见并无处可见,琐碎而突兀。它们交汇并被各种标志所标记。象征、符号和作品可以通过多种方式被解释,此乃在多维和开放的时间与世界之不完整及碎片化的整体生成过程中,对存在之游戏的模糊和矛盾的解释本身。语言说话并且沉寂,因为一切都能以这样和那样的方式被说,而且,通过所有掩饰,言论、思想和写作都可以在背叛自己和相互斗争中完成,在"那个"的控制中,在以多种方式围绕着可见力量和无形力量旋转的圆圈中。信仰、感觉、思想和行动相互混合并在希望的荣光中互相撕裂,被痛苦和恐怖暴力的与和平的——射穿,在不可避免的陈词滥调的平面上,以及在主人和奴隶之游戏的规划飙升和暴跌的平面上。

在坚不可摧的时间循环中,起点、终点和新的起点再次聚集在一起——如果不是已经存在怎么可能出现新的东西? 在破坏的存在循环中,在生成之轮中,一切既存在着又被破坏着。这个游戏不是决定性的,它不是定论。甚至有可能,这种游戏只是诸种时间游戏中的一个,或者,时间本身只是"唯一"游戏进行的一个回合。游戏不是最后一个主词,也就是说,它不应该被理解为一个新的和便利的主词/密码和行动口令。它仍然是未经思考的——如果不是不可想象的、未经透露的、不能实行的。它与我们一起游戏,促使我们采取行动并扰乱所有游戏、所有现实化,好像它是不可游戏的。世界的漫游性真理和人类的真正的漫游相互对抗并组成这个游戏。世界游戏乃是问题。这是给人类所从事的问与答之游戏。

马克思、弗洛伊德和未来思想的事业①

科斯塔斯·阿克塞洛斯②

弗洛伊德式的马克思主义是一种试图通过对弗洛伊德的理解而达到马克思的西方马克思主义哲学流派。科斯塔斯·阿克塞洛斯通过阐述青年马克思和老年弗洛伊德对个人与社会、技术与科学、人类生存困境和解决方案的一致性,建立起二者之间的联系。他从"行星游戏"的概念出发,把马克思和弗洛伊德的思想放在"黑格尔—马克思—尼采—弗洛伊德—海德格尔"星丛中考察,论证弗洛伊德式马克思主义的超越性和局限性。在哲学、人类和历史的持续性终结中,重新挖掘马克思和马克思主义以及弗洛伊德和弗洛伊德主义,对去除未来思想的遮蔽具有重要的意义。

有青年马克思和老年马克思,有青年弗洛伊德和老年弗洛伊德。有

---

① 本研究构成了在 1968—1969 年和 1969—1970 年间完成于巴黎人文与社会科学学院桑西耶中心课程和研讨会的基础。
译自 Kostas Axelos, "Marx, Freud, and the Undertaking of Thought in the Future", trans. Sally Bradshaw, *Diogenes*, vol. 18, Issue 72, 1970, pp. 96 - 111. ——中译者注
② 作者简介:科斯塔斯·阿克塞洛斯(1924—2010),希腊裔法国哲学家,早年加入希腊共产党,后流亡法国加入法国共产党,是 20 世纪后半叶"海德格尔式马克思主义"思潮的代表人物、"开放的马克思主义"的提出者以及法国思想界重要的学术活动家;译者简介:赵远鸽,西安交通大学马克思主义学院硕士研究生,研究方向为国外马克思主义研究;校者简介:杨栋,德国弗赖堡大学哲学博士,西安交通大学马克思主义学院国外马克思主义研究所教授、博士生导师。——中译者注

马克思主义和诸种马克思主义,有弗洛伊德主义和诸种弗洛伊德主义,甚至有一个弗洛伊德式的马克思主义。人们谈及弗洛伊德式的马克思主义,因为它一定程度是通过对弗洛伊德的理解而到达马克思,以求将二者结合在一起成为一个有关节的整体,这有可能调解两个天才之间对社会性的人和人类社会的还原分析。**渴望**①和满足它的社会努力,一方面,以满足为目的的爱和欲望,以一种深不可测的方式与死亡联系在一起,另一方面,被确立为人类的历史和社会本性以及人性普遍到来的历史和社会本性的组成部分,去把握伟大的宇宙整体。(马克思和弗洛伊德似乎都忽视了意志:权力的意志,实际上是拥有意志的意志。但另一个介于两者之间的是尼采。)

经验主义的弗洛伊德式马克思主义很自然地诞生于 20 世纪的德语国家。威廉·赖希(Wilhem Reich)是理论上的发起者,其著有《辩证唯物主义和精神分析》(1929)、《性危机》(1930)等。紧随其后的是赫伯特·马尔库塞(Herbert Marcuse),他以《爱欲与文明》(1955)、《单向度的人》(1964)等作品接续了这一断裂的线索。但弗洛伊德式马克思主义的经验起源领域仍然是其历史起源的非拓扑区域。这可以在马克思的《1844 年经济学哲学手稿》和弗洛伊德的《文明及其不满》(1929)中找到,在这两个基本的文本之间,人们可以建立关于青年马克思和老年弗洛伊德合法的、尽管不必要的联系。(一般来说,马克思和弗洛伊德的著作整体上应该受到这种双重和独特的解读。这种统一的理解在这里是起点,也是交汇点。)

青年马克思详述了人的异化,人总是生活在**社会**中——而老年弗洛伊德详述了社会的弊端,社会总是由(其他事物之中的)人组成的。马克思和弗洛伊德,都是现代德国犹太先知,审视社会的人和人类社会的秘密。说其中一位主要面向个别的人,另一位主要针对人的社会,表达的是一种正确的陈词滥调,没有添加任何更多的东西。弗洛伊德和马克思都知道,历史社会是人建构的,人是自然和社会的产物;人是由自然和社会

---

① 着重号为原文作者所加。——中译者注

共同形成的。个人和社会,只要它们是独立的名称,都是抽象的,马克思和弗洛伊德都意识到了这一事实。然而,为了使这两种观点都能以其自身的揭示性和操作的特殊性得到扩展,有必要在一开始就对每个问题进行澄清,而且往往是在损害其他事情的情况下,**对所有实存事物的看法**,即对所有都来自其本身的实存事物的看法,这就是说,是被人—人们、人类充满激情和活力的主体—客体所命名、经验、经受、作用和改造的事物。

马克思和弗洛伊德属于这样一个时期,这个时期开始经历哲学的死亡,系统和历史地完成了这样的工作。哲学的第三个时代——它的结束还未到来是现代的主体性哲学:**我思故我在**、源于康德的先验"自我"、黑格尔的绝对主体。马克思和弗洛伊德也相继属于这样一个时代:科学,即具有经济、历史、政治、生物和心理性质的技术—科学(techno-scientific)活动,正在取代哲学,并在其基础上不断完善,但往往没有意识到这种依赖性。因此,一位是思想家和科学人,另一位是有时会思考的科学家。他们的权威是科学,这种他们生产和使用的科学,是与技术融为一体的。他们都是技术—科学活动的理论家和实践者,这种活动的目标不是沉思意识,而是将理论知识作为关于实践转化的有效而灵活的工具。一位希望通过社会革命和社会主义治愈异化的人类社会;另一位希望通过精神分析技术治愈神经质的人。两者都处于以**主体**为中心的框架内。这个主体,在社会化的过程中把它自身从个别和先验的自我(ego)变成了经验的和集体的;他从有意识的自我变成了我(I),陷入本我(id)无意识身体的深处、冲动的源泉,生活在对形成的超我(super-ego)的恐惧中,这种超我会在准无意识中施加压抑和行为模式。一位和另一位一样,尽管他们被锚定在主体性的历史—全球阶段,这一阶段贯穿其所有断裂,旨在衡量、计算和改变客观性,但已经为人类主体性的回避打开了道路。为了让自我知道它是多么偏颇,为了帮助它克服自身的自恋和利己主义,为了停止享用它自身的双重性,马克思和弗洛伊德给人类带来了哥白尼和达尔文之后的第三次巨大胜利。然而,这个被解救和康复的人下一步将做什么,仍然是一个极为棘手的问题。

马克思和弗洛伊德从一个旨在找出问题根源的分析开始:对当代人

类状况的清晰分析。马克思从人的**经济**异化（和剥削）开始，一个人在作为工人时，被那些拥有作为私有财产的生产资料的人所剥削；他详细分析了人的**政治**异化（和压迫），在这种情况下，人作为公民，脱离了私人个体，被国家异化了，而国家是被赋予的、统治阶级的工具。他更深入分析了**人类学**异化，在关键的人际关系中，那些两性之间的关系，占有先于存在，拥有先于实现。他最终对**意识形态**异化（和统治）进行了分析：在这里，宗教、诗歌和艺术，政治、哲学和科学颠倒了实存于理论和实践之间的真正关系，呈现出一种颠倒的形象，这种形象具有安慰的目的并且完全扭曲了。人的意识和决定它的本性一样扭曲。弗洛伊德从非个人的本我分析开始，本我是两种基本冲动——爱欲和死欲（eros and thanatos）①的生物活性蓄水池，或多或少地被个性化的**自我**压抑，而不是更自觉地压抑，这反过来又经历了**超我**的压抑，起源于社会的超我是自我禁锢和理想的来源，并且由于无意识的审查和理想化，它行使着权力。因此，自文艺复兴以来，一个健康、有意识或被认为是健康、有意识的自由人，向前去征服地球和站起来挑战天堂，展示出他自己是一个异化、被剥削、被压抑、被支配、无意识和神经质的存在者。弗洛伊德的工作及其分析大厦，是部分建立在马克思分析的基础上的。然而，困难依然存在：个体如何定义自己与群体的对立，集体如何从独立的个体中产生？

　　面对这种情况，马克思和弗洛伊德希望治愈邪恶和疾病，他们提出了自己的治疗技术。马克思呼吁无产阶级在知识分子的帮助下，或多或少地以革命的方式镇压私有财产，以了解形势。这意味着社会应该通过社会主义化建立社会主义式的共产主义，一个没有阶级和国家的社会，任何意识形态的力量，无论是宗教的、艺术的、美学的还是哲学的，都无法在地球上遮住天空。这样，从一开始就是人类历史上固有的**逻各斯实践**（logos-praxis）最终会被解放。不过我们必须补充一点，它首先是以物质和革命实践的名义。在这方面，马克思非常乐观，就是说他相信最终会有一

---

① 厄洛斯和塔纳托斯：厄洛斯是希腊神话中的爱神，是一切爱欲和情欲的象征，塔纳托斯是希腊神话中的死神。弗洛伊德在他的名著《自我与本我》将人的本能分为两大类，一类是"厄洛斯"即性欲和自我保全的本能，另一类是"塔纳托斯"即攻击本能（死的本能）。——中译者注

个幸福的结局，尽管作为一个偶尔会闪现直觉的思想家，他并不排除阴沉结局的阴影。因为他甚至设想了一种共产主义的可能性，这种共产主义不会导致对私有财产的彻底镇压，而是对私有财产的一般化。有时，马克思表现为他希望成为的实践唯物主义者，一个无法摆脱经济枷锁的人，因为即使是未来的共产主义组织本质上也是经济的。有时他是一个理论上的理想主义者，他不能完全停止，因为他承认一个活动领域的地位超越了物质生产，在私有财产被压制之后，思想必须统治人类。良心胜过真正的运动。因此，**逻各斯实践**的统一远未被设想为一种情感可能性：它超越了实践（物质）和逻各斯（理论）。弗洛伊德要求生病的个体（在精神分析学家的帮助下）意识到，尤其是对他自己的心理冲突做出情感上的抗衡，这些心理冲突始于童年早期和恋母情结三角——父亲、母亲（或其替代者）和孩子——在婴儿期的挫折中认识到早熟的欲望，进而认识到需求。通过超越原始压抑的重量，以及与它的权力意志相伴的原始自恋，个体将能够更好地接受和控制来自本我的冲动，以及来自超我的规则。这样，人类发展的爱欲—死欲动力将不会完全解放，但至少会更好地整合。但他们之间的斗争仍在继续——没有集体疗法，并且永远无法停止压制的社会将继续地（当然是或多或少地）压制个体们冲动的力量，以这种方式制造了一种无法忍受的问题，其结果是不确定的。在这方面，弗洛伊德是明智的悲观主义者，就是说，他不相信最终的解决方案，也不相信人类内部的和外部的冲突的幸福结局。似乎永远都不需要实现爱欲—死欲的和谐，马克思和弗洛伊德在不同的表现形式下，当然是关于人类和历史之未完成的理论家。然而，对马克思来说，他称之为史前史的所有人类历史，从根本上来说是不完整的，都将经历其实现的最后阶段，即史前史的终结。而对弗洛伊德来说，人是一种非常不满足的人，他长期生活于一种孩子气的依赖状态，永远不知道最后的幸福实现。

马克思甚至比弗洛伊德更依赖于指导思考人类历史的普遍进步方式的图式。两个人似乎都以**美好的过去**为前提（比如一种命题、一个假设或一个基本立场），然而他们并不相信，并且在所有发展中的人类历史中看到了一种走向邪恶的衰落（比如一种对立、一种衍生的否定）。马克思认为人类将再次经历一个美好的未来（类似于一种综合、一种否定的否定，它将在更高的层面上与过去联系起来），而弗洛伊德，即使他试图去做这一点，也没有达到人们所说的辩证法的第三步。

对于马克思和弗洛伊德来说，他们以不同的方式和（或）不同的价值认识到神话的力量——它是象征的、想象的和幻想的——在整个人类历史中扮演着重要的角色。第一种观点认为，被解放和获得解放的人类将把这些无意识的力量置于他们的控制之下，而另一种观点认为，它们是人类历史和社会的一部分。无论是个人还是作为整体的社会都无法完全控制这种无意识的潮流——无论是个人还是集体，它都会将它们卷起并带走。神话般的、象征性的、想象的或神奇的力量会感动我们、躲避我们，并且只会在人们意想不到的地方显露出来。最后，弗洛伊德与马克思不同的关注点在于，在人和世界中有更多的东西是他无法应付的。

那么，在什么样的理论或实践基础上，才能建立起一种马克思和弗洛伊德之间的联系呢？纵观所有的结构，可以看到：通过我们的意志，尤其是我们能力的帮助或阻碍，是怎样让他们发展为属于哲学终结和主体性消解的时代的理论家的。他们在理论上依赖于哲学，而且在技术—科学上，他们对人类及其历史进行了分析封锁，这是由实际转变的治疗项目所驱动和制约的。在这方面，他们是在为人类超越他自身铺平道路，还是在对一种特殊的人——资产阶级人本主义者进行严厉的批评？在我看来，他们似乎没有听到宣告人类终结的声音（就其本身而言），不是人类的经验终结，而是人类的终结，是在一种极度不理智的状态下，人类的局限性和致命的有限性。在黑格尔讲到**历史的终结**之后，尼采听到并说出了**人类的终结**这句话，这个终结将发生在末人的时代，他们活得最久，他们创造了幸福，没有留下星星。尼采也是对永恒轮回有远见卓识的预言家，众所周知，这应该被认为是世俗的，因为它是**不同的**。为了理解和联系马克思和弗洛伊德，他们必须被放置在雅利安犹太人星星中，在各种非正式的询问、扭曲、变化和定形中，它构成了我们天空中占主导地位的星丛：黑格尔—马克思—尼采—弗洛伊德—海德格尔星丛，一个必须具体理解的包罗万象的星丛，单独或作为一个群体，然后他们才能被整合到一个更大、更遥远和更未来的行星游戏的星丛。

黑格尔展示了作品中的否定性、时代的否定性以及精神，而精神以逻各斯精神（命题和立场）的形式出现，并在宇宙中变得异化（对立、否定），为了重新融入人类精神的历史（综合、否定之否定，以及在更高层次上恢复命题），从现象学的角度恢复、重新连接和发展精神、逻各斯的辩证法。黑格尔的辩证法是一元的、三位一体的、线性的和循环的，并带有开端和终结连接。否定，异化，继续在整个人类历史中运作，每一次都会产生不同的东西，在世界历史的最后（已经在场）对所有精神现象实现一种和解、满足和回忆。在马克思看来，否定性本质上是历史性的和社会性的：它是对人类努力的否定性，它与自然对立并且使人处于对立状态，也就是说，在对立的人们之间创造出了一个人类财富的异化世界。在压制私有财产、生产资料和官僚阶层的公务员之后，人类应当集体适应这个世界，从而让多种工艺的人类活动（无论是双重的还是独特的活动）在物质和精神上作为一种游戏在普遍和解中传播。尼采在权力意志中看到了否定性的最大表现。它在运动中开启了整个人类历史，旨在征服和治理地球行星。正是权力意志可以将人转变为超人，如果人把自己确立为这样一种存在者，把世界作为一种游戏来感知和体验，而不仅因为它有意义或无意义，也不是把它作为普遍挫败或和谐的领域。在弗洛伊德看来，否定性是生物活性和心理性的：它是一种生命力量试图否认与之相反的东西的表现；它是死亡冲动的对立和组合显现，它否定生命和爱，使个体回归到任何运动之前的阶段，并对任何运动产生负面影响并经历死亡，只有死亡才是最终的和解（如果可以这样说的话），否则拒绝人。海德格尔认为否定是虚无的一种表现，虚无本质上是存在的对立面；在一个两千五百年来一直生活在存在之遗忘状态的世界里，它使存在和存在者们化为乌有。现代人的命运使其成为一个没有激情、没有身份、没有国家的流浪者。有时，他似乎非常试探性地建议，将存在理解为一种游戏，而不是一种至高无上的、将开辟一个新的视野的存在者。未来的和解可能吗？海德格尔的答案仍然是模棱两可和矛盾的。

黑格尔—马克思—尼采—弗洛伊德—海德格尔的星丛——他们所有

人在其中并不处于相同的层面——是否有助于我们更清楚地认识到有关马克思和弗洛伊德关系的诸种问题呢？比较明确的是，前者旨在对被剥削、被压制、被统治的异化的人进行经济解放，这种解放是总体解放的关键，而后者则相对是爱欲的、侵略性的和死欲的解放。这两个目标或许可以一起构建和表达，这就是弗洛伊德式马克思主义产生的原因。这种普遍存在的综合性观点仍然是正确的，就像所有与马克思和弗洛伊德关系不大的弗洛伊德式马克思主义以及马克思主义和精神分析学一样。这种观点被夫妻和家庭这一压倒一切的现代问题所笼罩，它要求在社会主义经济组织和社会组织基础之上，实现男女之间流动性关系的高度自由，同时要求抚养子女的先行的社会责任感。二者具有很大的关联性，要么不管与现实背道而驰的事实，要么基于这样的事实。这是一个美好又奢侈的想法，它满足了困顿的人类最虔诚的愿望，在经历了如此多的痛苦之后，人们想要获得社会和心灵上的，即社会学和心理学上的安慰。作为令人安心的和末世预言之需要的乌托邦，以及总是承诺一个过去和现在都无法实现的未来的意识形态建设，不会轻易地从人类的心灵、思想和身体中被驱逐。并不是说经济的和社会的、爱欲的和人性的这种双重和单一的解放不应该发生。恰恰相反，而是当它发生时，会导致什么？

几乎在不知不觉中，我们的讨论就已经从马克思和弗洛伊德的主题转到了对马克思主义的社会主义革命以及它的爱欲观和弗洛伊德式的影响上。马克思和弗洛伊德并不是唯二的，但却是将自己思想进行了最有效通俗化的研究者——马克思主义和弗洛伊德主义。如果可以这样说的话，一场制度化和官方的胜利压制了接受与最激进的精神分析学进行富有成效相遇的马克思主义。这种相遇可能会伴随着对爱欲和家庭的解放而实现经济和社会的解放。相反，在苏维埃革命开始的短暂间隔之后，当自由结合被允许，遗产以及亲生子女与其他子女之间的区别被废除的时候（最好的时代中一个奇怪的区别），这是对神圣不可侵犯的、至今几乎仍然不能克服的市民社会的回归（黑格尔在其晚期著作《法哲学原理》中通常描述的那种）。它压制了弗洛伊德主义，即使在今天，所有官方的和执政的马克思主义者，或者那些自称是官方的人，都否认精神分析学，在他们看来,精神分析是一种泛性主义和个人主义意识形态,本质上是资产阶级的。与他们相反,几乎所有的精神分析学家都把弗洛伊德主义变成了一种使现有事物适应国家的学说和实践。换句话说,马克思主义和弗洛伊德主义都因为去除革命因素而被阉割了推动它们计划的动力,因为可以说,好像历史和人类现实不再能是革命的了,而已经到达了历史的尽头,但这种动力由进化和改革的混合体组成,它为市民资产阶级和小资产阶级社会贡献了某些纠正措施,被推广到整个行星(也许将来也包括其他行星)。就好像马克思和弗洛伊德的原动力没有那么明晰、那么新颖,或者那么纯粹:可以肯定的是,这不是伦理意义上的意思,而从某种意义上说,冲动发现自己由一个距离更远、传播更远的思潮所提供。

因此可以预见,追随者会在巨人失败之处误入歧途。那么,经验主义的弗洛伊德式马克思主义者做了什么? 在马克思的解放纲领的基础上,他们建立了弗洛伊德的解放纲领,并在必要时否认了令人不安的死亡振动,主张建立一个幸福的弗洛伊德式马克思主义的社会,这个社会将是世界历史的圆满结局。由世界上最好的意图所激发的弗洛伊德式马克思主义在概念上仍然受到限制:尽管它提出了明智的想法,但其中大部分在相似和妥协方面变得有效,它对过去和现在的人类、社会和世界来说都不是真实的。今天它是一种激进的意识形态:弗洛伊德式马克思主义倾向于阉割它的五个部分,从其余的部分去除马克思主义和弗洛伊德主义这两个"特权阶级",并将它们也阉割了。因此世界拄着拐杖前行,并被阉割了。

马克思主义者自食其果,把历史的马克思主义变成了教条的、正统的、官方的、具有挑战性的、相当歇斯底里的学说,创建了各种奇思妙想的新马克思主义,将它们依次与马克思主义理论联系起来,或者与它的实践混为一谈,或声称已实现辩证统一,或坚持最好和最坏的政治,谈到具体的功效,或忠实于抽象原则和科学等。同样保持孤立的弗洛伊德主义者采用精神分析,有时以一种顺从的方式,有时则更消极,将其变成一种理论、一种技术、一种语言、一种有利可图的谋生方式。他们经历了分裂,变为一些重复的群体、亚群体。也就是说,不管你愿意不愿意,接受或不接受,作为我们这个时代最深入的社会学形式的马克思主义和最深入的心理学形式的精神分析学,都活在那个时代并且将持续存在,任何决定它们的东西,以及它们无法掌握的东西,是它们的征服和挫折所源自的东西。而且,马克思主义和弗洛伊德主义的表达方式仍然未被探索。

弗洛伊德式马克思主义遭遇的困难要追溯到弗洛伊德和马克思自己,即使他们不承认这一事实。因为马克思和弗洛伊德延续了西方形而上学的整个二元论传统,无论是通过扭转它并帮助耗尽其可能性,还是通过声称拥有统一的思维方式。通过使"观念"世界从属于"现实"世界,他们颠倒了"两个"世界之间的关系,但仍然依赖于这种颠倒的关系,这就是他们对唯物主义和唯心主义所做的。对他们来说,只有可解决的问题,所以他们在不可能完成的任务前停下来了。因为他们认为所有实存都是可以思考的,并且是人类表现和行动的对象(客观的),他们清空了不可想象的问题,甚至是未想到的问题,从而促进了抓不住任何事物的哲学思想的终结和耗尽,因为一切都成为科学和技术的对象,而技术恰好在这个世界中方兴未艾。"存在"被用来表示现存的东西,而后又变成了"实体"的意思,然后又变成了"主体"的意思。主体被带回到集体性和无意识的力量之中,即技术—科学活动和(或)想象力之展开的主体—客体。思想作为非哲学的东西可以重新恢复它的权利,通过退后一步重新开始前进。这不单是因为它仅仅是理论思维,更因为这种思想对唯一理论的包容发生在理论和实践的区别之内,并且依赖于对思想的技术性诠释。因此,在技术统治中,马克思主义和弗洛伊德意识形态的统治也得到了巩固。然而,马克思和弗洛伊德,马克思主义和精神分析学都无法避免它们的命运,即成为一体,看到自己处于一种更广阔的、更丰富的思维模式中,这种思维模式清楚如何去从事绝对知识的游戏。

*

可以要求人们双重看待事物了:根据马克思,并依照弗洛伊德。甚至有必要坚持这一点,且这个要求并不高。然后,总问题仍然存在,它关系到统一的思想及其未来的目标。在这个过程中,也会出现其他诸种游戏:从马克思主义者的角度以及精神分析学的角度解释马克思主义;从精神分析学的角度以及马克思主义者的角度解释精神分析学;从马克思主义者的角度和精神分析学的角度解释弗洛伊德式马克思主义。这些流行的游戏都将会成为未来最受欢迎游戏的一部分。因此,你可以同样成功地发明其他的可能性。

那么,问题是否在于单独或全部重新挖掘马克思和马克思主义(理论的和应用了的)以及弗洛伊德和弗洛伊德主义(理论的和实践了的)的本质性**真理**,并清楚掌握它们的历史性的世界在场———一种试图治愈遗漏的在场,并在它们出现时以富有成效和质疑的方式与其交流,清除虚假的附属物?我们才刚刚开始到达问题的中心。最终,它表明了自身的多变性。因为解放马克思和弗洛伊德以及马克思主义和精神分析学中的真理,意味着将它们拉回到更基础的**漫游**即某种运动之中,这种运动不依靠任何事物,但吸取并产生了诸种子结构和意义。马克思和弗洛伊德的追随者都相信现实,因为他们值得相信现实。将他们带回现实意味着——超越任何将成为表象之证明的符号宇宙——将他们带回到他们所构成的漫游状态。这种状态允许真理的出现和消失,同时充当其巡回路线的指针。任何在场都指不在场,在场和不在场都不再实存。哲学是形而上学的同义词,但不是学院形而上学的同义词,而是我们对世界的理解和形而上学经验的形而上学之同义词,这种哲学假设真实存在是一种在场,一种征服时间的在场或者一种走向同一事物的在场,是一种在概念或表象性思维中,或通过概念或表象性思维被感知、感受和思考的不在场。那些在黑格尔所定义的哲学终结后继续跟进之人,尤其是马克思和弗洛伊德,仍然在在场的情况下行事,对不在场感到遗憾,并通过表象来把握那些无论是精神的、自然的、人类的或历史的存在者和事物,并试图以表象的方式投射出超越现实的东西。如果在哲学、人类和历史的持续性终结中,超越任何专制和(或)民主式的在场统治,或对任何不在场制度的怀念,不管是神的还是人的,超出有限且饱和的现实主义或理想主义的表象界限,真理—真正地、现实—现实地变成了它们的真实面目,尽管它们从未完全成为这样:即**不确定性的诸种星丛**,以那些晦涩难懂的方式表达自己,然后我们对它们持续笨拙地把握,一个并不实存的存在者的各种存在方式,正在展开时总是被视为一个三维整体的时间。简而言之,存在的星丛是被遮蔽的,时间的星丛是神秘的,总体的星丛是割裂和分离的,游戏的星丛没有玩家,世界从未让步于它的整体性,结果会是怎样的? 有一个思路是,它已经发展到去说**那个**(That)。这真的和**同一者**是一回事,虽然这是必要的,但思想却找不到回音。它不必对技术—科学世界或世界的当前存在方式、思维方式和行为方式产生影响。它不可分割地同时拥有思想和经验,总是关注最小的细节,不会迷失在一般性中。当代世界不再需要哲学思考,因为它已经依赖于现有的哲学,并因此而被狂乱地镀层了。人们想知道这是不是那种有未来并隐藏在伪装的现在中的思维方式,也就是说,是不是那种有条理的、统一的和多维度的思想,它从当下的深处揭示未来,这是一种在行星层面上说话和思考的思维方式,并造成了一整套成问题的伦理,它会像陨石一样经过,或者它是否会为自己建造某种历史和合人性的安息之地。

作为诸种系统之系统的游戏①

科斯塔斯·阿克塞洛斯②

　　游戏是阿克塞洛斯行星性思想中的核心概念之一。在马克思和海德格尔对游戏的理解的基础上,阿克塞洛斯形成了自己的游戏概念,并进一步探讨了人类游戏和世界游戏及其关系,阐述了游戏之哲学生存的场地和发展状况。作为一种超前的概念,世界游戏已经不再表示人类游戏或在世界之中的游戏,而是指游戏本身。人作为游戏参与者沟通人类游戏和世界游戏,在不同的游戏系统中遵循相应的游戏规则,并学会在给定的世界游戏中阅读和参与其他类型的游戏,同时在不断游戏的过程中去重新审视和思考实际游戏的复杂性。

　　让我们唐突地以两个引文开始。一个来自马克思,他在《资本论》中写道,资本主义制度阻止工人享受他的作为"他自己的身体和精神力量之游戏(play)"的工作。另一个引文来自海德格尔,他在《形而上学的存在——

① 原标题为"Le jeu de l'ensemble des ensembles"。emsemble 一词有几个确切的含义,阿克塞洛斯把它们都把玩了一遍。有时它的使用暗示着"系统",有时暗示着"一个数学集合",还有时暗示着"整体"或"总体"。我们在括号中标明的这种语义丰富性,在翻译中必然会被削弱。这篇节译自阿克塞洛斯的《世界视域》(Horizons du Monde),由午夜出版社授权出版。——英译者注
② 作者简介:科斯塔斯·阿克塞洛斯(1924—2010),希腊裔法国哲学家,早年加入希腊共产党,后流亡法国加入法国共产党,是 20 世纪后半叶"海德格尔式马克思主义"思潮的代表人物、"开放的马克思主义"的提出者以及法国思想界重要的学术活动家;译者简介:杨栋,德国弗赖堡大学哲学博士,西安交通大学马克思主义学院国外马克思主义研究所教授、博士生导师。——中译者注

神—逻辑学机制》(《同一与差异》)中写道:"存在的本质就是游戏本身。"
这两个引文根本不是孤立的、不常见的或任意的。马克思在《资本论》中
又写道,让"游戏"这个词仍然保持游戏性:"机器劳动极度地损害了神经
系统,同时它又压抑肌肉的多方面运动(paly),侵吞身体和精神上的一切
自由活动。"①另一方面,在《根据律》中海德格尔问道:"我们必须思考存
在……从游戏的本质开始吗?"马克思认为异化和剥削会阻止工人发挥其
作为游戏的活动。渴望压制资本主义,将允许人的多重活动在游戏中和
作为游戏表现出来。因此,工作(自然的)和游戏(自由的)之间的区别将
被废除。马克思没有彻底追求这种灵感。海德格尔认为,游戏构成了存
在的本质,存在可以从游戏之根据被构想出来,但反之则不行。这也是一
个短暂的灵感。海德格尔没有强调它,没有发挥其所有后果。事实上,他
似乎已经放弃了它。在存在论视野中,马克思是以**存在者**(一存在论)的
方式来思的。他认为人类的工作是生产和技艺(techné),由此可以实现世
界的自动生产。正是这种实践的制作世界的工作才能成为游戏。海德格
尔,以存在者为例,则是以**存在论**(存在者)的方式来思考的。他思考被人
遗忘的存在之意义。由于存在与人的存在是相互关联的,因此,存在之意
义可能系于游戏。

　　马克思和海德格尔——尼采在他们之间——乃是受赫拉克利特影响
的思考游戏的现代思想家.试图超越哲学和形而上学。人们可以将他们
的思想称为"元哲学的",因为它不会使世界或存在依赖于超越的理念原
理,即真、善、美的源泉。

　　但是,我们如何以及在哪里遇到超越这一原理观念的游戏之哲学呢?
让我们先来看看游戏的场地和情况。

　　在将人类游戏与世界游戏联系起来的基本力量的大型系统(ensemble)
中,我们遇到进一步的游戏。在语言和思想、工作和斗争、爱和死亡中,最
后类型的游戏表现为人类游戏,即表现为世界之中的游戏事件的集合

---

① 中译文出自《马克思恩格斯全集》第 23 卷,北京:人民出版社 1972 年版,第 463 页。——中译
　者注

(ensemble)。基本力量穿透强权,强权的总体(ensemble)反过来影响基本力量的游戏,并将这种游戏扩展到世界的介导游戏。这些伟大的力量是:巫术、神话、宗教、诗歌、艺术、政治、哲学、科学和技术。基本力量之集合和强权集合之间的游戏,基于的是**逻各斯**和**实践**之间的**游戏**。

自柏拉图以来,联结人类游戏和世界游戏的游戏一直被形而上学地思考着。这种游戏一直根据非游戏(non-play)被思考,在支配游戏和非游戏的概念中被思考。自黑格尔起,这种唯心主义哲学已经达到其顶点并终结了。那么对于哲学思想而言发生了什么呢? 哲学是科学的基础。现在它的躯体(ensemble)在科学本身的躯体(ensemble)中变得明确了。这个躯体(ensemble)有两个部分(ensembles)(尽管这个划分不够充分):自然科学和社会科学。

在后一组中,以下集合(ensemble)占主导地位:逻辑、数理逻辑、语言学、心理学的人类学和社会学。

哲学已成为什么?

1. 它在哲学史上逃脱了困境。

2. 如其所是,哲学让自己被科学所取代。

3. 哲学已经从前哲学发展到元哲学,再到多维和质疑的思想,这种思想是全球化和片断化的、开放化的、世界范围和行星性的。

在这个过程中,我们应该注意,对于那些喜欢算计的人来说,既有收益也有损失。作为一种损失,科学生产着而不是思想着。他们以**技术—科学**的方式(techno-scientifically)运作和改造。作为一种收益,存在着超越偏见思维的可能。

所有的哲学思想都在思考着世界的存在——存在于一个多维和开放世界的碎片化和片断整体之中的生成过程。它以三种形式被构思,但总是被当作世界中的一种现实:一、作为**逻各斯—弗西斯**(logos-physis)(在希腊思想中);二、作为**逻各斯**—上帝(在犹太—基督教思想中);三、作为**逻各斯**—人(在现代欧洲思想中)。

这三个概念构成了思考人性的仅有的伟大思想。它们同步和历时存在,但第三个概念更为频繁,也许在思想史上更为重要。

当上帝显露自身时，**弗西斯**就灭亡了。通过成为人——死在十字架上的上帝之子和人类之子——上帝就开始了死亡，而且上帝绝对会死去，就在当人类杀死他——作为将自己置于所有主体中心的唯一主体之人时。然而，人本身正在向其自身的**超越**而奋斗。随着哲学的终结，人本主义也在不完整的瑕疵中消亡。人，作为一个客观的、思想着的、主动的主体，已经开始进入他的让位时代，这将持续很长一段时间。社会科学不建构人。恰恰相反，列维—斯特劳斯，这位当今社会科学的主角之一，在完全不了解他自己所说的话的重要性的情况下业已写道："社会科学的最后一项任务不是建构人，而是消解他。"把他消解为何者？

世界游戏是如何已经被制定的？这或多或少清楚地、完整地，由赫拉克利特和柏拉图、所罗门的《箴言》、席勒和诺瓦利斯、马克思、尼采和海德格尔以及芬克……所阐明。①

渐渐地，"世界游戏"意义上的"游戏"一词的含义可能会变得更加精确。在这里，游戏不再表示人类的游戏或世界之中的游戏，而是世界游戏"本身"，是作为游戏的世界，是人类游戏和世界游戏相遇于其中或成为一体的那种游戏的展开。人是一个**最卓越的**游戏者，但他也不断挫败。世界不再服从于（即使仍然遵守着）既定或假定的规则。它吞噬了这些规则以及所有可能的组合。因为所有支配规则的系统（ensembles）以及诸种特殊系统之系统为我们提供了世界中意义的诸种诠释和可能性。世界游戏——它驱动人类游戏以及世界之中的游戏——高于作为游戏者的我们。

基本力量和强权完全或部分地受特定游戏系统的约束。语言学将"语言"视为一种组合系统，即符号和规则之间的游戏。逻辑，作为一种数理逻辑，将"思想"视为控制论、自我调节的游戏。根据马克思的"经济学"和"政治哲学"，"工作"必须成为游戏，而且各种游戏方式在夺权的斗争中发挥作用。"爱"的各种游戏在行星时代寻求爱的形式和实质：从几乎直

---

① Cf. "Breve introduction au jeu du monde", in *Arguments d'une recherche*, Paris：Minuit，1969. 而涉及自然、而非游戏，则参见 Kostas Axelos，*Le Jeu du monde*，Paris：Minuit，1969.

接的通过色情的性欲,到家庭的成问题的本性,最后,我们与"死亡"游戏,压倒我们的致命游戏。我们同时进行着几种不同类型的游戏。游戏本身既不严肃也不俏皮,既不是必要的也不是无缘无故的。当代"神话学"编纂所有神话并用计算机与这些神话一起游戏,"宗教"仍然在玩神话的游戏,尽管有点祛除神话的色彩,宗教在神圣的体系中将人的游戏与上帝的游戏联系起来。此外,诗歌和艺术正在成为越来越明确的游戏。[①] 世界政治的某种经验主义的游戏仍在上演,即使是通过它的主角。它越来越多地取决于技术游戏,为科学游戏所供养。(例如,数学科学和政治科学,将概率论及其相应的策略视为博弈论的主要元素。)思想本身质疑着已经废除的"哲学"和取代它的技术式科学,试图将游戏设想为世界游戏,即把人与世界联系起来的游戏。这个游戏确实是诸种系统之系统(l'ensemble des ensembles)。[②]

"世界游戏"是一个超前的概念,但它仍然是朝着正确方向迈出的第一步:它形成了所有思想和所有经验之游戏的时空,甚至那些掩盖和拒绝这种游戏的东西的时空。在一个充满口号和世界观的时代,它不是为了某种新的世界观的召集性口号。有关世界游戏的行星性思想——已经开始发展但仍然存在于未来——构成了我们的主要任务,即使我们受到我们正试图仔细思考和实验的游戏的不同模式和理论的驱动,即使游戏中的所有伙伴和反对者都在变得成问题了,即使我们拒绝对我们所质疑的问题和质疑着我们的问题作出客观和绝对的规定,这也是某种需要承担的任务。

实际上,我们今日能想到或做些什么呢?

1. 古老的死亡了的绝对者,即逻各斯—上帝,可以通过产生祛除神话

[①] 各种小说和戏剧都暗示了语言的游戏。没有必要一一列举,但人们会想到陀思妥耶夫斯基,他的《赌徒》涉及人类的一般情况。赫尔曼·黑塞在《玻璃球游戏》中讲述了一个小型精英共和国的故事,它不生产文化,而是在一个统一的关系游戏中结合过去文化的所有形式。范·沃格特在科幻小说《非 A 世界》(即非亚里士多德主义者)中,提出了一个决定地球上政府问题的游戏机。在皮兰德娄和他的角色扮演之后,贝克特上演了人类弱点的游戏,这个《终局》在游戏的(虚无主义的)重复中不断上演《克拉普最后的录音带》,超越理智和荒诞,超越悲剧和喜剧。

[②] Cf. Kostas Axelos, "Introduction à la pensée planétaire", in *Vers la pensée planétaire*, Paris: Minuit, 1964.

色彩的神学、通过将自己投入上帝之死的神学,或通过献祭于亵渎宗教的理论和仪式,而被复活。

2. 在通过技术科学攻击另外两个古老绝对者——自然和历史的人类之时,人们可以进行高技术的科学研究。这是自然科学和社会科学之集合(ensembles)的开始和发展,尽管这些集合的联合并不全然构成科学。

3. 为了巩固或推翻管理和权力,可以追求实用主义的或弥赛亚的政治。

4. 对存在的追求可以通过一种能让自己被遗忘和取消的思想来继续,这种取消反过来取消了它自己,让我们陷入困境。这是巴门尼德、柏拉图、康德和海德格尔追溯的道路。

5. 承担着一切生存困难,人们可以开始思考世界游戏,这种思考通过世界游戏的语法和句法,通过倾听世界游戏的呼唤,通过经由某种狡猾的、柔软而连贯的、尽管毫无根据的、接受了对立之加入的思想类型来思考世界游戏。这是赫拉克利特、黑格尔—马克思以及尼采的道路。①

6. 人们可以通过偶尔的创新,拖延对于那些假借理论、诗歌、文学和铭文之名的事物的写作练习和琐碎游戏,即使那些不再具有重要意义的东西的各种或多或少微不足道的文本踪迹永久化。

这六种可能性对我们是开放的,然而,等于形而上学的哲学,即使它已经完成并已经被取代,也将继续以多种方式存活下来。

对于那些想要思考世界游戏的人来说,问题就出现了:从人类游戏及世界之中的游戏,到世界游戏,我们如何来回?可能的回应是:因为人,即过渡性的存在者,是属于过渡的存在者。在人和世界之间发生的问答游戏,是在人与人之间进行的。因为这两个区域(ensembles)趋向于成为一者(ensemble d'ensembles)。

物质能量、生命物质、神经心理和社会历史能量的体系(ensembles)在每个体系内和在所有系统中都不是没有对抗、反对和矛盾的。每个系统、每个游戏结构,都具有吸引力和排斥力。对于倾向于同质性(联合)的过

---

① 不言而喻,可能性 4 和 5 是相关的。

程来说,通过阻止它并完成它——即使意味着将其炸毁,来对应于趋向于异质性(解体)的过程。这两个组合和交替的过程在每个系统内部和诸系统之系统中彼此相对。为什么?因为从来没有严格地和完整地实现系统的某个状态,这恰恰是因为内在的矛盾和对抗,事物都处于世界之中的游戏中,这在潜在和现实中都是肯定的,这就"是"(is)戏剧的意义所在。

我们作为读者和作为游戏的当事人,作为各种游戏形式的当事人,我们的角色是什么? 我们的任务是,了解如何在给定的世界游戏中阅读其他类型的游戏,主要是阅读世界游戏。但是,我们必然不只是阅读,我们必须游戏,在必要时将规则颠倒过来,以对每个问题的多元观点进行超越主体—客体二分的实验。这是一个带着平静和悲伤,与无法形容的、无法命名的、不可游戏的世界游戏相匹配的问题,如果不仓促地强迫它进入琐碎的系统,这些系统就会用它们简约、单边、帝国主义的方法来耗尽它。我们必须为召唤我们的游戏做好准备,为语言、思想、工作、奋斗、爱情和死亡的游戏做好准备。(人们不能说生命值得或不值得生活,因为这不是生活的问题——无论有没有生活的理由——而是游戏的问题,如果我们愿意,还是试图达到生命的高度的问题。)毫无疑问那里不再有精英游戏者或游戏者中的某个精英。然而,有些必要的人有效地放大和加强规则——或者更确切地说是"游戏方式"。至于我们,我们仍然是总在进行中的游戏者,因为游戏不断滑离我们,但游戏仍然激励着我们。毫无疑问,我们必须学会脆弱和大胆地承认:一切都被挫败了,一切都丧失其游戏,因为所有游戏都已经被游戏过了。因此,唯一的选择是去挫败,即把本讲座所展示的诸系统之系统的游戏(然而这是要被理解的)之灵活取出来,而不是取出这个未经破解的文本游戏之灵活。

世界:存在生成为总体①

科斯塔斯·阿克塞洛斯②

　　本文探讨了世界的广泛性和复杂性,以及技术、语言和行动在其中的作用。阿克塞洛斯认为世界无法简化为单一维度的划时代特权,而是一个开放的空间—时间,它包含了多样性和虚无主义的影响。世界的存在与否具有不确定性力量,它通过探索和游戏来表达和塑造自身。同时,技术在世俗中扮演着重要角色,并影响着世界的变革和暂停。这种存在方式要求人们进行精神反思,意识到人在有限性中成长与发展,并最终面对终有一死的命运。此外,阿克塞洛斯还探讨了世界的游戏和人类游戏之间的关系,强调了存在与虚无、总体与无物、生成与时间之间的协调与冲突。这些观点对于人们以有意义的方式看待世界并与之相一致至关重要。

---

① 英译文由 Gerald Moore 译自 *Systématique ouverte*,Paris:Les Éditions de Minuit,1984,pp. 40 - 54。中译文译自 Kostas Axelos, "The world:being becoming totality", trans. Gerald Moore, *Environment and Planning D:Society and Space*, vol. 24, 2006, pp. 643 - 651.

② 作者简介:科斯塔斯·阿克塞洛斯(1924—2010),希腊裔法国哲学家,早年加入希腊共产党,后流亡法国加入法国共产党,是 20 世纪后半叶"海德格尔式马克思主义"思潮的代表人物、"开放的马克思主义"的提出者以及法国思想界重要的学术活动家;译者简介:徐姣姣,西安交通大学马克思主义学院硕士研究生,研究方向为国外马克思主义研究;校者简介:杨栋,德国弗赖堡大学哲学博士,西安交通大学马克思主义学院国外马克思主义研究所教授、博士生导师。——中译者注

一

在谈论世界时,我们通常将其视为最广泛的存在者和事物的集合,从此时此刻存在的人类世界开始,然后将其扩展为空间—时间。因此,我们把世界还原到一个宇宙的、人类学的或社会历史的视角。但是,世界不是或多或少的经验性整体,它是一之一切(One-All),它不允许自身被简化为其中一维,即划时代的特权的维度。为了清楚地、深刻地、坚定地看到远方,就必须向我们周围的、使我们活跃和崩溃的事物敞开自身。世界向经验和思想、感官和诗意敞开,同时它也让自己隐藏于这些事物。在向我们敞开时——我们也向它敞开了自身,它同样还向着深渊和阴暗面敞开。它还"是"(is)深渊和阴暗,是无边的视域——它逃避了我们这些逃避它的人。为了命名诸种世俗之世界,尤其是如此而是自身的世界,我们除了使用**世界**①(World)别无他词。没有一个限定的形容词。这个世界所处的空间—时间,与未命名的、不可命名的空间—时间相同。首先必须申明,这个世界不是没有语言和思想、工作和斗争、爱情和死亡的世界,通过世界,游戏在其中敞开了自身。世界自身以神、自然的形式而敞开,它召唤人类,它知道一种(历史)故事,孕育出了试图表达自身的艺术和诗歌。

"世界的历史"不仅仅是一部宇宙的或世俗(world)的历史,作为开始或迷误的展开——并且不仅是事实的或抽象的迷误、被误导的方式和流浪者的冒险 ——它标志着我们向世俗开放和变革的**诸种时代**。实践、诗歌和思想的经验为我们具体化了世界。我们与世俗/世界(w/World)相关的历史是(不可见的)世界的最可见的方面。这些关系,在它们的蜕变中,决定着每个时代、每个社会。我们为通往世界而走过的路——它不需遵守任何更高级的规则,就像一个游戏一样展开,同时这条路也是世俗/世界的竞赛/游戏(g/Game)通往我们而走的路。世界的和人类的游戏,总是通过同样的在场和缺席以及其他超越两者的方式面临着风险,在不

———————————

① 着重号为原文作者所加。——中译者注

放弃同一性的情况下,优先考虑……整个关系的一面或另一面——人和世界总是被包括在这种关系之内。世界**不是**一种游戏,它敞开自身并使其按照自身和我们的游戏来表达和塑造自己。世界本身不是实存着的吗? 没有游戏的游戏,正如不存在反世界一样。世界逃走了,例如,视域彻底超越了我们,是处于游戏之中(enjeu,也是"处于危险中")最重要的东西。可以肯定的是,那个超越了所有语言和行动的东西并不"实存",虽然它通过说话和做事表现自身,而我们人类正处于这当中的游戏之中,即危险之中。神话和诗意的发展,在黎明时分迎接和建立了第一开端,是因为技术的不发达吗? 当代的神话上、诗歌上和思辨上的不发达是由于技术的发达吗? 总有不足,这是因果关系无法克服的。多种因素决定着我们的行星技术超越了自身的技术缺陷和解释性的理论和实践。几乎所有形式的调解在精神和实践上都成为技巧。

每个世俗/世界时期的**时代**表明了一种完成和暂停。正因如此,每个时期都是划时代的。世俗/世界通过它的每个时代,通过自身来发挥作用。虽然世界(World)不实存,也几乎不存在,但有(il y a)世界。**有**和**没有**(il n'y a pas)的不确定性力量是不可遏制的。世界将语言和行动带给了使其说话和行动的人。不存在"先在性"。起初这里"空无一物"。起源不停地隐藏着自己。因此,就理论和实践方面而言,**技艺**(techne)从一开始就与思想和行动的技术性解释相联系,而从技术角度进行的解释本身源于前哲学的规定,然后是哲学的,现在是元哲学的。然而,这使技术受到了质疑。在"我们自己的"爆炸性和错位性世俗中,世界的所有实例维度,作为诸种世俗,都或多或少拟人化地和以人类为中心地充满了技术。我们在世界中遇到和发现的东西——自然事物、工具、制度、人造物和诗意艺术,首先在其理解和实现过程中带有技术印记。普遍的技术蒙太奇是世俗之现在和未来的结构。

世界不存在(is),更加不实存(exist),但有(there is)世界。在"有"之"中"起作用的东西,不会使自身被任何人或任何事公然地把握。这就是为什么"什么是世俗/世界"这个问题没有答案,为什么所有的回答仍旧是存疑的。世俗/世界"是"开端的空间—时间,更准确地说,世界是开放的空间—时间,是迷误的冒险,是漫游的游戏,是游戏中危险的重现。它总是在开端的对照中隐藏自己,如果少于它显示自己、给予自己的东西,那么它会隐退同样多的东西。在迷误的重复过程中,有一个奇怪的世俗—历史的漫游。时间和历史之间的关系是难以解读的。谈论时间性和历史性并不能使我们进步。然而,世俗的时间性比它的历史性更强、更广泛。首先是时间性,"其次是"历史性,它们都是视域,在此视域下一切事物存在、出现和自我塑造,但它们自己消失了,永远不像这般可见,它们被时间性和历史性的世界所吞没——就历史性实存的这个方面而言。归根结底,世界本身"是"时间的游戏。世界的历史,不仅是世俗历史,它作为有限性在有限性中展开,它收集了世界的所有可能的和真实的解释,但它不确定它们是否是无限的。世界的历史总是在我们身前身后,它似乎是完整的,世界似乎在自我隐退。但是,即使在一之一切之处,诸视域的视域似乎正在消失,在它们的竞赛和在游戏中,问题出现了:开放总体的时间性是什么? 游戏打开了空间—时间的什么? 是对世界的新解读吗? 不过,世界之游戏包含了这一切。世界的历史可以合法地作为有限性而出现——几乎是完整的和完成的,它被以各种方式解释和反向解释着,以此呈现给人类。然而,它仍然对时间开放,而在原则上,时间在第一次尝试时,就已经全部敞开了自身,并同样涵盖了未来。无论如何,竞赛将继续以螺旋形式进行——通过把玩现象、存在者、物体、世界内部的结构的方式发挥作用。那处于危险之中的、**处于游戏中的**、处于一切发挥作用的事物中的东西,它会随着时代的变迁而闪耀和暗淡,它为我们总是在匮乏中发展的事业赋予生命,要求我们进行精神反思,并使我们在游戏中成为终有一死之人。

二

我们如何命名那些**在**世界**之中**显现自身,并且每次都成为事实的东西呢? 希腊名称是 phenomenon(现象),拉丁语名称是 res(事物),中世纪名称是 ens creatum(受造者),而近代的名称是**客体**(object),它面临一个或**多个主体**(subjects),而这些称谓已经不够了。我们面对着一个 x ——它的在场—缺席本身就是赤裸裸的。它在转向我们时,出现、繁荣、确立自己以及消失时,是什么呢? 我们是否可能提出这样的问题:是什么东西在所有的转变和离基(ungroundings)中幸存了下来? 当然,神秘的"事物"会竭尽全力隐藏在大地的深处和视域的尽头,而这是一种情况:在一个无底的世界之基础上理解一切,全面地看到一个身影——尽管它是一个未定形的物——世俗/世界的星丛。所有的地面都是离基的。世界现在和将来都是离基的。任何最初的或最终的基础,其本身都有基础。耀眼的光线和深沉的阴影一起把玩着漏洞百出的集合的游戏。(有时我们设法在一个特殊的片断中把握世界的总体。)一般来说,我们缺少世俗。如果可能的话,任何一刻都不该忘记,世界和诸种世俗中充满着我们注定要为之服务的巨大力量,这种力量是相融的、混合的和妥协的产物。世俗的迷宫和蜿蜒的通道充斥着妥协,所有为进入世界而不可避免的调解都发生在创造世俗的时间的游戏迷宫中,即使是其最高的时间也被一种混合物所标记着。无底的深渊,无法直面的光,在每一次试图把握它的过程中,世界给予了自己又放弃了自己,它熠熠发光又黯然消逝,给予自己又隐藏自己。主要"事实"是,我们既不能从人身上推导出世界,也不能做相反的事情——这使我们陷入困惑。这些关系的复杂性在于,这些关系并不相关联,所有的一切——伟大的大全(All)和不同的整体,只能是且仍然是大体存在问题的。从表面看所有世界的诸种世俗,即世界内部的世俗,即使是庸俗化的世界,它的表面也不存在突起或者突然断裂。被世界包围的诸种世俗,也就是覆盖物,总是试图以各种方式使自己更接近世界。它们在寻找(它们的)现实。但是,如果不知道或感觉不到现实本身是什么,谁又想宣传或者传播这样的现实呢? 现在,现实是诸种存在者特有的一种存在方式,它完全被表象所占据,而我们寻求的是其基础。我们注定要表露思想,追求因果关系、可计算性和探究基础性思想,也必然会忽略了这样一个问题:**什么是真实的现实**? 现实确实构成了世俗的一部分。现实和它的多方面只构成了一个特殊和普遍的现实。世俗不是现实,现实也不是世俗。世俗包含着的一切,构成了和分解了现实。幻想和错觉、梦境和幻影,如此构成了真实现实的一个不可或缺的部分,因此也是世俗的一部分。尽管如此,"真实"仍然被世俗所超越,即使后者变得脱俗。世俗的"意义"就是世界,它既没有意义,也不荒谬,它的一个开端总是被赋予特权。(人们可以在不同的世界中回溯和/或建立的意义,即世界内部的符号,其并没有授权给我们谈论世界的意义——然而,这并不是无意义的。)正因为如此,如果世俗是我们的冒险,那么世界就是"我们的"开端。

作为世界的世界,即在它作为时间的流逝中,仍然是彻底未经思考的世界。时间本身,"也"是如此,仍然是激进的和未经思考的。世俗的游戏在时间的三维视域中展开。它的三个维度中的每一个维度本身都是三维的,所有维度都像在逃避一样显现着。在尽可能不丧失主导地位的情况下,我们有必要了解,尤其是思考,由于多种多样的表达,没有什么东西仅仅是这个或那个,一切都回到了诸种世俗的集合,回到了等同于世界的诸集合的开放集合。所有的理论和实践都在探索和谋取特权——并非所有人都有理性,他们有理性成为世界的一个维度和一个方面,我们的一种方法,一种经济(un foyer,是对希腊文 oikos 的翻译),同时是特殊的和整体的。处于世界内部使我们感到厌烦。我们花费时间不停地追寻世界内部的事物和存在者,并且被它们追寻着。我们不停地往前逃。世界内部的事物恰巧如此丰富多样,以至于它耗尽了我们的探索,而我们却从未耗尽它。因此,我们把自己封闭在向我们招手的世界开端之外,而这个世界本身并没有存在的理由,因为它不是一个特殊的存在者。也正是因为这个原因,我们不知道如何称呼这个仍然在召唤我们的世界。

世界,是支离破碎的大全,是被控制的迷误,同时它也是非存在,是无或虚无。虚无主义淹没了地球,它根本地和彻底地打破了所有处于危险和游戏中的基础和规则,这只是中心和全球事件的影响:比世界与虚无、万物与虚无的亲密关系更重要。世界性的虚无主义不仅等待着经验和思想,并且它对我们所隐藏的东西同样重要:无与虚无的秘密。对世界采取充分而紧张的进路,相当于对"变质的事物"进行多余的治疗。这种把握——被把握和把握——可以永远维护和消灭虚无主义,但在对世界的解释中,虚无主义不能凌驾于一切之上,更不用说总是停留在技术性的和单一性的"理论"中了。在与世界的关系中,我们总是被包含其中(既在关系中又在世界中),不存在任何外在的关系,这种已经向我们开放的开端允许我们朝着向我们开放的事物开放自己,通过未尽兴地游戏并且尽我们所能——并不是我们所想的,世界的游戏在击败着我们。

三

世界指的不仅仅是存在。首先,关于存在生成为总体的思想家赫拉克利特已经接近了这个说法。它被称为宇宙(这并不意味着世俗是具体的宇宙),**世俗的秩序**,**万物的总体**,**即是一之一切**。世俗包含着一种**存在者**,如果可以这么说的话,那么(它本身和神性)比存在者更为原始。但它很快就成为一种从属于存在的方式,一种关于存在者的世俗。世界从它显现的那一刻起,就开始逐渐消逝了。如果赫拉克利特将存在之大全命名为**世俗/世界的生成**,那么巴门尼德则几乎把存在当作**存在**来命名。黑格尔完成了这个循环,他把**存在生成的总体**(**或者是存在之生成**)命名为存在与思想的理念、精神、同一性(或统一)。但世界只要求在已完成的存在的历史尽头重新出现。如果**存在**已经向着生成(becoming)与时间、总体与游戏迈进了一步,那么是时候将"存在"投入到存在生成为多维开放世界的碎片化的总体中。换言之,就是那个(Cela)。**世界**"**是**"**那个**,而且它总结了所有的解释。为了把**那个**开放给时间,为了把同样的和其他的时间开放给**那个**,我们必须学会服从时间的游戏,因为**游戏**既是"约束"也是"自由"。在**整全**(holon)、**泛众**(pan)和它们关系的晦涩澄明中,在"存在"的暗淡光明中,世俗先于一切在其中显现自身,隐匿自身的事物——同时还实现了它。那"就是"世界。在时间的其他的和相同的方面,世界本身在消失的同时,它出现了,又消逝了,它带来了生命,并使得正在生成的事物成为凡人。就像日出日落一样,世界随着它的消逝而升起,随着它的升起而消逝,在消逝时升到地平线上,在升起时消逝,这种去蔽与遮蔽构成了**迷误**。就它作为四维空间—时间连续体的视域而言,世界既不是真理,也不是迷误。那么,真理与真理的展开如何构成了迷误呢?迷误又是如何"理解"和"包含"真理的呢？这就是最大的谜团。它正处在这个谜团的正中心——处于它亲密的张力、它的磁力线和它的失败，不是附加的而是诸集合的开放集合，即世界。它不是一个总和，可以代表一个长期启蒙的时刻，一个支持持续时间的时刻，被称为游戏。在这个游戏中，世界内部的诸种世俗正处于危险之中。这些危险总是隐藏着自身，这才能避免人们的恐惧。因此，在向世俗文明迈进的过程中，我们没有世界，这个世界是最好的赌注。问题出现了：在世俗/世界的地平线上涌现的、哪怕是秘密涌现的东西，应该如何以及以何种方式将自己纳入其中呢？就普通人而言，首先是处于危险之中在世界中游戏。严格地说，不存在关系，不存在人类对于世界的联系。我们总是在人类游戏和世俗游戏"中"移动，不存在任何一人领先于另一人的情况。就像在被人类理解之前世俗不会展开一样，没有世俗/世界，人类也无法生存。

正是在工业和技术—科学的世界文明的网络中，技术集置（l'échafaudage）决定了这个社会的形成。① 技术是在三个绝对真理之后出现的：上帝、自然、人类。它是第四种力量，一种不再构成绝对真理的力量。技术集置渴望一种普遍性的技术，将自己呈现为迷误最具结构性的一面。也许它注定要在未来被解构，或者被灾难性地破坏。也许，而且更有可能的是，它将变得更加坚固，也许我们将被迫不同程度地去接受这个游戏，甚至是去"战胜"它。世界集置，在这个全球性平台上，一切事物都可以找到自己的位置并被调动起来，它既是一个巨大的障碍，又是一个通向世界的开口。在此质问式的接受下，当这个最高集置被一个"多"于人类的开端所呈现时，它的命运也可能导致世界成为一个开端。世界以这样的方式展现出来，同时，通过神圣的、自然的、人类的和历史的、脑力的和技术的事件展现出来。它同样可以比这些结构中的任何一个寿命都长。毋庸置疑，世界的终结在某种意义上已经在我们身后：它被指定为神话的和形而上学的世界的终结。世界的消逝、它的遮蔽、它的沉默、它的

---

① l'échafaudage 是阿克塞洛斯用来翻译海德格尔的 das Ge-stell（座架、集置）概念的术语，英译通常为 enframing，或者在法语中，翻译为 arraisonnement 或者 dispositif。——编者 Stuart Elden 注

晦涩已经在时间中发生了。但时间游戏的开始意味着世界的开端;开端等同于未来。超越普遍的技术蒙太奇,并且它已经超越了我们的思想过程和行动,开端既非必要的,也非无偿的、简单提出的或强制的,也不是偶然的。如果目标朝向开端和开放并且它们必须被展开,如果所有的技术行动和解释都能提升自己或被提升到另一个层面,那么人类的冒险,没有末世论或救赎论,就能到达诸种视域之视域,逃离和体验一个新的堕落,视域和诸种视域将自身显示为通往具体的人的开端。然而,它们把自己连续地、严格地作为一种约束强加于人,我们必须接受它们——在不误认它们的另一面的情况下——"自由地"并且高效地将其作为惯例而接受它们。让我们接受和反抗,**游戏着我们的一切事物**,都需要我们深思熟虑地积极参与,并同样需要我们不断地通过动员它来争取和维持它。

世界,在有限性的部署中是偶然的,在它强加给我们时是必然的,它是"自身"偶然的结果,是纵横交错的桥梁网络,跨越深渊,打破所有检查的进路,简言之,是其所是且不是其所是的那个世界仍然是所有问题的焦点亦即所有问题的根源和终点.即,这个世界仍然属于独一无二的问题。我们通常会在每一个场合扬弃关于世界和宇宙的一个或几个特别的观点。我们沿着单向或最多是横切的轨道前进。研究的领域无限地发展:语言学的、逻辑学的、方法论和认识论的、物理数学和生物化学的、社会心理学的、文学和美学的。正是因为它们的专业性而有助于"进步",它们有很大的价值但缺乏世界。世界不是特定的或普遍的学科丰富充足地组合的问题,它向我们的思想和行为敞开了大门。具体的研究适用于各种世俗,即使它们与总体和它们无法管理的世俗/世界有关,尽管并因为它们特别睿智,它们仍然能够在超越它的方向上承担并动摇自己的把握。在指挥那些"要求"被抓住和改变的东西时,它们仍然在视域的范围内,却没有抓住与视域的联系。不仅是因为世俗的大厦在其基础上颤抖,主要是世界的开放是一个不断战栗的开放。

世俗之总体的碎片,在揭露时总是支离破碎的,而且被我们分割,且仍然在世界内部,永远不会超过它们的界限,即使在最庞大的组合中,也很少跨越诸种世俗之间的界限。由于我们通常不太容易超越极限,将自己置于世界的平面上,我们没有成为单一化艺术方面必不可少的专家,尽管我们在进步,但仍然处于困境之中。否定的检验和证明逃避了我们,我们也小心翼翼地远离它们,不敢将自己投向世俗总体的阴暗开放面。我们满足于专业化或模糊的观察。我们并不倾向于——而且我们似乎是不可能——超越总体间性的诸种世俗,试图通过与中间世界的沟通,为通向我们所属的世界开辟一条通道,但这条道路并不容易获得。我们不在这个世界中,我们属于这个世界。这样一条道路将使我们能够提出疑问,并动员我们自己所有的碎片存在,而不仅仅是我们的存在,甚至是抽象思考、缺乏表现力、无缘无故地想象、心不在焉地平庸地生活的存在。这种观点似乎是不可能的,然而,有各种各样的方法可以接近它或使我们自己远离它。

四

世俗并不是一成不变的。它不是通过简单的运动来构成和维持自己的。它的星丛确保了永恒和生成:世界与时间"重合"。几乎和世俗之时间的游戏一样不可触及的,是诸种世俗的轮廓和处境。它们的路线和潮流已经到了可用公式表达的极限。它们包括通量、流动和流动性,因此表现了通常非常分散的各种运动和反向运动,在保持隐蔽的同时,成为一个由情感调性、气候和气氛共同决定的世俗/世界,关注并带走了整个世俗/世界,同时也带走了我们。"世界的进程"是服从它的所有组成部分中一些主要部分和实例化部分的行进,虽然这些组成部分并不允许自己被列举出来。我们总是处于某种存在的在场中,而这个存在的大部分都逃离了我们。如果最简单的歌曲有时能塑造一种向世界敞开心扉的性格,那么世界上散文和诗歌的广袤而深沉的时刻和节奏,也会以同样的方式,更激进、更充分地发挥作用。然而,我们应该始终仔细观察深处的土壤和界限,因为审问强加在我们身上。现在,如果世界的进程和它的秩序—无序都是由表面性和深度相等的东西组成的,那么标出它们各自的和相互交流的位置就很难了。世界即存在者之集合的开端,包含了存在和行为的诸种世俗和模式。它的基本波浪,由数十亿个小波浪组成,带着我们,把我们拖向深渊,带着我们,又把我们扔回水面。没有人能够任命自己为元素的驯服者。有时,人们可以在伟大的世俗中阅读只有在诸种世俗中以小写字母才能辨认的内容。就世界而言,它停留在可破译的极限。

世界上的每一个游戏都拥有变革性的规则。在世界的游戏中有什么?这个问题必然只能保持开放。有一点可以肯定:在应用规则的游戏中没有至高无上的规定。世俗就是这样"运转"的。从一端到另一端都充满了一种没有辩证法能够完全捕捉到的否定性,这因此导致了我们在监管领域结结巴巴、跌跌撞撞的后果。这意味着,在理解和体验世界的领域,以及在我们生活的整体和割裂的世界中,我们永远是新手。与严谨、连贯和后果的关系越来越受到干扰和破坏,以至于在思想和事实的层面上,无关紧要的东西几乎是世俗的女王。这个我们一直在寻找却从来没有完全接触过的、以多种方式说出来和实施出来的世界并不实存,并不存在——就连它的位置和特殊实例也只给我们提供了开端的片断。因此,我们不是在寻找虚无吗?当然不是,我们游戏着,也被游戏所游戏。世界遮蔽着自己,而且被遮蔽。这种误认正如它自己一样属于其自身,并铭刻在一个鸿沟的底部。然而,有世界的同时也有人(反过来呢?),从根本上说,人类对自我和世界的认识是极其错误的。存在与虚无之间的生与死,人既不知道也不想知道诸种世俗和世界是如何涌起和如何结束的。他"自己的"世俗,既没有克服占有的诱惑,也没有摆脱征用的枷锁,在准一体化的状态下逃离了他。人是世俗的存在,他错误地将自己与他的竞赛和游戏联系起来。正如他同样是开端之存在。

世界并不仅仅围绕着非世俗,后者是它的"另一面",但是并没有反世俗。有必要提供具有高度洞察力和警惕性的证据,以便阐明不断发挥作用的时刻、要素和消极性、消极性和否定性维度的游戏。它们也在从事这个游戏,与另一面和相同者都密不可分。通常,"自我意识"和"世界意识"(我们拥有的)都渴望分裂为"两个"方面,想象自己能够获得积极性而没有自身的消极性(其中它是负面的),即沉默,陪伴它,与它密不可分地融合,以产生结果的消极性。我们甚至忘记了在某种程度上我们要求消极性。世界的星丛首先不是逻辑学的或知识学的、心理学的或社会学的,它甚至不能称为存在论的。它将我们渴望遇到的事物与我们实际遇到的事物重新结合起来:相同者(同一性和统一性,也就是说,不可能在"两者"之间进行选择)和他者,相同(而不是同一)和不同或差异。维持相同者之星丛中的差异,想象的作用不亚于人们所谓的真实,它不断隐藏自己。不存在一个真实的世俗和另一个虚构的世俗,也不涉及这个或那个的优先性。通过人与世界的驱动力、感情、行动、激情和思想出现并被其俘获的真实和想象既不分离也不同一:每一个都编织着另一个的组织,它们相互渗透,世界就是它们的纹理。通过撕裂它,它们可以使世界通过这些漏洞再次出现。不是我们或者人类设定了世俗的游戏,也不是游戏设定了我们。我们不选择游戏规则,它们也不会专横地强加给我们。矛盾就在这里。我们用什么术语来描述世界的游戏——时间的游戏?我们会用什么词来命名人与世俗的游戏的"约束"和"自由"?

我们正在寻找世界的焦点,所有的维度都从这个焦点出现和汇聚。**逻各斯**(logos)、**神**(theos)、**弗西斯**(physis)、**宇宙**(cosmos)、**人**(anthropos)、**探究**(history)、**创制**(poesis)以及**技艺**——它们是如何在其特定的系统组织中,从世界的游戏中,从那个中出现的?它们如何成长并重新加入通用和开放的系统?**语言和思想**,**上帝**、**自然和宇宙**,**人**、**社会**、**诗歌和艺术**在集合中表达自己,形成诸集合之集合,按照开始和结束相互结合的节奏构建自己,跟随这个统一但又分解的世界的驱动力。它们成为循环而不是完全循环地存在,在不断的循环中出现、消失和重新出现,不逃避重复,但产生新的重复,仍然被整个时间之所"是"所包围。因此,任何新鲜事物都不能避免成为水果中的蛆。它来自**未来**、**过去**之现在和未来、**现在**的无声力量之相遇,这三个维度中的每一个都有自己的三维性。总之,时间的全部时间性本身是有限的,本质上是连接世界游戏和人类游戏的东西,几乎被那些没有热情和敏锐眼光的人所迷惑。独特的、单一的、多样化的游戏本身仍然没有根据,没有存在的理由,也没有意义。这种无根据,这种"存在"之存在理由的缺席(其本身并不是缺席),意义和符号的这种深渊,不应被理解为一种匮乏、一种缺乏、一种丧失、一种被遗忘的东西或微不足道的东西。**那个**的标记，无论它们是什么，都属于那些不被中性化而出现的，甚至不存在的东西。通过它和它的诸种开端，它的冒险和开端在时空上展开，以"同一者"的时间回归为标志，通过重复和变形，它总是将上帝、自然和人类这样的游戏形象置入游戏。在不断接近"虚无主义"的情况下，**那个**几乎与无物和虚无分不开。

对于我们其他人来说，就其组成部分而言，参与到与世俗游戏无关的游戏中，我们的工作通过我们的语言和思想、我们的激情和我们的行动，即我们的经验，使我们与时空场域相一致，体验诸种世俗之游戏和世界之游戏。地下流和根系网络、诸种视域之视域和诸种集合之集合，同时提出了一个问题：为什么有世界？对于这样提出的这个问题，不可能有任何回应，正是因为询问的问题和被询问的世界对应于对自身"外在"的一无所知的游戏。对诸种世俗的某种假设，发生在诸种世俗之世界的时间里。时间甚至可以通过世界和在世界中，而了解一个假设。但是关于世界本身之假设、关于包含所有假设的世界的问题，是不相关的。

世俗/世界的竞赛/游戏是对存在与虚无、总体与无物、生成与时间、逻各斯、上帝、自然、人、社会和世界技术集置的所有解释的游戏。它包括并继续它的过程，以同一之重复、差异之游戏为标志。它不是一个神秘的概念，但它在不实存的情况下展开，在没有存在的极限处展开，就像它所有表现形式的开放和清晰的集合一样，它激起了那些激起它的人的阴谋和诡计。它"是"既打破它自己又打破我们的开放圈。这个游戏要求我们，即人类，不要以一种好玩的方式玩耍。世俗的游戏并不是一种互补性或补充性的游戏，但它带来了一切与它的节奏有关的东西。逻各斯的游戏存活于上帝之中，上帝的游戏存活于自然之中，自然的游戏存活于历史性的人类之中，人类的游戏存活于技术集置中。"必要"总是从"可能"的迷雾中发展出来，星丛则是从星尘中发展出来。当前的结构使我们与"一切存在者"建立了一种新的关系，成为并回归到这种关系（包括我们自己，但不是起初的）。我们已经朝着这个世俗的新开端前进了，尽管我们并不确切地了解它。世俗的命运可能变成平庸、浅薄、庸俗、微不足道的"必然"，总之，是老生常谈的"必然"，"归根结底"是无关紧要的。

世界总体的统一游戏，即一之一切、一之多、一切—无物，意味着分离、多元、错位、爆炸、层次和片断，以及每次都享有不同特权的不同方法和实例。世界并不以世俗为基础。是这个世俗想给它一个破裂的基础。在诸种世俗和世界的圆舞（ronde）中。然而，世界之游戏不像孩子们玩的球那样圆（rond）。

评科斯塔斯·阿克塞洛斯《走向行星思维》①

亨利·列斐伏尔②

　　与列斐伏尔同时代的希腊裔哲学家科斯塔斯·阿克塞洛斯,其代表作是《赫拉克利特与哲学:总体性生成初论》《未来思想导论:关于马克思和海德格尔》《马克思,技术的思想家:从人的异化到征服世界》《走向行星思维》《世界的游戏:总体的碎片》,是一座有待开采的富矿。列斐伏尔在与其著作的对话中受益颇多。阿克塞洛斯认为"世界"只是在一个遭受严重打击的总体的碎片中才向我们显现,这个总体在自己的碎片中失去自身并重新得以修复。曾经地球是一个自平衡的稳定系统,如今现代世界是被全副武装的技术"装置的整体",借助于技术趋近

① 这篇文章作于 1965 年,列斐伏尔对世界问题的思考不是因为政治关切而是受到了可以上溯至赫拉克利特、马克思与海德格尔等思想家的根本影响。与列斐伏尔同时代的希腊裔的哲学家科斯塔斯·阿克塞洛斯(Kostas Axelos,代表作《卡尔·马克思思想中的异化、实践与技术》),是一座有待开采的富矿,而列斐伏尔在与其著作的对话中受益颇多。在这一篇有趣而又被忽视的文章中,列斐伏尔详细地反思了阿克塞洛斯对马克思的《博士论文》中的一句名言的重构:"世界的哲学化,同时就是哲学的世界化"(《马克思恩格斯全集》第 40 卷,北京:人民出版社,1982 年,第 258 页。——中译者注)。针对这一观点,列斐伏尔认为,还需要作进一步的分析。如此,列斐伏尔迅速地从对阿克塞洛斯的著作的评论中超拔出来,开始探讨一些不同的术语例如世界、大地、全球、行星之间的关联。这些早期的哲学概念探索为他随后在《论国家(卷 4)》与 20 世纪 70 年代的其他著作中对世界化(mondialisation)和世界尺度的分析提供了一个非常重要的基础。——英译编者注。Cf. Her.ri Lefebvre, *State*, *Space*, *World*, *Selected Essays*, London: University of Minnesota Press, 2009, p. 254.
② 译者简介:鲁均亦(1990—),男,河南息县人,法学博士,南京信息工程大学马克思主义学院讲师。本译文系教育部人文社科基金青年项目"马克思主义城市批判理论及其实践路径研究"(22YJC710042)的阶段性成果。

于完美的升级,行星成为世界性的。世界不是一个统一体和一个整体,它以差异、不相容、部分真理向我们显现自己。空间和时间成为环绕着被技术构架的"人类世界"的无限。行星面临整体性自我毁灭的危险,阿克塞洛斯主张人们以"世界的游戏"面对这些挑战。

在这部最新的作品中,科斯塔斯·阿克塞洛斯(Kostas Axelos)比他关于"迷误之展开"三部曲中的其他两部作品《赫拉克利特与哲学:总体性生成初论》①(*Heraclitus and Philosophie:la premiere saisie de l'etre en devenir de la totalite*,1962)和《马克思,技术的思想家:从人的异化到征服世界》(*Marx,Thinker of Technology:From the Alienation of Man to the Conquest of the World*,1961/1963)更好、更深入地展现了他的野心。首先,他想创造并推行一种自己的语言。与此种语言相对应的,是那种只有通过这种语言、依赖于这种语言并在这种语言中才能实现的思想形式。杰出的先贤鼓舞着阿克塞洛斯致力于此,这些先贤包括赫拉克利特、海德格尔等人,这些先贤的思想被他人接受与理解,总是存在着迟缓,也只有在他们的语言被接受之时,他们的思想才可能得以被接受与理解。这种思想(赫拉克利特等人的思想)贯穿了几个世纪。它逐渐改变了意识的形式,最终带来了意想不到的胜利:两千年后,黑格尔召唤了赫拉克利特。无论是对是错,随着赫拉克利特的文字、短语、节奏的转换与变化(如语言学家所说,他的语法、词型和符号),他这样的思想如今似乎具有了根本性意义,既独特又难以解释。它为我们提供了英勇而必胜的努力之典型,这种典型,与其说表现在词语之游戏上,还不如说是表现为对词语的

---

① 科斯塔斯·阿克塞洛斯在他于 1960 年创办的《争鸣》(*Arguments*)杂志系列中发表了他的所有作品。迷误展开之三部曲系列是他为午夜出版社(Editions de Minuit)所作,是《争鸣》杂志的后续作品,争鸣杂志已停刊。他最新的作品《走向行星性思维:世界成为思想与思想成为世界》(*Vers la Pensee planetaire:Ie devenir—Pensee du monde et Ie devinir monde de la Pensee*,1964)已经预告了下一部作品《世界的游戏:总体的碎片》(*Ie leu du monde:Fragments de la totalite*)。阿克塞洛斯于 1969 年出版了最后一本书,没有列斐伏尔列出的副标题。阿克塞洛斯关于马克思的著作被罗纳德·布鲁齐纳(Ronald Bruzina)翻译为《卡尔·马克思思想中的异化、实践和技术》(*Alienation,Praxis and Techne in the Thought of Karl Marx*)。——英译编者注

转折和迂回，语调和符码，对短语、句法、习惯性联想和"横向组合"（最清晰和最简单的例子就是逻辑）施加的不可思议的戏弄和精致的拷问。如果对阿克塞洛斯来说，"世界"（world）和今天的存在只是在一个遭受严重打击的总体的碎片中向我们显现，这个总体在自己的碎片中失去自身并重新得以修复，那么阿克塞洛斯的每一句话都指向这个概念。

阿克塞洛斯的作品恰好激怒了许多读者，激怒了他们中的一些人。此外，在阅读他的著作时，人们永远不知道会在什么地方和什么时候遇到一个重要的想法或只是文字游戏。阿克塞洛斯知道这一点。在这种模棱两可的背后，我们感受到了他的笑声，在年轻的俄狄浦斯（读者）面前，感受到斯芬克斯的笑声。作为一个方言恶魔，他使用并滥用这个游戏。虽然所使用的语言不完全是拉丁语，但某种修辞不正是他的思想的组成部分吗？在一个包括语言在内的一切都被质疑的时代，我们有什么权利指责他呢？没有人能保证文字游戏总是浅显易懂、无伤大雅，且仅仅是有趣的。

因此，让我们设法确定阿克塞洛斯的方案是有意义的。如果一个方案有意义的话，即使不是全部，其中大多数也有意义，尽管它们通常提出一个令人困惑的处境。

对人类来说，地球是稳定的基础之地：没有地平线的土壤，一个球体。球形亦是完美的永恒形象。当实际行动和理解力被移除之时，这个行星是个循环的统一体，拥有自我调节的稳定系统：水、风、空气、阳光、石油和沉积物。如果我们考虑到现代世界是"装置的整体"，全副武装的人类设备开始控制整个地球。这些装置及其排列（Ces dispositifs et leur ensemble）都建立在（物理、化学、经济等）自我调节系统上，通过利用它们，不知不觉地模仿了这些基本稳定性。这就是"人类世界"如何在构建自己。技术只有达到这种完美的情况才会成为世界性的（mondiale）。个体钦佩技术变革及其速度。但在全球范围内，技术趋向于自我维持的平衡。因此，"地球"——"圆形机器"对我们来说，通过我们，它变成了过去的样子：一个巨大的和微小的机器，承载着巨大的和极小的机器，它们将设法用合适的斗篷将其重新包裹起来。这台机器被牢牢控制住，被混凝土和钢铁捕获,成为一种被利用和被围困的能量来源,难道这台机器不会再次逐渐封闭自己吗?空间和时间难道不会呈现出一种新的形式吗?即以如下方式被界定:成为环绕着被技术构架的"人类世界"的无限(the infinite)。

它环绕着我们,并且保卫我们,这个地球行星成为"世界",不是德日进(Teilhard de Chardin)①想象的伪世界。在新的条件下,世界为我们获得了它在神话和神话中的一些意义:生命之母和思想。它是否会成为与古代世界表征中的宇宙相对应的伟大自动机呢?据说宇宙据此得以产生、维持和自我运转?一切都发生了,仿佛地球和它所承载的人类都在寻找这一命运。然而,我们构想并看到地球是因为我们来自地球。我们不仅发现了这颗行星在太空中的不规则性(在它转动的地方,犹如车轮中的车轮,人类在轮子上被推出来与太阳一起漫无目的地旋转),而且对人类来说,这颗行星不再只是一个无限冒险的出发地,除了征服无限空间外,它没有明确的目标。

作为"世界",地球隐藏着无形未来的召唤。它从一个稳定的模型,变成了一个不稳定的模型。车轮?这是永恒的、具有齿轮的发条装置。它也是生成之轮。圆圈象征着思想的完美和地狱般的监狱。球体绝对连贯的闭合和平衡象征着自给自足的平衡和实现。自我调节的控制论概念将这种完美和灾难性条件的定义扩展到所有系统。人类呢?如果他们以这种方式来定义自己,那将是一个主要的赘述、一个至高无上的同义反复②。幸运的却又不幸的是,这个定义不能成立。流浪到外太空,人类已经告别了这个地球。

因此,"世界"难道不是一个整体吗?而且,如果事情不是这样,世界将永远不可理解和不可把握吗?世界不是一个统一体和一个整体,它以差异、不相容、部分真理向我们显现自己,这种观点不同样正确吗?

---

① 德日进(皮埃尔·泰亚尔·德·夏尔丹,Pierre Teilhard de Chardin,1881—1955)是一位耶稣会哲学家,他的著作《人的现象》(*Le Phenomene Humaine*,Paris:Les Editions du Seuil,1955;translated by Bernard Wall as *The Phenomenon of Man*,New York:Harper and Row,1959),试图解释宇宙的起源和发展。
② pleonasm 意味着使用过度、重复或多余的词语来表达一个想法。——英译编者注

如何将这些命题统一起来,如果不是通过暗示整体性自我毁灭、自我分裂、自我实现和自我生成? 阿克塞洛斯认为,统一性和多样性之间的关系比哲学中的关系更具戏剧性:分泌(secretion)? 分化(differentiation)? 整体的分裂与碎片化? 不,是断裂(ruptures),或者分崩离析(fractures)。这颗行星只有在分离(东西方分离,对于那些掌握事物的人来说)和(核)毁灭的威胁中才会上升到我们的视野之中。技术使地球人民陷入焦虑,从而统一了地球世界。

一个悲惨的愿景? 既是又不是。对于这场稳定的戏剧来说,这种在错误中的稳定是一场"游戏"。悲剧的矛盾是严肃和游戏的矛盾(的对立统一)。人类是严肃的存在,但没有什么比游戏更严肃了。人类严肃地对待自己的命运,而宇宙则以人类的严肃和游戏来对待地球。表象和幻象游戏着现实,因为现实只是表象的游戏。存在? 自然? 绝对的? 我们先不说这些。当我们游戏的时候,我们就在那里而不说话。"它"是一个永恒的孩子,收集他的骰子将它们扔进无限。① 哦,辩证法的恶魔! 神圣的恶魔! 永恒的童年! 说话清晰的人变得像赫拉克利特和阿克塞洛斯一样晦涩难懂。读者,虚伪的读者,该轮到你来评判了。

---

① 赫拉克利特的一个现存片断,在 Diels Kranz numbering 中编号 52,表明"时间就像一个玩游戏的孩子"。——英译编者注

世界与行星^①

亨利·列斐伏尔^②

列斐伏尔试图提出一种"空间学"或"空间分析",从而推进马克思主义对空间问题的研究。世界化预示着全球化,但不能将世界化等同于全球化。列斐伏尔认为世界市场已经完全确立,国家在管理资本主义积累时的作用日益增强,甚至达到了行星化的程度,导致了资本主义生产方式的根本转型。"行星"和"生产方式"成为一个富有可能性的统一,即空间的生产。世界市场勾勒出了刻在不断变化的空间地表上的构造。因此,国家、民族和阶级之间的空间中的矛盾和空间的矛盾就产生了。空间的矛盾逐渐成为资本主义市场的主要问题,它通过取代时间的矛盾而掩盖了时间的矛盾,在全球社会空间中展开的战略概念正逐渐取代历史性、历

———————

① 这篇文章作于 1973 年,它以更加明晰的政治意向发展了列斐伏尔在《空间的生产》一书中讨论的相关问题,在这种情况下,他通过引入一个新的概念分析了社会进程向世界尺度上的日益扩张。列斐伏尔认为世界市场已经完全确立,国家在管理资本主义积累之时的作用日益增强甚至达到了行星化的程度,导致了资本主义生产方式的根本转型。列斐伏尔以社会空间性的解释反思了这种转型,甚至,也解释了随着这种转型而来的政治行动。这篇文章相当明显地预见到了当代全球化讨论的主要线索,尤其是通过对流动性和固定地方与区域之间的紧张关系的研究。列斐伏尔在本文中也讨论了三个关键概念:全球、总体和世界——这几个概念在他对当代世界化状况的分析之中扮演着无比重要的角色。——英译编者注。Cf. Henri Lefebvre, *State*, *Space*, *World*, *Selected Essays*, London: University of Minnesota Press, 2009, p. 196.

② 译者简介:鲁均亦(1990—),男,河南息县人,法学博士,南京信息工程大学马克思主义学院讲师。本译文系教育部人文社科基金青年项目"马克思主义城市批判理论及其实践路径研究"(22YJC710042)的阶段性成果。

史时间、历史决定以及与之相关的决定论的概念。列斐伏尔以社会空间性与空间生产的解释反思了这种转型，并且阐释了随着这种转型而到来的政治行动，新社会的到来必须以空间的集体所有和集体管理为前提。

文本前和文本外

这些主张提出了一个推想（project）①，即一个同时具有描述性、分析性和整体性的知识诉求，这将与社会实践产生积极和消极的联系。如果我们给它贴上标签，这种知识将被称为"空间学"（spatio-logy）或"空间分析"（spatio-analysis）。②

有些命题不仅仅是阐述：它们提出问题并给出建议。它们提出一个实际的"对象"，并提出一个"目标"。这意味着要使用经典的演绎和归纳，但也意味着使用转导（transduction），以虚拟"对象"为目标，并在通向"提议"地平线的道路上实现它。这些命题是抽象的，但在概念抽象的意义上，抽象不仅是具体的表象，而且是包含具体的表象。提议并不等于生产，但提议为那些将进行生产的人开辟了道路。这些是理论上的断言，在这方面需要某些所谓的"方法论"方法。这些方法将在整个过程中变得显而易见，在此没有空间来遵循详细说明它们的陈腐程序。

如果有人问："为什么从这里开始，为什么以这种方式开始？"这里有一个回答："如果你愿意的话，可以重新阅读马克思（马克思而不是列宁、罗莎·卢森堡、托洛茨基等），其中一些概念在这里被重复使用，尽管经过一定的修改，其影响也会在这一过程中显现出来。"

1. 第一个提议看起来很平淡，甚至很平庸。它的含义可能并非如此。

---

① 1972 年 12 月 2 日在秘鲁利马建筑与城市规划学院举行的研讨会。

② Henri Lefebvre, *Le droit a la Ville*, Paris: Anthropos, 1968; *La revolution urbaine*, Paris: Gallimard, 1970; *La pensee marxiste et la ville*, Tournai: Casterman 1972; *Espace et politique and La production de l'espace*, Paris: Anthropos, 1974, etc. On transduction, see *Le droit a la ville*, 121f; *The Urban Revolution*; and *The Production of Space*.

这里是：社会空间、社会空间的实践（spatial practice）、问题的集合以及与（社会）空间相关的筹划在现代社会中占据了极其重要的地位。事实上，每个社会都是历史的产物，有其特殊性，都曾通过暴力、诡计和劳动塑造过自己的空间。它的空间，它的作品！今天的议题是世界尺度上的空间（行星，甚至更远）。这种新局面的原因正在浮出水面，从历史的阴影中浮现出来：世界市场、技术和科学、人口压力等。这些原因在空间中与它们的影响和后果并存，例如，众所周知的污染、资源枯竭和自然破坏。在一个统一的概念下把它们聚集在一起是值得的。当然，这样的聚集将构成一种理论，前提是不能在空间同时性中将原因和后果、原因和影响混为一谈。这样提出的理论概念并不要求确定一个已实现的"总体性"，更不要求将其自身确立为一个"系统"（system）或"综合"（synthesis）。

2. 在我们的社会中，存在着空间的"问题"（概念和理论），以及经验可观察的实践。用哲学的语言来说，这种"问题式"是由对心理和社会空间、它们之间的联系、它们与自然和逻辑的联系等的质询构成的。在建筑中，在"城市规划"（使用官方语言）中，在有效的道路和场所规划中，在日常生活中，简而言之，在城市现实中，空间实践与这一问题截然不同，但显然不能与之分离。

3. 空间的优势需要重新考虑大量的知识，特别是社会学、政治经济学、人类学和历史。这一知识是通过全球模式构想出来的，无论是口头的（直到黑格尔之前的古典哲学的方式），还是历史性意义上的时间的，都强调时间对空间的优先性和首要性。这些科学是否还没有陷入空间和时间的对立？有理由这样想！这种不可避免的、痛苦的、危险的对抗在理论思想和实践中引发不可避免的知识危机。无论是对个人还是总体而言，语言都是在心理时空中说和写的；他们表达社会时间和实践空间的能力很差，他们对世界空间及其固有时间的表达更差。它们必须被解构和重建。如果普通语言（词汇和语法）具有农民和工匠的起源，而更复杂、更精致的语言有神学和哲学的起源，这一点是准确的，那怎么可能反其道而行之呢？至于工业及其技术，它们才开始影响词汇和语法。

通过将批判性知识与知识批判统一起来（而不是将知识固定在认识论

中),对知识进行系统的反思难道不是拯救知识的唯一途径吗？在这样的重建缺席的情况下,知识在非知识和反知识的打击下崩溃了:变成虚无主义。目前,没有必要坚持这个问题,因为这样提出的问题已经预设了它自己的答案。只有一点:空间的问题,在实践之外,在一个"纯粹"的知识的层面上,自以为自己是"富有成效的";甚至这个高度哲学的问题也显露出退化的迹象。退化成什么？退化为知识空间(intellectual space)的思考,也即将"写作"视为一个民族的精神空间,作为一个时代的精神空间等的一般思考。

空间审判不能与另一种审判分开:身体审判(理论知识与身体的关系,实践的基础)。

4. 心理空间(数学家、哲学家、认识论的空间,也就是空间的提纯的表象,但也包括普通感知空间、表征空间和日常话语空间)与社会空间(投资于地球和投资者的累积空间、空间实践的空间)之间的联系,这些联系是问题式的一部分。无论是明确的还是不明确的,它们在从基本的、部分的到总体的顺序中构成了方法论上的重要环节。只有对它们进行仔细地检查,我们才能避免两个陷阱:心理空间和社会空间的混淆(这会使一个空间还原到另一个空间,通常是社会空间还原为精神的空间),以及它们的分离(这使得对实践的解释变得不可能)。我们不应轻率地将在心理空间中形成的模式物化,即使这种空间在认识论上是合理的。这是在被称为"操作主义"(所谓"操作"概念的处理和操纵)的危险操作中肆无忌惮地完成的。但反过来,如果不从心理空间开始,不考虑从这个心理空间的抽象地方到社会实践空间和空间中的社会实践的轨迹,我们就无法实现"真实的"(实际的和虚拟的、现在的或可能的)实践。像海德格尔《哲学是什么》这样的作品试图对哲学思想进行概括,但没有成功,因为他坚持时间对空间的至高优越性,这反过来又阻止了他解决他所揭示的居住与迷误(Errancy)之间的冲突。①

① Martin Heidegger, *What Is Philosophy? Was ist das-die Philosophie?* English-German edition, trans. William Kluback and Jean T. Wilde, London: Vision Press, 1963. 这篇论文是海德格尔在法国做的一次演讲,科斯塔斯·阿克塞洛斯(见 Henri Lefebvre, *State*, *Space*, *World*, *Selected Essays*, London:University of Minnesota Press, 2009, ch. 12, 13 and 14)担任海德格尔的翻译。Aggiornamento 是一个意大利术语,意思是更新,意味着神学现代化。

5. 空间的主题或者问题式（如果你更愿意使用哲学家的语言），除了阐述合适的范畴之外，既没有压制概念和范畴，也没有压制在起源的时间里从过去产生的问题，简而言之，也不压制在历史诞生时在场的反思性的企图。如果有"压制"，它是在众所周知的超越（depassement）的意义上而言的，它改变了问题，但不会在瞬间消失中废除问题。新的问题取代了旧的，通过修改旧的问题从而来代替它。尽管最近的哲学家海德格尔（Heidegger）提出了问题，但在此之前，在一段旅程的过程中，在地平线上，在可能和不可能（及其关系）中，意义不再在起源（开始）中被封闭。空间的矛盾尚未在其浩瀚中被发现，它通过取代时间的矛盾而掩盖了时间的矛盾，尽管并不是没有增加新的冲突。在全球社会空间中展开的战略概念正逐渐取代历史性、历史时间、历史决定以及与之相关的决定论的概念。后面这些概念指的是一个超越的过去，他们只有在过去才有真相。在任何情况下，以现在的名义，去谴责历史，或者退回到历史主义，或者拒绝记忆，或者盲目崇拜它的图像、符号和图标都是不值得的。一切从时间中产生的东西此刻正在经历一场考验：文化的、民族的、群体的甚至个人的"身份丧失"。从过去继承下来的参照系和参考框架正在崩溃。无论价值观是否被确立为体系，当它们相互对抗和冲突时，它们正在崩溃。富有教养的精英早晚会发现，他们处于与那些由于被征服、被殖民化而被剥夺（即被异化）的民族相同的境地。通过发明（生产）一种形态，任何在空间中没有被重新描述的东西都会萎缩成符号，溶解成抽象的叙述，只能通过用神话和幻想膨胀自己来避免无内容的形式主义。当历史的形态像河流入海一样延伸到（世界范围内的）空间时，其中一些在沼泽满布的三角洲蜿蜒纵横，另外一些则让人联想到宽阔的入海口那骚动的湍流。其中一些（历史形态）以民主方式，凭借惯性的力量保证它们的存续，另一些（历史形态）则寄希望于军事和政治暴力。无论是关于资本主义还是社会主义、哲学还是宗教，总是会遇到一个彻底的质疑。瞬间这个词在这里表示一个纪元。这种可怕的考验和对抗在社会形态中以高度不平等的方式展开，这取决于它们的力量、它们在自然中的根基以及它们与历史的碰撞方式。没有一个构成——文化、民族和民族国家、语言、口头传统和文字——没有任何东西可以避免在空间中与他人(其他文化、语言、民族)发生多重对抗。甚至连哲学和知识都没能避免,尤其是"历史唯物主义"(其核心是开始与经典理性主义、形而上学和目的论脱钩,即马克思所坚持的理所当然的生成感、历史感等)。我们所说的意识形态,总是有几个目标在这里是伪装,是防御。审判已经开始。哲学家回避了时空关系,它是在社会实践中产生的。信息技术和控制论,也就是说信息的准瞬时传输及其几乎准时地集中到一个地方,在覆盖空间的同时转换知识。它们引入了知识本身与权力(策略)对它的利用之间的具体矛盾。

6. 在全球范围内,在世界市场的框架内,政治经济正在发生变化。世界市场不是一个被专制主义所控制的主权实体:它与其中的任何一个都不一致。它是复杂的:从某些角度看,它是坚实的、强大的,从其他角度来看,它是脆弱的、受到威胁的。它包括商品和资本市场:这种双重性禁止我们用逻辑术语来谈论它,禁止不加批判地应用马克思主义的逻辑概念和商品语言。它假定并推行了劳动分工(生产性劳动和空间投资的分配)。我们知道,技术分工引入了互补性(合理的相互关联的生产操作),而社会分工引入了盲目的(非理性的)不平等和冲突。生产关系在世界性的框架中并没有消失,"就像在作为整体的生产方式的框架中"不会消失一样。它们仍然是关键,这在现实中、在具体中以及因此在互动和交流中至关重要。通过这些相互作用,世界市场勾勒出了刻在不断变化的空间地表上的构造。因此,国家、民族、阶级之间的空间中的矛盾和空间的矛盾就产生了。马克思已经在工业企业、国家市场和世界性的层面上对双重分工(技术和社会)进行了批判性分析,今天必须在跨国公司的(世界)空间等层面上重新进行分析。

旧式的政治经济学转变为空间政治经济学。自从几位思想家(包括弗朗索瓦·佩鲁以及随后的萨米尔·阿明)①阐述了(增长)极、中心和外

---

① 弗朗索瓦·佩鲁(Francois Perroux,1903—1987)是一位法国经济学家和区域发展理论家,通常被认为是"增长极"一词的发展者。萨米尔·阿明(1931—2018)是一位激进的政治经济学家,他出生于开罗,在巴黎接受教育,居住在达喀尔。阿明以其对马克思主义欠发达理论、新帝国主义和全球不平等理论的贡献而闻名世界。

围等业已实现的空间概念后，它已经发生了转变。经济中的一切都被动员起来了，并被空间化、辩证化。抽象的增长和协调模型信誉扫地，已经过时了。规划和半规划的程序（管理者的经验主义、政治家的实用主义、库存和财务的资产负债表）让位于空间规划。空间规划涉及能源、原材料、货币、劳动力、各种商品、人和物的混合物、标志、信息和理解、符号、资本等的流动。在哪个空间？在世界范围内的大型地质政治单位（欧洲等）中。政治经济学的科学，包括马克思已经完成经典形式化的政治经济学科学（在那里它与他的批判和自我批判严格统一），都无法避免被重新评估。还剩下什么呢？在重建之后，它会带来形式化和内容、科学实证主义和批判否定之间的统一吗？也许会吧。自从马克思以来，新的证据已经出现在地平线上；社会主体（包括阶级、制度等）占据空间并生产空间，而被占据的空间和生产的空间并不重合。社会主体及其关系在空间中充分地"反映"自己，"表达"自己。城市肌理侵占了整个空间。这个空间参与了货物、事物和商品的生产；它生产消费；但与此同时，它完全被剥削和统治所掩盖。空间完全不再是一个"中立"、被动和空虚的环境，而是成为一种社会和政治工具。那么它为谁服务呢？为了什么？谁使用它，为了什么而使用它？这正是核心问题。答案是：它成为生产（社会）关系再生产的场所和背景，主要是资本主义生产（社会关系）的场所和环境。

一个新的矛盾出现在地平线上：流动（流动、短暂）和固定性（建立的中心、决策位置）制度、各种"财产"等之间的矛盾。这种相互脱节的现实之和是否能够被把握和理解？这种理解是否会有一个熟悉的名字，比如政治经济学或社会学？毫无疑问。可以肯定的是，在这样创造的空间中，距离不再与接近相混淆，空间的产生将远端秩序与近端秩序、"自然"的近邻分离开来，地理政治与地理图形也被区分开来。①

　　7. 空间的生产者从一种分析中产生，这种分析将他们当前的作用定

---

① 本文的原始编号从第6点跳到第9点。这似乎没有什么好的理由，也没有明显的数字或文本缺失，因此我们现在对其重新编号。

义为与空间中事物生产者的作用截然不同（但不可分离）。空间的生产有许多代理人。一些人将干预置于"宏观决策"层面，另一些人则将干预置于"微观决策"层面。这些"代理人"参与的干预，既有联系，也似乎没关联，但是都发生在一个同质和破碎的空间中。这些"代理人"被称为政治家、科技人员和规划师、军事和财政官员、地方当局、建筑工人、"用户"和"城市斗争"等。建筑师和城市规划师比画家和雕塑家等更直接地为这些空间生产者作出贡献。他们被插入到生产和再生产过程中，从而被插入到资本主义生产方式的空间实践中。他们能在多大程度上摆脱这些限制和工具空间？这取决于基层民主运动，即当地社区、工会（当他们关注这个问题时）、"用户"，简而言之，取决于社会关系网络，这些网络或多或少地明确和集中地针对空间质量。

资本主义生产模式的空间实践试图利用工具空间（空间作为工具）并将其制度化，以便将剥削和压迫引入同一性，也就是说，引入生产和阶级的关系，就像让它们在"地面上"被具体化：空间实践无法实现这一目标，除非通过环境和机会的融合，因为它会引发新的矛盾，空间的矛盾被转化为一种工具和一种制度，一组问题被制定出来，涉及每个空间和空间中的每个干预："谁？为了谁？为了什么？"我们是否因此回到了主体这个古老的哲学问题？既是，又不是。问题和答案都变了。对空间生产的批判性分析具有实际意义，这意味着要研究和理解（私人和公共）建筑作为一个日渐式微的工业分支的作用，理解"负责任"的机构和"代理人"之间的关系，我们称之为"房地产"，它不再局限于一种经济功能，它甚至详细阐述了这样一个空间，即消除所有（其使用者）对其日常生活的控制，根据新资本主义生产的（不断变化的）需求重新分配劳动力，将劳动力视为能量的"储备"、物体的流动。为了把握生产方式的这些变化，这里有一个出发点：全球市场、市场对行星空间的征服、资本主义生产方式的战略、全球范围内的（技术和社会）分工、生产力的当前水平、它们与科学和信息的联系，以及在世界范围内处理空间和生产空间的能力。尽管交换空间支离破碎，尽管碎片化科学中的知识支离破碎，尽管词汇和概念千差万别，但这一出发点构成了从最初到最后的统一。从资本主义生产方式已经尝试并在某种程度上实现的对空间的占领,产生了一场刚刚开始的新型理论和实践危机。暴力是政治空间所固有的,不仅是对权力的(政治)意愿的表达,而且是一种永久的恐怖统治,这种恐怖统治将寻求统一的东西(从性别到民族)分离开来,并且在没有分析的情况下将之融合在一起(例如,历史与历史时间的空间铭文;或者再次建造的第二自然城市、都市、从直接自然中设计的空间)。一股强大的同质化力量在全球范围内发挥作用,创造出一个每个部分都可以互换(量化,没有质量)的空间。

这种力量一点也不神秘或具有欺骗性,汽车和金钱以及全球市场一样都是它的一部分。一些力量和相反倾向在抵制这种力量,尽管它们是极不平等的:对这些压力的抵抗本身是双重的:有时是被动的、停滞的,因此是"反动的";有时是主动的、动态的、创造性的,因此是颠覆性的。这些趋向于差异的倾向,与趋向于量化均一的野蛮倾向产生了冲突。这些否认差异的力量所固有的暴力(差异因此被减少和缩小)引出了另一种暴力,即"反文化"的暴力、特殊的暴力(因为它们经常被称为一个模糊的、隐喻的、经常被危险地使用的词),以及因此产生的其他(仍然不确定的)空间生产过程的暴力。这些对立、对比、冲突、矛盾可以在空间中观察到,并且只能在与空间的关系中被设想。

这件事可以用更经典的说法来解释。长期积累的定量数据不仅会产生(通过历史和当代冲突已经产生了)质的飞跃,而且会进入质的飞跃。今天,经典的"阶级斗争"有一千种形式,比以往任何时候都更加复杂。城市的需求和斗争是其中的一部分。这种斗争意味着对空间的质的要求(交通、"栖息地"、日常生活)。空间的主要矛盾之一是,它似乎是量化的最佳环境,它是最有效的量化工具,而在现实和真理中,它传达了(实际的)品质、地点、场所和情境、"乌托邦"以及这些元素之间的关系。

这些(理论的和实际的)战斗的战线已经不能像过去那样,用一条抽象的分界线把被剥削阶级的阵营和统治阶级(掌权)的阵营分开。这种划分跨越所有的社会形态,包括那些声称属于超政治的社会形态(文化、科学、工会等),以及那些自称是政治性的社会形态(政党和"运动")。这场斗争的战略目标是把被分裂的东西重新统一在一起。与此相关的是,要对曾经被蓄意混淆的事物再进行有效的辨别。

只有通过这次试验才能发现普遍对抗所带来的差异。谁分开? 谁在资本主义生产方式中混合了占主导地位的思想和行动? 为什么? 由于极端(物质和智力)劳动分工,由于知识的分割(以虚构的统一为标志,带有百科全书主义的外衣或包含过时的政治国家哲学),由于非辩证智力的功能,它只能,也只知道如何分离、分散、传播它在其机器中捕获的东西。质量和数量的分离,以及数量(没有质量)对空间的归属,起源于正在消亡的、去辩证法的过时哲学。解决分离和分散的答案是团结,正如解决强制同质化问题的答案是对于差异及其在实践中的实现怀有敏锐的洞察力一样。斗争在多重的、暴力的、多样的和共同的战线上展开,它们反对分离或者反对混淆。"总体的"和"全球的",或者称为世界性的和行星性的更好,是通过在社会实践中(在空间实践的时间,它的冲突和对抗中)生产自己而被构想的。

在缺乏增长的情况下,那些抵制量化总体化和系统化的区域和地方是否会被置于非发展状态? 当然不是:他们可以经历真正的发展,另一种增长。

8. 还有一个问题:"这种空间理论与实际存在的革命运动有什么关系?"答曰:

(1) 这一理论的实际应用致力于废除现存社会;它介入这个社会内部,从其繁荣的核心处揭露那些制造困扰的东西,以便吞噬它并分解它,因为在它的扩张中,这个社会只会产生空间混乱。尽管它能解决一些源于历史的矛盾,但是它当然并不能解决空间的矛盾(也即它的空间的矛盾)。

(2) 现有的政治组织误解了或忽视了有关空间的问题。政治组织是历史遗赠给我们的;然而,它们的领导人知道空间问题已经取代或将取代它们。目前,今天被我们误解的东西明天就会被更好地理解,从而成为明天的政治和政治的彼岸。人口的整体(不包括当权者,他们只了解其战略的障碍)已经经历了空间和对抗的痛苦考验。

（3）从它们各自处理空间的方式来看,(苏维埃)国家社会主义的"模式"只是资本主义"模式"的加强版和恶化版。该模式试图加速进行有计划的增长,强调了那些工业和决策中心"植入"的特权。其他地方仍然是处于被动的(外围的)地位。① 似乎只有中国的方式需要努力确保全体人民(积极)参与双重过程:创造财富和社会生活——表现为既在空间中生产各种各样的商品,也生产作为一个整体的空间。

（4）人们一度认为,革命要么是通过国家层面的政治变革来定义,要么通过生产资料的集体(国家)所有制(生产单位:工业企业,在较小程度上是农业企业)来定义,以上任何一种定义都是必要的。这似乎意味着生产和整个社会被合理地组织起来。因此,革命思想已经退化为某种增长的意识形态。如今,对于革命的这一定义已不再充分。革命进程意味着所有私有财产的终结,主要是所有私有土地所有权的终结。这样转型的社会以空间的集体所有和集体管理为前提。至于这个其开端可以辨认的定向过程,穿过这个开端,它将趋向于克服作品和产品之间的矛盾:在重复和可复制的产品——它的复制包含了社会关系——和作品(独特的作品,它带有一个"主体"的标志:一个永远无法重复的瞬间)之间的矛盾,这将是一个将行星空间作为人类集体性的作品,以过去和现在被称为艺术的方式来生产的问题。因此,全球空间的创造作为日常生活转型的社会基础:向着无限的可能性敞开了。这就是伟大的乌托邦主义者傅立叶、马克思和恩格斯所承诺的,在他们的想象力、智识和梦想的激荡下,他们的思想得以实现。这是一个具体而无限制的作品,空间避免了有限和无限之间(开始和结束之间)的时间交替。

9. 这种"观点"、这些"视角"将同样表现为简化、抽象和乌托邦。作为对这一反对意见的回应,相反,这些命题暗示着拒绝还原方法。它们需要一种非还原性的统一。它们似乎只对那些喜欢混乱(空间、社会和其他现

---

① 在工业地理学中,"植入"(implantation)一词偶尔被用来指出于工业生产、住房、军事或政府目的的规划定居点。在列斐伏尔所指的国家社会主义背景下,它指的是作为加速工业发展的集中点而建造的大型工厂中心和住宅区。在提到这些装置时,列斐伏尔的观点是,在苏联式的国家社会主义下,不均衡的空间发展加剧了,而不是缓解了。

象的混乱)而不愿将这些现象放在一个非还原的视角中,从而使其变得可理解的人来说是简单的。这运用于所有的力量:诗歌和想象,身体和知识。这个视角带来了一个方向。我们关注的不多也不少:就是可以称之为感觉的东西,即一个感知的器官,一个可以构想的方向,一个朝向特定地平线的可以直接经历的运动。这是绝对不同于"体系"的东西。旧的哲学抽象只有在具体化时才有意义;它们只有在转变中才会变得具体:从"总体"向"世界"转变,从"系统"到"行星"转变;这是用空间性对抗时间性的另一种方式。

长期以来,"总体"这一范畴被哲学家的"存在"填满,然后又被时间、历史和国家填满,如果没有"世界","总体"这一范畴将是空洞的,因为"世界"有双重决定:"行星"和"生产方式"成为一个富有可能性的统一,即空间的生产。

一场想要改变生活、改变世界的革命,如果不理解和实现生活和世界,将是不可能的,也是非理性的(自发的和虚无主义的)。它不会是"空想主义的(utopian)"(理解可能和不可能,将当前不可能的转变为可能的赌博),但却是乌托邦式的(utopistic)。

世界范围内所谓的共产主义政党表明,他们不仅放弃了经济政治转型(托洛茨基主义者和毛主义者对他们的指责是正确的),而且放弃了生活的转型。因此,他们坚决地(在战略上)反对质性的要求,而质性的要求已经出现在地平线上,并进入了21世纪的秩序之中。城市斗争中的"使用者"要求特定的"空间品质",从而生产了质性。战争(避难所、地下掩体)也是如此。

从刚才所说的情况来看,"改变生活"的命令只有在经过了漫长而艰难的所谓增长期之后,才能与非常高水平的生产力一起产生影响。在达到这种水平之前,它是乌托邦式的。它只有在数量倾向于(冲突地)转变为质量的那一刻才获得另一种意义;没有发展的增长无疑是荒谬的;技术和科学允许生产空间;自动化为不工作铺平了道路。然而,作为一种渴望和要求,无论是无政府主义、个人主义还是精英主义,这种"改变生活"的指令都是未来的征兆。它宣告了意义的转变、时间和空间的变化:一场

（总体的）革命。

　　要是知性宣称自己是颠覆性的而不是虚无主义的就好了，但这只是必要不充分的条件。最重要的是，如果它没有以欲望或"恐慌哲学"①的名义，以否定"真实"为借口而放弃自己就好了。

---

① 真实与欲望的关系是吉勒·德勒兹和费利克斯·瓜塔里的《反俄狄浦斯：资本主义与精神分裂症》一书的主题之一。Gilles Deleuze and Felix Guattari, *Capitalisme et schizophrenie*, *vol 1*, *L'anti-cedipe*, Paris：Editions de Minuit，1972；translated by Robert Hurley, Mark Seem and Helen Lane as *Anti-Oedipus*：*Capitalism and Schizophrenia*, New York：Viking，1977.

世界性[①]

亨利·列斐伏尔[②]

　　列斐伏尔简要地分析了他的世界性概念的哲学根源,这一概念来自赫拉克利特、马克思、海德格尔和阿克塞洛斯。世界无法自己表现自己,它必须根据同一性、差异性、非矛盾性、抽象性等原则,由表征性思想构想出来。马克思的思想也构成了世界性,而且是在双重意义上构成的:在理论层面上成为世界性的,以及为改变世界并朝着世界方向前进的运动提供实际动力。对马克思来说,"世界"首先采取世界性的市场这种形式而且它已经成倍地扩大和分化。列斐伏尔从空间的角度提出,世界的实际转变经历了三个阶段:土地阶段、工业阶段与城市阶段,这些讨论虽然简洁但是却很重要。最终列斐伏尔指出,"历史性与世界性"的冲突,只能在世界空间的生产中,通过世界空间的生产,在历史时间的作品中得到解

---

① 这篇文章作于 1978 年,来自《论国家》第四卷的最后一章。在这里,列斐伏尔简要地分析了他的世界性概念的哲学根源,这一概念来自赫拉克利特、马克思、海德格尔和阿克塞洛斯。他对世界市场、跨国公司的增长、农业、工业和资本主义发展的都市阶段划分的讨论虽然简洁但是却很重要。列斐伏尔也讨论了世界化概念与历史之间的关系。因此,这一章证明了列斐伏尔是如何通过一种空间的视角将自己的理论工作建立在对传统历史唯物主义的研究和批判之上的。在《论国家》中通过一系列当代的政治案例,列斐伏尔探讨了他的系列分析的实际意义。在这里,关键的概念仍旧是:国家生产方式,世界化与自治。——英译编者注。Cf. Henri Lefebvre, *State*, *Space*, *World*, *Selected Essays*, London: University of Minnesota Press, 2009, p. 274.

② 译者简介:鲁均亦(1990—),男,河南息县人,法学博士,南京信息工程大学马克思主义学院讲师。本译文系教育部人文社科基金青年项目"马克思主义城市批判理论及其实践路径研究"(22YJC710042)的阶段性成果。

决。唯有通过对空间的生产、取用和管理才能重新理解社会主义。

革命一直依赖于创造"世界"(monde)和"世界性"(mondialite)。这是世界性的革命(la revolution mondiale)。今天我们必须认识到,世界和世界性以其危险和不可预见的特征构成了"革命"本身,而不是使之终结。但什么是革命? 什么是世界? 经过初步观察,我们注意到这场运动的巨大复杂性:全球市场、国家权力的普遍化、广义化但经过处理的信息、不受限制的人口统计和技术、空间、第三世界和少数群体、民族群体、妇女、农民、青年等。马克思和马克思主义提出的(从根本上和本质上)享有特权的工人阶级运动,只会是以上那些运动中的一个,是重要的或最重要的,它们仅仅是矛盾的产生者,但不是唯一一个。这需要重新考虑"世界"。

话虽如此,但世界的概念已经广为人知。它缓慢地但并非轻而易举地将自己从历史中分离出来。它是概念而不是隐喻? 当然,但它拥有一个新的含义,即强调可能而不是"真实"。我们不必在这里研究"世界性"的某些重要且可能具有决定性意义的方面,例如信息的"航空政治",只需提及它们即可。信息储备不止一个惊喜。① 现在应该从这些元素中绘制出世界性从一开始就呈现在这项工作中的各个方面和时刻:现在这个概念,这个出发点和落脚点还远不能予以解释。它辩证地表现为整个现代力量所表现、指定、产生的东西,以及它们所隐藏、抑制、禁止和阻挠的东西。这就提出了一个问题,即世界性的可能/不可能,以及遥不可及的虚拟性。为了谁呢? 为了那些跟随这个运动从而产生非常相似的虚拟性的人们。矛盾的是,世界的可能性已经部分(粗略地)实现、诱导和产生,但也被现代性中的行动力量所抵制和阻挠。相反,世界往往会打破障碍,打

---

① Armand Mattelart, *Multinationales et systemes de communications*, Paris: Anthropos, 1976; *Collective A/Traverso, Alicee il diavolo: Sulla strada di Majakovskij: Testi per una pratica di comunicazione sowersiva*, Milan: L'Erba Voglio, 1976. 爱丽丝广播电台(Radio Alice collective)是 1976 年由博洛尼亚自治运动成员建立的一家海盗广播电台。它播放了音乐、左翼和其他宗教新闻以及电话播播。随后,它被宪兵队突袭,组织者被监禁。A manifesto appears as "Radio Alice-Free Radio", trans. Richard Gardner and Sybil Walker, in *Italy: Autonomia*, Semiotext(e) vol. 3, no. 3, ed. Sylvere Lotringer and Christian Marazzi, New York: Columbia University, 1980, pp. 133 - 134.

破界限，并拖住反对它的人。我们已经知道国家是如何走向世界，同时又反对世界的。依附于领土的民族国家，是这一空间的管理者，从这一空间中进行仲裁，并通过这一空间发挥主导力量。他们以显赫的所有者的身份管理土地，几乎就像这个词在旧制度下的意思一样，在这种制度下，贵族和国王的书面权利和权力被叠加在农民的共同权利之上，农民是永久用益权的"平民"持有者。① 一种类似的超级强制统治着现代国家及其与空间（领土）的关系。方法（有时是强制性的，有时是暴力的）和程序有很多种，其中最著名的是"征用"，具体地彰显了这一重要权利，我们知道，这一权利延伸到地下，延伸到领空、森林、水源、河流、海岸和领海，以及最近扩大的领海。生产力趋向于覆盖全世界。不幸的是，这种生产力的趋势——最新的世界经验和最重要的经验——产生了我们所知道的"超级"或"多级"企业和公司，这些企业和公司倾向于超越国家，并利用它们来支配和管理领土以牟利。

当哲学探索世界性时，它就确立了重要的命题。当海德格尔说出"世界世界化着"（Die Welt welter）②时，这个接近于重言式的观点有着极其重要的意义。他意思是说，世界是在自身中而不是通过另一种事物（历史、精神、工作、科学等）来构想自己的。世界生成世界，变成了它实际上的样子。它通过成为世界从而改变了自身。在它里面，发现和创造融合在一起。它在创造自己之前是不存在的，然而，它通过所有的力量、技术、知识、艺术，宣称自己是可能的/不可能的。这种"终结点"（terminus ad quem）有其自身的一致性和存在性。我们是否在寻找"原始的终点：这是一个无法接近而最终迷失之点"？③ 这是古代哲学的错误。秘密，存在的密码，不在起源中被发现，而在可能中被发现，不遗漏历史。整个过程和

---

① 用益权是指使用他人财产并从中获利的权利。

② Heidegger actually writes, "Welt ist nie, sondern weltet"（world never is, but worlds）. See "Vom Wesen des Grundes", in *Wegmarken*, Frankfurt am Main: Vittorio Klostermann, 1967, p. 60; "On the Essence of Ground", in *Pathmarks*, trans. William McNeill, Cambridge: Cambridge University Press, 1998, p. 126.

③ "Terminus ad quem"是指一个已经完成的终点或者目标，"terminus a quo"是指开始的起点或者起源。

历史(在海德格尔那里)可以而且必须被考虑,但不包含其神秘之词。可能和不可能在此时此地以呼唤或质询的形式显现出来,世界无法自己表现自己。世界性代表自己:它是根据同一性、差异性、非矛盾性、抽象性原则由陈述构成的(由表征性思想所构想出来)。存在者显现自身,但它不是存在。世界从宇宙绵延中诞生;它作为世界被生产出来,"通过使存在获得的裁决发光,使它闪耀",它才成为存在的裁决者。海德格尔承接赫拉克利特的话说道:"存在的方式——一个游戏的孩子。"人参与这个游戏中,从而开始了运动:游戏是没有原因的,但它游戏了,而且只能如此。只剩下最高尚、最深刻的游戏。它是独一无二的。因此,世界,这场游戏的赌注,存在不再隐藏自己,将自我绽开与散播。[1]

同样地,阿克塞洛斯将世界定义为或更确切地说设想为一个"无物的地平线"。这个世界的游戏包含并粉碎了游戏和规则、越界和算计、意义和解释、所有的真理和所有错误的数字。根据阿克塞洛斯的说法,世界不会比真实或实际上具有更多的一致性。移动中或正在进行中的整体既没有中心也没有焦点,没有来源也没有核心:这种非中心,就是以这种方式追逐中心的游戏。离中心最近的人同时也是离中心最远的人,无论是哲学家还是学者,是情人还是政治家,是魔术师还是艺术家。所有伟大的思想家都会思考(并怀念)整个世界的意义。因此尼采的思想有一个中心:上帝之死。但他的声音诉说并反复强调,在(现代)世界中,没有关于为什么的答案,因为非整体的总体性(与虚无和死亡不可分割)没有根据:仅仅是游戏。所以尼采预见到了未来世界的危机。在马克思和尼采之后,哲学的死亡早已被庆祝、制度化和仪式化。它不再重要,因为它太重要了,它希望自己能够胜任和负责。哲学家不再玩游戏,不再参与游戏,而基本力量和它们的能量继续它们的游戏:语言和思想、工作和斗争、爱和死亡,

---

[1] See Martin Heidegger, *Le Principe de raison*, trans. Andre Preau, Paris: Gallimard, 1962, last pages. *Der Satz vom Grund*, Pfullingen: Gunther Neske, 1957, pp. 186 – 188; *The Principle of Reason*, trans. Reginald Lilly, Bloomington: Indiana University Press, 1991, pp. 111 – 113. 这些引用来自 pp. 187 – 188/p. 113. 法语的"dispense"是德语"Geschick"的一个非常有限的翻译,它与 Geschichte、历史有关,在英语中可以更好地翻译为"destination"或"sending"。

它们引领着游戏,它们有时通过它们的存在,有时通过它们的缺席,有时通过言说,有时通过行动(逻各斯和实践)来领导游戏。对我们来说,行星是世界唯一可以理解的数字。世界就这样没有休战,没有尽头。①

在从哲学向形而上学过渡之前,马克思通过提出一个"现实主义"和一个"理论主义"的双重命题,开拓了世界性。对马克思来说,从实际意义上讲,世界首先采取全球市场这种形式。马克思概述了全球市场的历史,他开始阐述这个概念,但他没有完成其理论阐述。他区分了世界市场的两个时期:资本主义之前和资本主义之后。他知道,商品市场和货币市场是相辅相成的,但两者之间的重合程度并不比劳动(劳动力)市场更大。在马克思看来,世界性的市场已经成倍地扩大和分化,它总是按照一种空间形态来呈现自己。一个政治权力及其中心统治(马克思时代的英国)包含并支配着这种支配商品和投资的潮流(流动)的配置,但这种中心绝非没有引起往往是暴力的相互作用和反应。马克思既没有完成这种分析,也没有把空间(地面和地下,土地和地租)重新整合到他对现实的描述中。马克思也从哲学的出发点,即从克服哲学出发,来理解世界。哲学使自己成为世界:它创造了世界,世界通过它而创造。世界的产生精确到哲学得以实现的程度,并在实现后成为世界。哲学家们已经解释了世界:现在必须改变它;如果没有哲学,这种改变能实现吗?② 不,因为它包含在哲学家们仅思考或代表的东西的实际实现中:自由、幸福、知识、快乐。谁能通过克服哲学来认识哲学,通过以一种使哲学成为世界的方式来认识哲学?

谁承载着这个生成的世界(生成中的世界和世界的生成)呢? 总体革命,宣告并执行终结的秩序:资本主义的终结,资产阶级的终结,国家的终结,家庭的终结,民族的终结,工作的终结,分离的个人的终结,历史的、经济、社会与政治的终结。因此,工人阶级,这一能力的持有者,是普遍的,也是唯一的。

在目前的工作过程中,我们提出了理论话语——一种关于现代世界

---

① See Axelos, *feu du monde*.
② 列斐伏尔在这里指的是马克思著名的《关于费尔巴哈的提纲》中的第 11 条,该条目指出:"哲学家们只是以不同的方式解释世界;问题在于改变世界。"

矛盾的非矛盾话语——它设想了世界。通过在世界市场的基础上成为世界,国家打开和关闭了世界的道路。因此,这就要求国家的终结(即它的消亡)。

这是历史时间的最后一个图像,也是世界空间的第一个图像,在其他构造之前,这个图像将会褪色,并且已经变得模糊。什么是世界? 它是行星,因此也是空间的产物和作品:一个地方的集合,是一种创造性的艺术活动的结果,有意识和无意识。世界并没有用自然来定义自己;后者向世界开放,但被转变为"第二自然",这一转变令人不安,且定义也比较模糊。地球受到杀戮的威胁①,就像一场可怕游戏的赌注一样,被认为是生产创造活动的开始之地和终结之地。在银河系之前,行星空间对人类来说是一个剧场和场景,是可能的领域,是不可预见的突然出现。

国家,这个政治思想本可以并且应该预见到的不可预见之物,它在黑格尔那里惊鸿一瞥,但黑格尔不敢将其扩展到世界,而是将其保留给欧洲和民选国家,国家不是什么永恒的东西。根据黑格尔和法国大革命的说法,它已经是绝对和完美的国家,而且这个国家正在消失。它爆炸了,陷入了矛盾之中,在内部和外部压倒它的东西之间被撕裂开来。在这方面,国家与历史、历史性以及时间密切相关。什么会将它带走,并且已经将它一扫而空? 世界性(Worldness)。国家并没有失去与"真实"的联系,尤其是与空间的联系。正是以这种方式,它有可能成为跨国公司的工具,或者在它们的打击和操纵下崩溃。这些风险中最小的一个是,巩固国家,充实它,并且让它变得更加具有压迫性和专制性。这个国家不会让自己在没有抵抗的情况下消亡或被征服。它宣布了新的事件,与旧的事件(法西斯主义、苏联教条主义、无政府主义、恐怖主义等)相似,但并非旧事件的重复。也许世界都会在世界性危机的过程中形成? 或者在它之后形成?

为了掌握世界性的知识,是否有必要采访国际商业机器公司(IBM)的首席执行官,或是一位具有加尔布雷斯风格的美国著名专家?② 让我们

---

① 恐怖(Terricide)是列斐伏尔对地球死亡的称呼。

② 关于约翰·肯尼斯·加尔布雷斯,见 Henri Lefebvre, *State*, *Space*, *World*, *Selected Essays*, London: University of Minnesota Press, 2009, 第 7 章第 9 节。

从这种方法的问题中找到慰藉。这些人也许没有同情地赞赏那种赋予他们的全局观念或视野。首席执行官很容易相信,公司的利益可能与美国和整个世界的利益一致。关于这位杰出的专家,他是否也有将美国国家和高度资本主义的战略与世界性混为一谈的风险?

让我们回过头来,更深入地探讨马克思和马克思主义的概念。为什么? 因为马克思的思想也构成了世界性,而且是在双重意义上构成的:在理论层面上成为世界性的,以及为改变世界并朝着世界方向前进的运动提供实际动力。它通过考虑漂移、异轨和失败来做到这一点;此外,通过将理论(包括马克思主义理论)定义为一种通过将语言和概念严格联系在一起而带来实践的活动,即世界的真正转变做到这一点。

从"长时期"来看,也就是说,在一段时间之后(而不是短期或短暂的时间之后),世界的实际转变经历了三个阶段。只有分析才能将它们区分开来。这种区分是故意为之,因为理论思想不能将这些时刻混淆在一起,即使是因为它们相互影响和相互阻碍。在社会实践中,这些阶段相互阻碍,有时甚至是暴力地,它们的运动通过彼此的战斗而获得力量。

(1)土地阶段:农业、土地所有权、土地(和地下)租金和收入的转变;

(2)工业阶段:至少在资产阶级的管理下,工业劳动被引入而且被改变,因此技术也开始改变。现代生产方式和剩余价值(综合性的[全球]生产过剩);

(3)城市阶段:通过工业化和围绕城市中心(权力和决策)的社会整体重组而产生的普遍城市化。

很明显,这些阶段相互交织并相互影响。世界农业的转型是通过"发达"国家工业的经济压力和帝国主义的政治压力而实现的。工业化在原始资本积累的破裂中展开。如果我们考察欧洲和工业化初期处于"进步前沿"的国家(即英国和法国)的历史,我们会发现,农业和农业的变革先于工业资本主义,但伴随着商业资本主义和世界市场,伴随着工业化的最初症状(制造业、布料和纺织品生产的重要性,城镇的初步发展等)而形成。至于城市时期,它既来自工业化,也来自农村的转型:部分农民的毁灭、移民运动、劳动力向城镇涌入。

采取行动的社会和政治力量,以及运动和斗争的原因和影响,根据阶段和时刻而有很大不同。农业阶段是由贫穷或破产的农民推动的,他们的起义很难从农民起义转变为革命;他们需要理论(马克思主义)和实践(其他阶层和阶级的领导人,特别是工人阶级的领导人)的外部投入。这一阶段的一个重要插曲是土地改革。撇开一个历史事实不谈,即法国革命实现了一场规模空前的土地改革,这场革命在二十世纪的大部分时间里都在继续。这些改革以被视为"社会主义"的原始积累形式为导向,构成了俄罗斯革命的基本政治行为。农业问题及其解决方案玷污了"社会主义"的这种假设,需要从理论上进行反思。它解释了从社会主义向国家主义和国家生产方式的转变。马克思意义上的无产阶级革命尚未发生:城市"阶段"的政治和社会取向仍然是不确定的。到目前为止,二十世纪的革命仍然与土壤、地球和国家领土紧密相连;它们仍然受到民族主义的玷污;它们模糊了世界,同时也打开了世界。

农民革命和土地改革改变了地球的表面,在二十世纪的过程中耗尽了它们的可能性。一切都发生了,仿佛工人阶级听任农民为所欲为,对他们的活动投以好感,并小心翼翼地参加他们的活动。各地的土地改革都有利于扩大(内部和外部)市场,从而扩大商品世界和一般流通。然而,这些活动已经在全球范围内产生了革命性的影响:它们打败了一个阶级。它们没有完全清除封建贵族和土地(大庄园)财产。① 它们的痕迹,甚至是碎片,仍然存在(西班牙、意大利、墨西哥等),尤其是在南欧,更不用说在阿拉伯世界了。然而,土地贵族已濒临灭绝。随着资本主义的兴起,这一阶层在世界性范围失去了对私有土地所有权的垄断(列宁所说的"双重垄断")。如果这一阶层再次出现,这种情况将以无法预料的方式发生:通过拥有地下资源及其财富(酋长国的石油等)。与贵族一样,尽管出于不同的原因,村庄社区和村庄本身也会消失。

工业阶段是由资产阶级和其他阶级的"代表"管理的,这些代表与资

---

① 大庄园是农业生产的大型综合区,通常由少数土地所有者控制。他们在欧洲封建主义中起着至关重要的作用。

本主义管理保持一致,但很快就带来了另一种无法预见的东西:国家生产方式。资产阶级和资本主义对增长的管理引起了工人阶级的敌对力量。这在 20 世纪的进程中施加了持续的压力,即使算不上挫伤,也是一种攻势。革命性的突破失败了,在哪里? 在欧洲,特别是在德国,在尚未完全阐明的情况下。① 尽管如此,工人动员在高度工业化国家和其他几个国家取得了显著成果,这些成果包括工会合法化和劳动法(工会权利、工作权利、工人权利)的制定。然而,工会合法化被认为是工人的重大胜利,这并非不合理,但带来了意想不到的后果:他们的官僚化,他们与权力暧昧不清,"扭捏作态",他们在现有社会核心的运作,他们的操纵。在世界的尺度上,一切都发生了,仿佛工人阶级已经耗尽了(自身和社会实践的)转型能力。我们可以扪心自问,在经历了一段短暂的政治传奇之后,这个阶级是否衰落,是否达到"政治主体""霸权"或"统治阶级"的地位。无论如何,复兴并非不可能。工人阶级与资本主义的融合只是一种幻想(一种声称幻想和陷阱已经成功运作的意识形态)。工人阶级参与了现有社会的运作和普遍流通(商品、表征、信息甚至享受的流通),这是一个普遍的事实。宣称不再有抵抗或反抗是一种非常自以为是的断言。证据是:在工人运动、"残酷"的罢工、起义以及"草根"的渴望之间出现了裂痕,此裂痕在无产阶级革命时期可能已经开始。这更像是一个似是而非的假设,而不是一个命题(a thesis)!

今天的城市问题和运动不具有农民和工人运动的复杂和麻烦的历史,它们在世界各地显露、出现继而消失。现代城市(爆炸式的历史城市和现代城市,都有周边、郊区,而且往往是巨大的延伸,位于不断增长的城市结构核心的集聚区)所带来的问题是世界性的问题。在强度和目标高度可变的城市运动中,空间的组织至关重要。可以说,这一新现象延伸到

---

① See Broue, *L'Allemagne de 1920 a 1923: Spartakisme, bolchevisme, gauchisme*, Paris: Editions de Minuit, 1972. 皮埃尔·布劳埃(Pierre Broue,1926—2005)是一位托洛茨基主义历史学家。Lefebvre is referring to *Revolution en Allemagne, 1917-1923*, Paris: Editions de Minuit, 1971, translated by Ian Birchall and Brian Pearce as *The German Revolution, 1917-1923*, Leiden: Brill, 2005.

早期运动中去了。同样,农民运动也迅速而直接地改变了空间的组织。工业化和工人运动通过商业空间,生产劳动和各种规模的劳动分工间接地、盲目地改变了它。城市问题和相关运动取得了一个重大成果:它们产生了一种语言、概念和社会空间、组织和管理理论。在这一转变过程中,第一自然(或主要物质)消失了,留下了许多痕迹和怀旧,取而代之的是第二自然、城市、新斗争的赌注。

我们在这里看到的是世界性的一种效应,这种效应倾向于将自己认定为自发运动的原因和理由,以及由知识驱动地决定。它尽管有各种各样的限制性、还原性和改革主义的解释,并发展成可操纵的意识形态,但在我们所思考的阶段中具有革命性的效果。起初,它倾向于复活早期阶段。涌入城市的农民在没有融入城市的情况下,获得了一种相当意外的动员能力(例如在拉丁美洲)。无论是蓝领还是非蓝领工人,他们在商业事务、薪水和工作时间上都获得了相当高的报酬,但他们发现自己被空间所困扰:交通、城市基础设施等。他们的举措仍在继续,有时会因日常的新问题而成倍增加和调整。城市和城市最终引发了高度多样化的运动,从最日常的需求到城市游击队的需求(特别是"无休止地消失并重生"的游击队)。如此多的科幻小说让人想起了一座世界性的城市,一座由150亿居民组成的大都市,覆盖着地球,由计算机运行,却隐藏着混乱的力量,引发了野蛮的叛乱或伟大的革命!这些变化是如何制定的?它们是以一种可见和可感觉到的方式,在历史学家描述的恐怖事件中,如入侵和革命中,可以看到这种方式吗?在这里,我们看到了历史思想的一个陷阱,它浓缩了"长期"逐渐展开的思想,并以戏剧化的叙事对其进行总结。是戏剧,还是悲剧?它们是真实的,但很少出现。一天早上,一些农民家庭离开了某个村庄;很长一段时间后,另一个人也离开了,然后其他人也离开了,这个村子就会消失。在一个小村庄市场附近,一个车间建立起来,并不断发展,有一天,新来者看到了一个工业城镇拔地而起。

日常生活掩盖了现代世界的变化,它隐藏了它们,而且被它们揭露。日常性是聚集性的:工资表、闹钟、休闲和旅行。没有计划,任何事情都无法完成,但完成的事情通常与计划没有共同之处(因此,哲学上对主题和计划的重要性存在误解）。随着世界的变化，日常生活也变成世界性的了。在形成和转变过程中，它成为世界的一个整体。曾几何时，无论是最好的还是最坏的时代，人们说，它是必须被改变的日常性，"改变生活"。但日常生活以其单调乏味和侵扰性的单调压抑了现代性的戏剧和悲剧。与国家一样，在巩固自身的过程中，它经历了战争和革命。在每一种情况下，它对"我为什么在这里？我在做什么？生命的意义是什么？未来会怎样？"的问题做出固执的反应，但日常对这个问题的反应只是勒死它，让它从尘土飞扬的灰烬中重生……

世界范围内正在发生什么？我们可以列举它的含义和推论。第一，交换、市场，然后是国家。在国家体系中，与技术官僚、国家技术结构一起，或者更确切地说，在每个国家内，技术官僚①、军队和专业政治家之间共享政治权力（这些东西自黑格尔以来，构成了高于市民社会之上的"政治社会"）。

伴随着混乱的漂移、分裂、迂回、堕落、报复，以及冲突和矛盾的回归——"马克思主义"是世界的内在组成部分。但值得再次强调的是冲突和矛盾；"马克思主义"包括不同的流派和倾向，在其中，有并列重叠的、对立的、被接受的甚至被轻视的真理，例如生产力（技术、劳动分工）和幻想（意识形态化的马克思主义，政治操纵的工具）的重要性、错误和谬误、不可预见的可能性，特别是在国家理论和世界理论方面。只有这个整体进入了世界，配得上行星的称号。因此，从这个角度看，哲学是通过马克思主义而成为世界性的，是在被克服和多样化中实现的。这给那些终结古典哲学的作品（黑格尔及其追随者，直到现在）或者那些打开视野的作品（尼采，在较小程度上还有海德格尔）留下了最大的开放性以及起到了最重要的作用。它不排除任何人，但不包括封闭系统、所有连词分析（conjunctural analyse）、拯救古典哲学的努力以及虚无主义。

"历史性—世界性"的关系是否得到了充分的阐明？不。我们已经说明了它的矛盾的、因而也是辩证的对立统一的性质。关于普遍历史和世

---

① 关于列斐伏尔的"国家技术结构"概念，见 Henri Lefebvre, *State*, *Space*, *World*, *Selected Essay*, Minnesota: University of Minnesota Press, 2009, 第 7 章第 9 节。

界历史的旧比喻已经爆炸了，历史学家本身并没有达到普遍性。历史是向别的东西敞开的，而黑格尔把国家假定为历史的终结的"世界哲学"，则构成了他所决定闭合的哲学体系的最后错误。历史的终结既不是在普鲁士德意志这个特定的国家，也不是在总体国家。这种对历史的和世界的同一的呈现，是国家逻辑的内在组成部分，国家逻辑在黑格尔辩证法中最终取得了胜利。历史辩证地以一种矛盾的方式延伸到后历史，正如马克思所理解的那样，这意味着国家的消亡。然而，到目前为止，"历史性—世界性"冲突的解决方案还没有完全制定出来，跨越它并引发矛盾的运动也没有制定出来。如何退出历史？（《历史的终结》仅仅提到了这一悖论）这里设想的冲突，它是什么类型的产物？在某种意义上，我们回到了马克思主义的悖论（在《元哲学》关于"aporia"的章节中已经提到，但没有解释），即过渡（过渡期）。① 如果有一段时间，存在一个从历史到世界的质的飞跃，那么过渡期是如何呈现和定义的呢？随着冲突从此被认为充满繁殖能力而非绝育的，它会产生什么？它要去哪里？它通向何方？走向一系列或多或少具有爆炸性的矛盾和冲突，这些矛盾和冲突目前构成了现代性吗？这一问题再次涉及同时考虑的可能性，即建立在现实基础上的可能性，并作为对现实的透视，在"历史性—世界性—空间性"三位一体中找到了答案。"历史性与世界性"的冲突，在世界空间的生产中，通过世界空间的生产，在一个历史时间的作品中得到解决。历史时间所传递的矛盾历经千变万化；有的恶化了，有的衰落了；新的矛盾显现出来，使以前的矛盾因时因地超负荷。正是通过这些障碍、这些风险，新的道路出现了，这是目前的工作试图开辟的。正是通过这些困难，新的价值被创造出来，其中包括那些与空间（工作和产品）相连的价值，在这里被用作例证。

让我们将以下内容列入世界体验列表：

（1）马克思主义的世界主义化，如前所述，其后果众多。某些"马克思主义"概念倾向于具体的普遍——实践、矛盾、冲突等。相反，这并不排除对

---

① Henri Lefebvre, *La fin de l'histoire*, Paris: Editions de Minuit, 1970; *Metaphilosophie*, Paris: Editions de Minuit, 1965.

某些概念(剩余产品或全球剩余价值、资本的有机构成等)的重新使用,也不排除引入若干新概念(包括日常、差异、城市、社会空间、国家生产方式等)。

(2)世界市场,无论是一个还是多个,都是最复杂的。它涉及世界性的生产劳动分工、世界性的知识和信息、世界性的空间、作为最高等价物的黄金、剩余价值的转移问题、货币交换问题等。

(3)世界性公司操纵货币、资源、领土、国家本身(国家或多民族国家)、日益增长的力量和威胁性行动。

(4)世界变革的本质,由各种运动组成,包括(典型的)工人阶级。

(5)威权主义和中央计划的失败(苏联)。一个相对的失败:它通过引导增长(重型制造、武器)和加剧内部不平等(农业等欠发达地区)加速了增长。这导致了形势的逆转。"社会主义"和"马克思主义"变为对立;国家、国家的意识形态、国家的压迫性等的绝对统治。具有"社会主义"成分的国家生产方式的这种相对失败,与具有"资本主义"成分的国家生产方式的相对失败相互对应。后者的作用还在于滋生了"巨人症"(企业、城市),同时将不断增加的伤亡人数排除在增长之外。国家生产方式的两种形式的故障相类似,但不应混为一谈。国家的未来可能因其存在方式而不同;它在这里退化(在马克思列宁主义意义上没有消亡),抑或在那里繁荣(也没有进入自由统治)。

带有社会主义成分的国家生产方式的失败包括建立在劳动基础上的社会(一种文化;一种文明)的失败以及生产性材料(手工)工作的价值化(伦理、美学)。带有资本主义成分的国家生产方式的相应的失败包括建立在艺术、话语等形式主义基础上的一个社会的失败。

(6)国家作为等级形态的二元化传达了分裂的可能性,而不是整体的稳定。世界性的经验包括国家统一体的爆炸、崩溃、恶化和粉碎(最近的例子是葡萄牙,萨拉查建立的国家在王子死后四分五裂,葡萄牙帝国主义难以为继;或者智利)①。这是世界经验的基本要素或时刻之一,它证实了

---

① 安东尼奥·萨拉查(1889—1970)是葡萄牙独裁者,其统治一直持续到1968年。他去世后,独裁政权迅速崩溃,随后于1976年举行了选举。"王子"大概影射马基雅维利。1973年,由中央情报局支持的奥古斯托·皮诺切特将军领导的军事政变推翻了萨尔瓦多·阿连德在智利的民选政府。

国家的无常性。

（7）被认为是政治革命的文化革命：来自基层的对建立在社会之上的等级机构（政党、行政机构、机构）的攻击。

（8）（根据南斯拉夫的经验）自我管理及其问题：自我管理单位与市场和投资的关系；将自我管理实践扩展到所有社会空间。

（9）在西班牙和意大利这两个地区的经验：积极的权力下放并不是没有国家解体的风险，这将使其容易受到帝国权力和跨国公司的影响，然而，作为国家替代者的区域是全球进程中的一个重要阶段。在这条艰难的道路上，理论和实践的范畴（概念）——也就是说，将长期分裂的实践和理论聚集在一起，取得了成功。

（10）1968年在法国和其他地方的经历：该运动从一个脆弱的地方扩展威胁到国家；工人阶级对其空间的占领，等等。

（11）让我们在这里补充一下混乱的、不同的、经常被提及的方面：世界对每个国家和每个民族国家的压力，生产力转化为绝对意识形态的风险，历史和历史时间产生的空间爆炸，边界的相对性，政党的衰落等。

世界经验的不同时刻并不相互排斥。它们构成了一个整体：理论和实践在二十世纪所获得的资产开辟并照亮了一条尚待遵循的道路。结果是，这些时代并非没有挑战，这是一个充满挑战的时代！但挑战是什么？历史的产物和创造。世界的挑战主要在于，产生世界的世界变革伴随着最可怕的危险和恐怖。这个星球进入了它的单一存在，生命处于完全危险之中。这并不是说命运就这样宣告自身，也不是说最后的灾难将是致命的。革命表现为一种不断变化的世界性：一种由农民、民族、国家和政治问题主导的多方面的变革。颠覆世界也包括颠覆这种统治。这为全世界工人阶级的共同行动和理论达到具体的普遍性留下了空间。

该理论探讨了可能/不可能的关系，并宣称"我们必须"（理论上的命令，而不是道德上的命令）寻求不可能，才得以实现可能。没有更接近，也没有更远离可能。因此，乌托邦再也不会比今天更加具有紧迫性。紧迫性的乌托邦定义了一种在所有领域都转向可能的思维方式。这往往不是通过国家和政治来重新定义"社会主义"和"共产主义"，而是一方面通过对国家和政治的批判,另一方面通过对空间的生产、占有和管理来重新定义。无论是个人还是群体,如果没有一个取用空间(如此生产的空间)便无法存在。

概念思维勘探道路,并且在道路上冒险。它可以先于实践,但不能脱离实践。只有实践,摆脱政治执念,摆脱国家压力,才能有效地实现概念和想象(乌托邦)的同时使用。理论开辟了道路,开辟了新的道路;实践需要它,它产生了通达的路线和空间。

科斯塔斯·阿克塞洛斯的"世界"①

亨利·列斐伏尔②

      阿克塞洛斯的重要哲学概念"世界"对列斐伏尔产生了巨大的影响。阿克塞洛斯通过回顾并重新阐述巴门尼德、赫拉克利特、尼采、海德格尔与萨特等人的思想克服了古代的沉思哲学,走在元哲学的前沿,并且提出"游戏"生成了世界。列斐伏尔认为游戏没有获得本体论特权,它不能被误认为对世界和生成的揭示,它只是其他时刻中的一个瞬间,始终是独一无二的,它们从未相同,但与其他时刻和其他瞬间保持着联系:例如爱、创造、行动、沉思、冥想、休息、知识。阿克塞洛斯对现代性的批判是非常重要而强有力的,他辩证地认识到了现代性核心的消极因素的作用,且没有走向尼采的悲剧性乐观主义立场,他的思想特质是系统性开放的。

---

① 这篇文章作于 1986 年,它再一次明确地证明了,借助于阿克塞洛斯,列斐伏尔对"世界"概念的探讨主要是在哲学形式上进行的。虽然这篇文章是列斐伏尔在 1986 年写成的,但是直到1992 年才出版,也就是他死后的第二年,在最近的一部纪念阿克塞洛斯的哲学论文集中再版了。除了阿克塞洛斯,在这篇文章中还随处可见其他哲学家的哲学思想对列斐伏尔的强烈影响,包括赫拉克利特、尼采和海德格尔。列斐伏尔比较关键的哲学著作翻译成英文的很少,所以,这样一个短篇能够提供他对传统哲学详细探讨的重要证明。这篇文章也是对他自己写于20 世纪 20 年代的早期著作的引人注目的扩展。它说明了,在斯大林主义、托洛茨基主义和海德格尔的《存在与时间》出版之前那段知识氛围对列斐伏尔的知识发展是多么重要。——英译编者注。Cf. Henri Lefebvre, *State*, *Space*, *World*, *Selected Essays*, London: University of Minnesota Press, 2009, p. 259.
② 译者简介:鲁均亦(1990—),男,河南息县人,法学博士,南京信息工程大学马克思主义学院讲师。本译文系教育部人文社科基金青年项目"马克思主义城市批判理论及其实践路径研究"(22YJC710042)的阶段性成果。

世界是开放着的时空;更准确地说,"世界"如开放的时空一样,是冒险的冒险,是巡回赛的游戏,是危机四伏的再次出现。

——科斯塔斯·阿克塞洛斯,《系统性开放》①

"最后一位哲学家可怕地孤独。大自然使他石化,秃鹰在头顶盘旋。他向大自然呼喊:赐予我们健忘! ……但是不,他像泰坦一样承受着悲伤——直到在伟大的悲剧艺术中得到和解。"②他最后的挑战,只有在这个失败的物种终结时才解开人类之谜。相反,科斯塔斯·阿克塞洛斯(Kostas Axelos)也许是第一个或其中一个取代可笑的人类的物种,尽管他没有显露出尼采的超人特征。

哲学家? 何种? 最后? 如何? 以及为什么?

他(阿克塞洛斯)像历代哲学家一样,以决裂开始。他拉开距离,后退一步。他脱离了(社会和政治)实践。因此,他保持在这个时代的哲学传统中。当然,他的计划并不包含"还原"(现象学、语义学或其他),如果他离开了日常的地形,那是为了回归它,通过定位它来欣赏它。从一开始,他就没有放弃干预。阿克塞洛斯曾经是一名激进分子,甚至是一名活动家,但由于政治行动令他失望,他最终成为一名放弃行动的哲学家。哲学态度的一个明显优势是:它创造了一个"自由空间",思想和话语可以在这里展开,将这个空间转变为一个巨大的世界剧场。世界以华丽的姿态展现自己,隐藏的游戏即将出现。这个计划的缺点是什么? 精彩而独特的展开需要完全接纳,因为它包含了整体,正如我们将看到的那样。阿克塞洛斯只能被追随者接受,就像他接受宇宙一样。然而,他不需要门徒。这

---

① Kostas Axelos, *Systematique ouverte*, Paris: Editions de Minuit, 1984, p. 142; translated by Gerald Moore as "The World: Being Becoming Totality".

② Friedrich Nietzsche, *Le livre du philosophe*, ed. Angele Kremer Marietti, Paris: Aubier Flammarion, 1969, p. 85; see *Philosophy and Truth*, trans. Daniel Breazale, Atlantic Highlands, N. J.: Humanities Press, 1990, p. 33.

不是从起源(赫拉克利特)到今天最伟大的人的处境吗？但是一个人怎么能避免将某种东西(种子或毒药?)引入"现实"呢？成为"世界和行星"？一个人怎么能不尝试改变事物的进程,无论是直接地还是以其他的方式？除了通过这种放弃和疏远的行为,思想难道不能以别的方式开始吗？思想只会恢复"真实"以便将其与整体联系起来进行描述,并高度而痛苦地欣赏它？

相反的方案不是以另一种方式针对相同的目标吗？日常生活扬弃了历史、意识形态、技术、经济和政治。日常生活源于它们,因为它是它们的结果。一个支离破碎的整体,在生成的过程中,也是沿着这条路实现的。但这样的担忧会让阿克塞洛斯会心一笑,因为尽管他绕过几次弯路,但他还是从马克思和人们共同称为"马克思主义"的东西出发。阿克塞洛斯并不是在这个意义上克服了古代的沉思哲学。而是在即刻领悟内在—超越原则的意义上实现的,对他来说,这就是说游戏产生了世界的生成(世界在生成中)。

阿克塞洛斯是一位哲学家,因为他完成了对哲学漫长的(再)探索,在这漫长的(千年)旅程中,思想徒劳地试图定义自己,构成自己,将自己确立为一种物质的模式。"世界"的某个方面或某个片断所赋予的思辨特权为我们提供了这些努力,并使地球在哲学家的脚步下迅速后退。因为当寻找自己并寻找自己所想的东西的思想发生缓慢但不可避免的转变时,它会穿越它所产生的中介,走向新的视野。哲学家首先构思并探索了自然,然后,他们假设并以神的超越为前提,将神谱、神学和神正论扩展到形而上学中,此后,哲学将人和人类放在首位,以便最终走向世界。①

是谁标出了这条通往自己和世界的漫长思想之路的最后一行？不想再往前追溯了,先是谢林,然后是叔本华,然后是尼采,最后是海德格尔。在页边的空白之处,试图定义人与人表征宇宙的自然的关系的人是马克思。

---

① See Axelos's first two books, *Heraclite et la philosophie*, Paris: Editions de Minuit, 1962; *Marx, penseur de la technique*, Paris: Editions de Minuit, 1961.

因此,思想的继承和运动将海德格尔的哲学教学、现象学、历史性和本体论的各个方面联系在一起。他认为,它们讲述了存在的历史,讲述了它的差遣和遮蔽。海德格尔通过语言,尤其是通过不同时代的哲学词汇,意识到存在的抽离和馈赠。对阿克塞洛斯来说,这不再是一部存在的历史,而是一个在生成着的世界的中心的正在生成的思想世界。从一开始,世界就通过"同一"与"他者"、成与重复、实质与非真实性(表象)的根本对立向赫拉克利特和巴门尼德揭示了自己,然而,只有在一个世纪又一个世纪的追逐和沉思(以及困惑)之后,世界才被发现并认识到自己(正成为多维和开放世界的一个支离破碎残缺不全的整体,阿克塞洛斯写道)①。从哲学的开始到结束,世界就在这里与那里,在场与缺席,实现和转瞬即逝。对于阿克塞洛斯来说,在寻找世界中寻找自身的思想运动照亮了它的生成:简而言之,它的兴衰、它的生与死、它的历史。历史学家拒绝通过与特定问题的关系或通过与经济、社会和政治的关系来表明系统的内在连贯性及其继承的原因。

这里有一个微妙的点,一个细微的区别。首先,阿克塞洛斯通过海德格尔扩展了哲学,但他是通过背弃海德格尔来实现的。海德格尔的行动或方法是典型的,他发现或更确切地说是恢复了世界,但他几乎不去探索它。他觉察到了它的开放,但并没有参与其中。海德格尔回到对源初的、最初的、基础的追求或在追求根基的过程中误入(他错误地走向)对语言和真理(存在的真理)的思考,尽管他有着错误的愿景,但他仍然坚持并保持着这种思考。因此,海德格尔与那些将自己定位于最终的、神学及其终结所揭示的历史感的人截然相反。然而,阿克斯洛斯开辟了另一条道路:探索最终的事物,探索发生或随即发生的事物,即降临和事件。即将到来和发生的是什么? 无论何时何地,考验(epreuve)和证明(preuve)正在发生。所有那些把自己投入到一种意义中并从而肯定这种意义的人,所有那些把赌注押在一个行动、一个目标上的人,他们都发现自己被击败了。

---

① See *Vers la pensee planetaire*, Paris: Editions de Minuit, 1964; *Le jeu du monde*, Paris: Editions de Minuit, 1969; *Horizons du monde*, Paris: Editions de Minuit, 1974.

无论他们赢了还是输了,他们的行动中都会出现一些他们想要的、预测的和计划之外的东西。这场失败证明了这场比赛,并证明了赌注,无论是真实的和/或虚构的、实际的和/或者想象的。从生成中产生的,与可能预期的是不一样的东西。世界的游戏就是这样进行的。阿克塞洛斯的辩证思想以游戏和击败的方式表现出来。于是,他开始了对世界的探索,并创造了一个尚在萌芽的思想。

我们不应该害怕坚持并表明这种探索与西方哲学传统的不同之处。例如,在阿克塞洛斯那里,它不再是"主体和客体"之间经典关系的一个例子:主体和客体的辩证法(或伪辩证法)被抛弃了。它在同义反复中达到顶峰。没有客体就没有主体,没有主体就没有客体。此外,主体连同其隐含的模型、个人、社会的原子一起瓦解了。这种崩溃在哲学家中已经被描述了好几次,无论他们是痛惜还是幸灾乐祸,他们很难将"主体"恢复并重新构建为"集体主体"或"历史主体","客体呢?它也已经分解为一个事物、一个产品、物质性、客观性、可能性等"。我们对主体和客体的统一性进行了无休止的推测,无论它是"前感知"还是"下意识",无论是合成的还是超意识的。阿克塞洛斯轻率地抛开这些哲学转向和回归的问题。对他来说,如果有一个"客体",那就是行星,地球在其飘忽不定的过程中处于危险之中,他因此也对自己提出质疑:谁将成为行星人?[①]

然而,阿克塞洛斯以与经验(empirical)决裂的方式与哲学决裂,他理解了什么曾经是哲学的灵魂或精神。科学从有限的(零和一、固定的起点、点、段等)发展到宇宙的、空间的和数学的无限。相比之下,哲学颠倒了这一程序,自斯宾诺莎以来,哲学已经隐式或显式地从无限走向有限。确定性和有限性会产生问题。对有限性、有限性的位置和时刻、有限性在世界上的地位的分析出现在当代思想中,也就是说,在寻求生成的思想中,有限性被放弃了,尽管这种科学知识的颠倒并没有破坏它,而是克服了它,其影响尚未被完全理解。在阿克塞洛斯的整个作品中,世界中心的

[①] 这可能是引用了威尔弗里德·德桑(Wilfrid Desan)的《行星人》(*The Planetary Man*)第 1 卷,《联合世界的道德前奏曲》(*A Noetic Prelude to a United World*, vol. 2, London: Macmillan, 1972)。阿克塞洛斯为他的《争鸣》系列翻译了其中第一卷,并为此写了一篇文章。

有限和无限的辩证法以其巨大的规模展现出来,包围着一个战胜的游戏者的辩证法,后者即将成为未来的游戏之物。他在有限的核心感知到无限(生成)的存在与不存在:时空聚集有限,将其分割,并将自身分割成有限,从而使其自身增殖和总体化,这是死亡不可逆转且不可挽回的生命之路。在一种既没有起点也没有终点、既没有真理也没有错误的错误中。

这种结束和开始的方式,这一创举,这一最初的、原创性的属于阿克塞洛斯的计划,并不是今天唯一的可能。通过理论研究,我们无疑也可以考虑到所有的政治和社会实践,并以批判的方式试图通过消极地工作("危机")来总结这些实践。因此,将事物放在一个主动而不是强加的视角中,游戏没有获得本体论特权。它不能被误认为对世界和生成的揭示,这只是其他时刻中的一个瞬间,始终是独一无二的,从未相同,但与其他时刻和其他瞬间保持着联系:爱、创造、行动、沉思和冥想休息、知识等。这将有助于克服哲学和元哲学之间的通路与转变。随后我们还会回到这一点。

那么,作为哲学家,阿克塞洛斯是最后一位。任何人如果不相信这种情况已经清楚地表现出来,应该想一想那些自称为"哲学家"的人,或者那些被授予这个称号的人——他们在做什么? 要么对其他人所获得的知识进行盘点,要么尝试通过一些随机的基本知识来丰富旧哲学:历史、社会学(这些著作的作者可能会在这里进行一点自我批评,但这是地方吗?)、生物学、心理学,当然还有心理分析,甚至政治学。这还是哲学吗? 不。这是一种知识和抽象推测的混合,这种混合物通常反映了一种令人愉快的好奇心、一种期待。从这些碎片化的知识中汲取灵感的哲学家一路上遇到了这方面知识的专家,这个专家也可以自称为哲学家和"通才"。因此取得了一些惊人的成功。但这些时髦的书籍只表明哲学的消亡。他们不再意识到哲学方法,也不再产生创新方法。阿克塞洛斯不能将自己置于官方的、表面上批判的,甚至是争论不休的哲学掘墓人之列。无论如何,他从来没有取得过多大的成功,但他的地位并没有停止增长。

某些读过或尝试读过阿克塞洛斯著作的知识分子对这些著作产生了一些奇怪的误解。毫无疑问,他们会把"人"和他的星球冒着生存的危险归咎于他,"人"受到来自各个方面的威胁和攻击,这些威胁和攻击来自他自己释放的技术和武器、不断上升的人口统计数据、资源枯竭和对自然的破坏、受人尊崇的(venerated)实体的爆炸,即城镇、理性、国家、家庭、国家、历史等。他们甚至会认为"人类"只是由于这些威胁才出现在他眼前,这消除了所谓的意识形态幻想,包括人道主义。然而,这些哲学家为阿克塞洛斯赋予了一种本身就是意识形态的表现形式,他们相信,对于阿克塞洛斯而言,"人"在某种恶毒的恶魔或与他玩耍的残忍上帝身上找到了一个看不见的对手。这个绝对的玩家将参加同"人类"的比赛,要么按照像国际象棋那样的严格规则,要么将大部分留给运气,就像玩扑克牌一样。赌博——玩什么——对"人"来说赌的就是他自己。

然而,这种表述扭曲了阿克塞洛斯的思想。对他来说,世界的游戏正变得越来越重要。人类的活动和知识一般都依赖于重复:运动、行动、符号、情境和经验的重复。即使是反思也会依赖于冗余。它试图通过阻止它的生成来否定它。然而,迟早有一天,生成会摧毁抵抗它的力量。它会带来意想不到的、非重复性的东西,就像赫拉克利特的"孩子"一样,他玩游戏没有规则,异想天开,但总是以一种破坏棋子或棋子所假定的顺序的方式。这既不是荒谬的,也不是不理性的,因为生成通过它自己所引起的事情而变得戏剧化,它徒劳地挣扎着与之对抗。"时间是一个游戏中的孩子,王国是一个孩子的。"[1]这是海德格尔在课程结束时提出的赫拉克利特格言,阿克塞洛斯正是从这句格言出发,以便进一步理解它。[2]

阿克塞洛斯知道辩证法和逻辑都不是"上层建筑"的一部分,而且无论如何,后一个概念和与之相关的问题——基础和上层建筑——都会坍塌成历史留给我们的碎片。我们应该回想一下,赫拉克利特的辩证法阐

---

① 此片断的标准英文翻译来自乔纳森·巴恩斯(Jonathan Barnes)《早期希腊哲学》。Jonathan Barnes, *Early Greek philosophy*, Harmondsworth: Penguin, 1987, p. 102, "Eternity is a child at play, playing drafts; the kingdom is a child's".

② *The Principle of Reason*, trans. Reginald Lilly, Bloomington: Indiana University Press, 1992.

述了源于与世界的直接接触的命题：火、河流、童年等。为了穿越这些，"人"随后在他与世界之间产生了多重而强大的中介。他把混乱的东西分开，把分开的东西放在一起。这不仅是表象的例子——如自然和诸神和/或神，而且是属于"人"并来自他的能力，即使这些能力介于人与世界、人与他自己之间。我们对所有这些中介形式（在自然科学和科学领域中，也包括艺术作品和文明，如城市）的理解已经被构建、经历和穿越。其中最后一项是技艺和技术，它们遵循自己的行动方式，被赋予了一种既明显又真实的自主性。显然，因为这些是真实的人的力量，因为这些力量构成了"真实"，对"人"进行反击，威胁他，取代他，他注定在自己的力量面前无能为力（这在哲学术语"异化"中得到了很好的表达）。

对于阿克塞洛斯来说，我们，也就是说"人"和现代性，重新唤醒自己或被唤醒的思想进入了一个新的即时性，进入了一种与世界的新的关系，在这种关系中，它们没有被误认或拒绝：相反，它们被总体化了。每种力量的特殊性以及它们之间的差异（例如技术和艺术之间的差异）意味着它们之间的关系。这些权力同时是相对的和绝对的。这一方面暗示/解释了它们的自主能力，另一方面也说明了它们在整体中的地位。这个从未消失过的整体性，它产生了不同的力量，尽管这些力量被它们分割整体性的方式所掩盖，但现在通过它的碎片恢复了生成中的总体性，使之成为碎片的、散裂的、开放的和多维的。使生成世界的游戏充满活力的直觉，能够通过重新实现警句般的闪光，即赫拉克利特和巴门尼德的哲学来支配古代哲学，这些格言哲学是这种哲学的先驱。哲学徒劳地试图克服与它同时存在的中介和分离，将它们重新聚集在一个系统中，但是在"人与世界"之间的关系中出现整体性的时候还没有到来：哲学家因此会强调而不是克服这种分离。他们将存在、真理、自然、上帝和人类本质的绝对化表现出来，因此，赫拉克利特的精神贯穿了阿克塞洛斯的作品：诗意的歌词、充满讽刺意味的格言、警句，但也以运动中的思想所赋予它们的严谨顺序依次阐述。

因此，在经验主义认为它看到了客观决定论的地方，要么是自由意志的结果，要么仅仅是机会的影响（关于偶然性和必然性的争论如此之多……），阿克塞洛斯的批判性分析显示了游戏和有规则的比赛之间的区别。即使玩家不知道他们在玩游戏，即使没有明确的规则，赌注也只出现在游戏的最后。因此，政治学（政治）有时被视为一门艺术，有时被视为一门科学，有时被视为一种技术，可归结为计划和战略。胜利？从未有确定性。失败？从来没有保证。

有必要去尝试，为前进铺平道路。这种向前飞行似乎很频繁，但是如果有诸多游戏——轻浮的、严肃的或者兼而有之的，根据阿克塞洛斯的说法，由一系列顺利完成的动作组成的游戏是在一个更广阔的框架或视野中进行的，或者是同时进行的。人类游戏的世界是世界中的游戏和世界游戏的一部分。如何把握后者呢？属于常识的普遍直觉，它迷失在知识中，迷失在决定论的反思中，迷失在理性——逻各斯之中，正如迷失在非理性中。哲学家缺乏这种直觉，他们以所接受的知识的名义来传递它，将决心或决定论置于优先地位，将必然性与偶然性对立起来，并在这种对立中迷失方向。阿克塞洛斯回到了这一基本直觉，他把它带入了一个概念、一种语言。

无论理解得不好还是很好，这个论点仍然有点矛盾——如果生成意味着错误，如果地球配得上这个名字，那么整体如何能遇到自己或重新恢复？它如何被理解或认识自己？难道总体不包括真理吗？错误、表象、幻觉和谎言归结起来就是用它自己的作品和它自己的片断来掩盖总体吗？一个理论性的且唯一的理论性的行为，一种思想行为，如何能够恢复一路走来失去的总体，并恢复当下的总体？简而言之，对于阿克塞洛斯最专注的读者来说，仍然有一句格言："错误，真理？真正的总体？"作为真理的囚徒，阿克塞洛斯仍然是一位哲学家，处于元哲学的前沿。

然而，有必要认识到，阿克塞洛斯并不缺乏论据。难道现代性的经验不正表明，最合理的尝试是最疯狂的吗？最好的策略都失败了，偏离了目标（正如专家所说的那样，他们的目标）？结果总是令人惊讶地不同于最初的意图和设想的目标。从这个意义上讲，没有对称性，甚至没有类比，法西斯主义的失败是对马克思主义和马克思主义革命失败的回应。我们怎能忘记，在所谓的科学社会主义国家和政治的消亡预言，却导致了一个全能的国家和政治在世界范围内的强化？如果不是市场加策略，世界性(worldwide)意味着什么？越来越清楚的是，每一个行动，包括政治行动，都像是一场赌注，有风险和危险、幸运和不幸、输或赢的可能性(但又是什么呢？有些事情是偶然的)，游戏、赌注、风险、战术和战略行动的概念都是广义的，虽然没有提到阿克塞洛斯，但是他和赫拉克利特一样，傲慢地思考着这个过得去的超凡脱俗的世界——这堆垃圾。①

但这不是弱点吗？游戏哲学家观看游戏但不玩游戏。一个正在接近于消亡的哲学大师的弱点。海德格尔有筹划(project)的理论，但没有海德格尔的筹划。在让—保罗·萨特那里也是如此，尽管程度有所减弱或更好。现在可以肯定的是，没有筹划就没有意识，没有可能性就没有行动，就像没有客体就没有主体一样。因此，出现的问题是如何建设一个可接受的筹划，也就是说，一个具有一定前景的筹划，以及如何赌上它的可能性、如何游戏，冒着失败的风险。阿克塞洛斯无疑会回答："我玩的是游戏理论；我的游戏拥有一种特权：没有人会知道如何超越我……"真幸运！

在这里我要插入一个括号，一个很长的插叙。我亨利·列斐伏尔在这里高声说，从一开始，在阅读阿克塞洛斯的著作的过程中，我发现了更多的东西，也更详细地阐述了我自己的第一部作品中的一些东西。那是在 1925 年左右：一战结束，西方资本主义开始恢复，超现实主义的抗议和争论，摩洛哥的帝国主义战争，共产党变得更加强大等。因此，在斯大林主义和托洛茨基主义之前，在《存在与时间》之前，在所谓的"青年"马克思的哲学著作出版之前，我们在法国出版了这些著作。我们——一群年轻的哲学家，有一本杂志《哲学》，尽管依托于此杂志发掘了许多文本和作者，但人们对它的记忆太少了。我想做一些回顾，诺伯特·古特曼(Norbert Guterman)、乔治·波利策(Georges Politzer)、皮埃尔·莫郎热(Pierre Morhange)、稍晚一点的保罗·尼赞(Paul Nizan)和许多其他人都在这个哲学小组。一群奇怪的人，与超现实主义者不相上下，他们之间的关系有时很友好，有时也很紧张。我将跳过这些轶事，并坚持强调，在这本

---

① *Problemes de l'enjeu*, Paris: Editions de Minuit, 1979, p. 123.

杂志中,会发现许多随后会引发当代反思的主题,无论是潜在的还是明确表述的,包括关于精神分析的争议。这个群体过去是,将来也会成为(或者更谦虚地说,是)一个在神秘的现代混乱中崭露头角的群体。就我而言,除了自然和自然状态(naturalness),我拒绝了意识和主体的每一种实体化,除了意识和思想的超越,我也拒绝了"人类"的存在或给定本质的命题。这一术语从哲学上摆脱了它的琐碎意义,粗略地定义了阿克塞洛斯所说的开放,即思想的初始行为,没有预设的逻辑或本体论。因此,这个想法,或者,如果你愿意的话,是一个没有自然或物质的保证支持的,但也不是没有关系的时间假设。这种冒险的想法与超现实主义是一致的,尽管并非没有一定的距离,即使对哲学的偏爱阻止了这个群体的成员接受诗歌语言的绝对优先权,安德烈·布勒东(André Breton)也肯定了这一点,并采取了革命性的行动。这种想法或这种对冒险的描述是建立在一种存在主义现象学基础上的,这种现象学的长篇摘录出现在杂志上。我记得我和我的朋友们经常会陷入一种至高无上的单子论,根据这种单子论,人类生活的力量和瞬间、爱、理解、诗歌和行动既不是纯粹和独特的形式,也不是物质,也不是简单的关系,而是(没有太密切地遵循莱布尼茨的哲学)被定义为单子,即绝对的,但没有超越性,相对地更确切地说是关系性的:被赋予一个主权存在,但仅仅通过与另一个单子以及宇宙的关系来行动。没有任何保证的相互作用,每一种力量都指向其他力量。从这个角度来看,理解只是一个单子,与所有其他单子和整体密切相关。

(1925年后不久,哲学家们为了保持与马克思主义进而保持与共产党的紧密联系遽尔放弃了这些直觉和期望。同时,应该注意到,大多数超现实主义者以及先锋派知识分子也是如此。因此,发生了一系列不幸事件,除了回顾过去,这里不值得再回到这些不幸事件——对哲学的虚幻抛弃,以及在多个战线上的斗争中投入的巨大精力:反对资本主义及其意识形态,反对法共内部已经根深蒂固的教条主义态度,反对对苏联的无条件崇拜等。无论如何,自从青年马克思的著作出版以来,我们——很快就减少到两个人,诺伯特·古特曼和亨利·列斐伏尔,前者已经离开法国前往纽约——通过扩展对现实的批判分析，回到了一个被遗忘但在哲学和其他东西之间过渡的概念，即异化概念。一个主题和一个概念，并非毫无争议，将会实现令人眼花缭乱的轨迹。这里是时候结束插叙了，目的不是为了贬低阿克塞洛斯，而是相反，通过证明当前的敬意来定位他……）

阿克塞洛斯没有亲自克服哲学，而是打开了地平线，指明了方向。他画下了草图；他布置下了第一批标记。他"是"新生的，是思想的前兆。他知道，我们仍危险地沿着这条路前进，最终会在某个地方结束，[1] 但在哪里？我们仍然没有想到，还不知道。我们正在摆脱西方持续了25个多世纪的磕磕绊绊的尝试。世界为我们准备了什么？我们还不知道希腊人所说的 physis 或者 hyle，即自然或物质，是如何运作的。我们知道，他们从中看到了一种内在的、可理解的秩序，一种未经证实的愿景，而不是赫拉克利特式的。所有那些认为自己掌握了自然界的终极元素、掌握了有生命或无生命的物质的人，到目前为止，他们发现自己与所有试图定义普遍规律的人一样，都被纠正了。世界是无限的，时空及其所蕴藏的所有复杂性、开始和结束几乎无法摆脱地交织在一起，没有拟人化的最终目标，这些都仍有待探索。但这只是新出现的问题的一个方面：思想与世界的关系脱颖而出。

尼采瞥见了悲剧性的理解：他放弃了它，转而追求绝对重复、永恒轮回的令人眩晕而又令人安心的愿景。一种令人眩晕且最终令人安心的景象，就像查拉图斯特拉洞穴或苏尔雷（Surlei）[2]岩石上方的太阳的那般清澈。无论是好是坏，尼采都将永恒的轮回与超人令人眩晕和安心的预言联系在一起。这是一种新兴的和强有力的新人类，他的诗意的话语传播

---

[1] Translation of Heidegger's book, Holzwege-Chemins qui ne menent nulle part (Roads That Go Nowhere).

[2] 在《瞧！这个人》(*Ecce Homo*)一书中，尼采回忆说，他在瑞士阿尔卑斯山徒步旅行时遇到了苏尔雷的岩石——"超越人类和时间 6000 英尺"——时，产生了"永恒轮回"的想法（Friedrich Nietzsche, *On the Genealogy of Morals and Ecce Homo*, trans. Walter Kaufmann, New York: Vintage, 1967, p.295）。在《查拉图斯特拉如是说》中，太阳的运动是查拉图斯对这种永恒轮回的最初领悟。

了这一消息,但并没有带来承诺的实现。

悲剧的理解不能与悲剧这一艺术作品相混淆。悲剧(tragedy)预设了悲剧性(tragic),但通过将其从日常生活中移除并暴露出来,使其发生变质。它通过将悲剧搬上舞台来改变悲剧。此外,悲剧不能与哲学意识或意识状态相混淆,悲剧不能与对任何特定过去或现在情况的理解相混淆。悲剧和戏剧(dramatic)往往被认为是相同的,但是两者之间有着深刻的区别。在悲剧的深刻影响下,也就是在生成的影响下,阿克塞洛斯知道了这一点,而且非常清楚。他抓住并攻击"现实"的弱点,以及向黑暗面让步的环节,而自黑格尔以来理性乐观主义者一直认为这是更好的一面;变革的一面是更好的,总是更好的,是历史感的一面。尽管阿克塞洛斯并不总是排除这种假设,他无情地揭露了等待某物的东西,它很少是有利的。事实上,阿克塞洛斯并不完全是一个系统的悲观主义者,他并不诋毁,他不假定任何转瞬即逝的价值是积极的或消极的。在这样做的过程中,他也没有倾向于尼采所谓的悲剧性乐观主义的感觉。但直到现在,还没有人能够成功地定义这种看待世界的观点,或者更确切地说,是对世界的这种评估。这两个词要分开听;相比第二个,我们对第一个更加了解,但它们之间的联系仍然自相矛盾。然而,它们的链接是否指定了即将到来的价值?"人"是否能追随诗人,并宣称:"世界的苦难是深重的,但欢乐更是深重的。"①这一承诺难道不也难以兑现吗?真是一场赌博!多么奇怪的游戏!

阿克塞洛斯对现代性的批判是非常重要而强有力的。这会让他产生仇恨,让他着迷。他写下了令人难忘的一页,内容涉及城市及其恶化、伦理、逻辑及其在知识中的地位、行星人、当今世界极其可笑的方面。② 对阿克塞洛斯来说,衰落、腐败、枯萎和腐烂紧紧伴随着创造和提升(formation

① Friedrich Nietzsche, "Thus Spoke Zarathustra", in *The Portable Nietzsche*, ed. Walter Kaufmann, New York: Viking, 1954, p. 436.

② See the essay "La ville-probleme", in *Problemes de l'enjeu*, Paris: Editions de Minuit, 1979; *Pour une ethique problematique*, Paris: Editions de Minuit, 1972; *Contributions a la logique*, Paris: Editions de Minuit, 1977; *Horizons du monde*, Paris: Editions de Minuit, 1974.

and ascension）。他的辩证批判权威地认识到了现代性核心的消极因素的作用。然而，他只是间接地陈述了悲剧，将其还原为对他而言的一个特权方面，即游戏。毫无疑问，这场游戏只是一个瞬间，并且是众多瞬间中的一个瞬间，没有支配地位，而且它本身已经在生成中并被生成淘汰。三个屏幕掩盖了生成的悲剧：日常的、逻辑的（the logical）和制度化的知识，被认为是公认的智慧。这是一个不可或缺的甚至可能是有益的错误。他们在那里（Da）是必要的，也是不可避免的。① 它们构成并建立了"现实"：这种具体和抽象、符号和事物、真实和幻觉、静态表象和动态谎言的奇异组合。"现实"在我们面前伪装了世界：世俗（mondain）充当了一个屏幕。因此，奇怪的振荡确保"现实"看起来完全"不真实"，就像一场梦，有时甚至是一场噩梦。而"更真实的——这个熟悉的现实之外的世界，往往显得超现实"。现实，"它的构建从重复开始，抗拒生成，因此它对我们隐藏了这个生成，也就是说悲剧"。"是这样！……"在不让自己上当的前提下，我们也因此睁开眼睛，超越面具之伪装。走进这个世界。踏上元哲学的道路，即对悲剧的理解。

那悲剧呢？它与悲剧性有什么关系？尼采试图突破这个谜。他没有做到这一点，但意识到了问题："令人不快的、可怕的和无法忍受的事物如何以及为什么被呈现和指定为奇观，为什么带来的不仅仅是认同，也不仅仅是审美愉悦，而是一种快乐？"②什么令人惊讶的变形可能预示着思想？希腊，阿克塞洛斯的祖国，如何能够发明这样一部作品——不仅是一种形式，也不仅仅是一种艺术创作——一部标志着我们历史的作品，就像希腊的另一项发明——逻辑学——以惊人的对称性面对历史一样……？这个谜几乎已经解开了。这是解开脐带结的合适时机和地点吗？阿克塞洛斯在他的《系统性开放》③（Systematique ouverte）的最后几行告诉我们，世界广泛地通过逻各斯的光和暗喻④"收到"了各种各样的名字：逻各斯、存在、

---

① 附加语 Da 是列斐伏尔在法语 la 之后的感叹词。
② Friedrich Nietzsche, *The Birth of Tragedy*, sect. 24.
③ *Systematique ouverte*, Paris: Editions de Minuit, 1984.
④ See *On the meaning of scotomization*, chap. 11, n. 7. ——英编译者注

上帝、宇宙和物理、人类、历史和社会、技术座架（Echaufaudage）、游戏。[①]
所有这些名字和时髦的词语以及其他许多公式并没有穷尽它的游戏。
逻各斯让它自己在它支离破碎的总体的统一中被命名为多重的而且经
常是决定性的；然而，还不止这些。它"是"过去—现在—未来时间的
开端。

[①] Echaufaudage 或 scaffold 是阿克塞洛斯对海德格尔的座架（Gestell）概念的翻译，标准的英文翻
译应该是"enframing"，in *The Question Concerning Technology and Other Essays*，trans. Wil-
liam Lovitt，New York：Harper and Row，1977.——英编译者注

关于马克思和马克思主义——科斯塔斯·阿克塞洛斯访谈①

克里斯托斯·梅莫斯②

（英国阿伯泰大学商业、法律和社会科学学院）

在这篇访谈中,阿克塞洛斯谈到了他对马克思和马克思主义的态度以及个人经历对他的影响。他积极参与共产主义运动,反对资产阶级,系统研究了赫拉克利特、马克思、黑格尔和尼采。他创建了"开放的马克思主义"一词,批判马克思主义限制了自身思想的多维性,认为马克思需要与其他思想家相结合,以保持其开放,鉴于此,他认为当代需要一种新的激进主义,但是要在重新认识世界历史基础的前提下,以更加激进的方式参与政治斗争,同时要避免陷入幻想,要保持游戏般的多种可能性。

> 没有顾虑,没有怜悯,没有羞耻。
> 他们在我周围建造了高大的墙。
> 现在我坐在这里绝望。
> 我什么也没想到:这种命运在我脑海里啃啮;
> 因我外面有很多事情要做。

---

① 译自 Christos Memos, "For Marx and Marxism: An Interview with Kostas Axelos", *Thesis Eleven*, vol. 98, no. 1, 2009, pp. 129-139. ——中译者注

② 作者简介:克里斯托斯·梅莫斯,约克大学社会和政治学博士,阿伯泰大学社会学讲师,主要研究批判社会和政治理论、政治社会学和经济社会学;译者简介:杨栋,德国弗莱堡大学哲学博士,西安交通大学马克思主义学院国外马克思主义研究所教授、博士生导师。——中译者注

啊,我为什么在他们建墙之时没有观察到他们?

但我从未听到建造者的嘈杂或声音。

他们不知不觉地把我关在了这个世界之外。

——卡瓦菲(C. p. Cavafy),《墙》①

引　言

围绕诸种马克思主义,已经建起了将它们"关在世界之外"的"高大的墙"了吗? 如果是这样,谁是建设者? 马克思本人在何种程度上对马克思主义和工人运动的封闭、危机和消亡负有责任? 用列宁的话来说,马克思的理论是马克思主义的婴儿期紊乱,还是马克思的论证中有某种东西促进了马克思主义的僵化? 马克思主义之变种的成分和种子是否可以追溯到马克思自己? 在 20 世纪 50 年代和 60 年代完全处理这些问题,并声称将从激进的角度看待它们,几乎是一个丑闻。

更具体地说,在冷战初期,对于一个学者来说,在没有神秘化和意识形态壕沟的情况下,表达和捍卫一种分析马克思立场及阐述他的概念的方法,似乎是极其困难的。而且,人们可以说,一个激进的思想家公开"否定"马克思和马克思主义的实证主义因素,或对这些因素的缺点进行"解构性"的批评,可能会导致不愉快的后果:他"可能被迫生活在阴影中"②。显然,他可能被"马克思主义"学者、政党和政权强迫"生活在阴影中",这些学者、政党和政权已经将马克思主义转化为意识形态和"死的教条"。而且,在他们身后,这是由产生这种意识形态的利益和社会关系造成的。

因此,马克思主义的几种趋向、政党和团体,或苏联式政权,通过创造一个"神话",创造马克思及其作品的"传说",为对于马克思的崇拜作出了

---

① Constantine Cavafy, "Walls", in *The Complete Poems of Cavafy*, trans. R. Dalven, New York: Harcourt Brace, 1976, p. 17.

② Johannes Agnoli, "Destruction as the Determination of the Scholar in Miserable Times", in *Revolutionary Writing*, eds. W. Bonefeld, New York: Autonomedia, 2003, p. 28.

巨大贡献。在许多情况下,对马克思的赞颂采取了宗教的维度,并与他著
作的神秘化保持同步。在这样做的过程中,他们取消了马克思的革命和
解放因素,同时他们继续再造陈规旧习和预设。然而,有些学者反对潮
流,选择去经受苏联教条主义的斯库拉①和知识分子角色"市场化"的卡律
布狄斯②,并将自己视为"独立的左翼知识分子"。在其他学者中,希腊学
者科斯塔斯·阿克塞洛斯就是这种情况,他在盎格鲁—撒克逊世界相对
不为人知,自第二次世界大战结束以来一直在法国生活和写作。

　　科斯塔斯·阿克塞洛斯1924年6月26日生于雅典,出生于资产阶级
家庭。他的父亲是一名医生,他的母亲来自一个古老的雅典家族。阿克
塞洛斯的青少年时期对他未来的思想和政治演变非常重要。他接受了多
种语言教育——还在中学期间,他就参加了雅典法兰西学院和德国学校
的课程。在这个早期阶段他还表现出对哲学的兴趣,并熟悉古希腊哲学
和政治思想。由于他认为当时雅典大学的哲学学院不足以提供令人满意
的哲学教学水准,因此决定加入法学院。然而,他并未上学,因为他不得
不转入地下以避免被捕。因此,虽然阿克塞洛斯是资产阶级出身,但痛苦
和独特的经历形成了他的个性和知识背景。他生活在1936年8月4日政
权的独裁统治和纳粹对希腊的占领之下,参与了希腊共产主义运动和希
腊抵抗运动。他意识到苏联教条主义意味着什么,同时他反对英帝国主
义(1944年12月的武装冲突)。由于他的政治行为,他受到右翼政府法院
的迫害、监禁和死刑判决。③

　　最后,在1945年12月,阿克塞洛斯与科内利乌斯·卡斯忑里亚迪斯
(Cornelius Castoriadis)和科斯塔斯·帕帕犹安努(Kostas Papaïoannou)
一起,加入了大约200名年轻的希腊知识分子和学生组成的队伍——主
要是受到右翼政府迫害的左翼分子,他们得益于法国政府提供的奖学金,
乘马塔罗阿号从比雷埃夫斯航行到法国。在法国,阿克塞洛斯在索邦大

① Scylla,希腊神话中的女海妖。——中译者注
② Charybdis,希腊神话中坐落在女海妖斯库拉隔壁的大漩涡怪。——中译者注
③ 关于阿克塞洛斯的传记信息参看 Éric Haviland, *Kostas Axelos：Une vie pensée-Une pensée vécue*, Paris：Editions de l'Harmatta, 1995.

学学习哲学,并于 1959 年提交了他的两篇论文:《赫拉克利特与哲学》和《卡尔·马克思思想中的异化、实践与技术》。① 他曾担任国家科学中心的研究人员(1950—1957)并在索邦大学教授哲学(1962—1973)。在此期间,他遇到了拉康、毕加索和海德格尔。

　　阿克塞洛斯于 1958 年加入了《争鸣》(*Arguments*)杂志的编辑委员会,后来成为其主编(1960—1962)。该期刊与其他欧洲出版物有联系,如南斯拉夫的《实践》(*Praxis*)、波兰的《现代文化》(*Nowa Cultura*)和德国的《论证》(*Das Argument*)。根据波斯特(Mark Poster)的说法,它"是 20 世纪 50 年代后期和 60 年代初期唯一一个避免宗派主义的马克思主义期刊。因此,它成为一个重要的思想交流中心,为马克思主义开辟了新的思想潮流和新的社会现象"②。正如阿克塞洛斯所说的那样:"简而言之,我想说,一个开放的马克思主义,一个经过修正和纠正的弗洛伊德—马克思主义的尝试,以及最后,一个后马克思主义的和后海德格尔式的思想,都被阐发了,但并非没有困难。"③《争鸣》的撰稿人包括一些最重要的左派法国思想家,如埃德加·莫兰(Edgar Morin)、让·杜维尼奥(Jean Duvignaud)、皮埃尔·富热罗拉(Pierre Fougeyrollas)、亨利·列斐伏尔(Henri Lefebvre)、莫里斯·布朗肖(Maurice Blanchot)、吉尔·德勒兹(Gilles Deleuze)、罗兰·巴特(Roland Barthes)和弗朗索瓦·费特(François Fejtö)。最终,《争鸣》在 1962 年停刊。随后,阿克塞洛斯发起并领导了

---

① 阿克塞洛斯已经出版了大量作品。他的主要作品以法文出版,并被收集到三个三部曲中:第一个三部曲,*Le déploiement de l'errance*,包含 *Marx penseur de la technique*(1961)、*Héraclite et la philosophie*(1962)、*Vers la pensée planétaire*(1964);第二个三部曲,*Le déploiement du jeu*,包含 *Contribution à la logique*(1977)、*Le jeu du monde*(1969)、*Pour une éthique problématique*(1972);第三个三部曲,*Le déploiement d'une enquête*,包含 *Arguments d'une recherche*(1969)、*Horizons du monde*(1974)、*Problémes de l`enjeu*(1979)。同时参看阿克塞洛斯的著作:*Einführung in ein künftiges Denken:Über Marx und Heidegger*(1966)、*Systématique ouverte*(1984)、*Métamorphoses*(1991)、*Lettres à un jeune penseur*(1996)、*Notices 'autobiographiques'*(1997)、*Ce questionne-ment*(2001)和 *Réponses énigmatiques*(2005)。

② Mark Poster, *Existential Marxism in Postwar France*, Princeton:Princeton University Press,1975,p. 212.

③ Stuart Elden, "Mondialisation without the World:Kostas Axelos Interviewed by Stuart Elden", *Radical Philosophy*,no. 130,2005,p. 27.

"争鸣"丛书,翻译和出版了如柯尔施、马尔库塞、托洛茨基、希法亭、卡尔(Edward Hallett Carr)、黑格尔、诺瓦利斯、巴塔耶、德勒兹、雅斯贝尔斯和魏特夫等人的作品。

1960年,阿克塞洛斯将卢卡奇最具影响力的作品《历史与阶级意识》(尽管卢卡奇反对这一出版)和海德格尔的《什么是哲学?》译为法文。在此期间,阿克塞洛斯创造了"开放的马克思主义"(Open Marxism)一词,试图在导致各种马克思主义僵化的"墙"中"打开一扇窗户"。后来,在与海德格尔思想的会面中,阿克塞洛斯离开了他的马克思主义立场,遵循了不同的思想路线。

在这次访谈中,我们不会循其后来的"思想迷误",但我们将通过借鉴以下文本来关注阿克塞洛斯对马克思思想的批判性进路:《卡尔·马克思思想中的异化、实践和技术》(1976),《有一种马克思主义哲学吗?》(1989),《未来思想导论:关于马克思和海德格尔》(1966)和《关于马克思的提纲》(1982)。

访　谈

克里斯托斯·梅莫斯(以下简称 **CM**):影响你的经历并决定你对马克思和马克思主义的态度的那和希腊特定的历史、社会和政治环境是什么?

科斯塔斯·阿克塞洛斯(以下简称 **KA**):我在一个自由派家庭长大,17 岁时加入了希腊共产主义青年运动,我是学生运动中的领导者和理论家。因此,我有机会熟悉所谓的"真正的马克思主义"。一方面,参与共产主义运动是一种宝贵的人生经历。我有些开始理解希腊和世界历史的震动了,同时我也经历了同志之谊,因为我们过去常常一整天都在一起。另一方面,对资产阶级感到不满,我认为马克思主义是一个开放的社团,但很快就意识到存在太多的教条主义和官僚主义,主要是因为希腊共产党严厉的苏联教条主义模式。后来,我参加了 1944 年 12 月的武装冲突(所谓的十二月事件)。我们在高等综合技术大学与安全警察作战。当坦克向我们靠近时,我们则试图逃脱,有些人受伤,其余人被抓获。然而,我们成功逃脱并重新加入了全国人民解放军(ELAS)。

简而言之，我对希腊有着双重的负面体验。首先，关于资产阶级的经验，我来自资产阶级并发现它的思想、习俗和道德令人窒息。在加入共产党之前，我就反对资产阶级，我希望这个阶级灭亡。其次，我对苏联教条主义官僚机构有糟糕的经验。换句话说，当我离开希腊时，我不得不从资产阶级和斯大林主义共产党那里甩掉我脚上的尘土。自从我在政治上走向地下时，我就想离开希腊。在我看来，希腊"狭隘"，且给予我强烈的种族中心主义感。最后，由于法国政府给我的奖学金，我离开希腊并在法国定居。

CM：移居到法国后你在哪里找回了自己？氛围怎么样？

KA：氛围很友好，我立刻开始在索邦大学学习哲学。在法国的这些年里，我系统地研究了赫拉克利特、马克思、黑格尔和尼采。在政治层面，我抵达法国时法国正要举行大选。人们可以看到法国共产党的海报上有"政治口号"："投票给法国共产党，小资产所有者的党"。我问自己："我们为之奋斗过的是小资产所有者吗？"1946年3月，我被希腊共产党除名，因为我曾说过它是教条主义，而且我反对法国共产党的政策。值得一提的是，在解放后的第一年，法国共产党达到了政治影响的顶峰，并努力将其意识形态的统治地位与萨特和左翼天主教强加在一起。我发现自己外在于此，并反对这些意识形态趋势。因此，我加入了一些与我有共同经历的学者，也就是说，我们是前共产主义者，共产党的前干部，但没有成为反共产主义者。我们编辑了《争鸣》杂志。

CM：在你宣布停办《争鸣》杂志的社论中，除其他事项外，你写到，"特别难以学会的是如何交谈和思考，而且，关于行动，还有很长的路要走，以理解'改变世界'（马克思）或'改变生活'（兰波）的意思。放弃坏习惯，超越结结巴巴和尖叫、陈词滥调和口号、一厢情愿和'未来的幻想'"[1]，无一容易。为什么绝大多数马克思主义者在他们的思想和行动中都保持"封闭"呢？

---

[1] Kostas Axelos, *Προς την πλανητική σκέψη*, trans. Λ. Σκάμη, Athens：Εστία，1989，p. 248.

KA：在历史和思想的每个时期，占上风的是一种绝对温和的心态、几种琐事的融合。人们和社会似乎对伟大的思想漠不关心。相反，这些思想的庸俗推广占据了主导地位。如今，只有少数人引证马克思的思想和马克思主义。然而，即便是这些人也与马克思思想的震颤无关。相反，他们只要求微小的理论和实践指引，因为在他们的行动中，他们遵循的是我们时代平庸一致的运动。

CM：你写到过，"马克思主义涉及复杂的严谨性。它已被抽干，就像即将从绿树上掉下来的木头一样……为解放马克思主义所包含的鲜活元素而背负连带责任（endorse），无疑是痛苦的"①。您认为，这些鲜活元素是什么？它们如何为马克思主义的开放作出贡献？

KA：为了与马克思的思想而不是与马克思主义理论进行富有成效的对话，应该利用其他伟大的思想家（黑格尔、尼采、海德格尔），这不是为了老套地使马克思主义复兴，而是为了使马克思思想的问题因素保持开放，并从几个方面出发将它作为一个统一体来进行诘问。此外，应该阐明资产阶级的视野，而这主要就是马克思的视野。

CM：在 20 世纪 60 年代，你已经创造了"开放的马克思主义"一词。②你用"开放的马克思主义"究竟表达什么意思？马克思主义的这种开放如何会导致"马克思主义者、列宁主义者、斯大林主义者、托洛茨基主义者和无政府主义者宗派的粉碎和超越"③？

KA：通过使用"开放的马克思主义"一词，我意指一种理论潮流——它从未形成一种运动，而且，这种理论潮流与马克思列宁主义—斯大林主义相对立，并没有使马克思主义成为一种权力意识形态，而是试图提出富有成效的问题，揭开所谓的"现存意识"的神秘面纱。卢卡奇和柯尔施付出了努力，但他们的沉思程度有限。任何形式的行动，政治的或非政治

---

① Kostas Axelos, *Προς την πλανητική σκέψη*, trans. Λ. Σκάμη, Athens：Εστία, 1989, p. 243.
② 对于"开放的马克思主义"的探讨可参看"Marxisme ouvert ou Marxisme en marche?", in *Arguments*, no. 5, 1957, pp. 17 - 20.
③ Kostas Axelos, *Προς την πλανητική σκέψη*, trans. Λ. Σκάμη, Athens：Εστία, 1989, p. 242.

的，都不能**先验地**①定义。今天，可能会提出一个关键问题：为什么我们无法摆脱占主导地位的资本主义、小资产阶级和技术官僚主义的形式？

CM：你如何定义"马克思主义的危机"？这场危机是否与这一事实有关，即马克思主义是当代欧洲思想不可分割的一部分，它一直存在于实质性和永久性的危机之中？最后，这场危机是否需要"新的激进主义"？

KA：马克思主义的危机属于一种更一般的危机。我们生活的历史时期，已经在危机中，并还将陷入危机，没有人可以预测它直到何时。这场危机反映出，马克思主义作为理论（其沉思的不足）和实践（它的应用）惨遭失败。似乎需要一种新的激进主义。我说"似乎"，是因为仍然存在这样的问题：总的来说存在一种需求吗？坚持提出问题并了解其先决条件及其后果可能是相当激进的。

CM：什么是马克思思想和马克思主义的联系和断裂？它们之间是否存在统一，或者马克思思想中是否有某种东西，已经允许其思想的某些版本或诠释（社会民主、马克思列宁主义等）得以发展和实现？

KA：思想与"实践"的联系始终存在问题。另一种做法是否可行？我想说，马克思和马克思主义之间，既存在着延续又存在着延续中的断裂。然而，马克思思想本身存在一个教条主义因素，即许多问题的闭合。

CM：鉴于你的观点是：马克思的思想，就像每一个伟大的思想一样，是非常有意义且多维的，以及，没有理解和诠释能详尽它们的来源。那么你认为我们应该以何种方式接近和"阅读"马克思？

KA：人们不能提出一种单维度的方法来阅读马克思。如果有人这样做，那他是教条的。我的建议是将马克思置于现代性的其他思想家之间——从笛卡尔到海德格尔，马克思也是他们中的一员。也就是说，人们需要检查他所属的潮流（违背他的意志）和他自己的贡献：理论性思想的批判，其主要（但不仅仅是）保持为理论性的。对个人和公共实践的批判，我们总是犹豫不决，我们自己被包含在了批评的对象中。

----

① 着重号为原文作者所加。——中译者注

CM：正如你所说，你的目标是"发现马克思思想的意图，并追随它的最终结果。通过试图将马克思的话语视为一种连贯的、一致的和无所不包的话语，我们也要做好准备，使这种话语的真理清晰明白"①。我们必须清楚阐明的那种包含于马克思思想中的真理是什么？马克思主义思想——我们应该把它作为一种"新的、开放的、激进的"思想行动的一部分来揭示、解放和维持，以便充当资本主义的替代品——中的主要维度、中央核心、革命因素是什么？

KA：思想的核心并非一动不动，它抗拒受其启发的各种诠释。每个思想家都应该比实际上更有问题。我们能比思想家的自我理解更好地理解思想家吗？问题没有答案。马克思指出的断裂，即我们所思与我们如何做之间的断裂，应愈将被打开，以便断裂能够富有成效。我们必须加深断裂，这种断裂超越幻想、自欺欺人以及我们告诉自己和他人的谎言，在不以简单解决方案为目标的情况下承受其痛苦。最大的问题涉及一个具体的时代，也就是说，它包括人和社会，而且，可疑的是，问题是否已经达到了最大的深度和广度。在不久的将来是否存在或者是否有可能存在任何替代方案，或者是否有大量的时间将目前的情况一般化，完成并用尽一切？

CM：你对马克思的批评是基于何种基础？你是否对马克思思想的具体要素进行了批评，还是说你的批判是总体性的？你究竟拒斥了他理论中的什么？技术概念如何影响了马克思的思想？

KA：马克思把开放而多维的世界还原为作为物质劳动产品的物质世界和意识形态的上层建筑。结果，他所瞄准的解放，是且仍然是局部的。马克思主义创始人思想的这种思考限制和诗意维度的缺乏，对于那些想要更加激进而不是批判地对待他的人来说，是显而易见的。马克思认为技术是一种推动力，然而，他未能设想其遥远起源及其对自己思想和行动的支配地位。

---

① Kostas Axelos, *Alienation, Praxis and Techne in the Thought of Karl Marx*, trans. R. Bruzina, Austin: University of Texas Press, 1976, p. 20.

CM：你是如何通过海德格尔来读马克思的？①

KA：我没有通过海德格尔读马克思，但我是连同海德格尔一道来读马克思的。尽管存在着重要的差异，但我印象深刻的是他们同时存在的相似之处——在马克思所谓的**异化**与海德格尔**存在之遗忘**之间。这种双重阅读使我理解到，马克思属于形而上学的历史，这种形而上学的历史在其最近阶段以人（主体）为基础。马克思只是将主体之人社会化了，他坚信绝对普遍的社会，但这仍然是非常平淡的，是对**世界**的剥夺。

CM：马克思是否为我们提供了方法论和理论工具，以便超越甚至反对他？

KA：方法和思想不是以密封的方式被分开的，不是两个截然不同的实体。如果我用方式而不是方法，我会说，以某种友爱的方式，而且是与马克思一起，人们可以超越而不是反对他。

CM：在你的《卡尔·马克思思想中的异化、实践和技术》一书中，你写道，"马克思的思想包含了否定性，即代谢的运动，它的否定性等待着被打破至开放的时刻。通过将马克思主义思想运动中所隐含的否定性付诸实践，我们松动了阻碍否定性的结构框架，我们为马克思主义思想的死板重赋灵活性"②。鉴于你的上述陈述，你认为你已经将马克思思想的否定性付诸行动了吗？你有没有试图将它激进化并超越它？

KA：没有人能将他正在与之讨论的人的想法充分付诸行动。始终存在着不会被曝光的重要隐藏元素。没有任何想法可以被超越。在思想的苍穹中所有东西都共处在一起——相互联系着并分离着。铭记成功和失败并未被悬崖所隔，我们能够成功的是，去表明但不是要证明超越任何里程碑，一种如我正在研究的思想，在对赫拉克利特诗意思想的借鉴和对黑格尔、马克思、尼采和海德格尔的超越中，可以导致某种发问着的思想和

---

① 关于阿克塞洛斯读马克思和海德格尔，参看 Kostas Axelos, *Einführung in ein künftiges Denken*：*Über Marx und Heidegger*, Tübingen：Max Niemeyer Verlag Tübingen, 1966.（See also the Spanish translation：*Introducción a un pensar futuro*：*Sobre Marx y Heidegger*, trans. Edgardo Albizu, Buenos Aires：Amorrortu editors, 1973.）

② Kostas Axelos, *Alienation*, *Praxis and Techne in the Thought of Karl Marx*, trans. R. Bruzina, Austin：University of Texas Press, 1976, p. 21.

神秘的回应。

CM：你对批判和激进思想的贡献是什么？

KA：我尝试过（而且我说的是尝试，因为每种想法都是一种努力）去提出一种思想，这种思想在迷误的视域中构成某种世界游戏的思想，这是历史的思想，系统而有效的、开放且多维的、诗意且行星性的，这种思想主要面对的是我们时代的标定线：技术。这一努力的未来不属于我：它属于时间。

CM：你说过，马克思认为"物质生活是唯一真正的人类生命，而思想和诗歌只能以其条件性和意识形态的形式来理解。因此，他不理解**将所有事情都置于疑问之中**并保持问题开放性的思想的重要性，这种思想敢于看到每一次伟大的胜利都是失败之前奏"①。虽然有人谈论"马克思思想的失败"或"社会主义运动的失败"，但我们是否也可以提出相反的主张，即每次重大失败都是胜利的前奏？

KA：以任何一种可能的方式，胜利和失败都是不可分的。所有伟大的事物通过不成功而成功。包含每种个体和历史经验的开放的世界，是每种反思和经验的摇篮和坟墓。而且，游戏被继续着。

CM：在你题为《有一种马克思主义哲学吗？》的文章中，你主张，"左翼似乎已经枯竭，因为它不想或不能再涉及……世界历史的基础了"②。这个基础是什么？对资本主义提出异议的运动如何才能认识到这一基础呢？那么所谓的"反全球化运动"呢？

KA：世界历史是通过我们人类而进化的，同时它也超越了我们的理论、计划和意志。我们称之为基础或动机者，丧失于历史的漩涡和这个过于疲惫的历史阶段，我们在其中生活、思考、行动和死亡。现有的全球化——就其概念的当前含义而言，因为它在开放世界中具有决定性的缺失——整合和挖掘替代品。因为后者的行为与它们所反对的行为处于同

① Kostas Axelos，"Theses on Marx"，in N. Fischer，N. Georgopoulos and L. Patsouras（eds.），*Continuity and Change in Marxism*，trans. N. Georgopoulos，Atlantic Highlands，Humanities Press，1982，p. 67.

② Kostas Axelos，*Προς την πλανητική σκέψη*，trans. Λ. Σκάμη，Athens：Εστία，1989，p. 260.

—水平。那么,剩下的是什么? 与自然交往的生活,与好战相结合的友善,在不受限情况下的激进思想的努力,色情的妄想,对不仅仅是戏剧的政治戏剧的揭露。它还留下了生动和批判的政治参与以及主动和被动的斗争,在可能的情况下,只要不助长幻想,改变它们想将我们定位于其中的层面,警惕地参与某种不会关闭所有可能的游戏。我们一定不能避免的是,对被给予我们的和正在改变的东西进行实践。

开放的马克思主义和批判理论：否定性批判与作为批判概念的阶级[①]

克里斯托斯·梅莫斯[②]

（英国阿伯泰大学商业、法律和社会科学学院）

　　本文探讨了开放的马克思主义的传统，其演变必须被理解为一个与社会历史现实互动的过程。本文与阿尔弗雷德·施密特的观点一致，认为"历史过程构成了理论过程，并修改了其范畴"。本文第二部分认为，开放的马克思主义之所以具有特殊性，并在其整个发展阶段形成共同点，本部分审查了批判的观念，建立了这一特定马克思主义传统下诸成员之思想中的联系，并确定了其中的关键差异。最后，本文重点阐述了在社会主义经济学家会议上开放的马克思主义学派中作为社会批判理论的政治经济学批判，并讨论了该学派作为某种阶级观念批判的社会实践概念。

　　革命性变革具有必须持续进行的传统。[③]

[①] 译自 Christos Memos, "Open Marxism und Critical Theory: Negative Critique and Class as Critical Concept", in Beverley Best, Werner Bonefeld and Chris O'Kane (eds.), *The SAGE Handbook of Frankfurt School Critical Theory*, London: SAGE, 2018, pp. 1314 - 1331. ——中译者注

[②] 作者简介：克里斯托斯·梅莫斯，约克大学社会和政治学博士，阿伯泰大学社会学讲师，主要研究批判社会和政治理论、政治社会学和经济社会学；译者简介：赵睿婧懿，西安交通大学马克思主义学院硕士研究生，研究方向为国外马克思主义研究；校者简介：杨栋，德国弗颂堡大学哲学博士，西安交通大学马克思主义学院国外马克思主义研究所教授、博士生导师。——中译者注

[③] Max Horkheimer, "The Authoritarian State", in A. Arato and E. Gebhardt (eds.), *The Essential Frankfurt School Reader*, New York: Continuum, 2007, pp. 95 - 117.

辩证法开启概念。它专注于社会内容,并通过其社会形式变迁来做到这一点。它的任务是通过揭示经济范畴的社会基础来颠覆它们。①

引　言

根据瓦尔特·本雅明(Walter Benjamin)所说,"每个时代都必须重新努力,把传统从试图压倒它的因循守旧中挣脱出来"②。在这一敏锐的观察中,本雅明反对任何形式的伪造和对反对剥削和压迫斗争的遗忘。他强调了教条主义、正统观念和墨守成规的危险,它们一再扼杀激进和解放运动的发展,进而扼杀被压迫者的利益。他为一种颠覆性的思想奠定了基础,这种思想试图在批判社会理论和实证主义——无论是哪种理论变体——的残余物之间划清界限。本雅明的观点成功地概括了早期法兰克福学派的工作,该学派为反资本主义运动提供了宝贵的资源,可以用来对抗实证主义。该学派拒绝将社会和经济关系视为自然现象,对社会的任何自然化都持批评态度,并坚定地谴责进化的历史观和进步哲学。批判理论对社会的概念化,旨在揭示社会世界是人类感官活动的产物。这样一来,其批判意图不是试图使不人道的社会人性化,而是废除社会不公,以创造一个自由和平等的社会。然而,在二十世纪的复杂进展中,理性往往成为"反动保守的糟糕盟友"③。理性"被迫生活在阴影中"④,从而放弃了进行铁面无私的批判和打击各种野蛮行为的目的。在其他情况下,正如约翰尼斯·阿格诺利(Johannes Agnoli)所指出的那样,爱(love)占了上风,带有尖锐的讽刺意味:爱全球正义,爱自由和市场民主,爱人权,爱宪

---

① Werner Bonefeld, *Critical Theory and the Critique of Political Economy*, London: Bloomsbury, 2014, p. 68.

② Walter Benjamin, "Theses on the Philosophy of History", H. Arendt (ed.), *Illuminations*, New York: Schocken Books, 1969, pp. 253 – 264.

③ Max Horkheimer, "Traditional and Critical Theory", *Critical Theory: Selected Essays*, New York: Herder and Herder, 1972, pp. 188 – 243.

④ Johannes Agnoli, "Destruction as the Determination of the Scholar in Miserable Times", W. Bonefeld (ed.), *Revolutionary Writing*, New York: Autonomedia, 2003, pp. 25 – 37.

法爱国家,爱交往行为,爱制度和世俗世界。在其他例子中,爱表现为对党忠诚,爱工人政党及其领导人,爱无条件的纪律,爱是对党派路线和意识形态整体的服从。与这种肯定的、建构性的爱相反,早期激进的奥克塔维奥·帕斯(Octavio Paz)在他的《太阳石》(*Piedra de Sol* [*Sunstone*])一书中为我们提供了一种不同的、颠覆性的爱的定义:"爱是要战斗,打开大门,不再作为一个被人永远锁在锁链里的幽灵,永远被一个身份不明的主人谴责"①。爱意味着战斗,拒绝"将其变成榨干生命的磨坊,将永恒变成空虚的时间,将分钟变成监狱,将时间变成铜币和抽象的狗屎"。

本文认为,在为开启大门、开放诸种概念和分歧而进行的斗争中,开放的马克思主义的传统继续推进早期法兰克福学派和批判理论的批判目标,以期开放历史本身,为阶级斗争铺平道路,并与传统理论和实证主义保持批判性对抗。开放的马克思主义(Open Marxism)最初表现为对传统理论的批判,对第二国际和第三国际马克思主义传统中盛行的实证主义和科学主义的批判,对马克思主义进行机械论诠释,以任何形式的进化论为依托,及对历史和社会进行自然化的概念化,对这些事物进行批判的最新尝试是由开放的马克思主义构成的。更确切地说,本文着重讨论了开放的马克思主义的传统在否定性批判和作为社会批判理论的政治经济学批判方面推进批判理论的那些方式。通过对"解释、诠释和语境化"的思考②,本文介绍了开放的马克思主义的发展:从科斯塔斯·阿克塞洛斯(Kostas Axelos)在20世纪50年代对该术语的创造性和批判性使用,到阿格诺利在20世纪80年代的作品,再到20世纪90年代以来西蒙·克拉克(Simon Clarke)、沃纳·博纳菲尔德(Werner Bonefeld)、理查德·古恩(Richard Gunn)和约翰·霍洛威(John Holloway)在社会主义经济学家会议(CSE)的框架内发展出的作品。本文认为,开放的马克思主义的传统,其演变必须被理解为一个与社会历史现实互动的过程。考虑到开放的马克思主义之传统的复杂历史,以及"开放的马克思主义"的含义随着

---

① Octavio Paz, *Piedra de Sol* (*Sunstone*), trans. Eliot Weinberger, New York: New Directions, 1991, p. 37.

② Simon Clarke, *Marx's Theory of Crisis*, London: Macmillan, 1994, p. 12.

时间的推移而发生的变化,本文与阿尔弗雷德·施密特(Alfred Schmidt)的观点一致,认为"历史过程构成了理论过程,并修改了其范畴"①。本文第二部分认为,开放的马克思主义之所以具有特殊性,并在其整个发展阶段形成共同点,是因为它将批判作为一种**否定性的、解构性的**②批判。本部分审查了批判的观念,建立了这一特定马克思主义传统下诸成员之思想中的联系,并确定了其中的关键差异。最后,本文重点阐述了在 CSE 开放的马克思主义学派中作为社会批判理论的政治经济学批判,并讨论了该学派作为某种阶级观念批判的社会实践概念。

一、作为无限制方案的马克思主义理论

第二次世界大战的结束标志着法国出现了一段知识动荡时期。自由主义政治体制遭到严重破坏和强烈批判,过去的知识传统,如"分析的理性主义",受到了挑战和强烈的争议。1940 年德国军事权威的建立以及德国占领期间的反抗运动所起的作用,导致了学术言论转向批判哲学的传统,其概念框架被认为是对时代之事件和成见进行深入分析的非常合适的工具。在这种背景下,随着人们对马克思的早期著作,尤其是《1844 年经济学哲学手稿》的兴趣的增长,人们对黑格尔的著作,尤其是《精神现象学》,以及对亚历山大·科耶夫(Alexandre Kojève)和让·伊波利特(Jean Hyppolite)所作的关于这部著作的激进诠释,重新产生了兴趣。此外,胡塞尔和海德格尔被纳入了新兴的批判性对话中,或与马克思的《巴黎手稿》一起被阅读。因此,法国知识界见证了各种哲学流派的出现,如黑格尔式马克思主义、海德格尔式马克思主义、弗洛伊德式马克思主义、现象学的马克思主义和存在主义。与第二国际和第三国际的经济主义相反,这些学派试图将马克思主义的哲学内容,定位在他们为了更新马克思主义理论并克服其局限性和缺点所做的努力中。尽管这些不同学派的马克

---

① Alfred Schmidt, *History and Structure*, Cambridge: MIT Press, 1981, p. 70.
② 着重号为原文作者所加。——中译者注

思主义蓬勃发展,每一个学派都声称提供了对马克思著作的非教条主义解读,但法国共产党宣扬的正统马克思主义对法国政治和知识发展所施加的意识形态力量仍然强大,且占主导地位。在这种情况下,撇开萨特和《现代》(*Les Temps Modernes*)杂志的观点不谈,《争鸣》(*Arguments*)、《社会主义或野蛮》(*Socialism ou Barbarie*)和《情境主义国际》(*Internationale Situationniste*)这些杂志为批判教条主义和正统马克思主义创建了一个公共论坛,并充当了发展批判性和激进思想的实验室。

更具体地说,《争鸣》杂志于 1956 年开始出版,1962 年停刊,它发展成了一个理论辩论的关键阵地,试图超越左翼的宗派主义,并努力实现"向新的思想潮流和新的社会现象开放马克思主义"①。《争鸣》主要由学者编辑,他们试图与左翼(主要是前共产主义者)保持联系,并保持批判的观点,同时还与冷战时期的反共狂保持特定距离。《争鸣》将这些知识分子聚到一起,作为它的编辑或撰稿人,如埃德加·莫兰(Edgar Morin)、让·杜维格诺(Jean Duvignaud)、皮埃尔·富热罗拉(Pierre Fougeyrollas)、莫里斯·布朗肖(Maurice Blanchot)、吉尔·德勒兹(Gilles Deleuze)、罗兰·巴特(Roland Barthes)、弗朗索瓦·费托(François Fejtö)、亨利·列斐伏尔(Henri Lefebvre)和科斯塔斯·阿克塞洛斯——他们试图超越"正统马克思主义",并抗辩对马克思的意识形态利用。阿克塞洛斯于 1958 年加入《争鸣》的编辑委员会,并于 1960—1962 年担任杂志主编。他认为《争鸣》是一个集体项目,目的是阐发"开放的马克思主义,修订和纠正弗洛伊德式马克思主义,最后是修订和纠正后马克思主义和后海德格尔思想"②,并强调马克思不是"正统的马克思主义者"③。与路易斯·阿尔都塞(Louis Althusser)相反,阿克塞洛斯强调,分阶段发展的马克思的思想必须被视为一个统一的过程,因为"没有两种马克思思想,即早期和晚期,

---

① Mark Poster, *Existential Marxism in Postwar France : From Sartre to Althusser*, Princeton : Princeton University Press, 1975, p. 212.
② Stuart Elden, "Mondialisation without the World", *Radical Philosophy*, 2005, p. 27.
③ Kostas Axelos, *Alienation, Praxis and Techne in the Thought of Karl Marx*, Austin : University of Texas Press, 1976, p. 302.

年轻和成熟",而是"两个整体结合在一起的时期"。在他看来,"一个人不能提出一种一维的方法来解读马克思。如果有人这么做了,她/他就会变得教条"①。尽管如此,阿克塞洛斯对马克思思想的分析,尤其是他对马克思异化概念的解释和诠释,大部份都与马克思的早期著作有关,并且主要与《1844 年经济学哲学手稿》有关——他对《资本论》研究远没有那么重视。阿克塞洛斯基于 1844 年的《巴黎手稿》对马克思进行了解读,因为这些手稿包含了马克思主义思想的"中心点",保留了"绝对中心地位",并且是"所有马克思主义和马克思主义著作中思想最丰富的"②。阿克塞洛斯之所以采用这种方法,是因为他认为,超越对马克思主义的扭曲,需要开放马克思主义的思想,于是他创造了"开放的马克思主义"一词③。阿克塞洛斯写道:

> 通过使用"开放的马克思主义"一词,我意指一种理论潮流——它从未形成一种运动,而且,这种理论潮流与马克思列宁主义—斯大林主义相对立,并没有使马克思主义成为一种权力意识形态,而是试图提出富有成效的问题,揭开所谓的"现存意识"的神秘面纱。卢卡奇和柯尔施付出了努力,但他们的沉思程度有限。任何形式的行动,政治的或非政治的,都不能**先验地**定义。④

阿克塞洛斯方法的核心源于他的立场,即"影响马克思事业的不仅仅是科学,而是技术"⑤。马克思的技术主义构成了其思想中可称为教条要素的重要部分,并导致了许多批判性思想的林立。这也使得将马克思思想物化、发展正统的马克思主义和封闭的马克思主义成为可能。封闭的

---

① Christos Memos, "For Marx and Marxism: An Interview with Kostas Axelos", *Thesis Eleven*, 2009, p. 134.

② Kostas Axelos, *Alienation, Praxis and Techne in the Thought of Karl Marx*, Austin: University of Texas Press, 1976, p. 302.

③ Kostas Axelos, "Marxisme ouvert ou Marxisme en marche?", *Arguments*, 1957, pp. 17 - 20.

④ Christos Memos, "For Marx and Marxism: An Interview with Kostas Axelos", *Thesis Eleven*, 2009, p. 133.

⑤ Kostas Axelos, *Alienation, Praxis and Techne in the Thought of Karl Marx*, Austin: University of Texas Press, 1976, p. 19.

马克思主义呈现出各种形式,它们都促进了马克思工作中的技术主义要素。结果,技术主义在正统马克思主义的理论和历史认识中占据主导地位,宗派主义中的"主义(-isms)"盛行,从而将马克思主义思想转化为系统化理论和反动教条。阿克塞洛斯致力于克服马克思主义的变质和封闭,这需要运用一种思维方式,即试图拓宽视域,使马克思成为一个比实际情况更具问题性的思想家。这是一种以质疑思想和复杂的神秘反应为前奏的论述。根据赫拉克利特的诗学思想,阿克塞洛斯的开放的马克思主义主要是作为一个课题,通过与其他思想家——包括黑格尔、尼采和海德格尔①进行富有成效的对话,寻求开启马克思更具原创性和创造性的思想(例如异化的概念),目的是让它回到"更基本的**漫游**"②。阿克塞洛斯特别注意与海德格尔步调一致,一起阅读马克思,尽管他们各自的作品存在相当大的不相容性,阿克塞洛斯对他自己所认为的"马克思所说的**异化**与海德格尔的**存在**之间的同时亲和性"印象深刻③。因此,在他关于马克思和海德格尔的著作中,阿克塞洛斯试图阐述一种未来思想,一种可以通过他们思考并最终"超越他们"的思想④。

20 世纪 60 年代末,人们对激进政治的新兴趣以及社会运动、反资本主义运动、反权威主义运动的复兴,促进了批判性的马克思主义遗产和法兰克福学派话语传统的复兴和延续。在德国,这种更新在一定程度上表现为通过阿尔弗雷德·施密特、汉斯—格奥尔格·巴克豪斯(Hans-Georg Backhaus)和海尔穆特·莱希尔特(Helmut Reichert)倡导的"新马克思阅读",对马克思的政治经济学批判进行重新评估和进一步发展,或者作为对政治经济学批判、对政治和国家批判的补充,主要由阿格诺利负责。1967 年,阿格诺利在其颇具影响力的《民主的转型》一书中,以及在其他政

---

① Kostas Axelos, *Einführung in ein künftiges Denken: Über Marx und Heidegger*, Tübingen: Max Niemeyer Verlag Tübingen, 1966.

② Kostas Axelos, "Marx, Freud, and the Undertakings of Thought in the Future", *Diogenes*, vol. 18, Issue 72, 1970, p. 107.

③ Christos Memos, "For Marx and Marxism: An Interview with Kostas Axelos", *Thesis Eleven*, no. 98, 2009, p. 135.

④ Kostas Axelos, "Foreword", S. Elden (ed.), *An Introduction to Future Ways of Thought: On Marx and Heidegger*, Lüneberg: Meson Press, 2015, p. 37.

治批判中,对"议会民主"向政治权力和统治的代表模式的转变提出了质疑,并对资本主义国家的形式提出了深刻的批判。与阿克塞洛斯不同,阿格诺利对"宪政寡头政治"和议会主义的毁灭性评估①并不是因为将马克思的作品置于与尼采或海德格尔的"富有成效的对话"中,而是,他对民主转型和激进反对派制度化的批判源于他与左翼共产主义、无政府工团主义和革命工团主义的"富有成效的对话"②。1977年,在与欧内斯特·曼德尔(Ernest Mandel)就马克思的"批判"③的含义进行辩论时,在阿尔都塞的影响下,阿格诺利公开宣布了马克思主义的危机——这场危机在法国和意大利引发了激烈的辩论。他使用了"开放的马克思主义"一词,试图区分自己的批判性解读和对马克思主义思想的使用,这些不全来自"正统马克思主义"④。对于阿格诺利来说,马克思主要关注的是"批判与毁灭"⑤的范畴,而他的社会解放批判课题在任何意义上都不等于**世界观**。阿格诺利的开放的马克思主义强调理论和实践的统一,表明概念和范畴仍然是开放的和不完整的,因为"现实的异端"和阶级斗争的不可预测性质疑概念意义的有效性⑥。历史不是根据预先确立的概念和规范来解释的,相反,正如开放的马克思主义所主张的那样,批判将概念化和不可预测性联系起来,将理论开放到明确的社会关系的实践,并将实践开放到理论⑦。

几年后的1991年,苏联的解体和苏联马克思主义的瓦解使所有现存的"封闭的"和传统的马克思主义版本遭到贬损。这不仅仅是马克思主义的另一场危机,它的有效性受到了质疑——"历史的终结"被宣布,全球市场社会的胜利被视为消除了资本主义的任何替代方案。在尸位素餐、放

---

① Johannes Agnoli, "Der Markt, der Staat und das Ende der Geschichte", *Die Transformation der Demokratie und verwandte Schriften*, Hamburg: Verlag, 2012, p. 208.

② Johannes Agnoli, "Zwanzig Jahre danach", *Die Transformation der Demokratie und verwandte Schriften*, Hamburg: Verlag, 2012, p. 153.

③ Johannes Agnoli and Ernest Mandel, *Offener Marxismus: Ein Gespräch über Dogmen, Orthodoxie und die Häresie der Realität*, Frankfurt: Campus, 1980.

④ Ibid, p. 7.

⑤ Ibid, p. 148.

⑥ Ibid, p. 148. Werner Bonefeld, "Constitutional Norm versus Constitutional Reality in Germany", *Capital & Class*, vol. 16, Issue 1, 1992, p. 84.

⑦ Werner Bonefeld, "Constitutional Norm versus Constitutional Reality in Germany", p. 85.

弃激进实践和思想、退缩和伪共识普遍的背景下，最终，由于对瓦解的马克思主义正统学说和教条的深刻不满，对批判的、开放的马克思主义形式的强烈兴趣重新出现。马克思主义的传统理论受到了严厉批判，坚持党和国家作为解放手段和革命工具的历史倾向遭到了质疑和拒绝。在英国，尤其是在 CSE 成员的著作中，这种重新评估过程促进了一个关键环节的发展，这在很大程度上归功于马克思主义传统：罗莎·卢森堡（Rosa Luxemburg）、早期卢卡奇、柯尔施、安东尼·潘涅库克（Antonie Pannekoek）、伊萨克·鲁宾（Isaak Rubin）、叶夫根尼·帕舒卡尼斯（Evgeny Pashukanis）、早期法兰克福学派、罗曼·罗斯多尔斯基（Roman Rosdolsky）、阿格诺利和"自治主义"马克思主义传统①。在"开放的马克思主义"的标题下，这种话语随着一组批判理论家的著作形式的发展而发展，这些理论家包括克拉克、博纳菲尔德、古恩和霍洛威。与阿克塞洛斯对"开放的马克思主义"一词的理解不同，在这种语境下，开放性指的是"马克思主义范畴本身的开放性"②。这是一种"对实践的开放"，最初的假设是"资本和劳动之间的阶级对立"③。这种对不可预测的、对立的社会现实的开放性，突显了开放的马克思主义对概念和范畴的接受必然是不完整的。与传统马克思主义理论与实践的分离及其对主体与结构二元论的再生产相反，开放的马克思主义认为，客体与主体、对象化结构和阶级斗争存在于一种内在关系中，且凭借这种内在关系而存在。这就意味着阶级斗争被视为"资本本身所构成的矛盾运动"④，阶级的概念被理解为"不是一种个人分组的问题，而是一种矛盾和对立的社会关系"⑤。

开放的马克思主义并没有提出对马克思完整、明确的诠释——它的目的是为理论和实践批判开辟一个空间，为走向一个祛拜物教化和解放

---

① Werner Bonefeld, Richard Gunn and Kosmas Psychopedis (eds.), *Open Marxism: Dialectics and History*, vol. 1, London: Pluto Press, 1992, xii.

② Ibid, xi.

③ Werner Bonefeld, Richard Gunn, and Kosmas Psychopedis (eds.), *Open Marxism: Theory and Practice*, vol. 2, London: Pluto Press, 1992, xi.

④ Ibid, xii.

⑤ Ibid, xiii.

的社会世界铺平道路。除了大量个人和集体出版物外,1992 年至 1995 年出版的题为"开放的马克思主义"的三卷本,极大地体现了开放的马克思主义话语中理论和政治讨论的丰富性和多样性。与霍洛威①的《无须夺权而改变世界》、博纳菲尔德的《批判理论与政治经济学批判》②一起,这些著作为彻底反思和重新审视基本的马克思概念和马克思主义范畴提供了基本框架,同时摒弃了标志着马克思主义思想发展最初阶段的教条主义、正统主义、决定论和实证主义。开放的马克思主义的批判事业与《资本与阶级》和《常识》(1987—1999)两本期刊有关。与阿克塞洛斯对马克思早期著作的关注不同,克拉克、博纳菲尔德、古恩和霍洛威全面审视了马克思的作品。可以说,他们在"成熟的"马克思中发现了一个"年轻的""新的"马克思。他们的贡献各不相同,我们不能忽视方法上的差异。这些差异确实影响了他们的思想轨迹和批判性努力的内容。但是,这些作者的作品有一个明确的共同基础,这与其他共同特征一起,导致了开放的马克思主义的独特性。在博纳菲尔德③发表在第一期《常识》杂志上的题为《开放的马克思主义》的文章中,我们可以确定决定 CSE 开放的马克思主义学派未来特征的关键概念:"危机""阶级斗争""批判与解构""去神秘化""范畴的开放性"和"怀疑的原则"。更具体地说,开放的马克思主义批判的否定性特征,即他们对批判意义的彻底反思,不是作为一种规范性和建构性的批判,而是作为一种**否定性和解构性的**批判,定义了从阿克塞洛斯的工作直到今天的开放的马克思主义传统的共同基础。下一部分着重于讨论他们批判的颠覆性特征,这使得联系的和相互的发展路线能够与个人出发点一起形成。

二、解构性批判、否定性以及颠覆性的理性

马克思和恩格斯设想通过"无产阶级运动"革命的、实践批判的活

① John Holloway, *Change the World Without Taking Power*, London: Pluto, 2005(2002).
② Werner Bonefeld, *Critical Theory and the Critique of Political Economy*, London: Bloomsbury, 2014.
③ Werner Bonefeld, "Open Marxism", *Common Sense*, vol. 1, 1987, pp. 34 - 38.

动,彻底改变资本主义社会关系,他们认为这是"为绝大多数人谋利益的独立的运动"①。因此,这场激进运动的产生将"完全寄托于共同行动和共同讨论必然会产生的工人阶级的精神的发展"②。独立联合行动和智力增长是该运动在数量和质量上进一步改进的基本前提。这些前提的先决条件是言论自由和独立的批判性思维,在危险和失败的时刻,以及在一次又一次主导人类解放斗争的实证主义的存在面前,更需要这些自由和独立的批判性思维。这种独立的、有生命的人民运动,在阶级斗争的过程中认识到自己的本质。正是在阶级斗争的展开过程中,这种运动通过运用"勇气、幽默、狡猾和坚韧"③打破了历史的连续性,并且永远不会忘记"它的仇恨和牺牲精神"④。在长期持续和自主的社会斗争过程中,在愤怒和仇恨的推动下,颠覆性的狡猾和拒绝构成了对资本主义关系持续的、尖锐的批评的跳板。然而,在二十世纪的进程中,某种理论一致性的趋势压倒了现有的各种教条式和机械式的马克思主义学派,并形成了一种批判较少、颠覆性更强、更具肯定性的马克思主义话语。与马克思自身的批判性思维相反,传统的马克思主义现在被简化为纯粹的"意识形态",它将理论扼杀并保存为一套编纂好的"圣典"。"正统"的观念被引入社会主义运动,马克思主义变成了一种"科学的**世界观**",从而成为一个完整的、封闭的理论体系。马克思主义的制度化使其沦为一种以宿命论、实证主义和技术主义为标志的改良主义的既定意识形态。社会主义运动从一场革命的阶级斗争运动转变为一场政治和社会改良运动,马克思主义在此时不再作为一种有生命力的、颠覆性的理论

---

① Karl Marx and Friedrich Engels,"Manifesto of the Communist party",*K. Marx and F. Engels Selected Works*,London:Lawrence and Wishart,1991,p. 44. 参见马克思《共产党宣言》,北京:人民出版社 1997 年版,第 39 页。

② Karl Marx and Friedrich Engels,"Manifesto of the Communist party, From the Preface to the fourth 1890 German edition",*K. Marx and F. Engels Selected Works*,London:Lawrence and Wishart,1991,p. 33. 参见马克思《共产党宣言》,北京:人民出版社 1997 年版,第 18 页。

③ Walter Benjamin,"Theses on the Philosophy of History",H. Arendt(ed.),*Illuminations*,New York:Schocken Books,1969,p. 255.

④ Ibid,p. 260.

进行发展。①

这种从主动颠覆到宿命论的转变,导致了马克思主义思想的"实证化",同时也使马克思主义丧失了激进和批判的特征,并构成了阿多诺明确谴责的"在那些应该对批判感兴趣的人中的……广泛的……反批判精神"②。对"肯定性的""建构性的"和"负责任的"批判的要求从一开始就限制了其目标和范围,从而抵消了批判的影响。马克思主义的传统和"异端"思想模式失去了动力。对肯定性的诉求导致了对知识批判目的的贬低,并使其成为"仅仅是对其声称要超越的物质基础的装饰"③。因此,阿克塞洛斯在他的作品中呼吁对马克思的思想不断进行审视、质疑和问题化,以便理解并克服批判话语的实证化和马克思主义的危机。他认为,危机正在三个层面上展开:在经济层面上,马克思主义似乎无法解决或有效掩盖了资本主义的经济问题。在政治层面上,马克思主义未能解决一个问题,即政治权力问题未能以激进的方式加以陈述——相反,马克思主义没有重新利用政治权力,而是通过把革命的结果作为建立新形式权威的机会来**重新利用革命**。第三,危机在哲学层面上是显而易见的,因为马克思主义抛弃了激进和质疑的思想。在这一点上,阿克塞洛斯指出,"马克思主义本身没有受到足够的质疑,也没有提出激进的问题",但它仍然"由它声称要否定的事物所决定"④。

阿克塞洛斯的基本假设之一是,马克思与黑格尔、斯密、李嘉图思想的批判性对抗,目的不是为我们提供一种改进的历史哲学,或一种更好的、可替代的政治经济学解释。马克思的目的是将"哲学的和历史的**批判**

---

① 有关传统和世界观马克思主义的批判性讨论,请参见 W. Bonefeld and S. Tischler(eds.), *What is to be Done? Leninism,Anti-Leninist Marxism and the Question of Revolution Today*, Aldershot:Ashgate,2002;John Holloway,*Change the World Without Taking Power*,London:Pluto,2005(2002).

② Theodor Adorno,"Critique",in *Critical Models*,New York:Columbia University Press,2005,p.286.

③ Theodor Adorno,"Cultural Criticism and Society",*Prisms*,Massachusetts:MIT Press,1967,p.21.

④ Kostas Axelos,"Twelve Fragmentary Propositions Concerning the Issue of Revolutionary Praxis",S. Elden(ed.),*An Introduction to Future Ways of Thought:On Marx and Heidegger*,Lüneberg:Meson Press,2015,pp.148-149.

引入哲学和经济"①。在追求这一目标的过程中,马克思的批判性努力指向"具体性和摆脱神秘化的自由"②。根据阿克塞洛斯的观点,马克思向我们介绍了"贯穿普遍历史的否定性运动",同时,他向"即将到来的未来敞开了自己的大门,通过它的否定,未来将反过来产生更遥远的未来"③。对阿克塞洛斯来说,马克思的思想包含了否定性,但这种否定性被阻止了,因为马克思的原著被系统化为各种马克思主义,因此,它本身也被物化和对象化了。在阿克塞洛斯的理解中,这一过程排挤了马克思的革命元素,并限制了其理论的内在开放性。出现的问题和马克思提出的问题并没有保持开放性。相反,通过将马克思主义还原为意识形态和辩护教义,他思想的内部矛盾得以平息和掩盖。按照阿克塞洛斯的说法,马克思主义思想的解放意味着其否定性的释放、重新激活和付诸行动。它假定需要"让否定因素发挥作用"④,并支持批判性和否定思维的重要性,即"**提出所有问题**并保持问题开放性"⑤。

然而,阿克塞洛斯对马克思早期著作的批判仍然受到限制,因为他的批判没有考虑到马克思对拜物教的批判,也没有充分理解马克思对政治经济学和经济范畴的批判。阿克塞洛斯试图激活并有效地发挥否定的功能,但他没有阐明这种否定运动的确切构成。范畴和概念,如真理和权力,并不是从它们所处的社会关系中获得它们的价值。相反,在阿克塞洛斯的描述中,它们的有效性源于质疑过程本身,该过程本身被假设为实在并被拜物教化了,而生产的社会关系和社会条件则被中和⑥。取而代之的是,对于批判理论,概念在社会上是有效的,"即使是最抽象的范畴……只

① Kostas Axelos, *Alienation*, *Praxis and Techne in the Thought of Karl Marx*, Austin: University of Texas Press, 1976, p. 57.
② Ibid, p. 56.
③ Kostas Axelos, *Alienation*, *Praxis and Techne in the Thought of Karl Marx*, Austin: University of Texas Press, 1976, p. 335.
④ Kostas Axelos, "Theses on Marx", N. Fischer, L. Patsouras and N. Georgopoulos (eds.), *Continuity and Change in Marxism*, New Jersey: Humanities Press, 1982, p. 67.
⑤ Ibid, p. 67.
⑥ Ibid, p. 68.

有在特定关系的背景下才有效"①。在阿克塞洛斯创建理论的过程中,否定性和质疑性思想以一种抽象的、非历史的方式揭示了自己是世界"游戏"的一部分,而这反过来又构成了存在的本质。因此,他的否定批判的含义并未明确。他既没有清楚地解释他的批判对象,也没有明确的目的。阿克塞洛斯坚持努力拓宽视野,开放封闭的系统,但他的立场仍然是沉思性的,他对物质世界和社会现实的参与是有限的,这主要体现在他的著作中提到了"技术",因此,未能实现"将哲学转变为改变世界的哲学"②。关于世界**构成**的问题仍未触及,马克思的批判事业也没有被理解为反对资本主义的理论。这意味着将马克思著作误解和漠视为对经济范畴的批判,而阿克塞洛斯对马克思的批判方式则是一种哲学批判。他试图与海德格尔一起解读马克思,这使他计划中的课题——对哲学、政治经济学和政治的全面批判最终没有得到充分发展,并陷入到了思辨中。③

在开放的马克思主义的传统中,阿格诺利的著作将马克思对政治经济学的批判视为一项尚未完成的课题——不仅是因为这种批判需要进一步发展,而且是从一个坚持认为马克思的思想必须辅之以对政治的批判的角度

---

① Alfred Schmidt, *History and Structure*, Cambridge, Massachusetts: MIT Press, 1981, pp. 36 – 37.

② Ernst Bloch, "Dialectics and Hope", *New German Critique*, vol. 9, 1976, p. 9.

③ 正是在卡莱尔·科西克(Karel Kosik)的作品中,我们看到了阿克塞洛斯以批判性的严谨态度实现了最初的目标,并以强烈的力度执行了这些目标,尽管科西克留下的遗产不应被掩盖。科西克的《具体的辩证法》代表了他对马克思的批判性解释以及他对现象学和马克思主义的综合阅读的最好例子。科西克认为,"马克思的《资本论》不是一种理论,而是一种理论批判或关于资本的批判理论"(第112页),并坚持认为,如果不解决和回答"社会现实是如何形成的?"这一基本问题,就无法正确理解经济学和经济范畴(第117页)。科西克断言,"马克思的理论是对经济学的批判",而这一批判"展示了经济范畴作为人的社会运动的具体形式的真实运动"(第115页)。科西克认为,经济世界是自然、自我证实和自主现象的集合,构成了**伪具体的**世界。因此,经济范畴必须被理解为"**现象**形式"(第108页)、"**存在形式**"或"实存的决定因素"(第114页),它们隐藏了**事物的本质**:存在的结构和物质现实,以及人类实践的世界。在经济范畴的**伪具体的**世界中,现象和本质之间的区别消失了。因此,一种关于社会的辩证理论需要解释和解构**伪具体**及其表面的独立性,以便使其本质可以感知。这种理论必须力求达到具体的目的,并证明经济范畴是社会实践和人类社会关系的衍生和媒介现象,以历史上特定和具体的方式组织起来。科西克认为,"经济学是人们及其社会产品的客观世界,而不是事物的社会运动的物质世界"(第115页)。参见 Karel Kosik, *Dialectics of the Concrete*, Boston: D. Reidel Publishing Company, 1976.

来看的。阿格诺利①对政治批判的发展与他对"解构性"和"建构性"批判的区分同时进行，这是他批判性和颠覆性工作的试金石。与阿多诺类似，他认为建构性批判的概念是现有权力和国家机构的仆人。该批判概念增强了对既定秩序的信任和信心，同时通过整合和制度化一切形式的激进反对派，寻求社会矛盾的调和。建设性的批判鼓励责任，并促进政治稳定。该批判概念认可资本主义社会的规范价值观，并试图通过接受议会规则来改善现有的政治制度。社会和议会责任导致了社会冲突的平息和左翼的转变。阿格诺利的批判概念并不是一门批判性政治学，而是对政治的批判。尽管批判性政治学仍然为反思提供了重要的否定材料，但它最终是一个无休止地抗议资本主义制度人性化、美化和改革的过程，没有反抗，就没有任何真正的反资本主义议程②。与产生建构性批判的学术不同，阿格诺利认为批判的意义是**解构性的**，是**否定的**。解构性批判重申了批判性思维的本质，并在"煽动反抗和摧毁恐怖"中发挥了重要的历史作用③。对阿格诺利来说，批判的目的是拒绝、否定和颠覆实践和理论——在一个缺乏自由和平等的世界，一个充满资本主义苦难的世界。因此，他的否定、解构性的批判是对剥削、羞辱和胁迫的所有条件的否定。这是对资本及其国家的颠覆性和解构性批判，它挑战了现有的统治社会关系，并在创造不同的关系即"自由平等的社会"中，而不仅仅是在改善现有的资本主义权力关系中，找到了积极的时刻。正如阿格诺利所说，在动荡和悲惨的时代，只有具有否定潜能的具体解放课题——某种"颠覆性的科学"——才能有效共存④。

20世纪90年代初出现的开放的马克思主义的原则之一是"关于开放

① Johannes Agnoli，"Destruction as the Determination of the Scholar in Miserable Times"，W. Bonefeld（ed.），*Revolutionary Writing*，New York：Autonomedia，2003，pp. 25 - 37.
② Johannes Agnoli，"Von der kritischen Politologie zur Kritik der Politik"，*Die Transformation der Demokratie und verwandte Schriften*，Hamburg：Verlag，2012，p. 197.
③ Johannes Agnoli，"Destruction as the Determination of the Scholar in Miserable Times"，W. Bonefeld（ed.），*Revolutionary Writing*，New York：Autonomedia，2003，p. 26.
④ Johannes Agnoli，"Von der kritischen Politologie zur Kritik der Politik"，*Die Transformation der Demokratie und verwandte Schriften*，Hamburg：Verlag，2012，p. 200.

的核心范畴是批判"①。博纳菲尔德在阿格诺利对政治的否定批判的基础上,在阿多诺的作品(尤其是他的《否定辩证法》)的影响下,进一步阐述了批判的意义,并在这一过程中推进了批判理论和阿多诺的理论。基于对"新马克思阅读"②的批判性应用,他阐述了马克思政治经济学批判作为经济范畴批判的政治和社会影响。博纳菲尔德与克拉克、霍洛威和古恩(尽管他们存在诸多分歧)都认为,批判不应被视为证明马克思主义经济理论及其相对于古典政治经济学具有优越性的一种手段③。正如克拉克所坚持的那样,"马克思主义政治经济学"一词是"术语上的矛盾,因为马克思总是将他的作品称为'政治经济学批判'"④。马克思不仅批判了资产阶级政治经济学,而且批判了"政治经济学"的概念。正如霍洛威所指出的那样,从这个角度来看,马克思自己对"科学"概念的理解并不意味着寻求客观上的"正确"知识。相反,它等同于"批判运动",它的形式是一种双重运动:"分析性运动和发生性运动,深入表象的运动和追踪被批判现象之起源或起因的运动"⑤。

对于 CSE 开放的马克思主义的思想家来说,批判的含义等同于对经济范畴的批判,这是对经济学未经反思的预设的挑战。其范围是解读客观经济形式的社会构成,并表明诸如货币、利润、租金、工资、资本等经济范畴是倒置的社会关系,表现为独立的、自我行动的经济力量。因此,批判的目的既不是发现经济规律,也不是通过记录和分类事实来定义社会现实。它并不试图解释一种经济现象与另一种经济现象的关系,而是将每一种现象理解为实际生活关系的一种形式或实存方式⑥。然而,对于"新马克思阅读",尤其是对于巴克豪斯来说,批判是从"人类学"的角度发

① Werner Bonefeld, Richard Gunn and Kosmas Psychopedis (eds.), *Open Marxism: Dialectics and History*, xiii.
② Werner Bonefeld, *Critical Theory and the Critique of Political Economy*, London: Bloomsbury, 2014.
③ Werner Bonefeld, "Kapital and its Subtitle: A Note on the Meaning of Critique", *Capital & Class*, vol. 75, 2001, p. 54.
④ Simon Clarke, *Marx's Theory of Crisis*, London: Macmillan, 1994, p. 10.
⑤ John Holloway, *Change the World Without Taking Power*, London: Pluto, 2005(2002), p. 109.
⑥ Werner Bonefeld, *Critical Theory and the Critique of Political Economy*, London: Bloomsbury, 2014.

展起来的,目的是在人类的基础上揭开经济范畴的神秘面纱①. 对于博纳菲尔德来说,一种从个人出发(详见阿多诺)的批判的出发点是:"既不是经济特征的天性,也不是人类学,而是以神秘的经济形式表现出来的'明确的社会关系'"②。批判质疑经济事物的表象,其目标必须是通过揭示经济范畴的"本质",将其作为**社会范畴**——也就是说,通过"将其解读为人类社会形式,而不是将人解读为'抽象的个人',而将人解读为特定社会形式的一员"③。在这方面,对于开放的马克思主义来说,概念化并不意味着将理论应用于实践,以期作为客观的外部观察者从外部分析现实。"形式分析"要求理论和实践之间存在一种辩证的、内在的和相互的关系,其中"实践包含理论,正如理论本身与实践相关"④。与阿克塞洛斯的抽象否定性不同,理论和理论概念在这里保持了**反思性**,因为它们在自己的"实践的和社会的构成"中认识到自己的有效性⑤。正如博纳菲尔德所说,"有效性是一个社会范畴。只有对社会而言,某些东西才能有效并具有有效性"⑥。

"社会形式"的概念是开放的马克思主义批判传统的核心。通过研究经济范畴的社会构成,开放的马克思主义试图理解为什么明确的社会关系(内容)获得了国家、议会、货币、资本等的"外观"(形式)。古恩将社会现象和结构视为阶级斗争过程中假定的对抗性社会关系的矛盾运动,尤其是劳资关系矛盾运动的"表象"或"实存方式"⑦。在开放的马克思主义看来,资本主义形式是作为自我确立的经济实体出现的,它使人类社会实践

① H. G. Backhaus, "Some Aspects of Marx's Concept of Critique in the Context of His Economic-Philosophical Theory", W. Bonefeld and K. Psychopedis (eds.), *Human Dignity: Social Autonomy and the Critique of Capitalism*, Aldershot: Ashgate, 2005, p. 28.

② Werner Bonefeld, *Critical Theory and the Critique of Political Economy*, London: Bloomsbury, 2014, p. 8.

③ Werner Bonefeld, *Critical Theory and the Critique of Political Economy*, London: Bloomsbury, 2014, p. 39.

④ Richard Gunn, "Practical Reflexivity in Marx", *Common Sense*, vol. 1, 1987, p. 41.

⑤ Ibid, p. 42.

⑥ Werner Bonefeld, *Critical Theory and the Critique of Political Economy*, London: Bloomsbury, 2014, p. 25.

⑦ Richard Gunn, "Marxism and Mediation", *Common Sense*, vol. 2, 1987, p. 60. Richard Gunn, "Against Historical Materialism: Marxism as First-Order Discourse", W. Bonefeld, R. Gunn and K. Psychopedis (eds.), *Open Marxism: Theory and Practice*.

的构成作用变得不可见。实际的社会关系沦为经济形式的副产品。经济抽象和经济范畴的世界声称自己是一定社会关系的"反常形式"。个人之间的关系表现为反常的经济对象化形式，表现为货币和经济力量明显的独立运动。这些颠倒和扭曲的形式（如国家形式、货币形式或资本形式）是通过阶级对立而存在的，因此必须对其进行解读，以揭示其社会起源。根据博纳菲尔德的说法，"只有一个世界，那就是表象的世界"——也就是说，社会作为诸种对象化经济形式的某种关系——以及"这种表象是真实存在的"①。必须对表象世界进行解码，以便在社会关系中揭示其构成。因此，否定批判的目的不是思考拜物教这一经济事物，而是"由这些事物引发思考"②。它并不旨在批判"事物本身"，而是选择质疑"以事物之间关系的形式表达自己的明确社会关系"③。换言之，对政治经济学批判是从"实存的社会出发进行思考，在'实存的'社会中进行的。为了理解事物，人类必须身在其中"④。其目标是为了发现这些物化事物的社会构成，掌握一些社会关系——这些社会关系导致了这些物化事物之实存，而后通过否定自身消失在经济客观性的表象中。

对于开放的马克思主义来说，概念性不仅仅意味着破译人类实践中隐藏的事物本质的过程。它还包括揭露其矛盾的构成和运动的过程。并且，以同时批判着"变态的社会实存及通过这种实存本身之实存而具有的反常"⑤的方式，批判内在于其社会语境。根据阿多诺的观点，要辩证地进行否定批判，就需要"在矛盾中思考，为了事物曾经经历过的矛盾，并反对这种矛盾"⑥。开放的马克思主义特别强调矛盾的概念，认为辩证法是"就对立统一

① Werner Bonefeld, "Negative Dialectics and the Critique of Economic Objectivity", *History of the Human Sciences*, vol. 2, Issue 2, 2016, p. 63.

② Werner Bonefeld, *Critical Theory and the Critique of Political Economy*, London: Bloomsbury, 2014, p. 10.

③ Ibid, p. 37.

④ Ibid, p. 38.

⑤ Werner Bonefeld, Richard Gunn, John Holloway and Kosmas Psychopedis (eds.), *Open Marxism: Emancipating Marx*, vol. 3, London: Pluto Press, 1995, p. 3.

⑥ Theodor Adorno, *Negative Dialectics*, London: Continuum, 2003, p. 133.

和矛盾运动进行的指示"①。从这个意义上说,开放的马克思主义将批判理解为"对同一性的攻击"②,并认为如果马克思主义是一种"关于任何事物的'理论',那么它就是一种**关于矛盾的理论**"③。在古恩和霍洛威看来,与传统马克思主义各种流派的观点相反,马克思主义并不旨在提供一种关于社会的理论,也不是一种关于解释资本主义社会客观规律的理论。马克思主义不应沦为资本主义的统治理论及研究现存结构的功能和再生产的理论。相反,对于这两位作者来说,马克思主义必须恢复其失去的否定性,成为一种**反抗**社会的理论,一种旨在摧毁资本主义社会的理论④。作为对资本主义社会关系的颠覆性否定,开放的马克思主义对各种变态的社会形式进行了彻底而激进的批判,并试图揭示隐藏在这个"翻转的世界"表面之下的社会内容和本质。人类的实践是被奴役的,并因它所创造和生产的东西的本质而变得无形。生产者受自己的创造物支配,并由抽象的经济力量和规律主导。创造者作为一个颠倒了的世界的衍生物出现,这个世界通过将自己表现为完全自然的、构成了实际社会关系的事物,获得了永恒的品质。

开放的马克思主义揭示了一个由货币、事物和经济抽象统治的世界的社会起源,其否定性主要是对于拜物教的批判,这是一种解读和概念化那种属于社会构成的短时间内"遗忘"的方法进路。拜物教的主题是开放的马克思主义者对资本主义组织的社会关系进行批判的核心,尽管他们在整个工作中对拜物教范畴的诠释存在差异。对霍洛威来说,拜物教的概念是"**对资产阶级社会的批判,对资产阶级理论的批判,对资产阶级社会稳定性的解释**"⑤。他认为,在资本主义关系的世界中,商品和物主宰一

---

① Werner Bonefeld, Richard Gunn and Kosmas Psychopedis (eds.), *Open Marxism : Theory and Practice*, xiv.

② John Holloway, *Change the World Without Taking Power*, London: Pluto, 2005(2002), p. 106.

③ Richard Gunn, "Marxism and Contradiction", *Common Sense*, vol. 15, 1994, p. 53.

④ Richard Gunn, "Against Historical Materialism: Marxism as First-Order Discourse", W. Bonefeld, R. Gunn and K. Psychopedis (eds.), *Open Marxism : Theory and Practice*. Richard Gunn, "Marxism and Contradiction", *Common Sense*, vol. 15,1994, pp. 53-58. John Holloway, "The Freeing of Marx", *Common Sense*, vol. 14, 1993, p. 19. John Holloway, *Change the World Without Taking Power*, London: Pluto, 2005(2002), pp. 135-136.

⑤ John Holloway, *Change the World Without Taking Power*, p. 51.

切,人类的创造力是看不见的。主体与客体、人与物之间存在一种倒置,因此,社会关系本身就被拜物教化了。霍洛威遵循批判传统,不认为拜物教是一个封闭的静态概念。霍克海默认为,"矛盾是批判性思维方式的所有概念的特征……对统治社会生活的范畴的批判性接受,同时也包含着对它们的谴责"①。霍洛威的工作在对拜物教概念的过程性动态分析中展开,并区分了"固化的拜物教"和"作为过程的拜物教"②。他认为拜物教是一个过程——也就是拜物教化,即拜物教和反拜物教之间的持续斗争,而且是一个开放的、矛盾的范畴。霍洛威写道:

> 换句话说,异化或拜物教的概念暗示了它的对立面:不是我们内心深处本质上的非异化的"家",而是我们日常实践中对异化的抵制、拒绝和疏远。只有在反异化或反拜物教概念的基础上,我们才能设想异化或拜物教。如果拜物教和反拜物教共存,那么这只能是对抗性的过程。拜物教是一种拜物教化的过程,即一种分离主体和客体的过程,它总是处于与反拜物教的对立运动的对抗中,是主体和客体重新结合的斗争。③

从克拉克④的观点来看,霍洛威在解释《资本论》时使用了马克思《1844 年经济学哲学手稿》中的词汇。异化与拜物教不同,霍洛威在他的分析中似乎没有区分物化、异化、拜物教这三个术语。相反,他将这三个术语作同义使用。正如霍洛威所说,"尽管人类在其物种特征上是实践的创造性的存在者,但他们在资本主义下作为客体实存,因而被非人化了,

---

① Max Horkheimer, "Traditional and Critical Theory", London: Pluto, 2005(2002), p. 208.

② John Holloway, "Class and Classification: Against, In and beyond Labour", in A. Dinerstein and M. Neary (eds.), *The Labour Debate*, Aldershot: Ashgate, 2002, p. 29.

③ John Holloway, "Class and Classification: Against, In and beyond Labour", in A. Dinerstein and M. Neary (eds.), The *Labour Debate*, Aldershot: Ashgate, 2002, p. 31.

④ Simon Clarke, "Class Struggle and the Working Class: The Problem of Commodity Fetishism", A. Dinerstein and M. Neary (eds.), *The Labour Debate*, Aldershot: Ashgate, 2002, pp. 41 - 60.

被剥夺了他们的主体性"①。在克拉克看来,霍洛威"拒绝资本主义不是基于对资本主义剥削的批判,而是基于从资本主义劳动中重新获得创造力的理想"②。在给克拉克的回复中,霍洛威坚持认为,马克思早期和成熟的著作同样关注资本主义下人们的非人化和对象化:"年轻的马克思谈到'异化',老年的马克思谈到拜物教,但这两个概念指的是同一主体的对象化"③。另一方面,博纳菲尔德认为,从个人出发的对商品形式的拜物教的批判并不等同于"模糊的人本主义",而是侧重于"特定社会形式的实际社会关系"④。正如他所说:"人总是被对象化的人,主体性意味着对象化,成为客体是主体性意义的一部分。对拜物教的批判所带来的问题不是主体的对象化,而是主体的物化模式。"⑤在这种思想下,博纳菲尔德表达了他的观点,即"商品拜物教并不能掩盖资本主义的'现实'社会关系。相反,商品拜物教表达了作为资产阶级社会必然主体的资本之形式下的'现实'社会关系"⑥。

三、作为批判社会理论的政治经济学批判:论阶级与斗争

商品拜物教构成了一个过程,其中资本主义社会关系表现为抽象的经济力量。"新马克思阅读"为解开经济客观性的"自然"表象,展示社会关系被颠倒、被重塑为具有不可避免性和必然性的物化经济形式的方式,作出了宝贵贡献。然而,博纳菲尔德认为,"新马克思阅读"并没有"解释经济客观性的社会特征",毕竟,"什么是对象化?"⑦因为它没有试图阐明"阶级与劳动"的"基本范畴"⑧,所以"新马克思阅读"的批判性工作是不完

---

① John Holloway, "Class and Classification: Against, In and beyond Labour", in A. Dinerstein and M. Neary (eds.), The *Labour Debate*, Aldershot: Ashgate, 2002, p. 29.

② Ibid, p. 41.

③ John Holloway, "The Narrowing of Marxism: A Comment on Simon Clarke's Comments", A. Dinerstein and M. Neary (eds.), *The Labour Debate*, Aldershot: Ashgate, 2002, p. 62.

④ Werner Bonefeld, *Critical Theory and the Critique of Political Economy*, London: Bloomsbury, 2014, p. 39.

⑤ Ibid, p. 63.

⑥ Ibid, p. 54.

⑦ Ibid, p. 10.

⑧ Ibid, pp. 41 - 42.

整的。CSE 开放的马克思主义学派将对经济范畴的批判作为社会构成的批判理论加以阐述,该学派"将对现实社会关系的批判替换为对价值形式的逻辑发展,将其视为某种世俗化的事物,这种事物本身是有效的",并以"抽象劳动、阶级和阶级对立的批判理论"为基础①。开放的马克思主义的理论家将政治经济学批判发展为关于经济客观性的社会批判理论,不仅包括对经济形式的批判,还包括对社会政治形式的批判。这一批判的一个关键方面是,它驳斥了实证主义和"科学"的自命不凡,这种自命不凡存在于传统马克思主义的各个方面。在 CSE 进行的激进辩论中②,开放的马克思主义的观念蓬勃发展——而且这种理论批判活动从未脱离政治问题和政治关注而进行。最重要的是,这些学者的批判性分析集中在阶级斗争的决定性作用上,因为他们认为,对经济范畴的纯粹逻辑阐述将资本和劳动之间的关系以及阶级对立从政治经济学的批判中抹去了。霍洛威反对提出"马克思主义经济学"概念的传统马克思主义理论,他指出,这些理论认为价值、价格、危机等经济范畴"具有不依赖于阶级斗争的客观有效性"③。对于 CSE 开放的马克思主义学派来说,对经济范畴的社会基础的解读表明,这些关系是矛盾和对立的,因此,阶级斗争是客观经济形式的构成前提。

通过解决经济客观性及其阶级特征问题,开放的马克思主义将阶级斗争视为概念的内容,视为隐藏在经济和政治范畴内的构成本质。社会个体在经济数量的运动中变得不可见,因此阶级关系在经济事物的交换中消失。因此,阶级的概念不能仅仅从表象的基本层面和对收入来源的依赖程度上进行充分的概念化,以此作为将人们划分为各种社会阶层的手段。马克思对"三位一体公式"(资本—利润、土地—地租、劳动—工资)的批判涉及与表象世界以及将阶级概念化为一群人或一种结构的决裂。

---

① Werner Bonefeld, *Critical Theory and the Critique of Political Economy*, London: Bloomsbury, 2014, p. 42.

② Simon Clarke (ed.), *The State Debate*, London: Palgrave, 1991.

③ John Holloway, "From Scream of Refusal to Scream of Power: The Centrality of Work", W. Bonefeld, R. Gunn, J. Holloway and K. Psychopedis (eds.), *Open Marxism: Emancipating Marx*, vol. 3, London: Pluto Press, 1995, p. 161.

克拉克认为,阶级"不是一个利益集团,不能被定义为具有共同**利益**的个体的结合,而是生产关系中不可分割的一部分,因此在分析上先于构成它的个体"①。阶级关系是"资本主义生产的逻辑的和历史的**前提**"②,也就是说,是资本家和工人之间在生产领域展开的特定统治和剥削关系的前提。克拉克在对阿尔都塞式马克思主义的批判中指出,阶级不是一种"物",而是一种明确的社会生产关系,资本和劳动之间的阶级关系具有特定的经济、思想和政治形式,这些形式是"**生产关系的历史发展形式**"③,它们构成了各种社会关系形式的矛盾统一体。因此,以生产过程中剩余价值的获取为基础的阶级关系"不是纯粹的'经济'关系,而是在阶级社会中以特定意识形态形式表现的多维权力关系"④。

在一篇有影响的文章中,古恩还反对传统的"社会学式的"阶级概念。阶级既不是一群根据其共同的社会经济特征划分在一起的个体,也不是一个"场所",即个体相对于其在社会环境中所处的固定位置的"结构"。对于古恩来说,"阶级"和"阶级关系"这两个术语必须无差异地被理解——因为阶级始终是"某种历史上特定类型的阶级关系"⑤。此外,他认为阶级关系是社会关系的总和,必须理解为生产关系。换句话说,资本和劳动之间的对立不仅仅是一种经济关系,而是一种社会关系。在这些社会关系中,阶级之间并不作为预先确定的实体和结构上预先确定的范畴而相互对抗。在一个活跃的、动态的、不可预测的过程中,阶级斗争定义并构成了阶级的形成。古恩坚持发展自己的论点,他认为阶级是斗争的关系,因此,"阶级斗争就是阶级本身"⑥。作为一种对抗性斗争,阶级关系,即劳资关系,并不是要将人们纳入群体或归档。作为一种流动的关系,它独立于个体,但也构建了个体的生活,因为它存在于个体中并通过

① Simon Clarke, "Capital, Fractions of Capital and the State: 'Neo-Marxist' Analysis of the South African State", *Capital & Class*, vol. 2, 1978, p. 41.
② Simon Clarke, *Marx, Marginalism and Modern Sociology*, London: Palgrave, 1991, p. 118.
③ Simon Clarke, "Althusserian Marxism", S. Clarke, T. Lovell, K. McDonnell, K. Robins and V. Seidler (eds.), *One-Dimensional Marxism*, London: Allison & Busby, 1980, p. 53.
④ Simon Clarke, "Althusserian Marxism", p. 53.
⑤ Richard Gunn, "Notes on Class", *Common Sense*, vol. 2, 1987, p. 15.
⑥ Ibid, p. 16.

个体存活。简而言之,它渗透到他们的生活中。正如古恩所说,阶级关系以不同的方式构成了"不同个体的生活。它可以划分阶级,而不仅仅是在相关个体之间"①。贯穿个体,分割个体的生活,结果,个体和集体的实存变得矛盾。阶级分割和工人阶级成员的分裂是矛盾的,"他们的脚仍然陷在剥削之中,即使他们的头……呼吸着资产阶级意识形态的空气"②。在许多不同的方面,古恩的贡献提供了一些有见地和有趣的评论,但未能充分阐述他的方法的理论和政治含义。特别值得注意的是,他试图反驳传统马克思主义的阶级分析,这种分析将阶级视为"客体",并以相当工具主义的方式将阶级和阶级斗争概念化。从这个角度来看,他打破了传统的、对阶级作为"社会群体"的实证主义的解释,提出了阶级和阶级斗争的批判性概念,从而为通过否定辩证法更深入地处理这一主题开辟了空间。此外,正如塞尔吉奥·蒂施勒(Sergio Tischler)所说:"如果阶级被视为一个客体,那么作为否定辩证法的革命辩证法就不可能存在。"③

博纳菲尔德扩展了古恩的视角,并以阿多诺的批判理论为基础,旨在对阶级进行批判,而不是提供一种阶级理论。从批判理论的角度来看,博纳菲尔德认为,"阶级不是意识的范畴。它是一种反常的社会客观化形式"④。正如他简洁地指出的那样,"马克思对政治经济学的批判并不是从阶级意识中得出阶级的存在,他分析了社会组织其再生产的方式"⑤。对博纳菲尔德来说,社会理论是至关重要的,因为它从承认社会构成的出发点来理解社会,从而从社会的持存方式以及斗争和矛盾的角度来研究社会。从这个角度来看,他指出"阶级不是一个肯定的范畴,而是一个批判

① Richard Gunn, "Notes on Class", *Common Sense*, vol. 2, 1987, p. 17.

② Ibid, p. 17.

③ Sergio Tischler, "The Crisis of the Leninist Subject and the Zapatista Circumstance", W. Bonefeld and S. Tischler (eds.), *What is to be Done？ Leninism, Anti-Leninist Marxism and the Question of Revolution Today*, Aldershot: Ashgate, 2002, p. 178.

④ Werner Bonefeld, *Critical Theory and the Critique of Political Economy*, London: Bloomsbury, 2014, p. 114.

⑤ Ibid, p. 117.

的概念"①。资本主义社会从根本上是对立的,并因矛盾而割裂。阿多诺指出,由于社会矛盾和利益对立,社会正在自我复制。人类幸存下来并"保护自己,不是不顾所有的非理性和冲突,而是**依靠**它们"②。统治者与被统治者之间、资本与劳动之间的对立阶级关系再现了这一制度,并帮助它扩展自身,因为"社会不是在对立中生存,而是通过对立来生存"③。在这种对立力量之间的斗争中,对立的个体充当特定的、明确的阶级关系和阶级利益的化身。在这个过程中,作为劳动力的出卖者存在,并"成为一名生产力劳动者,并不是一种本体论上的特权地位"④。正如马克思所言,博纳菲尔德经常提醒我们:"成为生产工人不是一种幸福,而是一种不幸"⑤。因此,作为一个否定和批判的概念,阶级是物化社会的一部分,属于一个变态的社会关系世界,是"虚假社会的客观范畴"⑥。作为社会关系反常表象的一部分,阶级被定义为一种"活生生的矛盾,无法分类的矛盾"⑦。在这一矛盾中挣扎和抗争的劳动者有着共同的阶级经历,即他们与生产资料分离,被强迫出卖他们的劳动力,这为"阶级团结和集体行动"创造了条件⑧。另一方面,正如博纳菲尔德有力地指出的那样,经济强制意味着"劳动力市场没有统一的、共同的阶级经历,因为每个劳动力出卖者都在竞争就业机会,以此作为获得生活资料的条件"⑨。

关于这一点,霍洛威认为,"我们不是**作为**工人阶级而斗争,我们反对

① Werner Bonefeld, "Capital, Labour and Primitive Accumulation: On Class and Constitution", A. Dinerstein and M. Neary (eds.), *The Labour Debate*, Aldershot: Ashgate, 2002, p. 66.

② Theodor Adorno, *History and Freedom*, Cambridge: Polity Press, 2006, p. 50.

③ Theodor Adorno, *Negative Dialectics*, London: Continuum, 2003, p. 320.

④ Werner Bonefeld, "Negative Dialectics and the Critique of Economic Objectivity", *History of the Human Sciences*, vol. 29, no. 2, 2016, p. 69.

⑤ Karl Marx, *Capital*, vol. 1, Harmondsworth: Penguin, 1990, p. 644. 参见马克思《资本论》第 1 卷,北京:人民出版社 2004 年版,第 582 页。

⑥ Werner Bonefeld, *Critical Theory and the Critique of Political Economy*, London: Bloomsbury, 2014, p. 100.

⑦ Ibid, p. 107.

⑧ Ibid, p. 114.

⑨ Ibid, p. 115.

成为工人阶级,反对被归类"①。他认为,试图将工人阶级定义为从属于资本,这是对工人阶级的传统"理解"的一部分,他认为阶级是过程,是一个动态的概念。在这种思想下,阶级不是预先构建的、固定的、静态的实体。相反,阶级是一个不断形成的过程,因为人们受到不断的分类和重新分类过程的影响。这反过来又意味着阶级斗争"是对分类的斗争,是反对被分类的斗争"②。在这场斗争中,工人阶级是为了解放自己,反对劳动,反对成为工人阶级。在这方面,霍洛威认为,工人阶级"只有在其作为工人阶级不仅存在于自身之内,而且与自身对立和超越自身的情况下,才能被视为革命性的"③。霍洛威推测,阶级斗争正在资本主义社会内部展开,同时也朝着**超越**这个社会的方向前进。正如博纳菲尔德所指出的,关键问题是"这'超越'可能是什么。为存活而进行的阶级斗争并不能预示未来。然而,它确实对现有的社会财富关系作出了深刻的判断"④。

阶级斗争构成了属于资本主义现实的、合理化了的非理性的一部分,只要它继续在三位一体公式所确立的框架内存在,那么就主要是为了减轻劳动过程中的剥削。这场斗争可以被视为是一场在变态的资本主义社会现实的范围内进行的斗争,在这种现实中,它以"公正"的工资和工会认可的要求来满足自己。这种斗争隐含地接受了资本主义社会的现实和结构,并有助于继续复制"属于自由工资劳动的冷酷不人道"⑤,将社会推向"永久转型或永久改变的变化"的境地⑥。整体的阶级斗争在资本主义内部发挥着再生产作用和稳定性作用,从这个意义上讲,正如阿多诺所说,

---

① John Holloway, "Class and Classification: Against, In and beyond Labour", in A. Dinerstein and M. Neary (eds.), *The Labour Debate*, Aldershot: Ashgate, 2002, p. 36.

② John Holloway, *Change the World Without Taking Power*, London: Pluto, 2005(2002), p. 143.

③ John Holloway, *Crack Capitalism*, London: Pluto, 2010, p. 118.

④ Werner Bonefeld, *Critical Theory and the Critique of Political Economy*, London: Bloomsbury, 2014, p. 118.

⑤ Theodor Adorno, "Reflections on Class Theory", R. Tiedemann (ed.), *Can One Live after Auschwitz?*, Stanford: Stanford University Press, 2003, p. 94.

⑥ Theodor Adorno, "'Static' and 'Dynamic' as Sociological Categories", *Diogenes*, vol. 9, 1961, p. 45.

"所有的历史都是阶级斗争的历史,因为它总是同一件事,即史前史"①。因此,对于开放的马克思主义来说,争论的焦点是如何结束阶级斗争的史前史,以及如何将共产主义呈现为一场运动,这是根据对以前政治的和批判的经验和斗争的综合而构建的,它为一个"自由和平等"的无阶级社会而奋斗,而不是为一个合理地组织起来的社会主义劳动经济而奋斗②。在持续的批判性对话中,开放的马克思主义的传统之演变,发展了从早期法兰克福学派继承下来的问题,并因此推进了批判性的社会理论。从这个角度来看,马尔库塞的论点具有了新的意义:

> 既定社会对生产力的一切发展都将保持和提高破坏的和压迫的生产力。只有一个阶级的实践才能打破这种致命的联系,这个阶级的根本需要不是不朽和改良,而是废除既定社会。这种废除将是解放:自由首先表现为否定;"肯定的"定义仍然是一个未知数 X,即一个开放变量——这正好就是:自决。③

① Theodor Adorno, "Reflections on Class Theory", R. Tiedemann (ed.), *Can One Live after Auschwitz?*, Stanford: Stanford University Press, 2003, p. 94.
② Werner Bonefeld, "Bringing Critical Theory Back in at a Time of Misery: Three Beginnings without Conclusion", *Capital & Class*, vol. 40, 2015, pp. 239 - 242.
③ Herbert Marcuse, "Freedom and the Historical Imperative", *Studies in Critical Philosophy*, London: NLB, 1971, p. 214.

全球化之前的世界化——列斐伏尔和阿克塞洛斯[①]

斯图亚特·埃尔登[②]
（英国华威大学政治与国际研究学院）

　　"世界化"是列斐伏尔和阿克塞洛斯的世界思想的共同关注点。从对列斐伏尔的"世界化"概念的探源出发，通过考察全球化与世界化的区别、世界化的内在逻辑以及"游戏"在世界化过程中的作用，列斐伏尔与阿克塞洛斯世界思想的一致性得以显露。进一步考察两者思想的区别与联系，能够发现：阿克塞洛斯的世界思想不仅是对理论的沉思，同时也是对革命实践何以可能的积极询问，并为新的、更为激进的政治与革命活动开辟了道路。

导　论

　　《论国家》[③]的核心主题之一是世界问题。**世界**[④]（le monde），在**世界**

---

① 我感谢本卷的编辑尼尔·布伦纳（Neil Brenner），并特别感谢科斯塔斯·阿克塞洛斯，感谢他们对这篇文章的评论和热情。——原注
　　本文译自 Stuart Elden, "Mondialisation before globalization: Lefebvre and Axelos", *Space, Difference, Everyday Life*, New York: Routledge Press, 2008, pp. 94 – 107. ——中译者注
② 作者简介：斯图亚特·埃尔登，布鲁内尔大学政治学博士，英国科学院院士，主要从事政治、哲学和地理学交叉研究；译者简介：柴生旺，男，西安交通大学马克思主义学院硕士研究生，研究方向为国外马克思主义研究；校者简介：杨栋，德国弗赖堡大学哲学博士，西安交通大学马克思主义学院国外马克思主义研究所教授、博士生导师。——中译者注
③ 《论国家》是列斐伏尔通过分析国家的生产方式探寻"马克思主义国家理论"的一部重要著作。列斐伏尔通过回顾国家的历史以及马克思主义国家观的发展，分析了国家的起源、演变和特点，对马克思主义下的种种国家理论作出了总结与评判，并展现出其激进的社会政治观点。
④ 着重号为原文作者所加。——中译者注

范围(l'échelle mondiale/the worldwide scale)和那只能被不完全地译为全球化(globalization)的**世界化**(mondialisation)概念中都有体现。然而，**世界化**是变得具有世界性的过程，是对世界作为一体的理解和把握，是将它作为整体、作为思维中的东西去理解。自 20 世纪 80 年代以来，英语读者将经济和政治现象在全球范围内的传播称之为**全球化**，这种发展通过对世界的先验理解，即**世界化**，而成为可能。本文试图理解列斐伏尔的**世界化**概念，它提供了一种哲学和实践的解释，具有理论基础和政治意识。此外，本文还试图解释这一术语在列斐伏尔著作中的起源，开辟一种更加一般的世界哲学新视野。

就像更普遍地思考他的工作那样，在思考世界问题时，列斐伏尔试图从通常被称为西方马克思主义的内部发展主张。他对马克思的理解是将其全部著作视为一个整体，既不偏袒早期的"人本主义"文本，也不偏爱后期的"科学"文本。① 但是对于列斐伏尔来说，马克思关于世界问题的最重要的文字来自他的早期著作，即他的博士论文。在这篇论文中，马克思宣称"世界的哲学化同时也就是哲学的世界化，哲学的实现同时也就是它的丧失"②。这对于马克思来说意味着在哲学的现实化或实现中，哲学被超越和克服。③ 列斐伏尔经常引用马克思的这句话，他的著作作为一个整体可以被解读为试图理解哲学思想及其实现的关系，一种他称之为元哲学(metaphilosophy)的发展。④ 对于列斐伏尔来说，他关注的是哲学的批判性反思，寻找哲学如何被超越和克服。这既是尼采或海德格尔的"**克服**"(überwinden)——克服和摆脱，也如黑格尔和马克思主义的"**扬弃**"(auf-

---

① 这一点在他的《辩证唯物主义》(Henri Lefebvre, *Dialectical Materialism*, trans. J. Sturrock, London: Jonathan Cape Press, 1968)中尤其可见。更全面地讨论列斐伏尔在马克思主义中的地位和他对马克思的解读见 Stuart Elden, *Understanding Henri Lefebvre: Theory and the Possible*, London: Continuum Press, 2004.

② Karl Marx, *Writings of the Young Marx on Philosophy and Society*, L. D. Easton and K. H. Guddat (eds.), New York: Doubleday Press, 1967, p. 62.

③ See, for example, Henri Lefebvre, *Marx*, Paris: PUF Press, 1964, p. 55; Henri Lefebvre, *Métaphilosophie*, 2nd edn, Paris: Éditions Syllepse Press, 2001, p. 33; Henri Lefebvre, *Dialectical Materialism*, p. 17.

④ Lefebvre, *Métaphilosophie*; see Stuart Elden, *Understanding Henri Lefebvre: Theory and the Possible*, pp. 83 - 85.

heben)——列宁为这个词加上这样的注释:"取代、给予一个终点,但同时保存、维持。"①

在理解世界方面,列斐伏尔认为海德格尔也发挥了重要作用,尤其是他在 1929 年的论文《论根据的本质》中提出,"世界从不存在,但世界世界化着"②。这一短句通常被简化为"世界世界化着(world worlds/ die Welt weltet)",旨在理解独立于外部原因和契机的世界运行方式。标准的法语翻译是"世界从不存在,世界正在世界化"(le monde n'est jamais, le monde se mondifie)③;另一种说法是"世界正在世界化"(le monde se mondialise)。④ 对于列斐伏尔来说,这接近于同语反复,但是"意义重大"。他认为这意味着:

> 世界化在自身之中并通过自身构想自身,而不是通过其他东西(历史、精神、工作、科学等)。世界变为世界,成为实际上的世界。它通过变得具有世界性而转变自身。在这之中,发现和创造交汇聚集。它在创造自身之前并不存在,然而,它通过所有的力量、技术、知识、艺术宣称自己是可能/不可能的。⑤

但是这种遗产可以追溯到更远的地方,因此,毫不惊奇马克思的博士论文是关于前苏格拉底的思想,以及海德格尔的反思经常返回到这种古

---

① Lenin, *Cahiers de Lénine sur la dialectique de Hegel*, H. Lefebvre and N. Guterman (eds.), Paris: Gallimard Press, 1967, p. 164.
② Martin Heidegger, *Wegmarken*, *Gesamtausgabe*, Band 9, Frankfurt am Main: Vittorio Klostermann Press, p. 164; Martin Heidegger, *Pathmarks*, W. McNeill (ed.), Cambridge: Cambridge University Press, 1998, p. 126.
③ Martin Heidegger, "Ce qui fait l'etre-essentiel d'un fondement ou 'raison'", in *Questions I et II*, trans. H. Corbin, Paris: Gallimard Press, 1968, p. 142. 列斐伏尔曾在《论国家》中使用这一翻译。见 Henri Lefebvre, *De l'État*, IV, Paris: UGE Press, 1976 - 1978, p. 416; *Key Writings*, S. Elden, E. Lebas and E. Kofman (eds.), London: Continuum Press, 2003, p. 200.
④ 对于这一翻译及其一般讨论,参见 Catherine Malabou, "History and the Process of Mourning in Hegel and Freud", *Radical Philosophy*, no. 106, 2001, pp. 15 - 16.
⑤ Lefebvre, *De l'État*, IV, p. 416; *Key Writings*, S. Elden, E. Lebas and E. Kofman (eds.), p. 200.

老的来源。① 事实上,在这里列斐伏尔和海德格尔的推动力是赫拉克利特,特别是在他揭示永恒或时间的片断中,永恒或时间作为世界的密码,"像一个玩游戏的孩子"②。在 1973 年,列斐伏尔声明这个片断是第一个灯塔或标记;第二个灯塔或标记则是海德格尔。③

大量主题因此产生:全球化和**世界化**之间的区别,可以说后者为前者提供可能性条件;变得具有世界性过程的内在逻辑;游戏在理解这一过程中的作用。正是在这一点上,将列斐伏尔的工作与另一位思想家的工作相提并论是有意义的。这位思想家是希腊移民科斯塔斯·阿克塞洛斯,他于 1945 年逃离了保皇党胜利的内战,抵达法国,在同海德格尔和列斐伏尔会面并结识之前,他在索邦大学学习。列斐伏尔和阿克塞洛斯在 1955 年相识于国家科学研究中心(CNRS),前者彼时是社会学部门的负责人,后者为研究员。④ 他们共同参加了几场采访,而且如下所述,列斐伏尔写了一些关于阿克塞洛斯作品的短文。⑤ 列斐伏尔对阿克塞洛斯的钦佩有些不同寻常,因为他对于同时代的大多数人持批评态度,但是列斐伏尔特别喜欢阿克塞洛斯分析马克思的方式,并将他的观点置于同时代问题的冲突之中。⑥ 这种尊重比共同阅读马克思的方式更加深刻。事实上,对于列斐伏尔来说,阿克塞洛斯是唯一真正接近思考赫拉克利特提出的

---

① See also Martin Heidegger, *Heraklit: 1. Der Anfang des abendländischen Denkens 2. Logik : Heraklits Lehre Vom Logos*, *Gesamtausgabe*, Band 55, Frankfurt am Main: Vittorio Klostermann Press, 1979; *Der Satz vom Grund*, *Gesamtausgabe*, Band 10, Frankfurt am Main: Vittorio Klostermann Press, 1997; *The Principle of Reason*, trans. R. Lilly, Bloomington: Indiana University Press, 1991.

② Hermann Diels, *Die Fragmente der Vorsokratiker: Griechisch und deutsch*, 6th edn, W. Kranz (ed.), Berlin: Weidmann Press, 1952, p. 162.

③ Henri Lefebvre, "Au-delà du savoir", in *Le jeu de Kostas Axelos*, H. Lefebvre and p. Fougeyrollas (eds.), Paris: Fata Morgana Press, 1973, p. 22.

④ Kostas Axelos, discussion with Stuart Elden, Paris, July 6, 2004.

⑤ Kostas Axelos et al., "Karl Marx et Heidegger", in *Arguments d'une recherche*, Kostas Axelos (ed.), Paris: Éditions de Minuit Press, 1969 (1959), pp. 93 – 105; Kostas Axelos, "Entretien avec Henri Lefebvre", in *Entretiens: 'réels', imaginaires, et avec 'soi-même'*, Montpellier: Fata Morgana Press, 1973, pp. 69 – 84.

⑥ Henri Lefebvre, *Le retour de la dialectique: 12 mots clefs*, Paris: Messidor/Éditions Sociales Press, 1986, pp. 167 – 168.

"世界之思"（thought of the world）和"世界中的思想"（thought in the world）之问题与区别的思想家。[①] 列斐伏尔经常在他自己的作品中提到阿克塞洛斯的作品，并且事实上，他曾一度称阿克塞洛斯为"新赫拉克利特"。[②]

一、科斯塔斯·阿克塞洛斯和世界游戏（the play of the world）

阿克塞洛斯出生于 1924 年，是相对于列斐伏尔的年轻一辈。虽然在英语世界鲜为人知，但是在他的第二故乡法国，他一直是重要的知识分子人物和先驱。从 1958 年开始直至 1962 年闭刊，其间阿克塞洛斯任重要刊物《争鸣》的主编，并与午夜出版社一同运营了同名丛书，其中出版了列斐伏尔的三部作品——《现代性导论》《元哲学》和《历史的终结》。[③] 法国和欧洲思想中的许多其他关键人物的著作都在该系列中亮相，包括吉尔·德勒兹（Gilles Deleuze）、莫里斯·布朗肖（Maurice Blanchot）、格奥尔格·卢卡奇（Georg Lukács）、赫伯特·马尔库塞（Herbert Marcuse）和卡尔·雅斯贝尔斯（Karl Jaspers）。在他自己的著作中，尤其是在受到马克思、海德格尔、欧根·芬克（Eugen Fink）影响的《世界之游戏》中，阿克塞洛斯讨论了世界化的过程，并为这一问题提供了极具价值的见解——

---

① Henri Lefebvre, *Qu'est-ce que penser ?* , Paris: Publisad Press, 1985, p. 13; Henri Lefebvre, "Au-delà du savoir", pp. 24 – 26.

② Henri Lefebvre, "Au-delà du savoir", p. 32. See, above all, Kostas Axelos, *Héraclite et la philosophie : la première saisie de l'être en devenir de la totalité* , Paris: Éditions de Minuit Press, 1962.

③ 有关阿克塞洛斯更一般性的说明，参见 Mark Poster, *Existential Marxism in Postwar France* , Princeton: Princeton University Press, 1975; Ronald Bruzina, translator's introduction to Konrad Axelos, *Alienation, Praxis and Techne in the Thought of Karl Marx* , trans. R. Bruzina, Austin: University of Texas Press, 1976, ix-xxxiii; Eric Haviland, *Kostas Axelos : Une vie pensée, une pensée vécue* , Paris: L'Harmattan Press, 1995; Jean-Philippe Milet (ed.), "Kostas Axelos et la question du monde", special issue of *Rue Descartes* , no. 18, 1997; Giuseppe Lissa et al., *Pour Kostas Axelos : Quatre études* , Bruxelles: Éditions Ousia Press, 2004; and Stuart Elden, "Kostas Axelos and the World of the Arguments Circle", in *After the Deluge : New Perspectives on Postwar French Intellectual and Cultural History* , ed. J. Bourg, Lanham: Lexington Books Press, 2004, pp. 125 – 148.

一方面因为这些见解自身富于意义,另一方面出于对列斐伏尔著作的影响。① 对于阿克塞洛斯而言,当 2004 年反思全球化的思想出现时,**世界化**同"世界"概念有联系,而这个较新的术语不再被保留。② 在某种程度上,这是翻译上的细微差别,并可以通过英美文化帝国主义的透镜来理解,正如德里达在他的生命尽头所揭示的那样。③ 阿克塞洛斯宣称,早在 20 世纪 50 年代末,《争鸣》中就广泛地讨论了"**世界化**",正是因为它保有了"世界"的概念,所以才值得被保留。

> 全球化命名了一个将技术、经济、政治甚至文明和文化绝对普遍化的过程。但它仍然有些空洞。作为某种开放过程的世界不见了。世界不是物质的和历史的总体,它不是对理论和实践集合的或多或少的经验集合。它展开自身。被称为全球化的东西,乃是一种无世界的世界化。④

世界是以其自身的方式成为思维的客体,而不是通过其他方式或密码而被理解的,此外,考虑到世界的物质基础和概念基础以及对它所依赖的空间的理解,它还是思考其他现象展开于其上的必要前提。⑤ 事实上,皮埃尔·富热罗拉(Pierre Fougeyrollas)发表在《争鸣》上的关于**世界化**的论文表明,"对于问题的世界化,我们必须以思想和行动的**世界化**来应对"。⑥ 对于阿克塞洛斯来说,人不在世界之中,人属于世界,这种关系不能被简化为认同。

① Kostas Axelos, *Le Jeu du monde*, Paris: Les Éditions de Minuit Press, 1969.
② Kostas Axelos, "Mondialisation without the World: Interviewed by Stuart Elden", *Radical Philosophy*, no. 130, 2005, p. 27; see *Ce questionnement : approche-éloignement*, Paris: Les Éditions de Minuit Press, 2001, p. 40.
③ Jacques Derrida, *Without Alibi*, ed. and trans. p. Kamuf, Stanford: Stanford University Press, 2002; and *Acts of Religion*, ed. G. Anidjar, London: Routledge Press, 2002.
④ Axelos, "Mondialisation without the World: Interviewed by Stuart Elden", p. 27.
⑤ See Stuart Elden, "Missing the Point: Globalisation, Deterritorialisation and the Space of the World", *Transactions of the Institute of British Geographers*, 2005, pp. 8 - 19.
⑥ Pierre Fougeyrollas, "Thèses sur la mondialisation", *Arguments*, 1959, pp. 38 - 39.

　　阿克塞洛斯关注的是推翻对马克思的庸俗唯物主义解读。他认为，唯心主义的发展正是为了避免这种现实主义的、客观主义的、物质的理解。① 就像列斐伏尔一样，对于阿克塞洛斯而言，一个非正统的、真正的黑格尔马克思主义者的关键在于承认理念与物质之间的辩证关系。此外，他也像列斐伏尔一样，承认我们必须通过异化问题寻求这种关系的答案，而不是通过对早期文本的独断理解。阿克塞洛斯认为，"马克思是从经济的自我异化，即从世界被二重化为（现实的）基础和（意识形态的）上层建筑这一事实出发的。他做的工作是把意识形态的、唯心主义的、理想的世界归结于它的世俗基础。"②阿克塞洛斯希望采取这种行动，但是也想采取相反的行动，以承认意识形态的现实基础。他认为，关键是将人类、经济生产和具体社会的问题置于更广泛的世界问题之上。事实上，他对马克思的细致研究，深受海德格尔的影响，这在原法文标题中非常明确：《马克思，技术的思想家：从人类异化到征服世界》。③ 阿克塞洛斯认为：尽管马克思和海德格尔所说的东西并不相同，但是他们都是思考重大危机的思想家，"一个讲人的异化，另一个讲世界之遮蔽"④。

　　正如1959年列斐伏尔、阿克塞洛斯、让·波伏勒（Jean Beaufret）、弗朗索瓦·沙德烈（François Châtelet）的采访所表明的那样，这是他们认为的至关重要的关系。列斐伏尔认为："在思考人与技术的关系方面，海德格尔的宇宙历史视野和马克思的历史实践概念并不冲突，他们的工作只

---

① See particularly, Kostas Axelos, *Vers la pensée planétaire : Le devenir-pensée du monde et le devenir-monde de la pensée*, Paris: Éditions de Minuit Press, 1964, p. 174; "Theses on Marx", trans. N. Georgopoulous, in N. Fischer, N. Georgopoulous and L. Patsouras (eds.), *Continuity and Change in Marxism*, New Jersey: Humanities Press, 1982, p. 67.

② Axelos, *Vers la pensée planétaire*, pp. 174 – 175; "Theses on Marx", p. 68. 中译文出自阿克塞洛斯：《未来思想导论：关于马克思和海德格尔》，杨栋译，南京：南京大学出版社2020年版，第50页。——中译者注

③ Kostas Axelos, *Marx penseur de la technique : De l'aliénation de l'homme à la conquête du monde*, Paris: Éditions de Minuit Press, 1961; trans. R. Bruzina as *Alienation, Praxis and Techne in the Thought of Karl Marx*, Austin: University of Texas Press, 1976.

④ Kostas Axelos, interview with Stuart Elden, Paris, Autumn 2004.

是从不同的方向接近它。"①此外,阿克塞洛斯认为,为了思考这些思想家,历史政治问题也需要纳入考虑,这包括德国唯心主义和浪漫主义的失败②,当然还有纳粹主义广泛传播的问题。列斐伏尔指出,他最初拒绝海德格尔是在后者支持纳粹主义之前。③ 阿克塞洛斯和波伏勒为其提供了一些细节补充,如果现在这些细节由于新发布的著作和文件显得有些复杂,那么很清楚的是,他们关于海德格尔同马克思的相遇在政治上并不幼稚。④ 相反,海德格尔可以被用来阐释马克思,去更好地理解马克思,尤其是就海德格尔对马克思仅以概括性的方式处理事物的持续讨论,又例如对于阿克塞洛斯和列斐伏尔来说的技术和世界。尽管如此,正如阿克塞洛斯在这次采访中所谈及的,"马克思和海德格尔都没有穷尽世界的整体性的问题"⑤。

那我们应该如何理解这个世界呢? 阿克塞洛斯认为,世界作为游戏而展开,是西方形而上学的核心问题:"成为整体,至高无上的游戏。"⑥1969 年出版的著作《世界之游戏》,是阿克塞洛斯最重要的著作,可以被翻译为 *the game of the world* 或 *the play of the world*。此外,我在翻译这部著作和其他作品时,根据上下文的语境,所使用的"play"和"game"对于"jeu"而言是可互换的。⑦ 在阿克塞洛斯的行文中还有其他相关词汇,特别是**赌注**(l'enjeu/stake)和**玩物**(jouet/plaything)。《世界之游戏》是一本极具挑战性的书,以零散的、近乎格言的风格写成。但是,就像尼采的作

---

① Axelos et al.,"Karl Marx et Heidegger", in *Arguments d'une recherche*, Kostas Axelos (ed.), Paris:Éditions de Minuit Press, 1969 (1959), p.92.

② Ibid, p.94.

③ Ibid, pp.96 – 98.

④ 对于根据这些论文和著作进行的讨论,见 Stuart Elden, *Speaking against Number:Heidegger, Language and the Politics of Calculation*, Edinburgh:Edinburgh University Press, 2006. 尤其是在第二章。对于这种关系,参见该书的结论,以及 Dominique Janicaud, *Heidegger en France*, two volumes, Paris:Albin Michel Press, 2001.

⑤ Axelos et al.,"Karl Marx et Heidegger", in *Arguments d'une recherche*, Kostas Axelos (ed.), Paris:Éditions de Minuit Press, 1969 (1959), p.102.

⑥ Ibid, p.196.

⑦ 基于这种情况,本文将"play"和"game"统一译为"游戏"。——中译者注

品一样,这些都是属于某个整体的碎片,并且只能通过暴力从整体中分离。① 其他著作则以更加传统和更容易理解的方式呈现,例如《开放的系统》重新呈现了许多从他早期作品而来的观点。② 阿克塞洛斯的核心主张是,世界只能以它自身的方式或规则,从相互游戏(interplay)的内部逻辑去理解,而不是基于任何外部的事物。

> 世界游戏试图理解游戏中的所有游戏和规则、所有违规和计算、所有意义和解释(全球的和特殊的)的出现、消失和重生……它根据偶然性或必然性在世界的棋盘上移动棋子和人物,无论是否是具象性的。与之相对应,棋子和人物只是游戏的一部分,正如真理只是错误的胜利形象。因此,理论和实践游戏的多态组合开放了,它来自包括世界游戏在内的东西,并继续被它所包含和粉碎着。③

作为游戏的世界发展了海德格尔以简短的概括形式提出的主张——"存在的本质是游戏本身"④,以及欧根·芬克的作品中更详细的描述。⑤

---

① See Gilles Deleuze, "Faille et feux locaux, Kostas Axelos", *Critique*, 1970, p. 345; *Desert Islands and Other Texts 1953 –1974*, ed. D. Lapoujade, trans. M. Taormina, Los Angeles: Semiotext(e) Press, 2004, p. 157; 阿克塞洛斯的作品启发了一些诗人,例如休斯·拉布鲁斯(Hughes Labrusse)的《捐赠者》(Le donateur);阿米欧·朗加尼(Amiot-Lenganey)评价道,这部作品的写作方式深受科斯塔斯·阿克塞洛斯的核心思想影响。

② Kostas Axelos, *Systématique ouverte*, Paris: Éditions de Minuit Press, 1984. Chapter 2 of this book appears as "The World: Being Becoming Totality", trans. G. Moore, *Environment and Planning D: Society and Space*, 2006.

③ Axelos, *Arguments d'une recherche*, p. 199; 见 *Horizons du monde*, Paris: Éditions de Minuit Press, 1974, p. 80; "Planetary Interlude", trans. S. Hess, in *Game*, *Play*, *Literature*, ed. J. Ehrmann, Boston, MA: Beacon Press, 1971, p. 8(该书原名《耶鲁法国研究》). See Lefebvre, *De l'État*, IV, pp. 418 – 419; *Key Writings*, p. 201.

④ Martin Heidegger, *Identität und Differenz*, Pfulligen: Neske Press, 1957, p. 64. 这被阿克塞洛斯在《朝向行星性思想》(*Vers la pensée planétaire*, p. 22)以及《世界视域》(*Horizons du monde*, p. 75)中引用。

⑤ Eugen Fink, *Oase des Glücks: Gedanken zu einer Ontologie des Spiels*, Freiburg and München: Karl Alber Press, 1957. 其摘录被 U. Saine 和 T. Saine 翻译为"幸福的绿洲:走向游戏本体论"(The Oasis of Happiness: Toward an Ontology of Play),参见 *Game*, *Play*, *Literature*, pp. 15 – 30.

此外,以赫拉克利特的残篇为基础,芬克想知道"游戏是否可以成为宇宙象征性的、戏剧性的表演,成为世界中的思维隐喻"①。芬克是一个重要的现象学思想家,他的一些作品也值得被英译。然而他在英语世界中最为人知的可能是他对胡塞尔的深入研究,以及他与海德格尔一起讨论赫拉克利特的研讨会。②《作为世界象征的游戏》或许尤其如此,它对神话、仪式和哲学中的游戏概念进行了复杂分析,探讨了游戏或游戏之于世界的关系。③ 如果对该书的详细分析超出了本文的范围,那么重要的是指出它在思考这些问题时在古代、法国和德国资源中发挥的中介性作用。它的末章"人类游戏的世界性"尤为重要。

通过仅仅暗含于自身的逻辑,现象得以世界化,而没有外部的原因和目的,这也借鉴了海德格尔对安格鲁斯·西勒修斯(Angelus Silesius)④的玫瑰诗的回应,暗示着在**世界游戏**中的孩子"游戏着,因为世界游戏着"。⑤"'因为'被归入游戏。游戏中没有'为什么'。"⑥对于海德格尔来说,**世界游戏**是"存在之天命";对于阿克塞洛斯而言,这意味着在更具体的意义

① Eugen Fink, *Oase des Glücks*, *Gedanken zu einer Ontologie des Spiels*, Freiburg and München: Karl Alber Press, 1957, p. 50; "The Oasis of Happiness", *Toward an Ontology of Play*, p. 29.

② Eugen Fink, *Sixth Cartesian Meditation: The Idea of Transcendental Theory of Method*, with textual notations by E. Husserl, trans. R. Bruzina, Bloomington: Indiana University Press, 1995; Martin Heidegger and Eugen Fink, *Heraclitus Seminar*, trans. C. H. Seibert, Evanston: Northwestern University Press, 1993. On Fink, see Ronald Bruzina, Edmund Husserl and Eugen Fink, *Beginnings and Ends in Phenomenology 1928—1938*, New Haven: Yale University Press, 2004; on the Fink/Axelos relation, see Françoise Dastur, "Monde et jeu: Axelos et Fink", in Milet (ed.), *Kostas Axelos*, pp. 25 - 38.

③ Eugen Fink, *Spiel als Weltsymbol*, Stuttgart: Kohlhammer Press, 1960. Axelos had this translated for the Arguments series *Le jeu comme symbole du monde*, trans. H. Hildenbrand and A. Lindenberg, Paris: Éditions de Minuit Press, 1966, and considers this Fink's most important book (discussion with Stuart Elden, Paris, July 6, 2004). See also Lefebvre, "Au-delà du savoir", p. 23.

④ 安格鲁斯·西勒修斯(Angelus Silesius)德国天主教徒,对神秘主义、宗教诗歌作出了重要探索。海德格尔曾引其玫瑰诗来解释比在的存在。——中译者注

⑤ Eugen Fink, *Spiel als Weltsymbol*, Stuttgart: Kohlhammer Press, 1960.

⑥ Martin Heidegger, *Der Satz vom Grund*, *Gesamtausgabe*, *Band 10*, Frankfurt am Main: Vittorio Klostermann Press, 1997, p. 169; trans. R. Lilly as *The Principle of Reason*, Bloomington: Indiana University Press, 1991, p. 113. 它被阿克塞洛斯在《行星间奏》(*Planetary Interlude*, p. 8)以及列斐伏尔在"Au-delà du savoir", pp. 22 - 23 中引用。

上,只有通过这一持续生成的过程才能理解世界。① 这就是他用世界"自我展开(deploys itself/se déploie)"所表达的观念,世界"作为**游戏**展开"。这意味着它拒绝任何意义,任何外部规则。② "展开"是阿克塞洛斯的重要术语,形成了他认为的其主要作品的构架,即三部曲的统一主题。三部曲中的每一部都被赋予一个标题:迷误之展开、游戏之展开、调查之展开。③

在这个被阿克塞洛斯称为"开放的系统"④的构架中,世界,游戏,以及人类与人类既是其一部分、又是其创造者的世界之关系的问题,乃是中心主题。对德勒兹而言,阿克塞洛斯的**迷误**概念是对"真与假、谬误与真理的形而上学的对立"的替代,正如在碎片和整体之间的世界游戏替代了"相对性和绝对性的形而上学关系"。⑤ 在此,我们看到变得具有世界性的过程的方式既是整体性和全球性哲学概念的对立面,也是其基础,同时也是对绝对普遍性—理性—整体性公式的挑战。⑥ 正是通过**世界化**这一概念,存在处于生成为零散性整体的过程中。⑦ 这就是他所说的"存在成为整体"是"至高无上的游戏"的意义。⑧ 在思维过程中,整体是一种渴望,而不是一种思想步骤。

---

① 事实上,正如列斐伏尔所指出的,对于阿克塞洛斯而言,"世界之游戏是时间—生成"。在他最新近的作品《谜之回应》中(*Réponses énigmatiques:failles-percée*,Paris:Les Éditions de Minuit Press,2005,p.88),阿克塞洛斯将海德格尔的"事发"(Ereignis)概念——英译 event 或 appropriation——翻译为"Avènement"。发生生成存在、时间以及世界。

② Axelos, "Mondialisation without the World", p.28.

③ 阿克塞洛斯的主要作品如下:

迷误之展开	游戏之展开	调查之展开
《赫拉克利特与哲学》(1962)	《逻辑论稿》(1977)	《某种调查的论点》(1969)
《马克思,技术的思想家》(1961)	《世界之游戏》(1969)	《世界视域》(1974)
《朝向行星性思想》(1964)	《问题伦理学》(1972)	《攸关之问题》(1979)

④ Axelos, *Systématique ouverte*.

⑤ Deleuze, *Desert Islands and Other Texts*, p.76.

⑥ See Lefebvre, *Le retour de la dialectique*, p.135.

⑦ Axelos, *Le jeu du monde*, p.157. 该书的原副标题为"整体的碎片"。

⑧ Axelos, *Arguments d'une recherche*, p.196. See also "Le jeu de l'ensemble des ensembles", in *Horizons du monde*, pp.75 - 84; trans. by R. E. Chumbley as "Play as the System of Systems", *Sub-Stance*, 1980, pp.20 - 24.

二、世界范围和国家问题

列斐伏尔对阿克塞洛斯的工作极富兴趣,这可以在前者所写的诸多关于后者所做工作的文章中找到,也可以从前者文集中的其他引证得以印证。列斐伏尔最明确的两篇分析,其中一篇见于《精神》杂志对阿克塞洛斯的《马克思,技术的思想家》和《朝向行星性思想》的评论①。另一篇见于1986年一篇专门介绍阿克塞洛斯的长文,该文在列斐伏尔去世后首次公布。② 列斐伏尔称赞阿克塞洛斯能够以新的方式阐释马克思的著作,并将这种对技术的反思带入世界历史之中。③ 部分原因在于阿克塞洛斯本人,他认为技术不仅是异化的起因,而且是一种潜在的解放,因为通过技术,人类正处于"变得具有世界性和行星性"的过程中,然后可能"最终能享受或掌控地球"④。但是这种掌控或真正"享受"地球的能力需要付出巨大的代价。使世界服从于掌控是许多当代现象的根源,这些现象损害了公共利益和地球本身。因此,地球和世界之间有重要的差别。地球是基础,是"循环,稳定的系统,是自我调节的统一体:水、风、空气、光、土壤、沉积物"。世界,即所有被人类组装起来的整体配置(the whole of devices/l'ensemble des dispositifs),正在覆盖地球。⑤ 因此,地球、地球行星通过人类的干预成为世界:

> 只有让地球上的人类陷入痛苦当中,技术才统一地球世界。悲剧性的愿景吗?是,也不是。因为这种戏剧性的稳定、这种在迷误中的稳定,是一种"游戏"。悲剧性的矛盾是游戏和严肃性的矛盾(对立统一)。人类是严肃的存在,但没有什么比游戏更加严肃。人类严肃

① Henri Lefebvre, "Marxisme et technique", *Esprit*, 1962, pp. 1023 - 1028; "Kostas Axelos: Vers la pensée planétaire", *Esprit*, 1965, pp. 1114 - 1117.
② Lefebvre, "Le monde selon Kostas Axelos", p. 38.
③ Lefebvre, "Marxisme et technique", p. 1025.
④ Ibid, p. 1026.
⑤ Lefebvre, "Kostas Axelos: Vers la pensée planétaire", *Esprit*, 1965, p. 1115.

地游戏着他们的命运,宇宙游戏着地球行星、人类、地心引力和人类游戏。表象和幻影与现实游戏着,因为现实仅仅是表象的游戏。存在? 自然? 绝对性? 我们先不谈这些。当我们游戏之时,尽管没有谈及它们,然而我们都在那里。"它"是一个永恒的孩子,拾起他的骰子并将其掷入无限之中。①

列斐伏尔区分了水平(level)和范围(scale),虽然这在他当时的英美文化中不总是被认可。水平是一种理解模式,这种模式通过综合的、精神的层次将从私人领域、居住领域到全球的或整体的范围都纳入其中。② 当列斐伏尔谈到范围时,最大的范围并不是全球,而是世界。**世界范围**(the world scale/l'échelle mondial),或者说简单的"**世界范围的**"(worldwide/le mondial)概念,既不是固定了的也不是完成了的,而是需要作为第三个术语被引入国家和城市的矛盾关系当中。③ 因此区别在于:整体化、全球化,是知识的整体并将世界视为一个整体。④ 像阿克塞洛斯一样,列斐伏尔不仅希望将整体性理解为革命实践的渴望,而且将其理解为不可以被整体化思想所把握的东西。正如列斐伏尔所指出的那样,当以**孤立**的方式,或者说离开**实践**而思考,异化理论和整体性就转变为与马克思主义相距甚远的体系——转变为新黑格尔主义。⑤ 不同的是,在实践中整体性是从部分的决定论中以碎片的形式出现在我们面前,并且这是一个持续的过程而不是已经完成的东西。⑥

---

① Lefebvre, "Kostas Axelos: Vers la pensée planétaire", *Esprit*, 1965, pp. 1115 – 1116.

② Lefebvre, *La révolution urbaine*, Paris: Gallimard Press, 1970, p. 135; *Key Writings*, p. 148.

③ Lefebvre, *Qu'est-ce que penser?*, p. 110; See *De l'État*, II, p. 67.

④ Henri Lefebvre, *Une pensée devenue monde: Faut-il abandonner Marx?*, Paris: Fayard Press, 1980, p. 69.

⑤ Lefebvre, foreword to the 2nd edn, *Dialectical Materialism*, p. 77.

⑥ Lefebvre, *Le droit à la ville*, Paris: Anthropos Press, 1968, p. 130; *De l'État*, II, p. 67; See Martin Jay, *Marxism and Totality: The Adventures of a Concept from Lukács to Habermas*, Berkeley: University of California Press, 1984.

　　在世界范围意义上,国家体系引入了反对历史性的世界性,它勾勒出行星空间的轮廓,这是新因素(能源、技术、战略、生产力),而不是历史的结果。①

　　空间性和时间性问题之间的关系是极富启发性的。对于列斐伏尔来说,对于世界范围的讨论更多地与空间性而非时间性联系在一起②,但是关键的分析总是它们整体的相互关系。在《论国家》中,列斐伏尔极为彻底地处理了这些关系。国家试图超越历史并利用过去。③ 国家生产方式的概念即国家对市场的创造和发展负有责任,是一个内在的空间性问题。列斐伏尔认为,世界性和历史性之间的冲突,政治的界限,在世界性的空间生产中并且通过世界性的空间生产被解决,在这里,历史性的时间的任务在其中被实现。④

　　我们可以从这一理解中汲取诸多洞见。首先,"世界范围"或"世界范围的"绝不意味着对空间性、地域性问题的超越。相反,这要求思考它们的应用范围,并反思空间关系的重塑。列斐伏尔认为,马克思认为世界首先是世界市场,一种先于其他的世界性形式。但这同样是一种"空间构造"(spatial configuration),马克思仅仅提供了初步的阐释。⑤ 正如列斐伏尔所指出的,世界市场性的世界涉及地域分配、生产力、流通、库存……世界市场并没有脱离空间,没有"去领域化"(deterritorialised)的抽象,即使一些跨地域的力量(一些所谓的跨国企业的负责人)在这里运作。⑥ 其次,世界化进程需要加速空间和时间的同质化。⑦ 从本体论来说,这个过程始于 16 和 17 世纪科学革命和现代物理的出现。对于列斐伏尔来说,

① Lefebvre, *De l'État*, IV, p. 95.

② Ibid, p. 326.

③ Lefebvre, *De l'État*, IV, p. 94. 列斐伏尔将这些论点同他更知名的《空间的生产》相联系。 Lefebvre, "The Production of Space", in *Le mondial et le planétaire*, Paris: Espaces et Sociétés Press, 1973, pp. 15 – 22.

④ Lefebvre, *De l'État*, IV, p. 435; *Key Writings*, S. Elden, E. Lebas and E. Kofman (eds.), London: Continuum, 2003, p. 203.

⑤ Lefebvre, *De l'État*, IV, pp. 418 – 419; *Key Writings*, p. 201.

⑥ Lefebvre, *De l'État*, IV, p. 29; *Key Writings*, III, p. 134.

⑦ Lefebvre, *Key Writings*, III, p. 133.

沿着海德格尔的诸多分析,其中的关键人物是笛卡尔,他将物质作为广延并将之抛弃,这为把握世界的特定方式开辟了道路。将广延视为物质的主要特征,就是通过几何学以及测量和计算使其服从于科学。[1] 自然成为可控制的资源、技术部署的空间。海德格尔的主张通过双重过程被激化:首先是承认资本的作用,其次是拒绝倒退的、反动的回归。列斐伏尔一直对改变城市生活方式和对世界的理解感兴趣,而不是退回到乡村或地方。因此,对于列斐伏尔来说,**世界范围**这一概念非常重要,但它并非不包含概念和政治问题:

> 有时它模糊不明,有时它澄澈清晰:全球化就其定义来说,不仅仅涉及经济,也不是孤立的社会学;既不是单独的人口学,也不是作为方向性标准的传统历史学。它意味着对分离的批判,特别是如果它们已经有自身的时刻和需要。在这里,我们试图通过国家变得具有世界性的过程来把握它,这一过程假设了世界市场、世界技术性等,但是又超出了这些决定性。[2]

三、结论

除了在理论层面上说明列斐伏尔和阿克塞洛斯之间的联系,本文还试图通过二者的共同旨趣,即世界问题及其对从全球到地方和城市的整个空间规模的影响,证明二者的思想友谊。阿克塞洛斯提供了从芬克和海德格尔发展而来的知识和概念工具,尽管对列斐伏尔而言,他仍然倾向于陷入思辨的形而上学。[3] 阿克塞洛斯对列斐伏尔的看法是,他是一个更

---

[1] See Elden, *Speaking against Number Heidegger*, *Language and the Politics of Calculation*, Edinburgh: Edinburgh University Press, 2006, especially ch. 3.

[2] Lefebvre, *De l'État*, III, p. 133.

[3] Henri Lefebvre, "Interview - Débat sur le Marxisme: Léninisme - Stalinisme ou autogestion?", in *Autogestion et socialisme*, vol. 33/34, 1976, pp. 115 - 126, p. 125.

加具体的人物,而且,二者最终的差异极为深刻:

> 我与列斐伏尔进行了许多富有成效的讨论。他有三本书发表在
> "争鸣"作品集中。友谊的纽带使我们团结在一起。但是我认为列斐
> 伏尔(如果并非排他性的话)首先是一个马克思主义的理论家,是关
> 于社会、城市、日常生活的理论家。而我试图做的是不同的东西。在
> 我们长时间的交谈中,这一点变得十分清晰。①

毫无疑问,这两种方法有必要结合在一起,这就是为什么阿克塞洛斯
和列斐伏尔之间有如此的对话,以及更早对赫拉克利特、马克思、海德格
尔和芬克的涉及是有意义的。这一分析提供的主要见解是,我们所讨论
的全球化现象是政治的和经济的结果,这基于对世界的先验的把握和理
解,即将世界视为地球,将世界视为整体或一体。列斐伏尔关于**世界化**概
念的分析,从阿克塞洛斯的抽象理论发展而来,并对其发生提供了说明。
世界化过程需要进一步的研究,但是对于列斐伏尔来说,这与历史考察有
两种联系。一方面,我们应该思考全球化是怎样依赖**世界化**的;另一方
面,**世界化**本身的可能性条件,没有陷入线性因果关系或机械决定
论②——这种庸俗的历史唯心主义和唯物主义,正是他整个事业始终竭力
反对的对象。

这种向抽象思想的转变是必要的,也是政治的必然性,运动于对当代
的理解之中。在这种情况下,我们最好能思考阿克塞洛斯《关于马克思的
提纲》中的第十一条——其中他宣称技术操作离不开思想,以及列斐伏尔
对马克思本人第十一条提纲的看法:

---

① Axelos, interview with Stuart Elder., Paris, Autumn 2004.
② Lefebvre, *De l'État*, IV, p. 23. On this aspect of Lefebvre's work generally, see Elden, *Understanding Henri Lefebvre*, ch. 6, and, especially, Neil Brenner, "Global, Fragmented, Hierarchical: Henri Lefebvre's Geographies of Globalization", *Public Culture*, vol. 10, no. 1, 1997, pp. 135 – 167.

　　技术家们只是以不同的方式,在被普遍化了的漠不关心中改变世界,关键在于去思考世界,并在世界的不可思议中对改变进行诠释,去把握和体验那种牵制存在与虚无的差异。[1]

　　哲学使自己成为世界:它创造了世界,或者说世界通过它被创造。世界凭借哲学被实现以及现实化的确切尺度而产生,从而成为世界。哲学家们已经解释了世界:现在它必须被改变,以及如果没有哲学,这种改变是否能够实现?[2]

　　现在重要的是去思考世界以及变得具有世界性的过程和**世界化**的概念,以便我们更好地理解全球化。也许到那时,或者只有到那时,我们才能理解如何为更激进的、进步的政治目标去改变或转变它。激进政治需要政治的激进化,因为我们需要问询革命实践思想何以可能。[3] 正如列斐伏尔所说:"科斯塔斯·阿克塞洛斯开辟了视野,指明了道路。"[4]

---

① Axelos, *Vers la pensée planétaire*, p. 177; "Theses on Marx", p. 69;中译文出自阿克塞洛斯:《未来思想导论:关于马克思和海德格尔》,杨栋译,南京:南京大学出版社 2020 年版,第 53 页。——中译者注

② Lefebvre, *De l'État*, IV, p. 420; *Key Writings*, pp. 201 – 202.

③ Lefebvre, *Une pensée devenue monde*, p. 180. For a more detailed discussion, see Elden, *Understanding Henri Lefebvre*, pp. 241 – 244.

④ Lefebvre, "Le monde selon Kostas Axelos", p. 38.

无世界的世界化[①]

斯图亚特·埃尔登[②]
（英国华威大学政治与国际研究学院）

　　科斯塔斯·阿克塞洛斯是西方马克思主义哲学发展史上十分重要的思想家,把握其生活环境变换的原因以及所带来的变化,有利于我们理解阿克塞洛斯从政治家走向哲学家以及其哲学思想发展的脉络。同时,有针对性地对阿克塞洛斯哲学思想中的核心概念,即世界、游戏、技术、迷误进行探讨和分析,了解其产生和发展的心路历程,有助于更好地认识阿克塞洛斯的重要思想,更加准确地把握其哲学思想的朝向之处,探寻其理论价值和实践意义。

　　1924 年 6 月 24 日科斯塔斯·阿克塞洛斯出生于雅典。他曾先后在希腊公立高中、雅典的法兰西学院以及德国学校接受教育。他就读于雅典的法学院,但战争使他转向政治。在德国和意大利的占领下,他作为组织者、记者和共产主义理论家(1941—1945)在抵抗运动和随后的内战中发挥了积极作用。

　　阿克塞洛斯于 1945 年底与科内利乌斯·卡斯托里亚迪斯(Cornelius

---

① 译自 Kostas Axelos, and Stuart Elden, "Mondialisation Without the World", *Radical Philosophy*, no. 130, 2005, pp. 25 - 28. ——中译者注
② 作者简介:斯图亚特·埃尔登,布鲁内尔大学政治学博士,英国科学院院士,主要从事政治、哲学和地理学交叉研究;译者简介:杨栋,德国弗赖堡大学哲学博士,西安交通大学马克思主义学院国外马克思主义研究所教授、博士生导师。——中译者注

Castoriadis)和科斯塔斯·帕帕犹安努（Kostas Papaïoannou）同船移居巴黎，在索邦大学进行哲学研究。1950 年到 1957 年，他是国家科学中心的研究人员。然后他作为高等研究实践学院的研究助理继续写作他的论文，直到 1959 年。在此期间，他参加了海德格尔和雅思贝尔斯的课程。1962 年到 1973 年，他在索邦大学教授哲学。

阿克塞洛斯的第一本著作《哲学论文》（*Essais philosophiques*）于 1952 年在雅典出版。他是《争鸣》（*Arguments*）杂志（1956—1962）的撰稿人、编辑，随后担任主编。这份杂志的撰稿人包括巴特、列斐伏尔、布朗肖和勒福尔（Claude Lefort）。从 1960 年起，他一直担任午夜出版社《争鸣》丛书的负责人。他在索邦大学的博士论文，分为《马克思，技术的思想家》（1961）①和《赫拉克利特和哲学》（1962）两卷，由午夜出版社出版。这是三部曲"迷误之展开"（Le déploiement de l'errance）的前两卷，该三部曲的第三卷《朝向行星性思想》（Vers la pensée planétaire）于 1964 年出版。随后出版的是根据在柏林所做讲座形成的《未来思想导论：关于马克思和海德格尔》（1966）。

阿克塞洛斯随后又出版了两个三部曲："游戏之展开"（*Le déploiement du jeu*，1969 - 1977）和"调查之展开"（*Le déploiement d'une enquête*，1969 - 1979）。其他作品包括《开放的系统》（*Systématique ouverte*，1984）、《变形》（*Métamorphoses*，1991）、《致一位青年思想家的信》（*Lettres à un jeune penseur*，1996）、《"自传"笔记》（*Notices 'auto-biographiques'*，1997）、《这种质疑》（*Ce questionnement*，2001）和《谜之回应》（*Réponses énigmatiques*，2005），都是在午夜出版社出版的。

斯图亚特·埃尔登（以下简称 **SE**）：1945 年离开希腊时，你为什么选择前往巴黎？

科斯塔斯·阿克塞洛斯（以下简称 **KA**）：我拥有三种语言教育——希腊语、法语、德语。当我在 1945 年底不得不离开由右派统治的希腊时，我

---

① Kostas Axelos, *Alienation, Praxis, and Techne in the Thought of Karl Marx*, trans. Ronald Bruzina, Austin: University of Texas Press, 1976.

别无选择。一个人要在哲学方面进行深入研究，必须要了解他所从事工作的语言。我不会说英语，而且德国在冒着烟的废墟中，于是只剩下了法国。另外，雅典法兰西学院——我曾是其中的一名学生——组织了一个奖学金，允许我和一群同志一起离开。

SE：你已经是政治人物了，但你为什么要成为一名哲学家呢？

KA：对积极政治的冲动源于我对哲学思想的兴趣。马克思主义和共产主义被视为"哲学的实现"。在共产主义运动中，我不仅扮演组织者的角色，而且还扮演记者和理论家的角色。

SE：你在法国的头些年里，法共（PCF）扮演了什么角色？

KA：法共在我看来太过教条和保守了。在所谓的文化领域，其立场似乎并不十分先进。

SE：那么你在法国遇到了什么样的知识环境？

KA：那时，法国被马克思主义（多少有些教条主义）和存在主义所主宰，它们都不能令我满意，而且教授们的学院哲学基本上与我无关。因此，我与边缘人士、孤立人士——一些当时是那样的人——进行了会面和讨论，以寻找在成规之外的另一种道路。

SE：你能告诉我们你在法国的学习、在索邦大学的教学以及在国家科学研究中心（CNRS）作为研究人员工作的情况吗？

KA：在索邦的教学工作对我没有太大作用：它太过学术化了。当然，我在这里学到了一些东西，但决定性的东西在其他地方。在国家科学研究中心，我的工作包括展开我的两篇论文，分别是关于赫拉克利特和关于马克思的。就像之后在索邦大学任教一样，我可以自由地谈论我从事研究的问题，这些问题与构成我论文的那些书有关。

SE：你是如何遇见拉康、毕加索和海德格尔的？

KA：拉康、我和我们的伙伴——一个是《争鸣》的编辑秘书，另一个是前女演员也是巴塔耶的前妻——一起共进过两次晚餐，开启了一个并没有继续下去的讨论。我于 1955 年 8 月在他位于纪特杭古尔镇（Guitran-court）的乡间别墅里再次见到了他，在那里他邀请了海德格尔及其妻子埃尔福丽德（Elfriede）、让·波伏勒（Jean Beaufret）和我来度过了几天。这恰是海德格尔在诺曼底的瑟里西拉萨勒举办关于《什么是哲学?》的研讨会之前,那个研讨会拉康并没有参加。① 思想家和精神分析家之间的讨论完全失败了。他们不会讲同一种语言,他们的方法完全不同。

我于1948年在瓦洛里遇到了毕加索,在那里我和朋友一起度过了几天假期。他给我留下了非常深刻的印象,与他的工作完全不同,这让我很着迷。这段关系非常好。毕加索的伴侣弗朗索瓦·吉洛(Marie Françoise Gilot)离开他之后,和我有了一段恋情。

海德格尔和我是在1955年夏天相遇的,是在与拉康见面及瑟里西会议之前,当时他正在巴黎度过几天。我们之后在弗莱堡他的家中和他在黑森林的小屋中见过几次。我们讨论了许多事情——贯穿始终的"政治问题"。

SE:海德格尔的政治问题仍然存在。海德格尔对此有何评论?你觉得这怎么样?

KA:对海德格尔政治问题的讨论从未取得很大进展。必须要说的是,他避开了一般性的政治领域。他同时是一个伟大的思想家和一个心胸狭隘的小资产阶级。他并不真正了解在此层面上已经发生了什么和正在发生着什么。在讨论中,他试图为自己辩护,说他犯了一个很大的错误,一开始国家社会主义不是后来那个样子,他已经与纳粹主义没有关系了,诸如此类。这一切都是完全不够的。但是,除去国家社会主义对海德格尔的诱惑,他的思想绝对不能被还原为或限于纳粹主义。这是一个开始,但它仍然被阴影覆盖。这种影子不能也不应该被遗忘,但所有旨在解释它的还原尝试都完全失败了。

SE:《争鸣》杂志在你参与其中之前就存在了,然而你从第四期的一名撰稿人很快成为第五期的编辑者。这是怎么发生的?那是苏联教条主义"爆发"的时刻——这对你来说很重要吗?

KA:《争鸣》实际上由埃德加·莫兰(Edgar Morin)和让·杜维格诺(Jean Duvignaud)在1956年创立。我参与得很快。这是一个充满激情的

---

① 阿克塞洛斯是这一事件中海德格尔的诠释者,以及法国演讲中的翻译者(与波伏勒一起)。

冒险、一个思想的实验室，远离正统和当时的某某主义。我与马克思列宁主义的分离可以追溯到1946年。1956年的那些事件只是让人更清楚之前已经明显的东西，这些事件构成了一个突破口，它提前宣布了整个系统的崩溃，而那种崩溃只是在很晚才发生的。

SE：它(《争鸣》杂志)的遗产是什么——非正统的马克思主义，或根本不是马克思主义？走向后结构主义，还是更为海德格尔式的如关于"世界"的观念呢？它反对《情境主义国际》(*International situationniste*)杂志是众所周知的，但它与《社会主义或野蛮》(*Socialisme ou barbarie*)以及《现代》(*Les temps modernes*)的关系似乎更复杂。

KA：很难说遗产是什么。编辑团队及其密切合作者的研究和思想与构建一个统一的计划相去甚远，差异从未停止过。简而言之，我想说，一个开放的马克思主义，一个经过修正和纠正的弗洛伊德—马克思主义的尝试，以及最后，一个后马克思主义的和后海德格尔式的思想，都得到了阐发，但并非没有困难。《情境主义国际》猛烈地反对我们，我们与《社会主义或野蛮》不时交换文章，与《现代》没有接触。这些评论中的每一个都有他们的方向，而我们拥有自己的方向。

SE：你在对卢卡奇、柯尔施、海德格尔和阿多诺的翻译中扮演了重要的角色。为什么是这些特定的人物？为什么评论是在1962年左右？

KA：因为卢卡奇、柯尔施和阿多诺在系统化的马克思主义中开辟了一个突破口——当然是非常不够的。对于伟大的思想家海德格尔来说，重要的是，明确来自左派的评论向他展开了。该评论在1962年被破坏，当时它处于巅峰，其影响正在增长。我们不想重复自己，即变得制度化。我们认为在这次评论和这段时间内，我们已经说了我们必须要说的话。此外，我们每个人都更多地转向自己的工作，写自己的书。

SE：有五位主要的思想家在你思想的形成期是重要的：黑格尔、马克思、尼采、海德格尔和赫拉克利特。为什么回到赫拉克利特？

KA：赫拉克利特处于一个非常伟大的思想潮流的开端，他始终是一个创始者。尼采和海德格尔以各自的方式富有成效地面对这一点。

SE：世界、游戏、迷误和技术，这可能是你工作的四个中心主题。说世界化(mondialisation)与全球化(globalization)不是一回事,这是真的吗?这有什么区别?

KA:全球化命名了一个将技术、经济、政治甚至文明和文化绝对普遍化(universalize)的过程,但它仍然有些空洞。作为某种开放过程的世界不见了。世界不是物质的和历史的总体,它不是对理论和实践集合的或多或少的经验集合。它展开自身。被称为全球化的东西,乃是一种无世界的世界化。

SE:"世界的哲学化同时就是哲学的世界化(世俗化);它的实现同时也是它的丧失。"为什么对马克思的引用对你如此重要?

KA:哲学之为哲学不再鲜活了,反映在哲学史上,它被关于自然、人性及其作品、理论和社会历史实践的技术科学(technical sciences)所取代,这些技术科学忽略了它们的交叉。正是如此哲学看到了它的终结。那些接替黑格尔的人不应该被称为哲学家,而应该被称为思想家。

SE:世界和游戏即 le jeu 之间的关系是什么? 当你谈到 jeu du monde 即世界游戏时,你的意思是什么? 这是否与赫拉克利特的残篇有关,他在那里谈到时间是游戏着的孩子?

KA:世界将自己展开为游戏。这意味着它拒绝任何意义、任何外部规则。世界本身的游戏与世界上所有特定游戏不同。在赫拉克利特之后差不多两千五百年的时间里,尼采、海德格尔、芬克和我强调这种世界之为游戏的进路。[①]

SE:技术是海德格尔的主题,但你在马克思的著作中读到了它。这是技术导致异化的问题吗? 你对这种观念的理解会产生什么政治影响?

KA:海德格尔谈到了技术的"问题",更准确地说,是技术之本质的问题。技术当然在马克思的思想中起作用,但海德格尔进一步深化了这一主题。技术既不是上帝也不是魔鬼,我们既不能无条件地对它说"是",也不能完全否定它。它异化着,同时也是一个开放过程,它无处不在:在技

---

① 参见 Eugen Fink, *Spiel als Weltsymbol*, Stuttgart: Kohlhammer, 1960. 法译本出于"争鸣"丛书:*Le Jeu comme symbole du monde*, trans. Hans Hildenbrand and Alex Lindenberg, Paris: Éditions de Minuit, 1966.

术—科学、技术—政治、技术—文化中——在所有政治体制中。对技术的友爱——既不想主宰技术也不想顺从技术——是当前和未来的任务。除了显示出保守倾向的伊斯兰原教旨主义,当代人和社会都以无所不在的技术为标志,而且在现实中和在想象中一样多。技术不可抗拒地进步着。我们总是必须思考、更深入地思考,并寻求一种生活方式,这种生活方式既不在盲目因袭中也不在鲁莽反抗中耗尽自身。

SE:你写的是行星技术(planetary technology),你如何理解这个想法,它与政治、行星政治有什么关系?

KA:技术将所有在地球上发生的事物投入运动,导致征服太空,征服天空中的其他恒星。在希腊语中,行星意味着漫游着的星星(astre errant)。因此,所有的行星运动都是迷误的(errant),它发生在迷误(errancy)之游戏中。迷误不是真理的反面,它并不意味着错误或漂泊。一切我们称之为真理者——经验主义的或超越论的——都被掷入迷误;真理并没有说明它是什么,它已经完成,它会自我毁灭。行星技术控制着行星政治,任何政府都无法抗拒它。

"未来思想"及其两条路径——阿克塞洛斯思想及研究状况述要

孙晓尧①

（西安交通大学马克思主义学院国外马克思主义研究所）

阿克塞洛斯通过将马克思与其他思想家进行富有成效的对话，提出了旨在超越马克思的"未来思想"，这种思想力图与行星性技术发展的现状相匹配，以迷误的方式参与到世界游戏之中，对存在及存在者整体进行澄明或解蔽。在这一哲学努力过程中，他分别把弗洛伊德和海德格尔的思想与马克思放在一起进行解读，从而走出了两条通往"未来思想"的理论进路，考察这两条进路及相关研究，有助于我们更好理解阿克塞洛斯"未来思想"的脉络与特征。

一

希腊裔法国哲学家科斯塔斯·阿克塞洛斯（Kostas Axelos，1924—2010）是西方马克思主义哲学发展史上非常重要的人物，同时也是一位具有丰富经验的学术活动家，虽然其哲学家历程从其流亡时期才开始，但他关于"未来思想"的研究在西方马克思主义史和哲学史中占据了重要的地

---

① 孙晓尧，男，西安交通大学马克思主义学院博士研究生，研究方向为国外马克思主义研究。

位。他的思想主要集中于三个"三部曲",即"迷误之展开""游戏之展开"和"调查之展开"之中。两篇论文《马克思,技术的思想家》《赫拉克利特与哲学》和一部著作《朝向行星性思想》组成第一个"三部曲";三部著作《世界之游戏》《问题伦理学》和《逻辑论稿》组成第二个"三部曲";三部著作《某种调查的论点》《世界视域》和《攸关之问题》组成第三个"三部曲"。除此之外,阿克塞洛斯的其他著作还包括:《马克思、弗洛伊德和未来思想的事业》(1970)、《开放的系统》(1984)、《变形》(1991)、《情色迷误》(1992)、《致一位青年思想家的信》(1996)、《自传笔记》(1997)、《这种质疑》(2001)和《谜之回应》以及《何者发生》(2009)。

虽然近年来对阿克塞洛斯的研究渐盛,但总体上无论是英语学界还是汉语学界都没能够给予其足够的重视。突出原因在于相关著作译介的缺乏。在英语学界:目前只有对 1968 年学生运动产生重要影响的《马克思,技术的思想家》于 1976 年被译成英文出版(题为"卡尔·马克思思想中的异化、时间和技艺"),以及 2015 年才被译为英文的《未来思想导论》。在国内学界,除了《卡尔·马克思思想中的异化、时间和技艺》一书第 6 节《两性和家庭的关系》的节译,《未来思想导论:关于马克思和海德格尔》一书于 2020 年从德文译为中文出版。

鉴于《卡尔·马克思思想中的异化、实践和技艺》译作的影响,阿克塞洛斯被定义为一位存在主义马克思主义者。戴维·麦克莱伦(David McLellan)指出:"'论辩派'集团和'新工人阶级'的理论家们却是一些从存在主义那里找到了灵感的前共产党员。其中第一个集团以《论辩》杂志①为中心,受到法兰克福学派和列斐伏尔著作的影响。"②在麦克莱伦看来,作为"争鸣派"集团主要思想家的阿克塞洛斯,其思想必然会受到存在主义的影响,或者说存在主义在阿克塞洛斯思想形成过程中发挥了重要的奠基性作用。马克·波斯特(Mark Poster)更是直接指出:"阿克塞洛斯从批判马克思中得出的结论正是萨特的结论:避免了唯心主义和唯物主

---

① 即《争鸣》杂志(*Arguments*)。
② 戴维·麦克莱伦:《马克思以后的马克思主义》,林春等译,北京:东方出版社 1986 年版,第 312 页。

义的形而上学,流动的思想在游戏中发现了思想和活动最恰当的维度。"①
萨特作为存在主义马克思主义的代表学者,与其具有相同思想结论的阿
克塞洛斯自然摆脱不了存在主义马克思主义的影子。另外,1956 年末创
刊的《争鸣》杂志可以说是存在主义马克思主义在法国的舆论阵地,而阿
克塞洛斯不仅是投稿作者,更是作为责任编辑负责这一刊物,不仅如此,
他还在后来指导了系列丛书的编撰。虽然《争鸣》集团内部不同学者之间
存在观点的分歧,但正如波斯特所说:"海德格尔和萨特的分歧,即使在某
些方面是巨大的,也不足以打破《争鸣》集团的存在主义马克思主义的统
一性。"②而且波斯特也专门强调了《争鸣》集团的成员或许并没有直接采
用存在主义的学说,但是他们对主体观念、理念向实践开放的观念的挪用
却是事实,因此,我们起码能够在更加宽泛的意义上称其为"存在主义
的"。这样就把阿克塞洛斯彻底划分到了存在主义马克思主义学者的阵
营之中。国内学界中,刘怀玉则根据阿克塞洛斯(阿希洛斯)对青年马克
思的存在主义解读指出:"阿希洛斯则以同样的方式,指责青年马克思只
是将世界行为主义地理解为一种对象化而不是意向性或视野性的世界。
结果更根基的世界方面,被更精致的形而上学唯心主义加以神秘抽象地
发展了。"③同时,他认为,阿克塞洛斯的"反读"论文《关于马克思的提纲:
论哲学、政治经济学与政治学批判》,"可以说是法国存在主义马克思主义
的生存实践本体论'提纲'或'宣言'了"④。与麦克莱伦和波斯特一样,刘
怀玉在探讨阿克塞洛斯时,同样是以《马克思,技术思想家:朝向征服世界
的人类异化》为核心文本,从而将其定性为一位存在主义马克思主义者:
"存在主义与马克思的结合成为时尚,而把青年马克思的《手稿》直接解读
为存在主义更是司空见惯的事情。在这方面主要代表人物及其著作很
多。……特别是来自希腊的独立的马克思主义哲学家考斯塔丝·阿希洛

① 马克·波斯特:《战后法国的存在主义马克思主义:从萨特到阿尔都塞》,张金鹏、陈硕等译,南
  京:南京大学出版社 2015 年版,第 207 页。
② 同上书,第 202—203 页。
③④ 刘怀玉:《存在主义马克思主义的活水源头——法国黑格尔主义与青年马克思的"再发现"》,
  《西南大学学报(社会科学版)》2018 年第 2 期,第 13 页。

斯(Kostas Axelos)1961 年出版的《马克思,技术思想家:朝向征服世界的人类异化》。"①

不同于把阿克塞洛斯定岔为一位存在主义马克思主义者,杨栋认为阿克塞洛斯的思想本身更加符合"海德格尔式马克思主义"理路。杨栋指出:"作为'开放的马克思主义'的提出者和 20 世纪后半叶'海德格尔式马克思主义'(Heideggerian Marxism)的代表人物,他从技术概念切入对马克思的诠释、致力于开启马克思和海德格尔的创造性对话以超越二者的哲学努力,事实上做出了一种马克思—海德格尔进路的技术哲学尝试。"②当然,这里并非指传统的、狭义上的海德格尔式马克思主义,即马尔库塞的思想,而是指以"马克思主义的海德格尔接受"作为判定充要条件的海德格尔式马克思主义,据此,"不仅马尔库塞思想,而且施密特、阿克塞洛斯、科西克、彼得洛维奇等人的相关思想,都可被归为海德格尔式马克思主义"③。但阿克塞洛斯并非简单地将马克思和海德格尔的思想进行对话阐释,而是尝试对二者进行超越。正如杨栋所指出的:"阿克塞洛斯的现象学立足点则是海德格尔思想整体,特别是其后期的存在历史之思……他的哲学既非对海德格尔的马克思式诠释,也非对马克思的海德格尔式诠释,而是'关于'二者的思想,即一种未来思想。"④基于此,阿克塞洛斯从"未来思想"的概念阐释出发,尝试从特定视角理解马克思哲学与海德格尔思想融通的可能性。

不过,阿克塞洛斯本人明确了其哲学努力还存在另一个方向。2004年的一次访谈中,斯图亚特·埃尔登(Stuart Elden)在问到《争鸣》杂志的遗产是什么时,阿克塞洛斯回复:"一个开放的马克思主义,一个经过修正和纠正的弗洛伊德式马克思主义的尝试,以及最后,一个后马克思

① 刘怀玉:《存在主义马克思主义的活水源头——法国黑格尔主义与青年马克思的"再发现"》,《西南大学学报(社会科学版)》2018 年第 2 期,第 12 页。
② 杨栋:《当代技术哲学的海德格尔式马克思主义展开——以阿克塞洛斯为例》,《自然辩证法通讯》2021 年第 3 期,第 17—18 页。
③ 杨栋:《考察海德格尔式马克思主义》,《中国社会科学报》2020 年 9 月 24 日,第 4 版。
④ 杨栋:《阿克塞洛斯的"未来思想"初探》,《马克思主义与现实》2018 年第 6 期,第 103 页。

主义的和后海德格尔式的思想,都被阐发了。"①经验主义的弗洛伊德式马克思主义既要根据马克思,也要依照弗洛伊德看待问题,这个问题"关系到统一的思想及其未来的目标"②,即通向未来思想事业的重要途径。

但无论是从"存在主义马克思主义"或"弗洛伊德式马克思主义"还是"海德格尔式马克思主义"出发对阿克塞洛斯的思想进行解读,最终都要走向技术的"行星性"归宿。阿克塞洛斯由技术时代的历史论断所得到的是行星性时代的诊断,"技术愈来愈支配了世界游戏的运作,使世界在从过去走向现在的历史进程中开放为全球性的"③,他在《未来思想导论》中尝试建构出一套以世界游戏、迷误和行星性等概念为核心的技术存在论。"我们的技术性行为从所有事物中探取着,以求以计划和实践的方式将其改变。……某种多样而片面的思想、某种发生着效应的科学和某种完全的技术把握了整个行星。"④技术—理论、技术—实践充斥着整个行星性时代,"技术成为那种将所有事物置入运动的击打。世界之历史的世界历史'本质',以及生成着的存在整体之存在的行星性支配,完全通过技术而展开自身"⑤,借此形成了"尚且稳定的行星秩序"⑥。生活在这个行星(地球)之中的人们遵守着这个秩序,想要以和谐的行星式方式生活在这里,为此,他们自愿且被别无选择地参与游戏,不仅以个体的身份进行个别之间的游戏,同时也被纳入世界游戏之中。然而,阿克塞洛斯认为要区分全球性(global)游戏和世界游戏的概念,他指出:"所有个别游戏,甚至那些被认作全球性的游戏,是且仍然是各别的,其规则被尊重和/或超越。但是,世界游戏,即作为某种游戏的世界,在没有外部规则的情况下自我发

① Kostas Axelos, "Mondialisation without the world", interview with Stuart Elden, *Radical Philosophy*, no. 130, 2005, p. 27.

② Kostas Axelos, "Marx, Freud, and the Undertaking of Thought in the Future", trans. Sally Bradshaw, *Diogenes*, vol. 18, Issue 72, 1970, p. 107.

③ 杨栋:《阿克塞洛斯的"未来思想"初探》,《马克思主义与现实》2018年第6期,第107页。

④ 科斯塔斯·阿克塞洛斯:《未来思想导论:关于马克思和海德格尔》,杨栋译,南京:南京大学出版社2020年版,第69页。

⑤ 同上书,第84—85页。

⑥ 同上书,第85页。

展。它不是从事游戏;它就'是'(is)游戏。"①将人类游戏(个体游戏)与世界游戏相联结的游戏是哲学家们一直"思"的游戏,并且是根据非游戏,"在支配游戏和非游戏(non-play)的概念中被思"②。这种形而上学的、唯心主义的哲学思考自黑格尔开始达到顶峰并终结,转而走向了技术科学的时代,在这个过程中,人们不断被消解成为游戏者,人类在不断挫败中认识到,驱动人类游戏以及在世界之中游戏的世界游戏高于作为游戏者的我们(人类)。世界之中的万事万物,包括人类都是世界游戏的一部分,阿克塞洛斯未来思想之所思和所经验之物就是游戏着的世界,"未来思想"不仅以其为对象性客体,同时还参与其中并带入到语言之中,或者说,未来思想之参与世界游戏就是以迷误活动为运作方式的思想游戏。"这种迷误活动和迷误,不是被理性所排斥的错乱和错误,而应被理解为以存在澄明和遮蔽着的自发生为基础的存在者的解蔽和遮蔽。对某个或某些存在者的解蔽,同时就是对存在者整体的遮蔽,这是真理本身的运作方式,亦即世界游戏的迷误运作方式。"③未来之思想游戏通过迷误活动本身解蔽/显现世界之真相,迷误活动是一种行星性的迷误活动,行星性迷误的实现则要归因于技术之行星性,"行星性技术指向的是埃吕尔(Jacques Ellul)意义上的自主性技术"④。按照阿克塞洛斯的观点,行星性技术推动世界进入行星性时代,并激发未来思想之思,即与行星性技术相匹配的行星性思想。

二

阿克塞洛斯于 1970 年发表了他的文章《马克思、弗洛伊德和未来思

---

① Kostas Axelos, "Planetary Interlude", trans. Sally Hess, *Yale French Studies*, no. 41, "Game, Play, Literature", 1968, p. 9.

② Kostas Axelos, "Play as the System cf Systems", *Sub-Stance*, vol. 8, no. 4, Issue 25, 1979, p. 21.

③ 杨栋:《阿克塞洛斯的"未来思想"初探》,《马克思主义与现实》2018 年第 6 期,第 105 页。

④ 杨栋:《当代技术哲学的海德格尔式马克思主义展开——以阿克塞洛斯为例》,《自然辩证法通讯》2021 年第 3 期,第 20 页。

想的事业》,将马克思和弗洛伊德放在一起进行分析解读,探寻二者对话的基本语境及其主要内容,为我们通达阿克塞洛斯的未来思想之事业提供了重要参照。

就马克思与弗洛伊德的思想交汇点而言,阿克塞洛斯认为有以下几个共同之处:第一,二者都属于相同的哲学历史时期,"马克思和弗洛伊德属于这样一个时期,这个时期开始经历哲学的死亡,系统地和历史地完成了这样的工作"①。这个时代中"科学,即具有经济、历史、政治生物和心理性质的技术—科学(techno-scientific)活动,正在取代哲学,并在其基础上不断完善,但往往没有意识到这种依赖性"②。这个时期是主体性哲学开始消亡的时代,是笛卡尔的"我思故我在"、康德的"先验自我"和黑格尔的"绝对主体"等被取代的开端。第二,二者的哲学思想都尚且处在以"主体"为中心的框架之内,"一位(马克思)希望通过革命和社会主义治愈异化的人类社会;另一位(弗洛伊德)希望通过精神分析技术治愈神经质的人"③,他们意图将理论知识作为实践转化的有效工具。第三,文本的相关性。在马克思的《1844 年经济学哲学手稿》和弗洛伊德的《文明及其不满》之间有着合法的联系,前者论述了人的异化,后者分析了社会的弊端,"弗洛伊德和马克思都知道,历史社会是人构成的,人是自然和社会的产物;人是由自然和社会共同形成的。"④不单是两个文本之间具有这种天然的联系,马克思和弗洛伊德的著作整体上应该都具有这种独特的解读。第四,二者都以寻求问题根源为分析目的,"马克思和弗洛伊德从一个旨在找出问题根源的分析开始:通过对当代人类状况的清晰分析"⑤。马克思从经济异化开始,经过对政治异化、人类学异化、意识形态异化的研究分析,通达理论与实践的真正关系,而非一种颠倒的、扭曲的形象。弗洛伊德通过分析本我、自我、超我之间的关系,认为本我不仅被个性化的自我压抑,同时要受到起源于社会的超我的压抑,以此论述人类"是一个异化、

①②③ Kostas Axelos, "Marx, Freud, and the Undertaking of Thought in the Future", trans. Sally Bradshaw, *Diogenes*, vol. 18, Issue 72, 1970, p. 98.
④ Ibid, p. 97.
⑤ Ibid, p. 99.

被剥削、被压抑、被支配、无意识和神经质的存在者"①。人类的被异化和被压抑构成了二者各自思考的起始环节。

面对着人类及社会之中的"邪恶和疾病",马克思和弗洛伊德分别对"个体如何定义自己与群体的对立,集体如何从独立的个体中产生"②提出了自己的治疗方案。阿克塞洛斯认为马克思不仅是一个实践的唯物主义者,也是一个理论上的理想主义者,一方面无法摆脱经济的枷锁,另一方面又认为"在私有财产被镇压之后,思想必须统治人类"③。因此,马克思关于"逻各斯实践的统一远未被设想为一种情感可能性:它超越了实践(物质)和逻各斯(理论)"④。与马克思的乐观不同,弗洛伊德是一个"明智的悲观主义者"⑤,他不相信人类社会能够实现最终的幸福结局,即爱欲—死欲的和谐是不可实现的,人类贪婪的本性决定了他们将长期生活在一种孩子气的依赖状态,无法通向幸福实现的终点。但是,单纯对马克思和弗洛伊德进行分析难以真正建立起马克思和弗洛伊德之间的联系,也就无法对二者进行实质性的超越。为此,阿克塞洛斯指出:"为了理解和联系马克思和弗洛伊德,必须将他们放置在雅利安犹太人星星中,在各种非正式的询问、扭曲、变化和定形中,它构成了我们天空中占主导地位的星丛:黑格尔—马克思—尼采—弗洛伊德—海德格尔星丛,一个必须具体理解的包罗万象的星丛——单独或作为一个整体,然后他们才能被整合到一个更大的、更遥远和未来的行星游戏的星丛。"⑥这个星丛是"否定"的星丛,黑格尔的时代的否定性、精神的否定性,马克思的历史的、社会的否定性,尼采的权力意志的否定性,弗洛伊德的生物活性和心理性的否定性以及海德格尔的虚无的否定性。

从这个庞大的星丛之中我们可以看到马克思和弗洛伊德关于人类解放的统一性,这也正是弗洛伊德式马克思主义得以产生的原因,二者希望

---

①② Kostas Axelos, "Marx, Freud, and the Undertaking of Thought in the Future", trans. Sally Bradshaw, *Diogenes*, vol. 18, Issue 72, 1970, p. 99.

③④⑤ Ibid, p. 100.

⑥ Ibid, p. 102.

能够给予人们"社会和心灵上的,即社会学和心理学上的安慰"①。马克思旨在对人进行经济解放,以进一步实现总体解放,弗洛伊德更多的则是爱欲和死欲的和谐与统一,经验主义的弗洛伊德式马克思主义者认为将这两个目标放在一起进行构建和表达,就能够"建立一个幸福的弗洛伊德式马克思主义的社会,这个社会将是世界历史的圆满结局"②。然而,阿克塞洛斯指出:"尽管它提出了明智的想法,但其中大部分在相似和妥协方面变得有效,它对过去和现在的人类、社会和世界来说都不是真实的。"③并且给出了原因:首先,马克思主义和弗洛伊德主义都因为去除革命要素而阉割了推动其计划的动力,革命走到了它的历史尽头。其次,阿克塞洛斯认为马克思主义者自食其果,偏离了马克思原有的道路,抛弃了马克思主义的历史性。同样,弗洛伊德主义者陷入孤立,错误使用其精神分析,"有时以一种顺从的方式,有时则更消极,将其变成一种理论、一种技术、一种语言、一种有利可图的谋生方式"④。第三,马克思和弗洛伊德延续了西方形而上学的二元论传统,只是把"观念"从属于"现实"而颠倒原有的"两个"世界之间的关系,但仍然坚持二元论的对立,并没有突破。第四,在马克思和弗洛伊德那里,哲学思想的终结被加速,因为二者"认为所有实存都是可以思考的,并且是人类表现和行动的(客观的)对象,他们清空了不可想象的问题,甚至是未想到的问题……因为一切都成为科学和技术的对象"⑤。弗洛伊德式马克思主义遭遇的困难想要得到解决,就需要在技术统治的时代里重新恢复思想的权利,这依赖于对思想的技术性诠释,但阿克塞洛斯认为马克思和弗洛伊德、马克思主义和精神分析学必然会成为一体,"看到自己处于一种更广阔的、更丰富的思维模式中,这种思维模式清楚如何去从事绝对知识的游戏"⑥。

阿克塞洛斯之所以认为恢复思想的权利要进行技术性的诠释,是基

---

① Kostas Axelos, "Marx, Freud, and the Undertaking of Thought in the Future", trans. Sally Bradshaw, *Diogenes*, vol. 18, Issue 72, 1970, p. 104.

②③ Ibid, p. 105.

④⑤ Ibid, p. 106.

⑥ Ibid, p. 107.

于他做出的技术统治时代的论断,就是他所称的行星性技术背景下的"行星性时代"。在该时代要"解放马克思和弗洛伊德,以及马克思主义和精神分析学中的真理,意味着将它们拉回到更基础的漫游(wandering)即某种运动之中,这种运动不依靠任何事物,但吸取并产生了诸种子结构和意义"①,这个运动就是游戏。阿克塞洛斯认为思想的巨大力量只有在游戏活动中才能展开,"宗教想要上演神圣的游戏(game),并将这种游戏包含在其狂热崇拜中,诗歌和艺术在游戏过程中创造世界的人物,政治游戏以权力为目标,思想通过激发思考之物将自身置入游戏活动,科学在计算和建构中游戏着(plays),而技术认为其与所有东西都有利害关系。语言游戏召唤和命名存在者和事物,工作(work)揭示了力量之游戏活动,并将倾向于成为一种游戏,爱的游戏将我们捕入其网中,斗争将反对力量带入游戏活动。"②一切都存在于"游戏"当中,而且所有非游戏的人或事都被变为游戏,针对这种现实,阿克塞洛斯给出了大胆且明确的论断:"除了世界游戏(game of world),在面具的背后无人及无事隐藏。"③不仅如此,游戏不同于异化的工作,它可以给人带来乐趣,因此,"未被异化的工作应当成为游戏活动"④。弗洛伊德式马克思主义解放人类,建立幸福社会的关键一步就是把工作变为游戏,让人们"迷误"着、漫游在地球上的游戏之中。

按照阿克塞洛斯的观点,要重新挖掘马克思和马克思主义、弗洛伊德和弗洛伊德主义的本质性真理,就要以"富有成效和质疑(否定性)的方式与他们交流,清除虚假的附属物"⑤,就是"将他们带回到他们所构成的漫游状态"⑥,就是超越作为表象之证明的符号宇宙回归到现实世界即时代之中。阿克塞洛斯认为当下和未来的世界历史似乎都已经被技术和科学所支配,因此,他做出了基于技术全球化的行星性时代的诊断。换言之,

---

① Kostas Axelos, "Marx, Freud, and the Undertaking of Thought in the Future", trans. Sally Bradshaw, *Diogenes*, vol. 18, Issue 72, 1970, pp. 107 – 108.

②③ Kostas Axelos, "Planetary Interlude", trans. Sally Hess, in *Yale French Studies*, No. 41, "Game, Play, Literature", 1968, p. 6.

④ Ibid, p. 7.

⑤ Kostas Axelos, "Marx, Freud, and the Undertaking of Thought in the Future", trans. Sally Bradshaw, *Diogenes*, vol. 18, Issue 72, 1970, p. 107.

⑥ Ibid, p. 108.

回归到现实世界就是构建技术存在的在场状态,因为"那些在黑格尔所定义的哲学终结后继续跟进之人,尤其是马克思和弗洛伊德,仍然在在场的情况下行事,对不在场感到遗憾,并通过表象来把握那些无论是精神的、自然的、人类的或历史的存在者和事物,并试图以表象的方式投射出超越现实的东西"①。技术发展的自主性、普遍性、计划性和抹平性意味着哲学思考已经不被当代世界所需要,而是"依赖于现有的哲学,并因此而被狂乱地镀层了"②,所以,阿克塞洛斯超越弗洛伊德和马克思的"未来思想"就是要突破现存的哲学现状,突破原有的主体性哲学倾向,利用一种在行星层面上说话和思考的思维方式,以思想游戏的形式参与到世界游戏之中,而"人类作为思想的承担者,被驱策着、迷误着漫游于作为迷误之星的地球上"③,通过迷误解蔽存在及存在者之真理正是阿克塞洛斯的未来思想之思。

三

正如前文所提到的,《争鸣》的遗产不仅有对弗洛伊德式马克思主义的尝试,也有后马克思主义的和后海德格尔的思想努力。如果说对前者的论述是阿克塞洛斯"未来思想"的雏形,那么后者则更加清晰明确地帮助我们通达其核心。事实上,波斯特已经察觉到阿克塞洛斯与海德格尔之间的联系,他指出:"悖谬的是,阿克塞洛斯的存在主义马克思主义依赖于海德格尔忧郁的沉思——其对死和操心(Sorge)的注意,对技术世界中(在那里人们在物中丧失自己,而对极其严肃的追问存在的事物漠不关心)日常生活的非本真关注——仅仅得出了一种游戏的哲学。"④遗憾的是,波斯特并未跳出其原有的对阿克塞洛斯的存在主义马克思主义定位,

---

① Kostas Axelos, "Marx, Freud, and the Undertaking of Thought in the Future" trans. Sally Bradshaw, *Diogenes*, vol. 18, Issue 72, 1970, p. 108.

② Ibid, p. 109.

③ 杨栋:《阿克塞洛斯的"未来思想"初探》,《马克思主义与现实》2018 年第 6 期,第 105 页。

④ 马克·波斯特:《战后法国的存在主义马克思主义:从萨特到阿尔都塞》,张金鹏、陈硕等译,南京:南京大学出版社 2015 年版,第 207 页。

浮于阿克塞洛斯对海德格尔式接受的表面,也就没能对阿克塞洛斯关于海德格尔和马克思关系的论述进行更进一步的剖析。

　　阿克塞洛斯关于海德格尔与马克思的思想解读及超越集中体现在他的著作《未来思想导论:关于马克思和海德格尔》之中,也正是这本书帮助人们摆脱了对于阿克塞洛斯作为存在主义马克思主义者的固有印象。"阿克塞洛斯在此著作中试图借助海德格尔的诠释学—现象学资源,在对技术的追问中把握马克思思想被遮蔽了的中心、基础和运动原则"①,但是,阿克塞洛斯对二者的研究既非对海德格尔的马克思主义诠释,也非对马克思的海德格尔诠释,"这些文本与马克思和海德格尔一起思索,同时也是关于他们的思索"②,即一种超越二者的未来之思。它是如何从海德格尔和马克思的哲学出发,理解、突破并试图超越二者的哲学范畴?"将一种未完成的整体性的思想——一种世界历史的、行星式的(plane-tarisches)、开放的、多维的、发问着的(fragendes)、游戏着的(spielendes)思想——置入世界游戏(Weltspiel)之中。"③就是通过建立在行星性技术前提之上的迷误之游戏,创建一种行星性思想以满足行星性技术对世界的支配。

　　《未来思想导论:关于马克思和海德格尔》由三部分组成:一,马克思和海德格尔;二,关于马克思与海德格尔;三,行星性。首先对马克思和海德格尔的思想加以充分的理解,并找到二者"会面"的领域,以便于进行直接对话。其次在理解的基础上进行尝试超越二者的哲学努力,加以进一步的分析。最后对行星性技术进行道说,分析行星性技术与行星性思想,即未来思想。就马克思和海德格尔而言,阿克塞洛斯指出二者之间并不存在包含与扬弃的关系,他认为:"没有哪位伟大的思想家能扬弃另一位伟大的思想家,思想的真理和真理的思想是且一直是多维的"④,既不存在

① 杨栋:《阿克塞洛斯的"未来思想"初探》,《马克思主义与现实》2018年第6期,第104页。
② 科斯塔斯·阿克塞洛斯:《未来思想导论:关于马克思和海德格尔》,杨栋译,南京:南京大学出版社2020年版,前言第1页。
③ 同上书,前言第2页。
④ 同上书,第14页。

海德格尔思想被包含在马克思的思想中,也不存在海德格尔的思想包含了马克思的思想,进而扬弃后者,而是立足于某种语境之中通过二者的对话实现对二者的共同的超越。

阿克塞洛斯从哲学的演进历程出发,探寻二者的对话语境,虽然"柏拉图和亚里士多德对于马克思而言,是系统化了的意识形态异化的开端,而对于海德格尔来说,则是存在被遗忘状态的开始"①,但"马克思和海德格尔都援引了早期希腊的思想家"②。不仅如此,二者都紧跟哲学发展的步伐,将基督教哲学的发展视为哲学史的重要阶段并严肃对待,同时,二者都把黑格尔视为传统意义上的哲学(思辨的和形而上学的)的终结之地,"概言之,马克思和海德格尔都以西方传统形而上学的历史为反思和批判对象"③,阿克塞洛斯指出马克思的基本态度是:"他不愿再思辨地和形而上学地思了,因为这种思想系缚于异化;他宁愿实践地把握并实践地改变。"④黑格尔的终结意味着一个伟大的思辨哲学时代的落幕,同时意味着一个新的时代的到来,马克思则是新时代的引路人之一,而其思想起点就是黑格尔自身的思想。与马克思相比,"海德格尔'存在论—形而上学地'和理论性地思,这是指,存在历史地和世界历史地思,他询查存在和存在者之区别,即分离;他关涉的是存在之思、停留于存在被遗忘状态中的存在之思、对变为周遭世界的世界之思,并且他尝试以发问的方式克服作为存在被遗忘状态之历史的形而上学,以求开启关于世界自我抽身的澄明的新视域。"⑤海德格尔通过追问存在之意义,克服传统的存在被遗忘之状态,即形而上学的思辨哲学,通过对存在者的发问,经验并反思现存世界。正如阿克塞洛斯所指出的:"此二者都立足于现代历史——主体性的时代——的无基础的基础上;二者都大胆尝试克服哲学;二者都为了获得一种新的存在理解(Seinsverständnis)而斗争。"⑥马克思和海德格尔都醉

①② 科斯塔斯·阿克塞洛斯:《未来思想导论:关于马克思和海德格尔》,杨栋译,南京:南京大学出版社 2020 年版,第 14 页。
③ 杨栋:《阿克塞洛斯的"未来思想"初探》,《马克思主义与现实》2018 年第 6 期,第 104 页。
④ 科斯塔斯·阿克塞洛斯:《未来思想导论:关于马克思和海德格尔》,杨栋译,南京:南京大学出版社 2020 年版,第 15 页。
⑤⑥ 同上书,第 13 页。

心于哲学(形而上学)之克服的思想尝试,这也是二者有效对话的基本语境。

通过马克思与海德格尔在上述语境的对话,阿克塞洛斯指出:"他们的思想活动于'同一者'之中。这种同一性包含了他们二者。"①所谓"同一者"就是"一之一切","是世界的秩序、万物的整体"②。但不是某种经验性整体,而是以迷误方式运动着的世界游戏本身,"是我们身处其中为其所规定并与之交往着的、生成并变化着的世界本身"③。阿克塞洛斯指出:"它是一之一切,它不允许自身被简化为其中一维,即划时代的特权的维度。为了清楚地、深刻地、坚定地看到远方,就必须向我们周围的、使我们活跃和崩溃的事物敞开自身"④,即在不断开放的过程中发展。作为"开放的马克思主义"的提出者,阿克塞洛斯正是从马克思的技术哲学出发构建马克思和海德格尔的创造性对话,同时,技术,尤其是行星性技术的发展,是联系世界的重要手段,为世界游戏提供了现实可能性。"技术是在三个绝对真理之后出现的:上帝、自然、人类。它是第四种力量,一种绝对不再构成绝对真理的力量。"⑤技术仅仅是一种类似真理的力量,而非原本的绝对真理,这意味着技术发展所带来的是一种具有广泛开放性的可能性,并非传统意义上"将技术、经济、政治甚至文明和文化绝对普遍化的过程……世界不是物质的和历史的总体,它不是对理论和实践集合的或多或少的经验集合"⑥。阿克塞洛斯认为,"世界将自己展开为游戏。这意味着它拒绝任何意义,任何外部规则"⑦,即世界及世界游戏是完全开放的,不受任何内部或外部的封闭,强调的是事物联系和运动,因为,"技术将所

---

① 科斯塔斯·阿克塞洛斯:《未来思想导论:关于马克思和海德格尔》,杨栋译,南京:南京大学出版社 2020 年版,第 13 页。

② Kostas Axelos, "The world: being becoming totality", trans. Gerald Moore, *Environment and Planning D : Society and Space*, vol. 24, 2006, p. 646.

③ 杨栋:《阿克塞洛斯的"未来思想"初探》,《马克思主义与现实》2018 年第 6 期,第 105 页。

④ Kostas Axelos, "The world: being becoming totality", p. 643.

⑤ Ibid, p. 647.

⑥ Kostas Axelos, "Mondialisation without the world", interview with Stuart Elden, p. 27.

⑦ Ibid, p. 28.

有在地球上发生的事物投入运动"①。同时,技术的发展帮助人们征服太空以及太空中的其他恒星,由此阿克塞洛斯开始从地球的行星层面上探讨世界的意义,他指出:"行星意味着漫游者的星星(astre errant)。因此,所有的行星运动都是迷误的(errant),它发生在迷误之游戏中。"②总体来看,行星性技术的发展,一方面将世界联结成一个整体。行星化事物的之间的关系,不同存在方式的存在者由于行星性技术实现了一种全体性的计划,正如阿克塞洛斯所指出:"在整个地表上,谋求的是同一个计划:技术—理论的以及技术—实践的"②,当今时代的存在者被普遍化、被多方面并全面地考察,事实上就是受到技术支配并被技术地改造,从而建立一种被计划的即抹平着的行星性世界秩序,最终以"某种方式同一化地纳入视野、分析和改造,以符合技术自身演进的逻辑"③。另一方面行星性技术要求一种与之相匹配的行星性思,即"未来思想"。

世界、游戏、迷误和技术是阿克塞洛斯"未来思想"的四个中心主题。世界是行星化的世界,而非无世界的世界化——全球化;游戏是世界的存在和运作方式,世界本身就"是"游戏,而非个体游戏的结合。迷误不是一种混乱,而是对存在者的解蔽,是理解世界及世界游戏的方式,是真理隐藏和发现的运作方式。技术则是行星性技术,是埃吕尔意义上的技术自主,正如埃吕尔所说:"既然技术已成为新的环境,所有的社会现象就都置身其中"④,不仅如此,在技术自主的同时意味人的自主性的丧失,"当今人类的观念、判断、信仰和神话都已经从根本上被其技术环境改造了"⑤。原有的哲学思想已经难以适应技术行星化发展的时代,阿克塞洛斯指出:"逻各斯的游戏存活于上帝之中,上帝的游戏存活于自然之中。自然的游

①② Kostas Axelos, "Mondialisation without the world", interview with Stuart Elden, *Radical Philosophy*, no. 130, 2005, p. 28.
② 科斯塔斯·阿克塞洛斯:《未来思想导论:关于马克思和海德格尔》,杨栋译,南京:南京大学出版社2020年版,第69页。
③ 杨栋:《当代技术哲学的海德格尔式马克思主义展开——以阿克塞洛斯为例》,《自然辩证法通讯》2021年第3期,第21页。
④ 吴国盛:《技术哲学经典读本》,上海:上海交通大学出版社2018年版,第120页。
⑤ 同上书,第121页。

戏存活于历史性的人类之中,人类的游戏存活于技术集置中。"①从"天命之真理"开始显露的希腊起,经上帝之为造物主的中世纪,再到近代欧洲的"主体支配客体"的"重生"②,"它运行于一条轨道之上,这条轨道导向被破坏了的和被实现了的、包含地球所有部分的世界历史"③。行星性时代也是存在被遗忘之虚无主义的时代,是强力意志支配并导致上帝之死的时代,是形而上学思想终结的时代,也是人类主体性思想开始消亡的时代。而人类之思想为哲学所采纳,探索存在者整体的存在,阿克塞洛斯称其为"未来思想",即通过参与世界游戏体会行星性技术背景下的行星性思想。

阿克塞洛斯在晚年的一篇访谈中指出:"世界历史是通过我们人类而进化的,同时它也超越了我们的理论、计划和意志。"④技术行星性的到来意味着世界历史进入到新的阶段,原有的哲学虽然已经无法更好地对经验世界进行"思",但是游戏仍然被继续着,只不过现有的游戏规则不再由上帝、自然或人类所制定,是一种无规则的、开放一切可能性的世界游戏,是包含"一之一切",即同一者包含万事万物的漫游之游戏。在游戏中,人类通过迷误活动澄明或遮蔽着以自发生为基础的存在者的解蔽或遮蔽,以此实现对存在的解蔽或遮蔽。人类通过个体游戏参与到世界游戏之中,尤其是通过思想游戏获得对迷误之星——地球行星的"知识",但这种"知识"不是"绝对真理",而是一种具有历史性的"知识",正如阿克塞洛斯在一次访谈中对"为什么绝大多数马克思主义者在他们的思想和行动中都保持'封闭'?"⑤这一问题进行回答时所说的,"如今,只有少数人引证马克思的思想和马克思主义。然而,即便是这些人也与马克思思想的震颤无关;相反,他们只要求微小的理论和实践指引,因为在他们的行动中,他

① Kostas Axelos, "The world: being becoming totality", trans. Gerald Moore, *Environment and Planning D: Society and Space*, vol. 24, 2006, p.651.
② 科斯塔斯·阿克塞洛斯:《未来思想导论:关于马克思和海德格尔》,杨栋译,南京:南京大学出版社 2020 年版,第 65 页。
③ 同上书,第 65—66 页。
④ Christos Memos, "For Marx and Marxism: An Interview with Kostas Axelos", *Thesis Eleven*, vol. 98, no. 1, 2009, p.137.
⑤ Ibid, p.133.

们遵循的是我们时代平庸一致的运动"①。他们丢失了马克思思想中的鲜活元素,失去了马克思思想中问题因素保持开放的理念。同样,阿克塞洛斯的"未来思想"也不是封闭之思想,而是建立于世界历史之上的与技术行星性相匹配的开放性思想,是在开放的基础上,对统一体进行诘问,是"一之一切"的世界之中的未来思想。总体而言,阿克塞洛斯的"未来思想"是"通过与其他思想家,包括黑格尔、尼采和海德格尔进行富有成效的对话,寻求开启马克思更具原创性和创造性的思想(例如异化的概念),目的是让它回到'更基本的漫游'"②,即从马克思出发,连同其他思想家一道阅读和理解马克思,而非通过其他思想家解读马克思的方法实现的一种超越之思。但是阿克塞洛斯在对马克思进行质疑、诘问的同时,并没有能够充分理解马克思对政治经济学和经济范畴的批判,虽然他想要通过否定性来超越马克思,但他没有能够对这种否定性运动进行深入分析,并且将其以一种抽象的、非历史的方式置入"世界游戏"之中。最终,阿克塞洛斯对哲学、政治经济学和政治的全面批判不仅没得到充分发展,反而陷入到了纯粹思辨之中。

---

① Christos Memos, "For Marx and Marxism: An Interview with Kostas Axelos", *Thesis Eleven*, vol. 98, no. 1, 2009, p. 133.

② Christos Memos, *The SAGE Handbook of Frankfurt School Critical Theory*, London: SAGE Publications Ltd, 2018, p. 1317.

霍克海默研究专题

理性与自我保存[①]

马克斯·霍克海默[②]

（法兰克福大学社会研究所）

作为西方文明中核心概念的理性正在崩塌——休谟的怀疑论将其清理得所剩无几；但它并未被完全抹去，而是更彻底地回归了其工具含义，即以利益为原则。在这个意义上，公民理性与个体的自我保存息息相关。然而，理性通过自我批判瓦解了自身，个体和自我也随之瓦解。随着自我及其反思性理性的衰落，曾经通过经济关系等中介形式来实行的统治，即将转变为一种新的直接性统治，这在实际中体现为纳粹或者法西斯的统治。由于痛苦能够唤起理性，而残存的理性还能够认识到统治中不公正的形式，从而超越它走向真理，法西斯统治的酷刑所带来的痛苦反而成为社会的最终解，它可以将人们从自我保存中解放出来。大众社会对意识形态的操控进一步瓦解了自我，在这种自我中，存在着所有的智慧、历史理性的愚蠢和对统治的全部赞同。自我废除的理性别无选择，只能重新陷入野蛮或历史的开端。

---

① 原文译自：Max Horkheimer. *Max Horkheimer Gesammelte Schriften*. Band 5：Dialektik der Aufklärung und Schriften 1940-1950, Frankfurt am Main：S. Fischer Verlag GmbH，1987，pp. 320-350. 原文写作于 1941 年，是霍克海默创作《启蒙辩证法》的重要准备性研究。原文最先以英译版发表在 1941 年的一期《哲学与社会科学研究》上，1942 年以德语原版发表在《纪念本雅明》中。本次翻译参考了英译版，详见 *Max Horkheimer*，"The End of Reason"，Studies in Philosophy and Social Science，*Volume IX*，1941，*pp.* 366-388. 全文章节是为了便于阅读由译者所加，原文无章节划分。——译者注

② 作者简介：马克斯·霍克海默（Max Horkheimer，1895—1973），曾任法兰克福大学社会研究所所长；译者简介：徐蕴涵，女，南京大学马克思主义学院硕士研究生，研究方向为国外马克思主义；李乾坤，男，南京大学马克思主义学院副教授，研究方向为马克思主义发展史与国外马克思主义。

一

　　西方文明的核心概念正在崩塌。新一代人不再相信这些概念了,法西斯主义更是加强了人们对此的质疑。问题是,这些概念还能坚持多久。这其中的核心就是理性概念。对资产阶级来说没有比这更高的理念了。理性应当调节人与人的关系,论证个体所需做的每一项功绩,这因而好像是项繁重的工作。对理性的这些称赞,启蒙运动者和神学家十分同意。伏尔泰这样评价理性,"上帝赋予人类的难以把握的礼物","所有社会、制度和秩序的起源"①。奥利振(Origenes)说,为了不侮辱理性,人们不能将坏人与动物相比②。理性是自然秩序的基础。人民宪法和人们所建立的一切都应当建立在理性的基础上。对古希腊罗马时期的人来说,理性是至高的造物主。③ 尽管经历了对世界历史而言的所有那些倒退、黑暗时期和弯路,理性依然在康德之后走向了胜利,这是不可思议的。④ 理性也同自由、平等和真理的概念形成了联结。这些概念被认为是理性天生具备的、从理性中便能被看到或必然被考虑到的。理性时代是资产阶级对世界使用的荣誉称号。

　　资产阶级哲学按其本质来说是理性的——除此之外别无他者,因为这种思想产生于城市之中。但唯理论转向了自身原则的对立面并一直同怀疑论作斗争。那些在教条主义或怀疑论哲学里占统治地位的细微差别,决定着它们各自与社会权力之间的关系。而理性概念自一开始便同时包含了批判的社会权力。以可靠性、精确性和明晰性——这同样也是唯理论将自己列为更为理性的知识的评判准则的理由——为由,唯理论

① Gamier Frères, ›Dialogue d'Ephémère‹ *Œuvres complètes*, Paris 1880, Tome 30, S. 488.
② 参见 Origenes, Origenes gegen Celsus, IV, 26. *Des Origenes Ausgewählte Schriften*, Bd. I, München: Bibliothek der Kirchenväter. 1926, S. 326.
③ 参见 Aristoteles, *Politik*, I, 1260a 18.
④ 参见 Kant, *Idee zu einer allgemeinen Geschichte in welthürgerlicher Absicht*, Neunter Satz, Akademieausgabe Band VIII, S. 30.

遭遇了怀疑论和经验论的质疑。柏拉图学园在其创立者在世时,被苏格拉底左派指责为迷信于是转向了怀疑论。西格・冯・布拉邦特(Siger von Brabant)和罗吉尔・培根反对托马斯・阿奎那的唯理论,直到培根和邓斯・司各脱的教团①为经验论流派提供了发展的空间。进步和保守的思想家们,如信仰唯物主义的医生、伽桑狄②和耶稣会会士都对笛卡尔关于人类精神自然的理论提出了异议。笛卡尔的演绎体系将理性作为完全相同的统一性囊括进来,理性在法国的行政机构中也被认为是与封建相对的。法国在十七世纪提出将严格的中央集权制作为其原则,这个原则最终在二十世纪成为法西斯主义。但怀疑论自始便存在于此。它指出了要将资产阶级的理性限制在现有阶段。演绎体系并没有勾勒出乌托邦,它所有的概念都不意味着自由的普遍性,而仅仅意味着计算。就此,怀疑论扼住了理性。康德本人自始在德国听说,他的理论"毫无依据地自吹自擂着对于休谟怀疑论的胜利"③。

在今天,怀疑论对理性概念的清理使其所剩无几。理性逐渐消失了。理性用于摧毁概念狂热的方式最终也摧毁了它自身的概念。从前它是永恒理念的重要部分,而现实世界应该仅仅像理念的影子一样。理性应当在存在的规律中重新发现真理的永恒形式,在这种形式中才能表达出神圣的理性。千年来哲学家们相信自己已经拥有了这样的知识,现在他们被劝导要放弃这种想法,没有任何唯理论的范畴幸免于此。精神、意志、目的因、先验的创造、天赋观念、广延和心灵,被认为是现代科学的幽灵,这种观点与伽利略对经院哲学的不理解相比起来有过之而无不及。理性显现为游荡幽灵般挥之不去的语用习惯。即便有了最新的符合逻辑的观点,口语的语法依旧和泛灵论阶段相符。它将模态、状况、活动纳入主语,这样就有了所谓的"生命在召唤""责任在命令"和"虚无在威胁"。通过这

---

① 此处指弗兰西斯教团。——译者注
② 皮埃尔・伽桑狄(Pierre Gassendi,1592 - 1655),法国哲学家。他复兴了伊比鸠鲁的原子论,并对笛卡尔的天赋观念论进行了批判。——译者注
③ Gottlob Ernst Schulze, *Aenesidemus oder über die Fundamente der von dem Herrn Professor Reinhold in Jena gelieferten Elementarphilosophie. Nebst einer Verteidigung des Skeptizismus gegen die Anmaßungen der Vernunftkritik*, Berlin: Kantgesellschaft, 1911, S. 135.

种方式,理性也开始发现并满足于在所有人中以一个相同的形式存在。这样的理性在如今被认为是无意义的符号。它代表着不起任何作用的寓言形象。理性,这个从前被认为是更深层次的理解的符号①,如今只是被遗弃的历史碎片,它再也不能赋予任何事物意义了。理念一旦为理性所影响,指向了既定的现实之外,都是在自取其辱。至此,也就不必在人道主义的演讲或传单中把自由、人的尊严甚至真理作为论据提出了。这些名称只会招致缺少严肃理由或无任何理由的猜忌。今天的政治家们引用上帝,这样一来人们至少知道,这些政治家代表着可怕的世俗威力,人们呼唤理性,然而这样只是承认了他们的软弱无能。

尽管如此,理性的概念并未像法国大革命中的人权概念一样随着时间被抹去,它只是比以往任何时候都更加彻底地回归了它的工具含义。理性的形而上学理论消失了,留下的是以目标为导向的行为。"理性(Vernunft)这个词",洛克写道,"在英语当中有不同的含义:有时它意味着正确且清晰的原则,有时它表示来自这些原则的清晰且诚实的推断,还有时它指的是原因,尤其是目的因。"②他补充了理性活动的四个等级:发现真理,规划整理,确定联系,推断结果③。不考虑目的因,这些作用在今天还算是理性的。这个意义上的理性在现代的战争指挥中是不可或缺的,就如理性一直以来在贸易中的指导地位一样。理性的规则,总的突说,就是让手段在最大程度上与目标适配,思考则起到了省力的作用。理性是一个盯着利益的工具,它的优点是冷漠和清醒。对它的信仰是建立在比形而上学理论更具说服力的动机上的。有时即使是独裁者也劝说要理性,他的意思是,他拥有最多的坦克。他有足够的理性来建造这些坦克。其他人则应该有足够的理性以向他俯首称臣。违背这样的理性是全然的亵渎。他的上帝甚至就是理性。

正如此处所展现出来的那样,理性与实践一直以来都有着紧密联系。

---

① 参见 Walter Benjamin, *Ursprung des deutschen Trauerspiels*, Berlin 1928, S. 182 - 183.
② John Locke, *Über den menschlichen Verstand*, übersetzt von Th. Schultze, Leipzig: Reclam, o. J., IV. Buch, 17. Kapitel, § 1; Band 2, S. 373.
③ Ibid, § 3, S. 375.

人类的目标并不直接存在于自然界中,个体只有通过社会当局才能满足自身的生理需要。动物会觅食和逃离天敌,人类则追寻他们的目标。利益是一个社会范畴,在阶级社会中,理性着眼于此。理性是个体在社会中坚持自我或适应环境以及不断前进的方法。理性确立了个体对总体的从属地位,只要个体的力量不足以让一切朝着对自己有利的方向改变,只要个体还是孤立而迷失的,这种情况就会维持下去。在原始社会中,个体通过本能对总体进行付出与投入。在资产阶级社会中,根据趋势来看,这种投入只有通过个体意识到自身利益才能发生。希腊的唯心主义本身是实用主义的。苏格拉底将善解释为和有用的事物完全一样,将美解释为与可用的事物没什么不同①,而柏拉图和亚里士多德同意他的观点。然而,就如他们断言利益是理性的原则那样,他们所说的是总体的利益。有异议提出,柏拉图的理想国中的守卫们在拥有权力的情况下也许并不快乐,柏拉图驳回了这一点。他看到的是拥有权力的至高幸福。总的来说,重要的不是一个群体,而是总体的幸福。② 没有了总体,个体什么也不是。理性是个体在行动中平衡自身利益与总体利益的方式方法。

特殊利益的普遍存在以及它们之间的和谐共处是希腊城邦的理想。中世纪的城市和近代初始的政治家们继承了这份理想。要想在人群当中生活,就必须遵从法律,这是西方国家的世俗道德的结果。蒙田(Montaigne)引用苏格拉底的话说,只要我们不诉诸宗教,我们便只有一个主导思想,那便是"每个人都遵守其国家的法律"③。这是理性的忠告。在这一点上,德·迈斯特(De Maistre)与法国大革命的观点是一致的。"政府是一个名副其实的宗教:它有着自己的教义,自己的神秘性,自己的教士……人的首要需求是,他自身觉醒的理性能够融入国家的理性之中,这样一来个体理性才能将它的个体存在转变为另一个普遍存在,就像一条

---

① 参见 Xenophon, ›Memorabilia‹ IV, 6. 参见 E. Zeller, *Die Philosophie der Griechen*, II, 1, Leipzig 1921, S. 151 ff.

② Platon, *Republik*, Anfang des IV. Buches. *Sämtliche Werke* Band II, Wien: Phaidon Verlag, 1925, S. 188 - 189.

③ *Les Essais de Montaigne*, ed. Villey, Paris 1930, Tome II, ch. 12, p. 491 - 494.

汇入海洋的河流,尽管河流仍然存在于水中,但已经没有了自己的名字和实体……什么是爱国主义? 爱国主义就是国家的理性,我称之为,个人的自我否定。"①这种理性也存在于他所讨厌的大革命狂热当中。罗伯斯庇尔的辩护者马迪厄(Albert Mathiez)说,理性宗教和旧的宗教一样不宽容。"它不允许有任何的异议,它要求人们做出宣誓,它还借助监禁、流放和断头台强迫人们来信仰自己。就如其他宗教那样,它体现在神圣的符号和确定且唯一的象征之中,这些符号和象征被充满怀疑的虔诚包围着。"②在这一点上,反对者们同意所有的资产阶级深刻思想(包括黑格尔的思想);时代的统一使得思想之间的分歧完全消失了。反革命者和人民群众的热忱不仅相信断头台,而且也相信,理性在任何时候都可以要求人放弃思考,尤其是对于那些最穷的人。迈斯特——一位后来的专制主义者,借助霍布斯劝说道,出于理性,人们要宣誓永远放弃个人的判断。另一些人则建立了"民主的控制"③(die demokratische Kontrolle)。

个体必须对自己使用暴力。他应当理解,总体的生命是他自身生命的必要条件。从理性的认识来看,个体应当克服违背的情感和直觉,因为只有抑制本能,人与人的合作才会成为可能,而这种源自外界的抑制应当由自己的意识来决定。在古代,这一原则已得到了充分的发展,进步的原因在于社会的扩张。奴隶的工作是通过外界暴力来强迫的。而在基督教时代,每个人都应该对自己有严格的要求。宗教改革最终将权威从教会转移到了良知。当然,对于那些身处底层的人来说,普遍利益与特殊利益之间的和谐只是一个假设。他们被本应当成为自身利益的普遍利益排除在外。事实上,放弃本能对他们来说从来都不是理性的,这意味着他们的文明从未真正实现过。他们仍然是通过暴力形成的社会存在,这就提供了独裁的基础。另一方面,资产者在政治和精神上得到承认,在对外和对

① De Maistre, ›Etude sur la Souveraineté‹ ›Œuvres complètes›, Lyon 1891, Tome I, p. 367 - 377.
② A. Mathiez, Contributions à l'Histoire religieuse de la Révolution Française, Paris 1907, p. 32.
③ 此处"民主的控制"在英译版中为"Comité du Salut Publique",即法国大革命中的公共委员会。参加 Max Horkheimer, "The End of Reason", Studies in Philosophy and Social Science, Volume IX, 1941, p. 369. ——译者注

内的政府中理所应当地拥有了自己的代理机构。他们为自己实现了理性文明的设想,他们的社会性产生于对个体利益的认识。意识到这种和谐,统治者已经可以被称为国家的第一个公仆了,直到自治国家取代了专制主义。群众在这里也有政治权利。按照这个想法,民主国家应该是没有奴隶的希腊城邦。

社会原则必须借助个体以被迅速确立,因此资产阶级的理性准则仍然是个体的自身利益。理性主义哲学的困难其实在于,被人们归到理性之中的普遍性与全部个体的利益统一是一回事,然而社会还一直在割裂不同的阶级。由于普遍性在一个利益仍然不可调和地产生分歧的世界中假设利益统一,对理性普遍性的理论性引用总是带有不真实和压制的特征。尊重理性本身就以正确的社会现实——一个没有奴隶的古希腊城邦——为前提。因此,经验主义者对理性主义者的反对是正确的,他们的思想当然超越了市民社会。理性主义者对经验主义者的反对也是正确的,因为他们正面批评了人类的团结,后者在资产阶级社会中只会在自主性和普遍性的概念里以暴力和破坏性的方式表现出来。当然,在实践中,普遍性被美化为积极的事物,必然性被宣告为自由,这二者成了他们的辩词。

资产者的理性总是被定义为与个体的自我保存相关,这似乎与洛克的经典理论背道而驰,即理性标明智力活动的方向,无论它可能服务于什么目的。但是,理性并不能通过放弃任何特定目的来摆脱个人利益的魔咒。相反,它只是形成了一些程序,以便更顺从地服务于个体的任何目的。资产阶级理性在形式上的普遍性日益增强,这并不意味着所有团结意识的增强。它准确地表达了思想和对象的怀疑论式分离。思想变成了它在亚里士多德的经验科学开始时的样子,一种"工具论(Organon)"。在洛克那里,其实就在康德那里,思想变成了一个与对象无内在联系的机构,它不再具体地思考对象,而是满足于将对象进行排序,对它们进行分类。随着唯名论的渗透,思想所谓的对立面即形式主义,也出现了。当理性决定一劳永逸地只关注对象的多样性,即"混乱"时,它就将自己构建为一种分析判断的办公机器。面对同等的对象,用金钱进行普遍计量的实际做法不再考虑对象自身的存在,知识成为一种记录,知识的发展成为一次归纳的技术转变。在现代哲学中,类概念(Species)①之所以成为分类的概念,是因为在市场上特定事物的旧分类规则已经消失在交换价值之后。现实越是不够了解自身,它就越是无节制地让自己被操纵,经验主义和形式主义的融合表明了这一点。事物之间维持了一种疏远的状况,它们不被理解也不被尊重。甚至所谓价值②多元论的世界主义也是一种意识形态。根据多元论,理论判断与价值领域之间存在鸿沟。价值源于任意性,而在思考中必然性占据主导。价值判断与理性和科学无关。主体设定了他认为合适的目标:他是想自由冒险还是顺应服从,他喜欢民主还是法西斯主义,他更偏爱启蒙还是权威、大众艺术还是真理。然而,选择的自由总是局限于少数富足的人的情况中。这些特权人士可以在所谓的文化商品中进行挑选,只要这些文化商品通过了审查,并且也符合他们的统治利益(是否符合还有待讨论),除此之外就没有其他的价值多元了。这些文化商品和社会基层离得越近,也就越直接地被确定。上层阶级自我保存的意志具备了物质和精神上的统治手段,这种被集中化的意志统治着奴隶、仆人和大众,尽管它自身也被上层阶级之间的竞争所分裂。是与其他阶级或人民协商还是战斗,是建立一个君主立宪制还是固守专制主义的政府,取决于唯一的理性原则:特权的维持。历史上重大决定之间的区别在于富有远见还是盲目无知,而不是在于它们目的的本性。真正的多元主义是一个属于未来社会的概念。

在今天,具有个性的特质之所以如此之多,仅仅是出于一个原因,即自我保存。实用主义迄今都想让自我保存成为贵气、风度、礼节和骑士风度,以及个体为适应社会环境而习以为常的规范③。有时人们的表现与这

---

① 此处的"类概念(Species)"是拉丁文的逻辑学术语,又译作普遍概念,指由多个单独概念的共同特征构成的概念。——译者注
② 此处的"价值"德语原文为"Zweck",直译为目的,而该词在此表示行动的最终目的,结合后文来看,将其译为"价值"更符合作者的原意和中文的表达习惯。——译者注
③ 此处的"实用主义"应当是指前文所提到的"更加彻底地回归了它的工具含义"的理性,这句话则对应了下文中的"在这个时代,资产阶级的品质……它通过美化自己的前任以更加牢固地求得权利"。——译者注

些规范不符,并且在这期间还变得更加不符,那么就会坠入更低的阶级。由于这些规范在个体特征中表现为旧社会形态的残片,所以即便是在今天,个体没有了它们就会感到迷失。然而它们失去了合目的性,也随之失去了力量。正如有用物品上的装饰品通过保留不完美之处使人们注意到这是过去的生产技术,统治者从前对自身也必须施加的暴力①在孱弱的人类品行中留存了下来。贵族品质最初的贫困再次显现出来,而它们所创造的不公正形式在更合时宜的形式面前已经消失了。通过它们在当前统治机构中的相对无力,这些品质获得了无目的性的和解。然而,即便是无目的,也知道如何使自己适应那些目的。如果贵族没能从商人那里赢得内部市场,他就会尝试代表商人征服世界市场。在那些随着现代军队的机械化而变得不可避免的骤变之前,贵族们一直垄断着其作为资产阶级的军事指挥官的地位。在这个时代,资产阶级的品质,如节俭和诚实,已经开始共享贵族品质的命运。这种使得贵族品质位于中心的魔法,首先要归功于资产阶级的努力,它通过美化自己的前任②以更加牢固地获得权利。资产阶级与已经下台的统治阶级一起反对被统治者。权力应当看起来是永恒的,而不是短暂的。如果伟大的统治者和刽子手与拿破仑·波拿巴这样的资产阶级领袖一起在历史的万神殿中受到敬仰,这对自己的声誉也是有利的。在家里,富人模仿他们所谓的风格,在办公室里,他们仍然遵守一种叫做商业道德的荣誉准则,因为如果没有一些内部纪律,这个阶层就不可能存在。在与外部竞争者甚至内部敌人之间的对抗中,将他们与传统联系起来的东西真正地显现了,那就是完全的"自我维护"(Selbstbehauptung)③。

总体的自我维护也会转而反对自我维护的个体本身。对于真正的资产者来说,即使总体被宣扬为一种形而上学的理念或祖国的宗教,它始终得证明自己符合他的个体利益。与为摩洛神而死相比,为祖国而死是合乎理性的,原因是在现代战场上,必须捍卫国家的权力,只有国家才能保

①"统治者从前对自身也必须施加的暴力"是指贵族品质的规范对统治者自身的约束。——译者注
②"前任"指贵族阶级。——译者注
③"自我维护"的含义是抵住一切反抗来进行自我保存。——译者注

证那些需要为它牺牲的人的存在。在资产阶级革命和反革命的所有党派中,被唯名论净化了的理性概念,即自我保存的原则,都为它的反面即牺牲提出了依据。在现代末期,整个社会都努力从理性中消除那些超越性因素。人们都成了唯名论者,但仍将模糊的总体当作神祇。即使在英雄时代,个人也会为了群体的利益和象征而毁灭自己的生命,这是他生命的前提。从宗族到国家,群体都代表了财产。在个体意识到死亡是一场绝对的灾难之后,财产向个体传达了个体能够战胜死亡的想法,因为财产会世代相传。在封建时期,财产会给予家族世代相同的姓名,借此他们的存在和自我意识就不可分离了。资产者的姓名从他们定居的地方解放出来,财产成为这样一种物,通过继承财产,接替的个体可以得到原不属于自己的东西。通过在遗产中有意识的处置,原子主义的个体保证了自己死后的连续性。但如果为了那种法律保障遗产的国家而放弃自己的存在,这并不违反自我保存,牺牲变得合理。那些为罗马献身的著名罗马人已经成了为公司自毁的商人。

牺牲和放弃本能的理性根据不同的社会地位而有所不同。随着财产的不断减少和幸福前景的愈加渺茫,这种理性也减少了,而做出牺牲的强迫增加了。对于穷人,通过世俗和神的刑事司法来补弥补其理性上的不足,总是合理的。对于正直的人,理性会取得胜利,伏尔泰承认,"下等人不是为它而生的"①。"我们从来没有想过要启蒙鞋匠和女仆,那是耶稣使徒的事。"②对大众而言,在特定社会形式下,从自己的利益到维护社会的利益的道路总是不可估量得漫长。仅仅靠理性地禁欲是不可信赖的。一个奴隶或者希腊女人,如果他们像苏格拉底一样最终通过死亡使得对法律的忠诚高于一切,那么他们不是智者,而是傻瓜。在苏格拉底所宣称的良心的时代,理性仍然或多或少与财产相关。顺从的理性依据在最矛盾的形态中形成了国家契约的理论。它之所以如此糟糕,并不是因为作为一种理性主义的建构,它否定了历史,相反,它只是太适合历史现实了。契约的理性

① Brief an D'Alembert, 4. Februar 1757, Œuvres, Tome 39, p. 167.
② Brief an D'Alembert, 2. September 1768, Œuvres, Tome 46.

在于对执行和巩固非理性关系的一致同意,而对契约理论的批判正是援引了这种关系。这种契约理论道出了关于有财产者之间关系的真理,无财产者则应该对此负责。要把他们的物质欲望转化为精神需求,把他们变成新文明赖以存在的节俭的农民和工人,既不需要格劳秀斯(Hugo Grotius)也不需要霍布斯,为此诞生了圣方济和罗耀拉①、路德和詹森派。

　　新教的社会功能首先与目的理性的有效性相协调。理性主义不能抱怨路德,就像它不能抱怨皇家港口的逻辑学家一样。路德将理性称为野兽,只是因为它当时不能从自己的力量中产生现代个体必须对自己施加的暴力。宗教复兴能够使人眼前的生活服从于遥远的目标。大众原本会单纯地投入当下的时刻,而新教教育他们要客观考虑、一以贯之和具体求实。因此,它不仅加强了人对命运的抵抗力,而且还使人能够时常走出纠缠,在沉思中超越自我利益。然而,这种沉思的停顿并没有改变现有目的变得更加根深蒂固的事实。新教是传播冷酷、理性的个人主义的最强力量。在此之前,在十字架的形象中,这个标志同时还被直观地看成是一种刑具。但是,新教的宗教性对图像是有敌意的。它把这个刑具作为一种不可逆转的驱动力放到了人的灵魂中,在这种驱动力下,人生产出了侵占工作和生活空间的工具。这打破了对事物的迷信并且将十字架内化,但为之产生的世俗性现在更多地依赖于现存的事物。人们不再为了天堂的幸福而工作,而是为了工作而工作,为了利益而利益,为统治而统治,整个世界成为纯粹的物质。费希特表达了这一新教原则,这样做并不是理性主义的叛徒。新教乐于当人民的鸦片,这是一种能让人忍受那些理性主义侵犯的鸦片:工业革命对身体和灵魂的影响。从莱昂纳多②到亨利·福特的道路,没有什么比宗教内倾性更重要了。它产生了机械般的勤奋和易于操纵的团结,因为它也是在广泛理性的意义上的,这种理性对人的要

---

① 圣方济和罗耀拉均为天主教耶稣会创始人。耶稣会是在罗马教皇保罗三世的支持下创立的,目的是反对宗教改革。——译者注

② 此处应指莱昂纳多·达芬奇。——译者注

求超过了人的能力。加尔文①的神权非理性主义最终显示为技术官僚理性的诡计,这种诡计必须预先制作甚至生产它的人身材料。仅仅是苦难和专业的死刑判决还不足以推动工人们向工业时代迈进。借助革新后的宗教,人们的恐惧得以被对妻儿的关心所填补,内化主体的道德自主性其实就存在其中。最后,人们保留了自愿的顺从来作为一种自我保存的理性形式,它对政治和宗教内容一样漠不关心。通过它,个体会失去自由;没有它,个体就生活在极权主义国家。个体的自治则发展成为他治。

二

新秩序标志着资产阶级统治转向直接的统治的一个飞跃,但它又延续了资产阶级的统治。那些宣称纳粹是黑帮(Gangster)的言论假定道,纳粹从经济发展中脱离了出来,然而并非如此。如果他们是黑帮,他们就会采取垄断时期的一种倾向,在那时每一个经济上的外来者都被视为目无法纪。与相信一旦警察清除了弊端,正常关系就会恢复的愤慨相比,这些有关黑帮的论点必须得到更严肃的对待。在德国,不是黑帮篡夺了社会的统治,而是社会的统治从自己的经济原则转变成歹徒的统治。在自由工业经济的时代,许多企业家分散开来,没有人能够一家独大到不必与其他人达成协议,这使自我保存被逐出了人性的界限。垄断再次打破了界限,随之而来的是统治回归到了其自身的本质。当非人道性发现了更人道的统治形式所遗留的漏洞时,这种本质才能继续存在于大城市的穷困"匪帮"(Racket)②和犯罪团伙那里。除了抢劫客户所需的纪律,他们不尊重任何其他法律。皮条客、佣兵队长、城堡和社团总是在保护其隶属者的

---

① 约翰·加尔文(Jean Calvin,1509－1564),法国宗教改革家和神学家,是基督教新教加尔文教派的创始人。——译者注

② 匪帮:敲诈保护费的体系;更广义地说是确保统治的团体——原编者注。在《霍克海默全集》第五卷的编者后记中有对"匪帮"的详细解释(439页):"在霍克海默看来,匪帮是指在最多样的时代、文化和亚文化中组成的团体、集团、机构或委员会,他们的社会功能是通过维护和增强自身权力的命令来不断增加的。"——译者注

同时压榨他们。他们在自己的领域内看管着生命的再生产。保护是统治的原始现象。在自由主义的插曲之后，当经济趋势发展到只剩下垄断企业时，它们就能彻底撕毁资产阶级的权力划分以及关于保障和人权的谎言。在欧洲，垄断者和他们的政府建立了一片浓密的丛林以对抗被统治的群众，而使之区别于匪帮的是他们任务的重要性和多样性，这二者一方面变成了全面的规划，另一方面变成了对人类的袭击。此外，这也不可避免地推动了经济发展本身。垄断者和大城市中的匪帮遵守同样的必要条件。后者曾经与同行的其他匪帮分享战利品。随着运输工具的发展和警察的逐渐集中，匪帮不能再靠少量的贿赂和新的追随者以及左轮手枪来维持下去，他们被迫将生产经营机械化，并以昂贵的代价进入大型政治组织。这种投资只有在不必与其他匪帮分享利润时才是值得的，这就像卡特尔化（Kartellierung）在商业中那样得到了普遍认同。如果警察之前没有完全驱散那些违法黑帮，那么城市和全国各地不同行业的黑帮最终会被导向统一。同样，一旦巨额财产的集中权力达到了一个阈值，他们的斗争就会出现在更广泛的领域。为保持先进技术带来的地位，必须要有巨额投资，在这种压力之下，这种斗争最终会沦落为争夺世界统治权的斗争，直到各方达成一致才能中止。自此，在专制政治中，目的和理想的差异让位于顺从程度的差异。即便违背自己的意愿，掌权者也必须确保社会秩序中的一切从上到下都紧密结合。授予国内的重要职位就像组建附属国政府一样，其中起决定性作用的并非组织形式或政治制度，而是可靠性。除了能力，人的品质也再次受到重视，最重要的就是不惜一切代价支持掌权者的决心。于是他们被任命为副手。被予以重任的人不能再带有任何理性的自我批判破坏后的痕迹。他必须代表总体的自我保存，而自我保存已经与人类的毁灭完全融为一体。在现代匪帮的历史中，一开始有宗教裁判官，最后有法西斯机构的元首。其追随者就算活在灾难面前也必须做出正确的反应，直到他最终成为理性原则的受害者，而这一原则很快将无人问津。

当代对理性概念的蔑视决不是针对追求实用的行为。在今天，假若精神存在不是指目的和手段间的协调，而是指一种精神能力甚至是客观原则,那它就被普遍地认作为一个无意义的词。在哲学史上不断翻新的唯名论运动中,通过理性的自我批判来毁灭理性主义教条主义,如今显然被历史现实所批准。在各种紧张关系下仍与自治的理念联结在一起的个体范畴经不起工业化。理性已经瓦解,因为它是错误的普遍性的意识形态投射,这使得看似自治的主体现在体会到了他们的虚无性。理性的瓦解和个人的瓦解是一体的。"自我是不可救药的"①,自我保存失去了它的主体。如果生物个体不再意识到自己是一个相同的自我,那么一个行为应该对谁起作用呢?反正身体在生命的不同年龄段只有令人怀疑的同一性。个体生命的一致性不是自然的,而是概念性的,即社会性地联系为一体。通过削弱这种被联系起来的一致性,个体对自我保存的关注就会改变其意义。一切为人的高等教育和发展服务的东西,顿悟的快乐,过去和未来的人生,对自我和他人产生的快乐和满足,无论是自恋还是爱情,都变得无关紧要。良心和利己主义都不复存在。与今天那些坚持道德法则的人相比,道德法则实际看起来只是个骗局:它所倚仗的权威已经瓦解了。道德必须消失,因为它不足以满足其自身的原则。它假装自己独立于经验个体,是绝对普遍的。然而,普遍格言的形式恰恰使个体间的对立、人与人之间的统治以及对自然的统治长期存在。希冀于在更好的时代回归道德是无济于事的。然而,道德在人们身上留下的印记并不是虚假的积极性。它存在于一种令人痛苦的意识中,即人们为之而死的现实是错误的。尼采宣告了道德的终结,现代心理学对此进行了研究。心理学是理性主义怀疑论和自我消解的理性的现实形式。通过揭露父亲和叔父如何在无意识中伪装成超我,心理学战胜了道德法则。实证主义的时代精神很乐意从心理学中汲取这些理论。精神分析中的范畴起源于个人生活领域(Zirkulationssphäre)②,而直到这些范畴迎来了黄昏,精神分析

---

① Ernst Mach, *Die Analyse der Empfindungen und das Verhältnis des Physischen zum Psychischen*, Jena 1922, S. 22.
② "Zirkulationssphäre"德文直译为"流通领域",而在英译版中,该处表述为"sphere of private life"。为便于理解,此处借鉴英译版 。——译者注

才开始起飞①。银行家和商人的资本对他们自己而言不再可靠。父亲可能仍然拥有超我，但孩子已经揭开了超我、自我和性格的面具。孩子唯一还会模仿的，是成就；他们接受的不是概念，而是事实。

随着个体经济的消失，作为合成的统一体的主体本身也消失了。对于后代而言，将自我保存规划到遥远的未来甚至完全超出自身，已经变得很愚蠢。在垄断之下，个体总是只有短期机会。随着固定财产作为目标的消失，单个经验之间的关联性就会减弱。只要处于相对稳定的关系、有条不紊的竞争和公共法律之下，自我就总是在操心自己的财产，奴隶和贫民也不例外，"如果我同许多自由的人一起生活，我的行动在感官世界的前提只能是感官世界的一部分。这……被称为……我的财产"②。自我的概念是与意志相关联的，对人来说，"有一个未来的状态，且这个状态是根据所考虑到的已知规则，在现有状态的基础上发生的"③。资产阶级社会的财产权和稳定性将一个人的过去和未来连接在一起。如今，在极权主义④的计划管理之下，自我的结构消解了。作为经济集中化的结果，工业巨头内的小团体已经安顿了下来。尽管他们拥有过量的资本，但也正因如此，他们自治的程度和被征服者一样少。这些小团体被分为部门、团体和社团。在社团中，个体只是一个元素，其本身没有任何意义。如果他想保全自己，他必须能够抓住一切，加入每一个团队，被派去做任何事情。无论是在工厂，道路建设、农业、体育界还是军队里，他始终都是职工的一份子。在每一个阵营中，他都要保障自己的人身安全，维护自己工作、吃饭和睡觉的位置，承受拳打脚踢同时予以反击，最后还得应付最严苛的纪律。他这样做，不再是出于对自己和子孙后代的长远责任，而是因为对各种机械任务有着适应能力。个体将自己约束起来。他始终是警醒的，无论何时何地都保持着同样的警觉和戒备。他的目光瞄向直接的实践，他

---

① 此处套用了黑格尔的名句"密涅瓦的猫头鹰在黄昏起飞"。——译者注

② J. G. Fichte, *System der Sittenlehre*, drittes Hauptstück, § 23, *Werke*, ed. Meiner, Band II, S. 686.

③ J. G. Fichte, *Grundlage des Naturrechts*, § 11, loc. cit., S. 121 f.

④ 本句的德语原文没有"极权主义"一词，直译为"计划管理成立了"。为了便于理解，此处采用了英译版的译法，增加了"极权主义"(totalitarian)来修饰"计划管理"。——译者注

听到的语言只有信息、方向和命令,没有梦想也没有历史。数理逻辑促使语义分解为一个符号系统,这已经超出了逻辑学领域。语义的分解是语言被移交给垄断组织的结果。为了被"容忍",人们不得不重复广播、电影、杂志的标语。在大众社会中,每个人都在被控诉。本就没有人会自力谋生①,因此只要存在就是可疑的,每个人都需要一个永久的无罪证明。个体无须再展望未来,他必须也仅需准备好去适应环境,去遵从每一项指示,去推动每一个操作杆,以及去做永远千篇一律的事情。社会的细胞不再是家庭,而是社会原子,即个体。生存的斗争就在于个体在器械、引擎和拉杆的世界里不愿被物理毁灭的决心。

身体力量并非主要的,但它已经足够重要。它本身不是一种天生的特质,而是物化的产物,是一种分裂出来的元素。作为其抽象承载者的社会各阶层还停留在原地,而身体力量自身已经随着工业的进步转变成了资本主义的力量形式。在被统治的群体中,那些身体强壮者的粗暴行为反映了一种不公正的现象,即在牛踹谷时将它的嘴笼住②。文化试图将野蛮的身体力量原则驯化为直接的暴力。然而,这种驯化掩盖了劳动的实质,即身体的劳累。这对应了他们在意识形态中的转变,从赞颂杰出人物尤其是思想巨人,变为了崇拜二头肌,首先是在集市上,然后是在整体艺术中,最后是在体育场上。现在,摆脱了意识形态外壳的身体力量被公然上升到这一原则:以拳头和蛮力为标志。然而,比起肌肉,个体在今天更需要的是沉着冷静的头脑。起着决定性作用的是快速反应的能力以及与技术、体育、政治机器等任何一种机器之间的同质性。人们不再像过去那样仅仅是工厂大厅里机器的附属品,而是必须使自己成为各个行业的附属品。反思性的思考,甚至是理论,都在自我保存中失去了意义。五十年前,心理经验、娴熟的论证以及对经济和社会形势的概览对很多人而言是实现进步的手段。即使是会计师,在办公室机械化之前,也不仅需要技

---

① 此处是指本段第一句所说的"个体经济的消失"。——译者注
② 《圣经》旧约的《申命记》第25章第4节写道:"牛在场上踹谷的时候,不可笼住它的嘴。"踹谷是古代中东人分离麦粒和麦穗的方式。踹谷时不笼住牛的嘴,牛便可以一边劳作一边低头吃麦粒。——译者注

能,还需要智力。但是,随着商业被完全纳入垄断领域,论证失去了力量。它被打上了推销的烙印,而它曾经为之服务并因此成功的"康采恩"(Konzern)①可以放弃它了。农民和儿童不信任那些能言善辩的人,所以他们总是在不成熟的情况下认为存在着不公正,由此语言被标记为利益的仆从。如今人们的愚昧同时也是语言的错误,因为语言曾经太能说服他们了。人们需要的是对事实的了解和自动正确行事的能力,而不是对各种可能性进行冷静考虑,这种考虑的前提是选择的自由和用于选择的时间。即便市场给生产者、消费者以及庞大的中间商群体的自由是抽象的和欺骗性的,它依然给考虑留下了空间。在垄断机器②中,没有人被允许有考虑的时间。人们必须能迅速确定自己的方向和调动自己的神经。在计划经济中,生产资料对人们的统治有甚于通过市场进行的统治。低效率会遭受死亡的惩罚。原本属于每个人的少数空闲时间现在防止被挥霍。这样一来,就避免了空闲时间演变成闲暇的危险,而闲暇是所有工业憎恶的状态。自笛卡尔以来,资产阶级哲学一直都试图作为一门科学来为统治的生产方式服务,只有黑格尔和类似的哲学家否定了这种尝试。随着闲暇和自我被废除,无用的思考不复存在了。社会原子也许暗自期待着解放,但他们已经失去了空想的能力,无论是好的还是坏的空想。哲学的情况看起来很糟糕。没有闲暇来进行思考和理解的哲学思想是不可想象的,而在今天甚至闲暇这个词听起来都是陈腐发霉的。传统哲学的论证态度变成了一种落后且徒劳的繁琐。在现象学的最后时刻它做出了自相矛盾的尝试,即训练缺少论证的思考,但产生现象学的实证主义同时也是现象学的继承者,因为实证主义从哲学中移除了思考,并将其弱化为简要且有助领会的技巧来整合现存事物。在现象学中,理性通过自我清算来维持自身的延续。

随着自我及其反思性理性的衰落,人类关系接近一个极限,在那里,

---

① "康采恩"音译自德语"Konzern",指众多企业联合为一个经济体,但各个企业在法律上依然保持相互独立,是一种垄断组织。——译者注

② "机器"的原文"Apparat"是多义词,可以表示"器械"或者"(尤指政党)机关、机构",因此该句也可译为"在垄断机构中,没有人被允许有考虑的时间"。原文没有"垄断"一词,为了便于理解,此处采用了英译版的译法"monopolistic apparatus"。——译者注

经济关系对一切个人关系的统治,以及商品对共同生活的普遍中介,变成了一种新的直接性统治。统治和其被孤立的统治对象之间不再有任何东西可以使它们分离。没有了中等财产的支持,学校和家庭也丧失了它们的保护功能。人们不再需要它们的中介来为共同生活做准备:生活和对生活的准备工作合二为一,正如士兵那样。在学校里,运动和游戏时间的秘密等级制度战胜了课堂上的等级制度,而课堂上的等级制度无论如何也不会被孩子们完全接受。老师备受质疑的权威减弱了,以促进一个不受质疑的、匿名的、无所不在的权威,这个权威的需求获得了特权。这就是大众社会无所不能的目的形式的权威。它所要求的品质是由学校班级的集体给孩子们打下的烙印,而学校班级是严密组织的社会本身的一个部分。老师可以选择讨好学生,甚至通过粗暴的方式来讨好,否则就会被嘲笑。与重要的技能相比,老师所提供的学习素材在今天总归是相当次要的价值。孩子们很快就能了解汽车的底盘和收音机的内部。他们似乎生来就有这样的知识,这种知识在本质上与操作最复杂的机器也没有区别,它不需要先懂得科学。老师教的物理学在两个方面都过时了:它既远离了相对论和量子理论的数学必然性(这些数学必然性大大超出了人们的想象),也远离了对年轻人来说非常重要的实用技能。在这二者之间老师也找不到任何过渡领域,因为从实际观察到形成理论之间的明显过渡被省略了。最高理论就是一种盲目的技术,只不过是由修理厂以外的其他专家来从事。理论物理学家在给不同领域的数学组合赋予内在意义时所经历的困难,与最熟练的汽车机械师无法从发动机的工作方式转向其工作原理的困难,是完全一样的。物理知识被分为操作知识和专业知识,这是分工的一个特例。但它影响到了年轻人与知识本身的关系。探索意义让位于确定机器的功能。理论中的泛灵论残余已经被根除,而这种胜利是以牺牲智力为代价的。技术不需要物理学,就像电影明星不需要学徒期,法西斯政治家也不需要受教育一样。教育不再是个体与个体之间的过程,不会再有父亲为儿子接管财产做准备,也不会有老师在此过程中辅导学生。教育处于社会的直接管理下,并且瞒着家庭被强制执行。童年被证实为是一种历史现象。基督教在美化软弱的过程中引入了童年的

观念,资产阶级家庭有时也使这个观念成为现实。然而,在基督教的几个
世纪里,理性对于儿童的干预强迫一切无法自卫的事物在自我保存中遵
循理性的意志。中世纪的雕像还不懂得区分身体意义上的小孩和社会意
义上的小孩,这恰恰揭示了弥撒祷告历和等级制度的真正原则:哪些人可
以随意对哪些人大打出手。在小孩经历了基督教世界里的地狱之后,启
蒙世界为他们保留了基督教的天堂。他们应该对此感到开心,因为他们
被选为纯真的形象。在自己的孩子身上,人们可以悼念旧的信仰而不至
于变得毫无理性。这些孩子既体现了遗失的过去,也体现了光明的未来。
十九世纪的理性主义社会利用童话和宗教传说来给孩子们传递对伊甸园
的信仰,由此让他们将其反射给没有信仰的资产阶级。真正的原因是无
产阶级变强了。资产阶级创造了童年,想要由此逃离清醒认识和意识形
态之间的困境,但面对着始终具有威胁的革命,他们无法逃脱。在资产阶
级晚期,儿童反映了谎言之中的真相(企业家用这个谎言使工人们保持一
致):永远幸福的乌托邦。在这个乌托邦中,资产阶级保留了对那些过去
社会形态的信仰,而他们自己在这些社会形态中仍处于底层。因此,个体
的青春期在本体论上重演了社会向理性主义时代的过渡。垄断社会不再
把童年和青春期看作是危机,而仅仅认为是生物过程,因为如果孩子到了
还只会走路的时候,他就已经是成年人了,而成年人在原则上也就止步于
此。成长是失败的。在家庭时代,对孩子而言,父亲代表了社会,青春期
带来了与父亲的冲突。然而今天,由于孩子直接面对社会,冲突在爆发之
前就已经被决定了。世界是如此严密地被存在的事物和为了遵循存在事
物而付出的努力所占据,以至于甚至不会再出现那种反对父亲意识形态
以攻击父亲的批判。在第三帝国的训练营中那种有意识的、按计划的通
过挫败使人变冷酷的做法,今天①到处都在无声地、机械地施加给人们,以
至于当他们意识到这一点时,一切都已经完成了。自弗洛伊德时代起,父亲
和儿子之间的关系就被颠覆了。迅速变化的社会宣判了老一辈人的命运,
孩子成为新的社会代表。现实不是由父亲而是由孩子来掌管。第三帝国的

① "今天"/1942:即"在垄断之下"。——原编者注

青年团在他们父母那里享有的敬畏,只是普遍事实情况在政治上的强化。甚至在生命的最初几年,在父亲意象和超我应该形成的时候,也反映了那种新的关系,在这种关系中,父亲意象不再是其他个体,而是物的世界和集体。

通过消除反抗以解决冲突的做法①也影响到了恋人。与家人间灾难性冲突的危险(die Gefahr einer Katastrophe)②,随着家族权威一起消失在了地平线以外。然而,这种威胁曾经点燃了女性委身于人的意愿。今天,性似乎得到了解放,而压抑却依然存在。早在纳粹的种族优生学彻底揭露社会对两性关系的操纵之前,这种操纵就已经通过大众文化的各个领域为人们打上了符合规定的标准烙印。③ 优生学源于启蒙运动。现实主义的科学长期将性客体化,直到它任其操纵。康德用非人的冷静将婚姻定义为相互拥有性特征的契约,根据自然法章程宣判了无人性的性特权,这种婚姻是 19 世纪时人们的行为。在大众社会中,两性变得一样了,因为他们对于自己的性都十分冷淡且毫无幻想。女孩寻求在与他人的竞争中尽可能地表现得聪明。调情是为了虚荣心,而不是为了未来的情趣。在康德的影响下,她将自己的性理解为一种具有交换价值的品质,但不是明确意义上那种交换价值(韦德金德曾认为,女人只有通过有意识地利用她唯一的垄断品,才能赶上男人在男性社会中的领先地位④),而恰恰是那

---

① "通过消除反抗以解决冲突的做法"是指上文中"在家庭时代,对孩子而言父亲代表了社会,青春期带来了与父亲的冲突。然而今天,由于孩子直接面对社会,冲突在爆发之前就已经被决定了。世界是如此严密地被存在的事物和为了遵循存在事物而付出的努力所占据,以至于甚至不会再出现那种反对父亲意识形态以攻击父亲的批判。"——译者注

② "die Gefahr einer Katastrophe"德文直译为"一场灾难的危险",为了便于理解,此处采用了英译版的译法"the danger of catastrophic conflicts with the family"。——译者注

③ 暗指纳粹主义以种族—遗传生物学为目标宣传体育,与此同时取消了对性隐私的某些禁忌("力量来自欢乐""生命之泉"等等)。参见 Friedrich Pollock, ›Is National Socialism a New Order? ‹, in: *Studies in Philosophy and Social Science* Bd. IX, 1941, S. 448 f. ——原编者注

④ 弗兰克·韦德金德(Frank Wedekind, 1864—1918)是德国著名表现主义剧作家,代表作有《春之觉醒》(*Frühlings Erwachen*)、《露露》(*Lulu*)等。韦德金德将"爱情交易"(即性交易)看作是大自然赋予女性的特权,并认为只有在爱情市场(即自由流通性交易的市场)中,女性才能够获得更高的地位:"大自然赋予了女人可以进行爱情交易的特权,这就是为什么由男人统治的资产阶级社会要一次又一次地把这种交易说成是最可耻的罪行。""人类要像克服奴隶制一样克服婚姻。母老虎庆祝胜利的自由爱情市场,是建立在不容改变的创世自然法则之上的。一旦女人赢得了不被公开谴责就能以男人开出的最高价格出售自己的权利,她在世界上的地位将是何等的高傲!"

种利用对她明褒实贬的父权制禁忌的交换价值。性失去了对人们的支配，人们根据情况的需要来行使和中止性，从不让自己沉沦于此。他们不再为爱感动或受其蒙蔽。第三帝国对非婚性行为的官方认可，通过对交媾的管理将这一私人事务认定为阶级社会的私人劳动。资产阶级的孩子在好的年代里被训练成继承人，在坏的年代里被培养成父母可能的依靠，而在第三帝国的监督下被"生产"和"交付"为一种"税"。① 在今天的业主中，税起到了加速集中化进程的作用；在它的帮助下，没那么强有力的竞争者被完全了结了。对群众而言，税越来越清楚地露出了隐藏其本质的货币形式，并显示出它是为实际权力服务的实际劳动。其中一部分是生育劳动。社会权威禁止女孩拒绝"穿制服的人"②，其严格性与过去相反禁令（即禁止女孩顺从他们）的严格性一样高。在德国，圣母玛利亚的形象从未完全吸引古代妇女的狂热崇拜。对老处女的一致厌恶，以及对有关被抛弃女孩的诗歌的拥护，在这些情况下，被压抑的民族精神不断渗透出来，这比纳粹主义者谴责拘谨的女生和大肆吹捧婚外恋母亲要早得多。但是，由尘封已久的远古记忆所滋养同时由纳粹政权所批准的过度行为，并不能比得上基督教处女与天国新郎结婚的极乐。这是因为纳粹政权将"古代"据为己有。当纳粹政权发掘出被掩埋的古代遗产，为其命名，并为了大工业的自我维护来动员它时③，遗产就被摧毁了。当古代遗产不敢打破基督教形式并宣告自己的日耳曼属性时，它让德国哲学和音乐来替它发声。被称作全部遗产的灵魂得到了释放，由此哲学和音乐被完全机械化。尽管把纳粹主义的神话内容斥为纯粹骗局并无意义，但纳粹主义者要求保留神话的行为是虚假的。他们将聚光灯照在幸存的神话上，这对神话的毁灭一举超过了其他文化用一个世纪才能完成的进度。出于对外族秩序的恐惧，人们被命令进入一种醉心欢爱的状态，这种做法不是要回到滥交，而只是对爱情的嘲弄。对于占统治地位的理性而言，爱情是无法

---

① "交付"/1942："只要人们在一群商业信托巨头剥削社会其余人口的社会中还会谈论税，这些资产阶级孩子就会被交付上去。"——原编者注
② "穿制服的人"是指德意志第三帝国的军人。——译者注
③ 此处是指纳粹利用古代神话来宣扬民族主义。——译者注

和解的敌人。恋人既不保全自己也不保全集体。他们远远地抛开了自己，为此他们遭受了人们的怒火。罗密欧和朱丽叶的殉情是为了如今社会所宣称的事物而反对当时的社会。通过非理性的自我牺牲，他们主张了个人自由，反对物质财产的统治。在德国，那些进行"种族污染"（Rassenschande）①的人仍然忠于那对爱人的生和死。在一个非人道的世界②里，英雄的名字被留给那些让自己止步于生殖、分娩和死亡的年轻人。"种族污染"复活了曾经被称为英雄主义的事物，即无望的忠诚。那些放不下的人悲伤地进行幽会，对于在外界大获全胜的理性不予理睬。在黎明的光亮下，党卫队震惊了那些无心的人，曙光也照亮了理性剩下的丑恶嘴脸：狡猾、目的性强、随时准备出击。罗密欧与朱丽叶已经不合时宜，这样的人不能指望在新时代得到怜悯。他们被折磨致死（第三帝国的"老油条"③认为这是合理的，因为他们不够机灵），而他们的死亡作为真理凌驾在法西斯主义的性解放和官方许可的生活之上。如今，不受约束的健康性欲服从于理性，而正是同样的理性将爱情变为地狱。在德国，在推动真正的性权利这方面，为了微薄的利益就冒着生命危险来给男人提供色情书刊的隐秘书店仍只能起到有限的作用，因为这通常还是要由国防政策和先进的统计数据来完成。

三

为了让所有人意识到法西斯主义的权力是无止境的，法西斯主义对抓走的人所做的事情似乎无视了一切理性。酷刑超出了人们的想象力：试图跟踪犯罪的想法因恐惧而凝滞进而变得虚弱，就连压迫的意识都在减弱。集中化的资本力量和个体的软弱无力之间越悬殊，个体就越难以

---

① 根据"犹太人大屠杀百科全书"网站，"种族污染"是指"犹太人和和非犹太裔德国人之间的通婚"。纽伦堡法案的第二部法律《保护德国血统和荣誉法》对此明令禁止，"还将这两类人之间的性行为定为刑事犯罪"。
② 此处指纳粹国家。——译者注
③ "老油条"指精明世故的人。——译者注

洞悉他们苦难的人性根源。千疮百孔的货币面纱被取代了,出现了更厚的技术面纱:技术迫使的生产集中化掩盖了资本的自由流通。危机看起来更加不可避免,在诱人的战争目标下,它已经为剩余材料(Surplusmaterial)消灭了整个大陆的居民。分配以如此不人道的程度实现,以至于即便是未被经济和工会领袖破坏的理论空想,也无法将事态从社会统治中直接划分出来。由于每个人都在谈论社会的复兴,镇压的形式从未像现在这样①被受蒙蔽者当作超人的劫难来笃信。改变的想法被普遍灾难的意识所耗尽。每个人都觉得自己在战争与和平中操作一台地狱般的机器。这为他们取得了生存的时间,而这些时间又会因为操作本身而丢失。因此,他们继续解决每一种情况但不进行理解,蔑视死亡却始终在逃避灭亡。死亡是自我保存的个体的极限。哈姆雷特的一句"余下的只有沉默",让死亡之后无望地跟着虚无,道出了资产阶级自我的根源。人们在哈姆雷特的反思中发现了第一位现代怀疑论者蒙田的踪迹,这并非毫无意义。对个体而言,生命曾经是及其重要的,因为死亡曾经成为绝对的灾难。法西斯主义触及了资产阶级人类学的这一基础。通过教个体去害怕比死亡更可怕的东西,他推倒了总归都会倒塌的事物,即个体本身。恐惧超越了他意识的统一。他必须放弃自我,真实地生存下去。组织中的客体作为主体被瓦解。德国正在实行这种做法。几乎每个人都无法形成自我的同一性,在这种非同一性中,每个人都同时在坚守和反纳粹中弃权,每个人都既确信又怀疑,既勇敢又懦弱,既聪明又愚蠢——这是真正考虑到现实的唯一行为方式,它不是由虚假的计划而是由集中营来定义的。向人们证明他们只不过是集中营里被粉碎的人,这是疯狂的方法。它们产生的长远影响远远超出了对事情经过的精确了解,并且对巩固"民族共同体"(Volksgemeinschaft)②的贡献比其他任何事都大。但是,那些从集中营释放的人采用他们刽子手仆从之间的行话,并以沉着的理性和精神失常的赞同(这似乎是幸存的代价)谈论集中营,就好像不可能不是这样,

① 此处指法西斯主义统治期间。——译者注
② 根据"犹太人大屠杀百科全书"网站,"民族共同体"是"超越阶级、宗教和区域差异的所有'雅利安'德国人的种族联盟"。——译者注

而且这对他们而言也不是那么糟糕;如果未被捕的人表现得好像他们已经遭受了酷刑,并声称这一切,那么凶手在谈及此事时会使用乌尔斯泰因报团①、卡巴莱②和服装业的用语。由于真正的贸易和商业领域只继续存在于非常伟大的人手中,并且逃避普通人甚至是伟人的洞察力,在法西斯主义下,市井智慧的标志、犹太人的俚语、商务代表和旅行者(他们当时还必须卑躬屈膝)的方言,仍然流传在他们的执行者的口中。这是使眼色、暗示保密、默许作弊的语言。纳粹将失败称为破产,将不及时照顾自己的人称作疯癫,反犹主义的歌曲指责美国人对"发生的事情"没有预感。大屠杀的发动者辩解说,这在犹太人那里又是一次不完全的洁食了。不择手段地前进也是冲锋队的秘密理想,他们渴望打破犹太人的头,因为它什么也不是。事到如今,在他们模仿犹太人的精明背后,他们仍打心眼里猜测那个必须禁止和破坏的真相。一旦人们最终发誓放弃真相,毅然地皈依现实原则,无论执行的代价如何,不受道德禁锢的理性都变得无所不能,所以不应该允许任何人旁观。一个非理性人的存在照亮了整个民族的耻辱。他的存在证明了激进自我保存系统的相对性,而人们将其设定为绝对的。如果人们清除了每一种迷信以至于只剩下迷信才有可能,那么任何愚蠢的人都不应该带着其低下的理解力漫步到除了无情的进步的别处去寻找幸福。对那位总是抛弃他们的上帝的愚蠢坚持,以及他们所景仰原则的不可调和性(即使他们不再知道这个原则),在世界的政权下都造成了对犹太人的仇恨,这种仇恨与对疯癫者的杀戮欲望是一样的。怀疑疯癫是迫害永不枯竭的源泉。它源于对自身实用主义理性(gesäuberte Vernunft)③的不信任,理性的文明由此而灭亡。然而,痛苦是这样一种方式,它将人们从理智世界(die intelligible Welt)召回到康德已经禁止超出的世界。痛苦总是教导理性的最可靠老师。它让反抗者、

---

① 重要的自由主义柏林出版社集团,1933 年以前为犹太人家族企业,然后被强迫卖给纳粹党的中央出版社,1938—1945 年名为德国出版社股份公司。——原编者注
② 卡巴莱是一种当时流行的娱乐表演形式。此处提到报团、卡巴莱和服装业,是指一些产业和娱乐活动已经完全为纳粹所掌控。——译者注
③ "gesäuberte Vernunft"德文直译为"被净化的理性/被肃清的理性"。为了便于理解,此处采用了英译版的译法"pragmatic reason"。——译者注

漫游者、空想家和乌托邦主义者回到自身,甚至将他们降格为身体,或者身体的一部分。在痛苦中一切都被抹平了,每个个体,人与人、人与动物之间,都变得平等。痛苦抓住了存在者,汲取了它全部的生命:存在者现在仅仅是痛苦的外壳。自我的消减随时都在重复发生,侵袭着全人类。每个人每时每刻都处于实用要求的轨道上,工业时代的目的理性抓住了存在者,汲取了它全部的生命。痛苦是阶级社会中劳动的原型,同时也是劳动的工具论。哲学和神学总是这样表达。到目前为止,历史认识到劳动只是统治的条件和结果,这一事实由思想家们给痛苦的赞歌反映出来。他们为痛苦辩护,因为它推动理性,而理性知道如何在这个世界上自我维护。路德翻译的《诗篇》第90篇写道,"教导我们铭记我们必须死去,这样我们才能变得有智慧"。康德说,痛苦是"活动的刺激物"[1],而伏尔泰说,"必须存在痛苦的感觉来提醒我们自我保存"[2]。如果宗教裁判官曾经为自己服务于贪婪统治的残暴职务开脱,说他们被任命给是为了给迷失的灵魂幸福或洗清他们的罪恶,这样一来天堂已经被他们视为第三帝国,而那些靠不住和令人不快的人只能通过第三帝国的训练营才能到达那里。如果一个不幸的人打破了他的监禁,通缉令将他称作"一个被疯癫诱使的人,拒绝治疗的有益药物,鄙弃缓解他伤口的酒和油"[3]。在宗教裁判所没能成功引入基督教时,他们已经展现了对此的愤怒,而这个愤怒在之后的法西斯主义下取缔了基督教。法西斯主义已经完全恢复了痛苦。

在文明的喘息中,在祖先的土地上,赤裸裸的肉体痛苦只施加在最悲惨的人身上。对其他人来说,地平线上的肉体痛苦是最后的希望,是社会的最终解(ultima ratio)。当今社会又诉诸这个最终解。社会向人们要求的事物和它给予人们的事物之间的矛盾已经变得过大,社会意识形态变得过于薄弱,斡旋于两者之间的路变得太过漫长,而文化[4]中的不满如此

---

[1] *Anthropologie in pragmatischer Hinsicht*,§61, op. cit.,Band VII, S. 235.

[2] *Dictionnaire philosophique*, art. ›Bien‹, op. cit., Tome 17, p. 579.

[3] Henry Charles Lea, *A History of the Inquisition of the Middle Ages*, New York 1922, Vol. I, p. 459.

[4] "文化"/1942:"阶级文化"。——原编者注

之大,以至于起码要看到如今那些令人不快的政治家、犹太人、反社会者和疯子的灭亡才能满足。法西斯主义的新秩序是自身显露为非理性的理性。

但是,在目前的瓦解下,剩下的理性不仅是自我保存的余留和使之到达顶峰的恐惧的延续。资产阶级用自我保存给理性下的古老定义已经是它的局限性。唯心主义哲学家声称理性区分了人和动物(在此处,动物就像人在唯物主义医生的解释中那样被贬低),这里包含了一个真理:通过理性,人从自然的拘束中苏醒,当然,并非如他们想的那样是为了统治自然,而是为了理解自然。一直以来,在有产者的自我保存理性统治下的社会一如既往糟糕和偶然地再现了被统治阶级的生活。理性服从目的,用目的训练自己,同时逃避目的,由此在理性的主观能力中保留了理性与个人存在甚至活生生的人之间的关系。理性总是能够认识到统治中不公正的形式,从而超越它走向真理。作为"正名"(die Wesen und Dinge beim Namen zu nennen)①的能力,理性不会完全投身于自我异化的生活中,这种生活只有在他人和自身的毁灭中才能留存下来。当然,它决不能像本体论的理想主义骗局那样,希望超越历史然后从自身看到真正的规则。通过失去在地狱(理性作为统治将世界转变地狱)中的理性主义幻想,理性能够承受住地狱并认识到地狱的本质。留给理性来清扫的已经不多了。在今天,理想可以像条约和联盟一样迅速改变。意识形态更多在于人们自身的本性,在于他们的精神上的衰弱,在于他们对社团的依赖。他们只在社会的传统概念体系中经历一切事物。在事物被有意识地感知之前,它已经被占统治地位的图式把握了;这是真正的康德图式法,是"隐藏在人类灵魂深处的艺术",只不过在其中起作用的先验统一不再是像自由

---

① 在德语中没有关于"正名"一词的特殊含义和用法,通常将其理解为"直接谈论令人不快的实情"(einen unangenehmen Sachverhalt direkt ansprechen),因此无法解释霍克海默在此认为理性是"正名的能力";英译将该词译为"calling things by their name",这个短语在英语中通常被理解为出自孔子的名言"适当地称呼各种事物是智慧的开始"(the beginning of wisdom is to call things by their proper name)。这条所谓的孔子名言有可能是"名不正,则言不顺"的误译。考虑到语言和理性在希腊语逻各斯(Logos)中的同源性,霍克海默将"正名的能力"等同于理性在误译所表达的含义上恰好可以说得通。——译者注

市场经济中那种即便无意识但普遍的主观性,而是大众社会对受害者心理机制预先计算好的影响。这才阐明了虚假意识的构成,而非像那些错误学说所解释的那样。在关系①的压力下,人们通过类似生物学上的预成论在意识形态上融入社会,以实现自上而下控制的集体。即使个体在原子化的人的普遍平等面前不完全是一个面具,它仍然是垄断的功能和附加品。今天的文化不是大众文化的对立面而是其有价值的要素,因为文化在垄断的条件下无法以其他方式提供,因此被推到独特的垄断商品的位置。整个巴黎、奥地利,只能根据其与美国不同来决定自身的存在。作为表象的文化变得透明,它掩盖了过去的统治形式,与文化交融在一起。自我在社会的最新阶段瓦解了,这不仅是由于自我保护,还有意识形态的原因。随着自我的瓦解,暴力无节制的规模成为阻碍人们深入了解其多余性的唯一障碍。尽管人们已经支离破碎,但在一瞬间,他们可能会意识到,在统治的强迫下全面理性化的世界可以将他们从仍使他们彼此对立的自我保存中解放出来。有助于理性的恐怖统治同时也是阻止理性的最后手段,真理就在咫尺之遥。当原子化和瓦解的人变得能够在没有财产、没有地点、没有时间、没有人群的情况下生活时,他们也放弃了自我,在这种自我中,存在着全部的智慧、历史理性的愚蠢和对统治的全部赞同。在自我废除的理性结束进步时,它别无选择,只能重新陷入野蛮或历史的开端。

---

① "关系"/1942:"垄断主义的关系"。——原编者注

论阶级关系的社会学①

马克斯·霍克海默②

（法兰克福大学社会研究所）

  在唯物史观视域下,统治阶级的权力是基于对生产资料的垄断而建立的。马克思主义的"阶级"概念并不是一个无矛盾的同质性整体,而自由主义理论的竞争观念,既忽视了工人之间的竞争和资本家之间的异质性,又遗忘了资本主义竞争中比经济领域更古老的等级垄断。无产阶级是由单独的主体共同组成的,它本身具有未定型、无序的特性,实用主义的总体观却无视了这一点。劳动在垄断社会中本身也成为一种垄断,工人的良心变得与资本家相同。工会内部的阶级对立也许是整个社会中最为隐蔽的劳工结构阶级对立问题,劳工领袖已经成为一个贪婪的团伙。"匪帮"概念可以帮助克服抽象的阶级概念,因为阶级关系的模式现实地存在于所有的人际关系中,甚至在无产阶级内部也是如此。

---

① 原文来源:https://nonsite.org/max-horkheimer-and-the-sociology-of-class-relations/。这是本文首次以完整英文原文形式出版。原文于 1943 年秋用英文写作,作者原计划将其纳入与阿多诺合著的《启蒙辩证法》,并就草稿征求弗兰茨·诺依曼、赫伯特·马尔库塞、弗里德里希·波洛克以及阿多诺的意见,也正因多次修改导致部分内容难以辨认。文章部分段落可见于《理性之蚀》(1947),长段落则收录于德文版"遗作集"(详见 Max Horkheimer. *Max Horkheimer Gesammelte Schriften*. Band 12:Nachgelassene Schriften 1931 - 1949. Frankfurt am Main:Fischer Verlag, 1985, pp. 75 - 104.),德文版"遗作集"仅在原手稿无法辨认部分时用于校译。
② 作者简介:马克斯·霍克海默(Max Horkheimer,1895—1973),德国斯图加特人,德国第一位社会哲学教授,曾任法兰克福大学社会研究所所长,致力于建立一种针对现代资本主义的社会批判理论;译者简介:陈永康,男,1999 年生,贵州安顺人,南京大学马克思主义学院硕士研究生。译文中的摘要、小标题和脚注等信息皆由译者添加。

根据马克思的理论,统治阶级的权力建立在对生产资料的垄断之上。法律所有权是这一事实的意识形态表达:少数人占据了排除其他社会成员自由使用生产资料的地位。此生产资料主要是指土地或维持社会生活所必需的一定生产工具。统治阶级占据了文化红利。一方面,统治阶级同化了生活消费品的总产品和生产者的纯粹生活必需品之间的差异,另一方面,尽管受到盲目力量的支配,统治阶级还是决定了哪些商品是值得拥有的,以及用哪些方法来获得这些商品:要么靠个人劳动,要么靠集体暴力。

进行统治的少数人在数个世纪所享有的特权并不是无稽之谈。的确,最终他们是靠武力征服和维持的。但是这种环境,享有特权的团伙有能力将这种权力投入一个稳定的社会秩序的组织中加以巩固,是由他们的经济进步性所造就的。在他们统治时代的后期,当他们所代表的组织原则因为人口其他部分的发展而受到怀疑的时候,他们的权力就会变得更具强迫性、更为恐怖,但同时也更加虚弱,因此愈发变得非理性,直到最终走向一种极端的专制主义。这些社会和文化形式已变成一种纯粹的压制性因素。它们的行政机构疲于维持人类交往的新可能性,却对人类的思维和能力产生了破坏性的影响。

一、澄清概念:阶级、竞争、劳动和总体

以马克思的历史理论作为基础的"阶级"概念需要做进一步的澄清。它并不是一个无矛盾的同质性的整体。至少在最典型的时代,占有生产资料并不等同于实施他们精心设计的计划,也不等于统一塑造的愿望和设定的目标。在面对被压迫人群的反抗时,或者在打击任何一种威胁要建立一种新的社会秩序的力量时,不同的统治团伙总是一致的。因此在面对法国南部的进步公民,甚至是对佛兰德斯的无产阶级分子的惩罚措施之时,中世纪的世俗和教会力量——皇帝、国王和神父,都暂时搁置了他们之间的传统纷争,在保卫统治的社会等级制方面团结起来。然而中世纪的历史并不象征着基督教世界的统治者之间的团结。相反,在不同

等级的团伙之间始终存在着分赃的斗争。他们中的每一个都想要获得对更大领土的支配,从而得到更多臣民的供养、服侍和使唤权。这在古希腊的统治团伙也一样,它以公民和小集团为代表。统治阶级出于共同的利益而团结在他们特殊的剥削方式之上,总是通过内部斗争,即一方努力夺取他人可能占有的战利品。由于对提供商品和服务的人的支配一直是确保这些商品和服务持续流动的最有效方法,精英阶层为自我保存而进行的斗争始终是对最为根本的支配权的争夺,换句话说,是对生产的控制。

在十九世纪,阶级的这种本质出于多种原因而变得模糊了。资产阶级从重商主义的限制中解放出来,劳动者从人身依附性中解放出来,使得人类不同领域之间不可逾越的界限看起来消失了。将各部分的人口都纳入其中的经济竞争变得更加温和了,尽管与过去时代里占统治地位的大人物之间的争吵和冲突相比,也更为一般和普遍。马克思既揭示了竞争的积极方面也揭示了它的消极方面。一方面他强调资本主义的进步性,另一方面他也揭示了资本主义的压迫机制,并指出,在自由主义看似理性的组织背后隐藏着权力的古老问题。在法西斯主义时代,资产阶级社会在其不同时期的特征变得如此明显,以至于那些反对自由主义的唯物主义解释而坚持市场经济的狭隘概念的经济学家,被从所有的政治和历史解释中剔除。现在这些经济学家完全抛弃了经济的概念,取而代之的是对日常事件进行一种简化的政治或心理解释。

自由主义理论所把握的竞争观念事实上会在多个方面带来谬误,这对于阶级关系理论来说从两个方面讲尤其重要。一方面,工人之间的竞争本质与资本家之间的竞争本质是不同的。工人阶级之间的竞争,至少在自由主义全盛时期的意义就是:工人太多了,以至于工资不可能高于简单的维系生命的费用,甚至常常低于它。这体现在劳动合同的本质上。法西斯主义只是揭示了在自由主义中已经存在的东西:劳动合同的表象是平等自由的合作伙伴之间的交易,本质则是欺骗。这里还存在一个更严重的错误,在现代的全面统治的条件下,这个合同作为一种纯粹的形式而被搁置一边,并强调自由主义条件下它本来的真实性(authenticity)。在这两种情况下可以彻底看清合同的目的,即服务于那种根本的不平等,这种不平等通过合同的描述以民主的语言被遮蔽起来了。

另一方面,在资本主义竞争之中对某些关键位置的垄断,要比垄断经济古老得多。企业家之间的竞争从来不像它看起来那样自由。在这里,我们不需要考虑国家对工业的干预,国家是不可以直接干涉大企业的,而这是经济学家们习惯于指责的。我们更多看到的,是不同产业的社会力量的等级所产生的不平等。这种差别在很大程度上取决于各行业经济的集中化和中心化程度的高低,取决于其所在生产部门所需要的机械的数量,取决于其对国家经济生活正常运转的重要性。因此形成了团伙,他通过生育或欺骗,残暴或狡猾,精通工程专业知识或管理人际关系,联姻或阿谀奉承,从而成功地控制了一部分投入到产业中的总资本。在其经济权力的等级制度中,团伙的自由竞争在每个阶段都受到了限制。当人们发现不同资本主义国家的国民经济控制在 200 个或 60 个,甚至更少的家族手中,就彻底看清了这种情况,并最终揭开了自由竞争的"面纱"。

资本主义社会按照其固有的倾向发展,其结果是竞争的积极要素的消亡:它确保了消费者的需求和个别企业家的利润利益之间的联系。它减少了独立的人获得独立职位的可能性,尽管这种可能性很小。它减少了相对自主的经济主体的数量,因此,这些主体中的大多数都对一般法律的运作及其公正的执行极度关注。所有这一切在晚期资本主义阶段都消失了,并使社会返回到压迫的更直接的形式之上,而这些形式实际上从来没有失去过作用。然而这个过程不仅仅是一种退步。当企业家之间的不平等转变为一种垄断的、最终对国民生活的总体统治时,资本和劳动间的关系也发生了一种极富特色的转变。在资本主义的最近阶段,工人阶级通过适应社会的垄断结构,而进入了竞争{权力斗争}之中。

直到 20 世纪初,工人阶级的斗争多少都带有一种自发的、激进的民主性质。他们的成员,由每日都在工厂里而对个体企业家抱有敌对情绪的工人组成,或多或少是活跃的。他们的管理者及其办公地时常变更,尚未稳定下来。但这至少部分地表达了受压迫者关于一个更好的社会的想法和希望,而不是在自己的心中自诩为管理者,只想在追随者的头脑中争夺社会统治的领导权。(顺便说一句,这并不是说过去的革命官员们没有试图影响工人。相反,他们试图启蒙大众的努力更加强烈和直接。他们与其追随者在心理结构上的差异,也许要比今天的工人和他们的杰出代表之间的差异大得多。他们对协会生活的影响要比那些老一辈工作人员对理论理性的诉求强大得多。)个体试图捍卫自己作为人的品质,以免在工厂内外成为生产设施的附属品;个体尚未被换算作生产过程所需要的数量单位①,即还没有被标准化物质利益所定义的成员形象所取代。今天,这种转变已经完成。它(劳动)已经采取了一种符合垄断的上层建筑的形式。因此劳动者和其他不同资本家集团之间的关系,与资本家集团自身之间所支配的关系已经没有太大差别。

新的情况表现在(作为社会力量的)劳动概念之中,因为它是一个指导思想原则,不只在工人的头脑中,还在公众的头脑中存在。如农业和工业,或者甚至如个别的工业分支,例如钢铁、橡胶和石油,劳动是一个集体性的称呼,而不是一般的抽象名词。考虑到在其逻辑结构中存在的个别要素,那样的形象更类似于作为一个整体的国家、民族或教会,而非如颜色或动物这样的一个一般概念。它们强调自身作为普遍概念的具体性,而不是作为它们所组成的元素之一。它们的逻辑结构确实准确地反映了其对象的模式。集体劳动概念的逻辑要素,即普通工人,并不是靠自己的思想和行动就能决定总体进程的力量。用数学的术语来说,他们对于总体来说更多是变数,而非常数。相反,总体即组织中,领导者们有着具体的物质利益和权力利益,有着他们的哲学和性格构成,其影响力比任何普通成员的思想都要大得多,决定着甚至凌驾于个人之上。

然而,我们的垄断社会与早些时期的社会总体(social totalities)之间有一个最典型的区别。过去社会里的整体是在总体意义上的,它们变成了等级制组织起来的形象。图腾部落的生活,氏族,中世纪的教会,资产阶级大革命时代的国家,都遵循着通过历史发展而形成的意识形态模型。

---

① 本句原手稿为"The figure of the individual, trying to defend its qualities as a human being against becoming, in and outside of the factory, a mere accessory to the apparatus of production, had not yet been replaced by the figure of the member defined exclusively by its standardized material interests"。为便于理解,根据上下文逻辑增添该句。——译者注

那些模型,无论是神话的、宗教的或是哲学的,都反映了统治的形式。当它们在生产中的角色老化之后,它们就形成了一种文化的粘合剂。这样它也促进了一种共同真理的观念,而且恰恰是通过它被客体化这一事实。每个观念的体系,它可能是宗教的、艺术的或者逻辑的,只要它以有意义的语言被表达出来,就都采取了一种普遍的意义并必然要求在一个普遍的意义中真实地存在。因此,试图符合精神的、理想化的模式的旧形式的整体,包含了一种垄断主义的纯粹实用的整体所完全缺乏的因素。后者也表现出一种等级结构,完全整合和专制极权。但他们的官员晋升,并非建立在某种与精神理想联系在一起的资格之上,而几乎是因为他们对人施加影响的能力、控制人的能力和与人相处的能力。在这里纯粹是管理和技术的技巧决定了领导人的选择。在过去社会的等级制控制下,从来不缺少那种能力。但正是领导的个性和精神理想的客观结构之间联系的瓦解,赋予了现代的总体性以特殊的特征。

作为一个实际总体的"劳动"概念,如果和马克思的无产阶级观点进行对比就变得清楚了。在马克思那里,工人是工业社会中所有被剥削的大众。尽管工人的命运有细微的不同,但总的来说,他们中的每一个人都有相同的生活展望:忙碌的时间可以变短,待业者对薪资的议价权得到增强,而且在一个变得越来越富裕的社会中不幸和贫穷是无法忍受的。马克思的理论预言了资本家将越来越无法确保大部分人口维持在纯粹的生存底线之上。这一趋势将在普通工人的生活中,通过他总体情况的恶化,通过他贫困的加剧,通过他日益增长的绝望和怀疑表现出来。这种状况所带来的经济压力,加上工人在现代生产过程中的角色所获得的启蒙,将导致一个党派的形成,它最终将改变这个世界。这个党的基础就是全世界工人的相似状况。它的原则和结构抽象于一些暂时的差异。这种差异既存在于不同的生产部门之间,又表现在不同的地理和国家环境中的财务状况上。它不会太多表达个别工人可能受到剥削的种种残害影响的实际感受,它更多的是表达对社会形态强加于人的纯粹压迫性磨难之抗议。它不是建立在心理学因素上,而是建立在经济体系的客观趋势之上。这个党的工作会受到工人对物质和精神生活的向往的启发。这些向往被压抑或扭曲了,因为在现代工业过程中,个人成为机器的附属品。党的目标与个体和大众的处境绑定在一起,因而与任何一种以牺牲其他工人为代价的特权工人之流迥然不同。它代表了被压迫的大众的总体。既然工人们挫败的原因不在于资本主义的任何具体缺陷,而在于阶级统治的原则本身,那么,工人党在每一个阶段的斗争都要以废除这一原则和建立一个"真正的共同体"为目标。

二、无产阶级政党与工会

无产阶级政党显然不追求提升其成员的收入,也不为其领导人的收入、事业或社会地位而奋斗。一个人如果要为党工作,甚至是追随党,意味着放弃所有这些东西。因此,党的成员确切来讲就是工人阶级的先锋队,因为这些原则只有相对进步的部分工人阶级才能理解并实施。党必须严格地管控领袖,而且这种管控的标准,就是不服务于先锋队自己的愿望和需要,而是按照先锋队的理解所阐述的,服务于所有国家无产阶级的共同利益。无产阶级的绝大部分是由这样的个体构成的,在他们自己的心理状态中压迫的歪曲影响,表现为一个自由人的观念。因此,党尽管与它所代表的大多数群众为敌,甚至正因为与他们为敌,却(才)认为自己是大多数群众的真正意识。群众的真正利益——他们自己无法准确表述的利益——如同资本主义社会的理论一样影响着党的决策。

因此,理论在无产阶级政党中起着至关重要的作用。社会理论——无论是反动的、民主的还是革命的——都是旧思想体系的继承者;而旧思想体系被认为提供了过去总体性的模式①。这些旧的思想体系已经消失,因为它们所要求的团结的形式被证明是骗人的,与之绑定在一起的意识形态也变得空洞无比。与中世纪教会教义或自由主义对市场制度的辩解

---

① 本句原手稿中"It was the heir to these older systems of thought which had been the models for past totalities"中存在主语不清晰的情况,正文依据德文版译出,参见 Max Horkheimer. *Max Horkheimer Gesammelte Schriften*. Band 12: Nachgelassene Schriften 1931 - 1949. Frankfurt am Main: Fischer Verlag, 1985, p. 85. ——译者注

不同,无产阶级关于资本主义的理论并没有美化其目标。它将资本主义视作最后一种统治形式。无产阶级的理论绝不会为它所引导的那些人的既定思想和迷信辩护。与大众文化的倾向相反,无产阶级学说中没有一种理论是向人民"兜售"固定不变的生活方式,这种生活方式是他们在不知不觉中憎恶,却公开赞扬的。社会理论提供了一种对包括工人歪曲的思维在内的现实的批判分析。即使群众对党怀有敌意时,党也觉得自己的理论与他们的根本利益息息相关。虽然今天的劳工领袖自知他们凌驾于劳动者之上,但是党并没有凌驾于群众之上。无产阶级是由单独的主体共同组成的,它本身具有未定型、无序的特性:由于这些单独的主体变成纯粹的元素而丧失了人的类特性。这种未定型状态使无产阶级从根本上区别于任何一种总体(totality)。这就是为什么尽管它被分成不同民族群体、有技能的和无技能的工人、有工作的和失业的工人,它的利益依然可以凝聚在一个像党这样的组织中。工会的作用不可低估,无产阶级的行动服从于党的战略。劳动在垄断社会中本身也成为一种垄断。无产阶级的未定型状态及其理论思维,既表现在反对剥削上,又与今天的实用主义总体形成了鲜明的对比。实用主义使工人在资本主义过程中从被动的角色上升为完成了的总体,而马克思所构想的无产阶级并不是一个总体。

劳动在垄断社会中本身也成为一种垄断。工人领袖控制劳动力供应,就像大公司的总裁控制原材料、机器或其他生产要素一样。工人领袖买卖劳动力这种商品,操纵它,赞扬它,试图把它的价格定得尽可能高。劳动成为人与人之间的一种交易,完成了人的思想具体化的过程。随着宗教和道德观念的淡化,曾经表达个人对一个更好的社会的理想和希望的无产阶级理论,随着经济和政治事件的发展而被废止,工人的良心变得与资本家相同。国际无产阶级与一切统治制度之间的对抗的观念,已完全被与各种垄断企业之间的权力争端有关的概念所取代。的确,过去的无产阶级对理论揭示的社会机制没有任何概念上的认识,他们的思想和灵魂带有压迫的特征。然而,工人的贫困更是个体的人的苦难,因此将他们与一切国家和社会部门的一切受剥削的群众联系在一起。现代大众文化的技术不仅在闲暇时间,而且在工作时间,把垄断下的行为模式注入他们的眼睛、耳朵和肌肉里，使他们未经启蒙的头脑更加难以深入思考，以致他们无论如何区分不了所谓的娱乐和煽动。事实上，他们中的许多人不得不周期性地过着游手好闲的生活，他们的思想空虚，因此容易受到理论的影响。而今天的工人就像普通民众一样，在智力上接受了更好的训练，他们了解国家事务的细节、伎俩和不正当手段，这是最为对立的政治运动的典型特征，尤其是那些靠宣传反腐为生的政治运动。即使工人们知晓获得财富和取得成功的条件，他们还是会加入一切迫害、攻击资本家或政治家的行动中。因为工人认为资本家和政治家违反了规则，但他们丝毫不会质疑规则。由于他们已经学会把阶级社会的基本不公正当作一个有力的事实，把有力的事实当作唯一应该受到尊重的东西，他们的头脑对一切根本不同的世界的憧憬和所有概念都关上了大门，而这些概念不是纯粹的事实一类，而是形成于真正实现的过程中。他们对这类事情的儿时信念已从记忆中彻底抹去，以致现在他们固执地相信现实就是这样；一旦他们试图睁开眼，他们就会绝望地重复进入这个体制的口令：世界上只有一种生活方式，也即是真正的生活方式，那种冷酷而聪明的生活方式，与之相对的一切似乎都是空洞的口号、谎言、形而上学。任何一个不能适应这种生活状态的人，无论是我自己，还是其他任何人，没有适应好的、愚蠢的人，都注定要完蛋。在现代经济条件下，成员变得像领导者一样，而领导者又像成员一样。他们共同的实证主义态度，使得劳动构成了社会生活中的一种新生力量。

并不是剥削减少了。就算统计结果是准确的，也不能掩盖这样一个事实，即工人和公司总裁的社会权力之间的差距已经被拉开。而就社会正义而言，这种差距是真正的衡量标准。

尽管以工会形式交易某类劳动力时，能够提高它们的价格（至少在某些特殊时期），但是在有组织或无组织的其他类别劳动力交易中，工会承受着阶级社会的全部压力。此外，联盟中的成员和没钱入会的工人或续费的成员之间存在着嫌隙。特权国家的成员和在这个日益缩小的世界中的人，不仅被本国的旧有统治者剥削，而且通过这些中介性劳工组织，工人还被工业发达国家的统治集团所控制。剥削的原则完全没有改变，但一方面,马克思所称被压迫的群众不能再被雇佣为私营竞争性工业的工资收入者,生产以攫取利润为目的的消费品。另一方面,由于受压迫者自身队伍中出现了新的敌对情绪,使群众联合起来反对普遍剥削变得更加困难。后者是因为一些社会和心理过程,破坏了人类作为整体的一切相关记忆,并且这种过程与劳动的增长是密不可分的,因为劳动在争夺统治权时是一种组织良好的竞争。

由于资本主义社会的趋势是越来越多的中产阶级失去经济独立性。这些过程几乎涉及全民,且与把广大群众从经济停滞和贫困中解放出来相补充。世界越是成熟到可以实现理论设想的状态,理论设想本身和指向理论设想的每一种人类特性似乎就越不清晰,而且,无论它在哪里显现出来,都会被无情地消灭。大众文化机构蓄意采取的表达方式,只是经济和社会发展所需潜意识趋势的显性补充。为了一种不争夺权力的哲学,迫害一切被怀疑主张独立的社会思想。因此除了坚持真理,那些做法对所有团体的普遍利益都没有直接的帮助。因为坚持真理只考虑具体的个体,因此也就是人性一般(humanity in general)。这不仅是一个社会事实,也是一个人类学事实;它发生在当今社会的每个成员身上。

从婴儿睁开眼睛面对阳光的那一天起,他就得知在这个世界上只有一种生存方式:放弃与他共生的无限希望。他只能通过模仿(mimesis)来做到这一点,他不仅要持续有意识地重复——他在很久以后才获得判断和见解——而且他还需终其一生感知周围的一切。早在他会说话之前,他就已经在附和(echo)周围人的举止和事物,后来他又附和所有善待他的集体中个人的性格和态度:他的家庭、同学、运动队以及所有其他的团体,这些都迫使他形成了一种更深层次的一致性,一种通过完全同化而比19世纪的任何教父或教师都更彻底的投降。通过附和、重复和模仿周围的环境,通过适应自己所属的所有强大群体,通过将自己从一个人转变为一个特定组织的纯粹成员,通过降低自己的潜力,以准备好且有技巧地适应这些团体并在其中获得影响力——如此种种,一个人才最终得以存活。通过遗忘来生存,通过练习最古老的生物生存方式:模仿(mimicry)。这就是为什么一个孩子重复着母亲的话、年轻人重复着长辈的粗暴态度,而他/他们已经遭受了太多的伤害。今天的大众文化,即垄断本身的巨大喇叭般的声音,与真正的艺术相比,被称为时代的美化利器而非批判武器①。一旦现实与真理对峙,那些无休止地复制和再现现实的把戏,就会无聊地结束。这就是为什么娱乐行业的所有巧妙的设备都只是一遍又一遍地复制生活的场景,而没有丝毫的反抗,这些场景在现实中发生时就已经是枯燥和自动化了,这就是为什么图画、广播、流行传记和小说总是以同样的节奏喊着:这就是我们的生活,这就是唯一可能的生活,这就是伟大的和渺小的人的生活,这就是现实,现实就是如此,并且这应该是现实,也将是现实。甚至那些可以表达另一种希望而不是通过成功实现的希望的词语也被整合在一起:一方面,至福(beatitude)和一切与绝对有关的东西都被完全限制在宗教的范畴内,因而被同化了,它已经成为"主日学校"②(Sunday School)用语的一部分。另一方面,幸福,指的是正常的生活,甚至是宗教思想,在某些时候,包含了激进的批评。语言已经被彻底地简化为实证主义理论所描述的功能,也就是说,它只是垄断社会巨大生产机器中的另一种工具。每一个不利于机器操作的句子,都被一般信徒视作无意义的。正如当代认识论所描述的那样,根据这个认识论,只有纯粹的符号、操作,也就是纯粹无意义的句子才有意义。在当今实用主义整体的压力下,人的自我表达已经变得与他们在主流系统中的功能相同。每个人在自己的内心都拼命地压抑着其他的冲动。无论他们在哪里看到它,他们都感到一种压倒一切的愤怒(wrath)和怨恨(fury),一种彻底的暴怒(rage)。它冲击着每一个人和每一件事,激起了古老而不朽的渴望,迫使他们重新去抑制和压制它。

---

① 本句原手稿中"the (illegible) of the times as (illegible) would call it"中存在两处难以辨认的阅读障碍,现结合德文版意译后补全句子,参见 Max Horkheimer. *Max Horkheimer Gesammelte Schriften*. Band 12:Nachgelassene Schriften 1931 - 1949. Frankfurt am Main:Fischer Verlag,1985,p91. ——译者注
② "主日学校"又名"星期日学校",是英、美等国在星期日对在厂务工的青少年进行宗教教育和识字教育的免费学校。首所主日学校创立于 1780 年,这一模式盛行于 19 世纪。——译者注

三、无产阶级内部的阶层分化

在资产阶级社会的早期以及其他社会形式的历史中,存在着更多的独立经济主体。他们不得不在意自己的个人财产,并在竞争的社会力量面前维持它。文化需要相对独立的思想,它的本质是与人类的利益相关的。中产阶级的社会,特别是那些与正在消失的经济流通领域有关的职业,违背了自己的意愿,提倡一种无论他们喜不喜欢都反对阶级统治和控制的思想。今天,个人在其经济功能的过程中从来没有直接面对过社会。总是他的团体、协会以及工会来行使他的权力。(参见基希海默《论妥协》①)因此,个人这一范畴本身,无论其意义是好是坏,都处于清算状态。与某个既定团体的利益无关、与某个行业或企业无关的思想,都已经失去了意义。这个社会在世界上大部分地区充满饥饿和物资匮乏的情况下,却让相当一部分机器闲置。同样是这个社会,却压制或排斥最重要的发明创造。这个社会在少有的充分就业时期,却把大量的工作时间花在愚蠢的广告上,甚至剩下的文化也可归结为广告和宣传。亦或同样是这个生产毁灭性工具的社会,它把效能作为它的工具,把最邪恶的、破坏性的奢侈品作为它的真正业务,把思想看作与真理有关的东西。也就是说,文明真正唯一有用的用途最终是成为一种可恨的奢侈品。

这种情况同阶级社会其他各阶段的区别,是不应该被夸大的。在上面提到的早期阶段,中产阶级独立思想的存在是由工人阶级悲惨的物质条件所支撑的,即使在最发达的国家也是如此。革命思想家必须从中上层阶级走近无产阶级。从那时起,整个工人阶级有了巨大的进步。它的理性,至少在它能够表达自己的程度上,是纯粹的实用主义,因此就像社会的其他部分一样是"特殊的"。但巨大的物质、组织和文化压力是保持这种状态所必需的。不断增长的愤怒不仅来自独立政治实践的痕

---

① 参见 Otto kirchheimer, *Changes of Political Compromise*, in: Studies in Philosophy and Social Science, 1941, pp. 264 - 289. ——译者注

迹,而且还与独立思想的表达,甚至是那些不表达的人有关。哪怕只是有这种思想存在的一丝迹象,人们都会被敌视并最终遭到迫害。所有反动组织和运动的加强暴露了统治者对消除恐惧和镇压的日益增长的恐惧。他们一方面急不可耐地试图疏导群众因压抑自己的原始欲望而积蓄的愤怒,另一方面又要防止二次愤怒的产生,即人们最终通过洞察力意识到,压抑这种愤怒是越来越愚蠢的且会新生出愤怒。这种引导一直是统治阶级及其文化和恐怖主义工具的工作,而这也成为劳工组织的工作。同时,这些劳工组织引导劳动者进入竞争的斗争,并增加它们的力量。

阶级之间的对立在劳工结构中不断再现,特别是在工会内部这种对立也许比在整个社会中更隐蔽。工人们顺从地将自己的部分收入让渡给以他们的劳动能力为交易对象的巨型托拉斯①,平静得像是确实没有丝毫的利益冲突。使后者(托拉斯)成为一种统治阶级团伙的,与其说是其贡献程度,不如说是其所赋予的劳工领袖的社会地位。当然,他们的物质利益的很大一部分是与其他竞争群体的利益对立的,但构成统治阶级的所有集团都是如此②:如中世纪的世俗和精神力量,如专制主义下的封建领主、教会和宫廷,如现代生产和商业中的不同群体。他们的共同之处是收入的一般来源,都是靠从生产过程中攫取剩余价值来生存的。的确,他们不是从预付的资本中提取自己的份额,但这不是最重要的。就连资本家的利润,也与他的资本投入的工厂所生产的价值和剩余价值是不成正比的。他作为剥削者的角色,虽然与他作为商人的角色有联系,但又有所不同。在后一种角色的品质中,他必须与别人竞争,从而在每个生产周期结

---

① 托拉斯:即英文"trust"的音译,是一种高级的垄断组织形式,由许多生产同类或相关联商品的企业合并组成。旨在垄断销售市场、争夺原料产地和投资范围,加强竞争力量,从而攫取高额的垄断财富。成员企业在生产上、商业上和法律上都丧失独立性,由托拉斯董事会统筹全部的活动,领导权掌握在最大的资本家手中,组织内的资本家们仍为争夺领导权和更大分成进行激烈的竞争。——译者注

② 本句原手稿中"but this holds true for all the groups which (illegible) have formed the ruling class"存在一处难以辨认的标记,虽不造成阅读障碍,但仍依照德文版选译,参见 Max Horkheimer. *Max Horkheimer Gesammelte Schriften*. Band 12: Nachgelassene Schriften 1931 - 1949. Frankfurt am Main: Fischer Verlag, 1985, p. 94. ——译者注

果的总和中获得尽可能多的优势。他与那些不直接从事生产性投资的资本家享有同样的地位,后者诸如银行家、通信或娱乐行业的企业家,甚至是所有职业或活动的所谓"第三人"。劳工领袖已成为一个贪婪的团伙。他们工作的条件更困难,这对他们来说并不像大资本主义托拉斯的领导层那样容易。因为他们的行为被公众舆论所控制,而公众舆论又受控于他们的竞争。每个资本家的职业团伙和工会的团伙都在社会过程中,一方面行使着特定的职能;另一方面又利用这种职能来尽可能多地获得对人、商品和服务进行控制的权力。这种斗争的方法在历史上是多种多样的,一部分是竞争,一部分是欺骗、抢劫和战争。正如一开始所指出的那样,这种斗争既说明每一个统治阶级的建立就像它在生产中的角色一样明确,又已成为工会团伙的一个特点。虽然工人领袖未能获得任何成就,至少是暂时没为工人取得任何成果,但工人领袖自身的社会经济权力、自身的地位和收入(这些因素都压倒性地高于个体工人的权力地位和收入)都依赖于阶级制度本身的维持。尽管他们可能为各自的成员提供巨大的服务,但他们的(上述)经济事实是真实存在的。相比劳工领袖的高收入,连企业家的活动都对劳动收入产生了更积极的影响。但现在新旧精英之间形成了一种新的团结。过去几十年的社会历史使他们之间的合作更加密切。在过去的几十年里,工会对国家的态度与大型资本主义组织对国家的态度很像。他们最大的诉求是阻止政府介入他们的事务。原则是"不干涉我们的私人事务"(参见塞缪尔·龚帕斯在洛克伍德委员会面前的证词①)。这是"一家之主"(Master of the House)的立场。与此同时,随着资本主义垄断经济实力的增强,两派领袖之间形成共识,他们参与中央政府的行政事务变得更加迫切。在战争期间,企业元素融入行政管理的进程取得了更大的突破。社会成为一个改革和规范的过程,就重大事件而言,它们仍然依赖于阶级之间和各统治集团之间的斗争所产生的盲

---

① 原文为"cf. [illegible] instances Gompers testimony before the Lockwood Committee",德文版对应脚注为"Vgl. etwa Gompress Aussage vor dem Lockwood-Komitee",参见 Max Horkheimer. *Max Horkheimer Gesammelte Schriften*. Band 12: Nachgelassene Schriften 1931 – 1949. Frankfurt am Main: Fischer Verlag, 1985, p. 98. ——译者注

目力量。但就个人生活而言,不是指自我管理(决策是在利益与社会其他阶层利益不一致的显要人物之间达成的妥协),而是指物质和人力生产设备的产出增加。

　　一旦最强大的资本主义团伙获得了对国家的直接控制,实际的劳工官僚机构和政府官僚机构就有可能被废除,取而代之的是这些团伙中更可靠的委员。虽然这可以在不正式改变宪法原则的情况下实现,但其将以类似于德国的那种发展为特点。也有可能,在它的实际结构中,劳工在未来占据了更大的份额。在这两种情况下,整个劳工的物质状况可能会得到改善,失业会减少。但与此同时,单个成员的重要性与杰出公职人员(劳工领袖)之间的差距将拉大。人类个体的重要性将更为显著,基于性别、年龄和行会划分的工资差距将会加大。这一双重过程将使工人阶级更加彻底地融入现代社会,也将使工人阶级在集体主义口号的薄纱下,在特殊理性胜利的意义上实现心理的统一。一方面,这意味着群众的幻想破灭,对阶级制度的威胁与日俱增,另一方面,统治集团集中的权力和他们集中的防御手段将使任何改变都更加困难。

　　市场作为生产调节者的逐步退场,是除决策阶层之外一切影响力消失的征兆。在市场体系中,人们以一种扭曲的、匿名的和不合理的形式感受到自己的需要,现在可以通过统计数字来确定,并根据统治阶级的政策来满足或拒绝这些需要。但是,如果说这种新的理性比市场体系更接近理性的概念,那么它也离理性更远。虽然统治者和被统治者之间的交易从来都不是真正彻底地由市场决定的,而是由不平等的权力分配决定的。这种不平等的权力分配体现在生产资料的所有权上。人与人之间的关系转变为客观的经济机制,至少在原则上赋予了个人某种独立。压迫通过非人化,即中介领域(intermediary spheres)而被人性化。今天,人类需求的表达不再被可疑的市场经济指标所歪曲,而是在一个巨大的社会心理供应系统中被有意识地重塑。在一个国家里,被击败的竞争者和落后的群体的痛苦不能再归因于匿名的过程,因为匿名过程允许他们保有作为经济主体和作为人之间的差异;但被打败的对手、竞争者以及整个社会阶层、少数者和民族的没落,都是由精英阶层决定或选择的。那些即将受苦的人被选中,被按他们的名字叫出来。然而,今天的经济领导人的"小伎俩"①是私人的和特殊的。因此,与曾经决定市场的自动趋势相比,在社会的真正需要方面是盲目的,或说甚至是更盲目的。决定人类命运的仍然是非理性。这并不意味着理性不是由任何个人或团伙提出的。现在比以往任何时期,都要有更多对经济形势和潜力更具真正洞察力的人。由于生产和计划方式的进步,由于一切社会问题的明晰和各种迷信的消散,他们的生存机会似乎有所增加。但由于统治方式的进步,由于理论思想的消亡,由于伪启蒙的实用主义哲学所产生的新的强烈的禁忌,表达了对非主体的顺从思想,他们的生存机会却减少了。

四、阶级关系的新分析视角——"匪帮"理论

在拟定阶级关系的理论时,必须考虑到前面几页所提到的各种趋势,而且这一理论是在我们实际经验的基础上提出的。"匪帮"(racket)概念只是为了区分和具体化统治阶级的概念,而不是要取代它。但是,它可以帮助克服抽象的阶级概念,因为它在旧的理论中发挥了作用。它还可以使我们认识到,阶级关系的模式不仅在社会大群体的关系中是典型的,而且从大群体的关系中渗透到所有的人际关系中,甚至在无产阶级内部也是如此。即使根据尚不完全的描述和解释,资本主义当前阶段之前的阶级社会结构也已经显而易见。历史上最负盛名的实体——中世纪的等级制度,与现代的敲诈勒索的相似之处显而易见,但仍只是冰山一角。匪帮的概念是指大大小小的团伙,它们都在争取尽可能大的份额的剩余价值。在这方面,资本主义的最高机构就像那些在法律范围内或不在法律范围内,在人口中最悲惨的阶层中工作的小型压力团体(pressure groups)。我要基于事实强调的是,一个团伙在生产中的作用,虽然在很大程度上决定

---

① 英文原稿中"the small policies"直译为"小政策",此处采取德文版"Die hinterhältigen Methoden"更便于理解,指的是"狡猾的手段、小伎俩",参见 Max Horkheimer. *Max Horkheimer Gesammelte Schriften*. Band 12: Nachgelassene Schriften 1931 – 1949. Frankfurt am Main: Fischer Verlag, 1985, p. 101. ——译者注

了它在消费中的作用,但在阶级社会中,它却处于一个很好的战略地位能够在分配领域中占有同样多的商品和服务。在团伙领导人强烈坚持的生产方式已经过时的时期,情况尤其如此。他们使用自身的生产工具,而其他人紧握着他们的枪。在当代俚语中,匪帮的使用可能没有意识到所有这些联系,但客观上它表达了这样一种想法:在当今社会的每一种活动,无论它是什么,其内容和目标都只有一个:攫取尽可能大份额的流通剩余价值(circulating surplus value)①。因此,一个人试图垄断一项经济功能,并不是为了生产或满足需求。用来反对各种活动,甚至反对整个群体的口号是,他们是非生产性的。他把各种活动甚至整个群体都视为"非生产性的"。此外,不断的恐惧自己所做的任何事情可能是无生产力的或无用的,这似乎源于一个事实,即一个人在他的内心思想中意识到,尽管社会取得了巨大的成就,它的物质和精神模式并不像自然界中的母子群体那样团结一致,而是讹诈。同时,现实与所有意识形态之间的鸿沟每天都在扩大。因为这些意识形态以所谓文明伪装成它们的基础。通过将生产作为一种宗教信条,推广技术官僚主义思想,给那些甚至无法进入工业大堡垒的其他群体贴上非生产性的标签,工业战胜了社会和它自身的生产意识,即生产只是争夺战利品的堡垒②。它与 16 和 17 世纪欧洲恐怖主义匪帮的运作机制相似,他们折磨、谋杀、掠夺了成千上万的不幸的人,并消灭了整个省份的女性人口,因为她们被指控与撒旦交合,这些折磨人、谋杀人、掠夺人的"匪帮"因此更加狂热地颂扬十字架上被折磨、被谋杀、被剥夺生命的上帝,更加虔诚地崇拜圣灵让圣母无暇受孕。今天,"匪帮"

---

① 本句原手稿中"has as its content and goal that it is (illegible) by no other inferred (llegible) the a-quisition of a possible large part of the circulating surplus value"存在两处难以辨认的阅读障碍,此处依照德文版译出,参见 Max Horkheimer. *Max Horkheimer Gesammelte Schriften*. Band 12: Nachgelassene Schriften 1931 – 1949. Frankfurt am Main: Fischer Verlag, 1985, p. 102. ——译者注

② 本句原手稿"Industry overcomes society and its own awareness of production as being a mere strong-hold in the fight for (illegible) by adopting production as a kind of religious creed, by promoting tech-nocratic ideas and labeling upon other groups which don't even have an access to the (illegible) in-dustrial bastions as unproductive."存在两处难以辨认的阅读障碍,正文参考德文版校译,详见 Max Horkheimer. *Max Horkheimer Gesammelte Schriften*. Band 12: Nachgelassene Schriften 1931 – 1949. Frankfurt am Main: Fischer Verlag,1985, p. 102 – 103. ——译者注

宣传生产力和公共精神,迫害所有不愿加入他们的个人或团体为"黑帮",谴责一切旨在结束破坏的企业为"破坏性企业"。所有那些通过大量的口头和书面言论帮助匪帮取得最终胜利的人(帮凶),都在小心翼翼地谨防自己说出任何一句"不恰当的"的话①。

这些话只能作为对一项真正的社会学任务的一种介绍。真正意义上的匪帮社会学,作为统治阶级的细胞,既具有政治意义,又具有科学意义,它可以帮助澄清政治实践的目标。在一个不同于匪帮的社会中,一个没有讹诈的社会,它可以用来定义民主的理念,这一理念在人们的头脑中一直以潜在的方式存在。今天,匪帮在其经济和政治实践中嵌入了这一理念。他们巧妙地将政治术语形式化,使压迫整个群体和国家的政治专家集团成为世界民主的捍卫者。另一方面,他们又把人文主义理论家打成独裁统治的倡导者,因为他们试图推广民主内容——无论多么不充分——并将其付诸实践。尽管如此,与真理紧密相连的民主的意义并没有被遗忘,它需要在一个比以往任何时候都更加压抑和残忍的世界和渠道中表达出最强硬的愚蠢策略。从科学的角度讲,匪帮社会学不仅可以得出一个更恰当的历史哲学,而且有助于对人文学科领域的许多问题提供更多的了解,甚至包括一些遥远而有争议的问题,如原始部落中的启蒙仪式和巫师的把戏。看起来,年轻人在进入这些部落的时候好像被改变了,但并不意味着他们被社会接受,而只是意味着他们被一个特定的社会整体所接受,就像上面所描述的那样。从中世纪到十九世纪初,关于成人与儿童之间的关系也存在着类似的看法:在儿童眼中,成人是一个整体。"匪帮"也是男性对女性的组织模式。这个现代概念可以用来描述父权关系。(现代术语有助于研究过去的社会关系,正如"人体解剖对于猴体解剖是一把钥匙"②一样。)

---

① 本句原手稿"Today the rackets (illegible) pursue [?] each person or group who refuse to join them, and as destructive [to] each undertaking which tries to put an end to destruction. The ones who accomplish repression by an ocean of spoken and written words watch jealously that not a single inappropriate [?] sentence be heard."存在多次难以辨认的障碍,正文按照德文版译出,参见 Max Horkheimer. *Max Horkheimer Gesammelte Schriften*. Band 12: Nachgelassene Schriften 1931 - 1949. Frankfurt am Main: Fischer Verlag, 1985, p. 103.——译者注
②《马克思恩格斯全集》第30卷,北京:人民出版社1995年版,第47页。

"机器论片断"研究专题

超越"机器论片断":后工人主义、后资本主义与马克思的"机器论笔记"①

弗里德里克·皮特斯②

(英国埃塞克斯大学人文与社会科学系)

  2017 年是马克思的"机器论笔记"在《经济与社会》杂志上首次以英文发表 45 周年。本文批判考察了马克思的"机器论片断"后来是如何在后工人主义思想中被重新解读,以及这种重新解读又是如何通过保罗·梅森的著作对当代左翼思潮产生影响。劳动变化促使支持者假设了一种"可衡量性危机"和一种潜在的共产主义。我将借用"新马克思阅读"对此提出异议,前者接续了 20 世纪 70 年代在《经济与社会》杂志上展开的争论。基于(对价值作为一种以对抗性的社会关系为基础并在其中得到强化的社会形式)的分析,我认为,对于"机器论片断"的接受同马克思的作为社会批判理论的政治经济学批判背道而驰,这对今天的左翼实践产生了影响。

---

① 文章译自 Frederick Harry Pitts, "Beyond the Fragment: Postoperaismo, Postcapitalism and Marx's 'Notes on Machines', 45 years on", *Economy and Society*, vol. 46, no. 3 - 4, 2017, pp. 324 - 345.

② 作者简介:弗里德里克·哈里·皮特斯(Frederick Harry Pitts),现为英国埃塞克斯大学人文与社会科学系高级讲师,曾任教于英国巴斯大学经济金融与管理学院、布里斯托大学经济金融与管理学院。译者简介:袁昕怡,南京师范大学哲学系硕士研究生;张福公,南京师范大学哲学系暨数字与人文研究中心副教授、硕士生导师。基金项目:国家社科基金青年项目"马克思'机器与技术笔记'与历史唯物主义创新研究"(21CZX002)阶段性成果。

一、引言

正如历史上的其他时间节点一样,今天的左翼政治依赖于对卡尔·马克思的全部著作中寥寥几页内容的继承——而《经济与社会》(*Economy and Society*)这本杂志就是关于它如何发生的故事的核心。马克思的《大纲》(这些笔记后来成为《资本论》)中的一个简短片断,于 1972 年在《经济与社会》杂志上首次以英文发表。当时的标题是"机器论笔记"(Notes on machines)①,今天它则是以"机器论片断"②(以下简称"片断")为人所熟知。英译者本·布鲁斯特(Ben Brewster)在介绍"机器论笔记"时就注意到《大纲》在当时是如何"作为一篇政治经济学方面的著述草稿而赢得了与人们可能想到的完全不成比例的声誉"③。而今天这种声誉落到了这一草稿的一个片断上。这一片断在 21 世纪将像曾经的《共产党宣言》一样被广泛阅读和引用,它关于资本主义崩溃的愿景目前正在原本不太可能的领域产生影响:大报媒体、畅销书和中左翼政策圈。在这几页草稿得以确立其接受条件的 45 周年之际,本文试图更新当时引发的辩论④,以便促成新的辩论。在此过程中,本文将对如下观点提出批判,即借助安东尼奥·奈格里(Antonio Negri)的富有弹性影响力的后工人主义(postoperaismo)⑤,以及保罗·梅森(Paul Mason)提出的"后资本主义"(postcapitalism)⑥对它的当

① Ben Brewster, "Introduction to Marx's 'Notes on Machines'", *Economy and Society*, vol. 1, no. 3, 1972, pp. 235 - 243.

② Karl Marx, *Grundrisse*, London: Penguin, 1973, pp. 704 - 706.

③ Ben Brewster, "Introduction to Marx's 'Notes on Machines'", *Economy and Society*, vol. 1, no. 3, 1972, p. 236.

④ Suzanne D. Brunhoff, "Marx as an a-Ricardian: Value, Money and Price at the Beginning of Capital", *Economy and Society*, vol. 2, no. 4, 1973, pp. 421 - 430. Geoffrey Pilling, "The Law of Value in Ricardo and Marx", *Economy and Society*, vol. 1, no. 3, 1972, pp. 281 - 307. Keith Tribe, "Remarks on the Theoretical Significance of Marx's *Grundrisse*", *Economy and Society*, vol. 3, no. 2, 1974, pp. 180 - 210.

⑤ Michael Hardt and Antonio Negri, *Empire*, Cambridge, MA: Harvard University Press, 2001.

⑥ Paul Mason, "The End of Capitalism has Begun", *The Guardian*, 17 July, 2015. https://www.theguardian.com/books/2015/jul/17/postcapitalism-end-of-capitalism-begun. Paul Mason, *Postcapitalism: A Guide to Our Future*, London: Allen Lane, 2015.

代重构,"片断"出人意料的复兴,成为 21 世纪左翼修辞武器的一部分。

马克思在"片断"中描绘了一幅未来图景,它在今天被当作一种关于正在发生的事实的说明而加以传播:(1)机器和知识在生产中的应用正在不断扩大;(2)生产更多地围绕知识而非体力劳动而展开;(3)机器将人类从劳动中解放出来,直接劳动时间在生活中的作用将缩减到最低限度;(4)自由时间的激增;(5)劳动时间与交换价值的分离将导致资本主义危机的产生。但这种技术飞跃也带来了社会大发展的可能性。工人摆脱了对生产资料的物质从属(physical subordination),在智力和合作方面得到发展。这种自由生成的"一般智力"在不受强迫的情况下重新作为固定资本投入生产。工人只是在一定距离之外而非作为资本关系的构成部分而被组织起来。这就萌生出一种潜在的共产主义的可能性。

在围绕这一预言构建政治方案的过程中,梅森等当代后资本主义理论家继承了安东尼奥·奈格里等后工人主义者在二十年前开启的工作路线。随着时间的推移,与对"片断"的阅读相关联的思想和经验转变总是存在一种跃迁。索伯恩(Thoburn)指出,对于意大利工人主义界来说,关于"片断"的解读俨然已经"类似于《圣经》注解"[1]。与其说这种解读取决于"权威真理的具体化"(reification of authorial truth),倒不如说取决于它在"作为变化着的政治形式之构成部分的不同社会历史语境中"的"迭代"(iteration)。它的早期高潮是奈格里于 1978 年在巴黎举办的《大纲》讲座,后来以《超越马克思的马克思》[2]出版。在 20 世纪 90 年代,"片断"激发了后工人主义对新经济和"非物质劳动"的分析[3]。直到哈特和奈格里的《帝国》问世,"片断"的持续性社会历史迭代才开始出现,新经济促使奈格里得出"片断"所描述的条件已经存在的结论。

由于畅销书《帝国》的推广,"片断"后来对 21 世纪初的另类全球化

---

[1] Nicholas Thoburn, *Deleuze, Marx and Politics*, London: Routledge, 2003, p. 80.

[2] Antonio Negri, *Marx Beyond Marx: Lessons on the Grundrisse*, London: Pluto, 1992.

[3] Maurizio Lazzarato, "Immaterial labor", in p. Virno and M. Hardt, eds., *Radical Thought in Italy: A Potential Politics*, Minneapolis, MN: University of Minnesota Press, 1996, pp. 133 - 150.

（alterglobalization）斗争产生深远影响。它的回响在 2008 年危机之后一直延续到占领华尔街运动及其知识分子身上。而且，随着左翼在 2010 年中期转向以国家为导向的民粹主义和选举主义（electoralism）政治，它的影响力达到一个巅峰。后资本主义、加速主义（accelerationism）①、全自动化奢侈共产主义（fully automated luxury communism）②，所有这些都源自"片断"。通过媒体的大幅报道，"片断"已经以这些流派的名义③而深入大众意识之中。作为这些发展的推动者，奈格里本人对他们的成果给予了高度的赞扬。

最出人意料的转变在于"片断"在政党政治界的接受。④ 在最近的英国工党会议上，工党领袖杰里米·科尔宾（Jeremy Corbyn）对自动化带来的"解决工作和休闲关系的新方案"赞不绝口。⑤ 这一立场是在政策制定过程中积极寻求后工人主义遗产的支持者的意见所产生的结果。2015年，影子内阁财政大臣约翰·麦克唐纳（John McDonnell）邀请主要的后资本主义者和加速主义者在政策研讨会上发言，这些研讨会已经融入工党目前对所谓的"第四次工业革命"的思考之中。作为交换条件，传播"片断"思想的知识分子成为科尔宾的主要支持者⑥。"变革的世界"（The

---

① Alex Williams and Nick Srnicek, "≠Accelerate: Manifesto for an Accelerationist Politics", in R. Mackay and A. Avanessian, eds., *Accelerate: The Accelerationist Reader*, Falmouth: Urbanomic, 2015, pp. 347 – 362.

② Aaron Bastani, "We Don't Need More Austerity, We Need Luxury Communism", *Vice Magazine*, 12 June, 2015. http://www.vice.com/en_uk/read/luxury-communism-933

③ Andy Beckett, "Accelerationism: How a Fringe Philosophy Predicted the Future We Live in", *The Guardian*, 11 May, 2017. https://www.theguardian.com/world/2017/may/11/accelerationism-how-a-fringe-philosophy-predicted-the-future-we-live-in; Paul Mason, "The end of capitalism has begun", *The Guardian*, 17 July, 2015; Brian Merchant, "Fully automated luxury communism", *The Guardian*, 18 March, 2015. https://www.theguardian.com/sustainable-business/2015/mar/18/fully-automated-luxury communism-robots-employment

④ F. H. Pitts and A. C. Dinerstein, "Corbynism's Conveyor Belt of Ideas: Postcapitalism and the Politics of Social Reproduction", *Capital and Class*, vol. 41, no. 3, 2017, pp. 423 – 434.

⑤ A. Dickson, "Jeremy Corbyn to Address Challenge Posed by Robots", *Politico*, 26 September, 2017. http://www.politico.eu/article/jeremy-corbynlabour-leader-post brexit-to-address-challenge-posed-by-robots/

⑥ Paul Mason, "Corbyn: The Summer of Hierarchical Things", *Mosquito Ridge*, 12 July, 2016. https://medium.com/mosquito-ridge/corbyn-thesummer-of-hierarchical-things

World Transformed)①是英国工党党代会之外的一个重要节日,它将他们对于自动化和工作终结的评估融入工党的主流思想生活中。这种交叉融合标志着对"片断"的接受达到了高潮。我在本文中勾勒了"片断"的成名之路,即经由奈格里和后工人主义者的著作,直到梅森的畅销书《后资本主义》(*Postcapitalism*)所实现的普及。

因此,本文的贡献在于帮助我们理解奈格里的真正重要性——特别是他与迈克尔·哈特(Michael Hardt)的著作的重要性,即他对从 21 世纪初的另类全球化运动到现在的"后资本主义者""加速主义者"和"全自动化奢侈共产主义者",再到他们当前听到的科尔宾主义政治运动(Corbynist political movement)整整一代政治激进分子所产生的影响。后一种转折清楚表明,这些思想的当代意义在于,它们从任何自治主义的政治思想和实践传统中摆脱出来,转向对过去激进社会运动所保留的东西做出一种本质上是国家主义和社会民主主义的表达——这对于通常被认为是由奈格里的作品所催生的聚焦占领华尔街议题的左翼主义来说,是一个具有讽刺意味的转折。"片断"思想在这些领域中备受青睐的原因在于,便于将其作为危机中社会民主政治复兴的承诺起点(empowering starting point)。本文认为,瞄准其他领域来寻找新的理论资源可能会更好。

本文基于由"新马克思阅读"所启发的一种另类的批判的马克思主义对这一思想谱系进行了批判。通过强调后工人主义在接受"片断"时所固有的理论盲点在奈格里的当代追随者的作品中只会在被放大的同时变得更为虚弱,以此将"新马克思阅读"以新的方式融入流行的当代左翼思潮中,从而增加对奈格里的现有批判性文献。马克思关于从人的优越性角

---

① "The World Transformed(TWT)"是由英国左翼政党组织的年度节日,每年举行为期四天的激进政治、艺术和音乐节。它同时也是一个全年政治教育项目,致力于在英国各地支持、发展和提供政治教育,以发起一场能够彻底改变社会的运动。该节日始于 2016 年,试图在工党会议上重振左翼的存在,弥合议会和社会运动左翼(social movement left)之间的鸿沟,为激进的、参与性的和创造性的政治教育开辟空间。目前,该节日已经发展成为英国最大的左翼多日活动和政治教育活动,在英国各地孵化出几十个当地团体,同时推出了许多其他全年教育活动。——译者注

度来解读猿的提示①,在此被当作这样一种方法,即根据后工人主义对"片断"的接受情况来阅读"片断",而后工人主义对"片断"的接受情况又是根据这种接受随后在新的后资本主义作品中的接受情况来确定的。早期发展阶段可以从最新的角度出发得到最好的理解。在分析奈格里的著作随着时间推移所获得的新共鸣时,我特别关注到梅森的著作,并将其视为由《帝国》及其他著作所开启的解读马克思的"片断"的首要当代传播者。在对"片断"的后工人主义接受中,梅森是迄今为止最具影响力的拥护者,他的《后资本主义》一经出版便立即大受欢迎,在后工人主义的全部作品中达到高水平的标志性地位,而且对后工作未来的展开做出持续展望,其贡献足够值得独立审视。通过探究哈特和奈格里的著作是如何融入《后资本主义》中,本文揭示了一种激进思想在广泛的读者群中的传播路径。并提出如下问题:当"片断"为了顺应新的社会、经济和政治时代而被重新编码时,哪些东西被保留和延续下来了?

　　本文的结构如下:在接下来的部分中,我阐述了对"片断"的当代接受的三个核心方面,它们最初体现在奈格里那里,现在则体现在梅森这里。第一,"片断"中所描述的条件只发生在此时此地,而非遥远的未来。第二,利用传统劳动价值论来理解这些条件是如何以及为什么会损害资本对以新的"非物质生产"(immaterial production)形式所从事的劳动进行衡量的能力。第三,这将导致正在发挥作用的价值规律发生危机,造成资本主义的崩溃。在第三部分中,我参照"新马克思阅读"对价值和劳动之关系的另一种解读——"新马克思阅读"是一种修正主义的马克思解读模式,它重新审视了 20 世纪 70 年代初在《经济与社会》杂志上展开的关于价值、货币和劳动的辩论——进一步探讨了这些观点的具体理论意涵。"新马克思阅读"强调"片断"是如何与马克思在《资本论》及其他地方的价值理论的发展格格不入,以及为什么它所预言的那种危机在逻辑上可归结于马克思在后期著作中关于劳动和价值之关系的理解。本文的第四部

---

① Karl Marx, *Grundrisse*, p.105. 中文版参见《马克思恩格斯全集》第 30 卷,北京:人民出版社 2001 年版,第 206 页。

分将考察这一理论错误所带来的削弱政治的后果。在该部分中,我将通过指出奈格里、梅森以及"后资本主义"思想的其他代表人物,如尼克·斯尔尼塞克(Nick Srnicek)和亚历克斯·威廉姆斯(Alex Williams)的著作对理解与实施社会变革项目的影响,探讨为何"片断"能够激发当代左翼的想象力。最后我的结论是,要想实现"片断"的追随者所追求的重建左翼政治,就必须以更谨慎和批判的方式对资本主义的发展进行理论化和抵抗。

二、"片断"思想的关键特征

上述三个核心特征将"片断"在当代后资本主义思想中的接受同其后工人主义先驱联系起来。第一个特征声称"片断"所描述的图景已经通过工作场所的变化得以实现。第二个特征是对马克思价值理论的具体解读,并由此从现代劳动的特征中推断出第三个特征:正如"片断"所预言的那样,将可衡量性危机归咎于当代资本主义。在此,我将依次讨论这三个核心特征在奈格里及其追随者的著作以及今天梅森的著作中的出场。

在"片断"中,马克思描述了劳动过程中机器的增加是如何取代人类劳动的。机器对人类劳动的替代削弱了劳动时间作为人类生产活动的衡量尺度的作用。劳动时间与交换价值之间的量化联系被打破了。而对于后工人主义者来说,这种"可衡量性危机(crisis of measurability)"或者"价值规律危机(crisis of the law of value)"正影响着当代资本主义[1]。后工人主义和后资本主义对"片断"的接受以各自的方式抓住了工作的当代转型[2],以假设一种基于"非物质劳动"[3]的出现而已经存在的可衡量性危机。这就使过去与生产过程无关的要素开始发挥作用:认知、情感和合作

---

① Frederick H. Pitts, "A Crisis of Measurability? Critiquing Post-operaismo on Labour, Value and the Basic Income", *Capital and Class*, vol. 42, no. 1, 2016, pp. 3 - 21.

② Benjamin Noys, *The Persistence of the Negative: A Critique of Contemporary Continental Theory*, Cambridge: Cambridge University Press, 2012, pp. 113 - 114.

③ Maurizio Lazzarato, "Immaterial labor", in P. Virno and M. Hardt, eds., *Radical Thought in Italy: A Potential Politics*, pp. 133 - 150. Bregje F. van Eekelen, "Accounting for Ideas: Bringing a Knowledge Economy into the Picture", *Economy and Society*, vol. 44, no. 3, 2015, p. 474.

能力,以及自由时间。于是,"片断"所预言的东西就变为现实。

梅森是从观察到当代资本主义竭力遏制信息繁荣的影响出发来讲述这个目前最吸引公众兴趣和政治参与的故事。信息繁荣会"腐蚀市场机制,侵蚀产权,破坏工资、工作和利润之间的旧关系"①。信息产品倾向于以零边际成本作为定价进行无限复制。而信息产品的丰富性同定价所依据的稀缺性将相互矛盾。开源和点对点(P2P)模式为非货币交换创造出雇佣劳动之外的价值。②因此,信息资本主义(Information capitalism)在其社会关系内部释放出无法遏制的生产力。于是,自由商品和自由时间便成功避开资本的量化和攫取。对梅森来说,这一图景就是马克思"片断"的具体化。

梅森对"片断"的这种解读同它在另一历史时刻被重新编码的方式没有什么不同,彼时一种命运多舛的新经济似乎正在酝酿。后福特主义服务经济(post-Fordist service economy)的兴起曾是后工人主义将"片断"解读为毛里齐奥·拉扎拉托(Maurizio Lazzarato)所提出的"非物质劳动"寓言的背景。哈特和奈格里认为,这种生产形式超越了"对以个体或集体劳动时间来衡量的价值的剥夺"③。这是因为劳动将不再从属于资本主义的控制,而是一种"诸众"的自我组织功能。对哈特和奈格里来说,诸众标志着无产阶级和工人运动的一个根本转变,即从典型的白人男性体力劳动者转变为一个多样性的、流动的所谓"奇异"的身体(body of so-called 'singularities')④。通过交往与情感网络,诸众产生不可估量的生产力。这样一来,劳动就拥有了通过自身活动进行"自我增殖"的潜能。"人类的才能、能力与知识"都是"直接生产价值的",而无需资本的监管。⑤ 维尔诺指出,这就是马克思在"片断"中所提出的"一般智力"的当前形式。⑥

拉扎拉托写道,它的自主活动位于"整个社会"的"非物质流域"(im-

① Paul Mason, *Postcapitalism: A Guide to our Future*, London: Allen Lane, 2015, p. 112.

② Ibid, p. 131.

③ Michael Hardt and Antonio Negri, *Multitude*, London: Penguin, 2004, p. 113.

④ Michael Hardt and Antonio Negri, *Empire*, London: Allen Lane, 2015, p. 53

⑤ Michael Hardt and Antonio Negri, *Commonwealth*, Cambridge, MA: Harvard University Press, 2009, pp. 132 – 133.

⑥ Paul Virno, "The Ambivalence of Disenchantment", in Paul Virno and Michael Hardt, eds., *Radical Thought in Italy: A Potential Politics*, pp. 22 – 23.

material basin)中。因此,这种劳动是"肉眼不可见的",不能为工厂的四面墙壁所界定。所以,"我们越来越难区分休闲时间与工作时间。在某种意义上,生活与工作是分不开的"①。后工人主义者认为,这加剧了"片断"所描述的以劳动时间为衡量尺度的价值的危机。梅森在激进社会民主主义危机时期对其复兴所作出的贡献,不外乎是对同一个故事的重申,是对一种新的"新经济"的重新命名。

这便引出第二个关键方面。后工人主义思想传统有意识地将自身与正统劳动价值论中的生产主义对立起来,并强调后者在历史意义上已经过时了。在最近一次迭代中,弗兰科·贝拉尔迪(Franco Berardi)列举了后工人主义在解读"片断"的现实性时所依赖的关于价值和劳动的传统理论。贝拉尔迪写道:"当你想要确定生产一个物质对象所需的平均时间时,你只需要进行简单的计算,即把材料变为那种产品需要多少体力劳动时间。"但无论是"确定产生某个想法所需要的时间",还是"确定一个项目、一种风格、一种创新所需要的时间"都是不可能的。在它们的生产中,"劳动时间和价值之间的关系突然蒸发,消融在稀薄的空气中"②。这是因为"一般智力的生产力几乎是无限的"③。它"无法被量化(或者)标准化",它的价值最终也无法根据时间来衡量,这就导致整个规律的崩溃。

由此,后工人主义基于对正统观念的否定而宣称"片断"的实现。尽管他们宣称反对生产主义,但他们仍然提倡一种传统的劳动价值论,由此它可被视为历史上的残余。梅森在其著作中公开承认,所有"片断"思想都暗含着对被否定的劳动价值论的残余性依赖(residual dependence)。对梅森来说,"一小时的劳动总是使其生产的产品增加一小时的价值"④,"利润的最终来源是工作。"⑤梅森认为,正是这种劳动价值论促进了这样

① Maurizio Lazzarato, "Immaterial Labor", in Paul Virno and Michael Hardt, eds., *Radical Thought in Italy: A Potential Politics*, pp. 137 − 138.
② Franco B. Berardi, *The Uprising: On poetry and Finance*, Los Angeles, CA: Semiotext(e), 2013, p. 75, 87.
③ Ibid, p. 75.
④ Paul Mason, *Postcapitalism: A Guide to Our Future*, London: Allen Lane, 2015, p. 158.
⑤ Ibid, p. 52.

一种主张,例如在哈特、奈格里以及马拉奇(Christian Marazzi)①的著作中的主张,即价值规律受到劳动和生产变化引发的可衡量性危机的威胁。但梅森的优点在于,他将价值规律与可衡量性危机之间的密切关系从修正主义的外在承诺中剥离出来,使这种关系所依赖的生产主义变得清晰可见。透过对于"片断"的最新解读来反观后工人主义对"片断"的接受,我们可以更清楚地看到它所默默依赖的围绕价值和劳动所展开的争论,以及整个思想网络中的多少问题是源于对价值本质的严重误解。

这引导我们进入第三个关键特征,即把危机归因于"片断"所描述的条件下的价值规律。梅森在解读"片断"时追随早期倡导者指出,随着"以知识为基础的生产"(knowledge-based production)和自由时间的扩张,必要劳动将缩减到最低限度,这为价值规律危机创造了条件,因为劳动时间既超越了衡量尺度,也溢出了衡量尺度。根据传统的劳动价值论,机器对劳动的替代使价值规律陷入危机。像信息这样的自由机器(free machines)"以不可估量的规模消除了对劳动的需求"②。自由机器将很少的"劳动时间"归为商品价值③,自由机器"彻底摧毁了"价值规律④,这一观点是同"片断"相一致的。梅森解释道,早夭的信息资本主义为了生存而同这种价值解体进行斗争。垄断、新的版权形式、"混乱的"会计和"估值预测工作"(valuation guesswork):所有这些都是为了应对信息引起的可衡量性危机⑤。"以知识为基础的生产"、自由时间的扩张、必要劳动的减少、凝结在机器上的"一般智力"共同"摧毁了创造价格和利润的旧机制"⑤以及与之相伴的资本主义本身。

我们将在随后的部分进一步审视这种危机观。我们将利用"新马克思阅读"关于马克思价值理论发展的洞见来理解后工人主义者与"后资本主义者"在提出劳动时间与价值之间的简单相似性的同时,是如何忽略价

---

① Christian Marazzi, *Capital and Language*, Los Angeles, CA: Semiotext(e), 2008.
② Paul Mason, *Postcapitalism: A Guide to Our Future*, London: Allen Lane, 2015, p.165.
③ Ibid, p.167.
④ Karl Marx, *Grundrisse*, London: Penguin, 1973, p.706.
⑤ Paul Mason, *Postcapitalism: A Guide to Our Future*, London: Allen Lane, 2015, p.171.
⑥ Ibid, pp.137 - 138.

值形式中具体劳动的抽象中介的。事实上,这对于考察是否能够将危机归因于"片断"所描述的条件的主张来说,是一个核心的理论支撑。事实证明,这些主张是建立在对马克思价值规律理论的根本误读之上的。正如我们将看到的那样,恰当地结合马克思著作的整体语境来看,"片断"中的突显性场景同马克思在《资本论》中最终确立的价值理论有着根本性的冲突。事实上,今天的激进分子应该阅读的是《资本论》。

三、"片断"思想的理论内涵

有一个很少被用来反对奈格里的更为时髦的后工人主义、但在重新解读马克思方面又与之相竞争且同样是修正主义的流派,它较少关注《大纲》而更多关注《资本论》。这一流派就是受法兰克福学派启发、以德国为大本营的"新马克思阅读"①,它被广义地定义为"作为社会批判理论的政治经济学批判"②。这种"新阅读"的主题也较早地在《经济与社会》上受到杰弗里·皮林(Geoffrey Pilling)和苏珊娜·德·布伦霍夫(Suzanne de Brunhoff)等英语学者的关注。皮林或许意识到德国学者对价值规律的研究达到了更高水平,因而写道:"尤其是英语作家,他们中的许多人声称自己是马克思主义者,但他们在对待价值规律时却犯下了根本性的错误。"③"新马克思阅读"在放弃劳动价值论时遵循了这一点,并重新聚焦于作为社会生产关系理论家的马克思④。

于是,"新马克思阅读"重新拾起"片断"这几页文本中的线索。作为在《经济与社会》杂志上对《大纲》的普遍狂热提出异议的一位早期反对者,基思·特里布(Keith Tribe)认为《大纲》是"一部不连贯的、过渡性的

① Riccardo Bellofiore and Tommaso R. Riva, "The Neue Marx-Lektüre: Putting the Critique of Political Economy Back into the Critique of Society", *Radical Philosophy*, no. 189(Jan/Feb 2015), pp. 24 – 36.

② Werner Bonefeld, *Critical Theory and the Critique of Political Economy*, London: Bloomsbury, 2014.

③ Geoffrey Pilling, "The Law of Value in Ricardo and Marx", *Economy and Society*, vol. 1, no. 3, 1972, p. 281.

④ Ibid, p. 287.

作品","它的模糊性表明存在许多理论障碍"①。特里布认为,人们对《大纲》的资本主义崩溃预言的狂热主要体现在"机器论笔记"中,并将其归因于对马克思在《资本论》中的最终工作的"一种可悲的无知",因为马克思在《资本论》中对该笔记中的许多观点进行了修改或者删除。②

本文所展开的批判的基石是一如既往地将马克思的价值理论作为其最重要的贡献。皮林在发表"机器论笔记"的同一期《经济与社会》杂志上写道,他认为"价值问题……在《资本论》中得到了比马克思在 1850 年后期的作品中更加充分的解决"③。正如布鲁斯特所言,马克思之所以从价值开始展开《资本论》,"是因为他认为这是分析对象的必要的第一步"。但他指出,《大纲》是以不同的方式展开的,这表明了一种关于资本主义生产方式这一对象本身的不同理论④。这为我们如何在马克思更广阔的理论努力中解读"片断"提供了启示。继皮林等先驱之后,"新马克思阅读"有助于阐明这种关系,以及它是如何被当代"片断"思想家们所误读的。

在"新马克思阅读"那里,价值并不取决于任何个体劳动者在生产中耗费的劳动时间量,而是取决于"生产它所必需的社会"时间量⑤或者它的社会必要劳动时间。这就需要在具体劳动耗费之后才能进行检验估价。正如德·布伦霍夫指出的那样,"生产一种商品的'社会必要'劳动时间是在流通中强加给所有生产者所耗费的劳动时间的",而这是通过商品交换而实现的⑥。只有通过这种验证,才能说劳动创造了一切价值⑦。

因此,"新马克思阅读"与马克思在《资本论》中反对将价值视为在商

---

① Keith Tribe,"Remarks on the Theoretical Significance of Marx's *Grundrisse*", p. 180.

② Ibid, p. 181.

③ Geoffrey Pilling,"The Law of Value in Ricardo and Marx", *Economy and Society*, vol. 1, no. 3, 1972, p. 301.

④ Ben Brewster,"Introduction to Marx's 'Notes on Machines'", *Economy and Society*, vol. 1, no. 3, 1972, p. 239.

⑤ Karl Marx, *Capital*, London: Penguin, 1976, 301. 中文版参见《马克思恩格斯全集》第 44 卷,北京:人民出版社 2001 年版,第 369 页。

⑥ Suzanne D. Brunhoff,"Marx as an a-Ricardian: Value, Money and Price at the Beginning of Capital", p. 425.

⑦ Werner Bonefeld,"Abstract Labour: Against its Nature and on its Time", *Capital and Class*, vol. 34, no. 2, 2010, pp. 266 - 267.

品生产中耗费的绝对劳动量的观点是一致的。马克思指出,如果这一观点成立的话,那么具有最大价值的商品将是由最"不熟练和懒惰的"[①]的工人所生产的商品。与之相反,决定价值的劳动时间应该是社会必要劳动时间。按照马克思的说法,价值只是作为"一定量的凝固的劳动时间"[②]而存在。这里所强调的是可借以如此言说的凝结/结晶(crystallization),而不是某一实际具体劳动的时间量。因此,价值是同抽象劳动相关,而非同具体劳动的耗费相关[③]。

在此基础上,"新马克思阅读"的方法表明,其他马克思主义者对"片断"的赞誉同"片断"在马克思全部著作中的地位、连贯性及其意义是极不相称的。正如"新马克思阅读"的领军人物米夏埃尔·海因里希(Michael Heinrich)所指出的那样,对"片断"的临时性阐发是同马克思在其自己后续发表的著作中所确立的标准相悖的,因而是失败的[④]。其原因就在于"片断"的不完整状态。"片断"是马克思随着其理论发展的日益成熟而抛弃的著作的一部分。关于这一理论的最为完整的表述,我们可以在仍未完成的《资本论》中找到,这也是"新马克思阅读"最强调的部分。

从《资本论》的角度来看,"片断"是与马克思的政治经济学批判的整个努力背道而驰。正如皮林所言,价值的外观无法表达它的内在规律,因此,任何关于价值的量化尺度或者"证明"其真实性的观点都会遭到马克思的"鄙视"[⑤]。"片断"对后工人主义和当代"后资本主义"思考价值的路径产生的深远影响表明,人们很少考虑它在马克思全部著作中的一致性。"片断"思想倾向于一种对劳动和价值之关系的传统理解。讽刺的是,这种生产主义立场掩盖了其支持者所宣称的后工人主义。而他们对

---

① Karl Marx, *Capital*, 1976, p. 129. 中文版参见《马克思恩格斯全集》第44卷,第52页,译文略有改动。

② Karl Marx, *Capital*, 1976, p. 184. 中文版参见《马克思恩格斯全集》第44卷,第53页。

③ Werner Bonefeld, "Abstract Labour: Against its Nature and on its Time", *Capital and Class*, vol. 34, no. 2, 2010, p. 262.

④ Michael Heinrich, "The 'Fragment on Machines': A Marxian Misconception in the Grundrisse and its Overcoming in Capital", in R. Bellofiore, G. Starosta & p. Thomas, eds., *In Marx's Laboratory: Critical Interpretations of the Grundrisse*, Leiden: Brill, 2013, pp. 197 – 212.

⑤ Geoffrey Pilling, "The Law of Value in Ricardo and Marx", p. 284.

可衡量性危机的概念化又依赖于后工人主义。价值必须与消耗的具体劳动直接相关,后者的减少才会构成威胁。但与之相反,价值是与抽象劳动相关。皮林反对德·布伦霍夫将抽象劳动描述为"人类劳动的耗费"①,认为抽象劳动"不能经验地出现在资本主义制度中"②。因此,"片断"在马克思价值理论的发展中处于不稳定的地位。这也解释了它的零散和未发表。"片断"所描绘的危机场景意味着一种简单化的劳动价值论。从马克思主义的角度来看,"片断"只能算是一种片面的价值观点。因此,它不应该被推断为一种为了适应我们今天所面临的条件而被制定的衡量危机和价值规律理论。

因此,从"新马克思阅读"的角度来看,任何基于价值规律而假设的衡量危机都被证明是错误的。这延伸到马克思在"片断"中所描绘的场景,以及模仿它的后工人主义者和后资本主义者那里。以直接劳动时间的衡量危机为前提的战胜资本主义的愿景,错误地强调了劳动的具体消耗,而非劳动在交换中的抽象。通过与现实相反的设想,后工人主义者能够挑战价值规律的持续作用。正如卡劳奇斯(Caffentzis)指出的那样,当后工人主义者断言价值规律已经过时的时候,他们实际上忽视了马克思作为"最初的非物质主义者"的身份。在卡劳奇斯看来,"就资本主义而言",马克思认识到资本家"感兴趣的不是物,而是……物的量化价值",这种量化价值"几乎不是物质的东西!"③正如梅森公开主张的那样,后工人主义者只是通过坚持其最具生产主义的解释,而非严格的"非物质主义的"马克思,来断言价值规律过时的。

在此意义上,后工人主义者对"片断"在非物质劳动方面的实现的解读很少体现出非物质主义的立场,这主要是由于缺乏对形式的把握。就像最传统的价值理论一样,他们强调的是劳动的具体消耗,而不是劳动的

① Suzanne D. Brunhoff, "Marx as an a-Ricardian: Value, Money and Price at the Beginning o Capital", p. 424.
② Geoffrey Pilling, "The Law of Value in Ricardo and Marx", *Economy and Society*, vol. 1, no. 3, 1972, p. 288.
③ George Caffentzis, *In Letters of Blood and Fire: Work, Machines, and Value*, Oakland: PM Press, 2013, p. 97.

抽象。他们从劳动的直接形式出发推测系统性变化,忽视了它的中介。工作场所中的变化被提升为整个资本主义的变化,忽视了生产结果所具有的特殊的商品形式是如何延续下去的。后工人主义者和像梅森这样的后资本主义者试图让我们相信,价值与抽象的社会形式无关,而与投入产出的数量有关。事实上,他们的未来政治学正是基于这一点。就此而言,他们的作品展现一种关于工厂的不可否认的生产主义倾向。正如海因里希所言,同他们宣称已经超越了无产阶级状况相悖的是,哈特和奈格里"将构成价值的'抽象劳动'等同于时间性的、可衡量的工厂劳动"。但正如海因里希指出的那样,"马克思的'抽象劳动'概念完全不同于某一特定类型的劳动消耗",而是"一个社会中介范畴"①。"无论商品是钢管还是养老院的护理劳动",都适用于这一点。如果马克思的价值理论不与定量有关,而是与形式分析有关,那么物质劳动与非物质劳动之间就没有什么区别。价值形式不是与劳动有关,而是与它在商品交换中的通约性(commensuration)有关。

我们可将此推导到"片断"中关于可衡量性危机的假设。在最近的一篇评论文章中,莫伊舍·普殊同(Moishe Postone)分析了哈特的如下观点,即"可衡量性问题是被衡量对象(无论是物质的还是非物质的)的性质的一种函数"②。更确切地说,"可衡量性问题从根本上来说是一个通约性问题"。它与具体对象或者实践无关,而是与"它们所处的社会环境"有关。"相互可交换性"的基础是"历史特殊性和社会性"。例如,两个不同项是如何被赋予可通约性并随着时间的推移而发生变化的。普殊同将价值称为"一种历史上特定的社会中介形式"。无论价值所中介的物质基础或非物质基础发生怎样的变化,这种"凝结"(crystallisation)都会发生。因此,非物质劳动的新条件并不需要达到"片断"所描述的条件。

通过形式分析来解读,衡量尺度(measure)总是一成不变的。但是

---

① Michael Heinrich, "Invaders from Marx: On the Uses of Marxian Theory, and the Difficulties of a Contemporary Reading", *Left Curve*, no. 31, 2007, pp. 83 – 88.

② Moishe Postone, "Thinking the Global Crisis", *The South Atlantic Quarterly*, vol. 111, no. 2, 2012, p. 247.

"片断"所预言的乐观图景并非如此。卡劳奇斯指出,衡量尺度持续存在于日常的各种工作中。衡量尺度非但没有陷入危机,反而继续发挥作用,就像过去一样对资本来说是必要的。在最基本层面上,"创造命题、对象、思想、形式和其他所谓'非物质产品'的过程……是一个在时间上可以(而且正在)被衡量的过程"①。这可能不同于马克思时代的"物质"工厂劳动。但它仍然占据时间并在此基础上加以衡量。当卡劳奇斯指出可衡量性危机"似乎并不是指全球数十亿人,每天在十分关心工人们花费了多少时间工作以及每次做得怎样的老板们的监视下,做了什么事情"时,他就很好地抓住了这一点②。强制性的社会关系仍然存在,它与衡量尺度同义,在衡量尺度中被扬弃,因而是矛盾的和否定的。

与后工人主义不同,卡劳奇斯认为衡量尺度总是承受着在"片断"图景中所描述的不确定性。没有哪种商品的价值能够从生产该商品的直接劳动时间量中被精确读出。正如卡劳奇斯所言,这适用于物质商品,也适用于后工人主义者所强调的非物质商品和服务③。这是因为表现在商品价值中的劳动是抽象劳动。而抽象劳动是根据社会必要劳动时间来衡量的④。正如马克思所言,这是由"在现有的社会正常的生产条件下,在社会平均的劳动熟练程度和劳动强度下"⑤所决定的。换言之,它不是由直接的具体的劳动时间决定的,而是由货币交换中的社会认同(social validation)决定的。因此,价值总是面临着预言其崩溃的人所描述的危机条件。但这些危机条件并不像"片断"所暗示的那样是致命的。

因此,后工人主义者关于"片断"所描述的条件现在已经实现的主张,只有通过对价值形式的误解才有可能,这种误解暴露了他们对非物

---

① George Caffentzis, *In Letters of Blood and Fire: Work, Machines, and Value*, Oakland: PM Press, 2013, p. 111.

② George Caffentzis, "Immeasurable Value? An Essay on Marx's Legacy", *The Commoner*, no. 10, 2005, p. 97.

③ George Caffentzis, *In Letters of Blood and Fire: Work, Machines, and Value*, Oakland: PM Press, 2013, p. 112.

④ Geoffrey Pilling, "The Law of Value in Ricardo and Marx", *Economy and Society*, vol. 1, no. 3, 1972, p. 288.

⑤ Karl Marx, *Capital*, p. 129. 中文版参见《马克思恩格斯全集》第44卷,第52页。

质劳动的把握远远不够非物质性。但另一方面，"片断"思想也远远不够唯物主义，因为它忽略了隐藏在直接工作内容变化中的持续存在的社会关系。这些社会关系的核心在于把强迫出卖劳动力作为生存的条件，以及与借以进行再生产的独立个人的和集体的手段之间有力而持续的分离。因此，将资本主义社会综合起来的交换抽象才是真正的抽象。它是一种对于对抗性的社会关系中的物质实践存在的概念性（conceptuality）表达①。对此，皮林非常透彻地写道"价值关系（作为一种社会关系）表现为物与物的关系"，因此"在商品交换中，人们……实际上是交换他们的劳动"，在资本主义社会中没有"幻象"，只有社会关系所设定的"必要表象"②。

于是，对"表面的"经济范畴的批判就揭示出概念的物质性和物质世界的概念性。因此，一个人口袋里的硬币"承载着他同社会的联系"，这种联系涉及"为获得生存手段而进行的斗争"③。这枚硬币表达了这种联系并始终关涉这种联系。但它也表达了价值这一概念，后者是与它在实际生活关系中的构成密不可分的。为生存而斗争既是概念性的，也是物质性的。在此意义上，现实是通过人们的实践以社会的方式构成的。正如霍克海默所言，"人类通过自己的劳动，生产出一种愈发奴役他们的现实"④。正如我们将看到的，这驳斥了哈特和奈格里将革命创造力归因于"诸众"的观点。通过批判经济形式，我们也批判了它们所表达的诸种人类生活实践和经验，而非不加批判地赞美它们的所是样态。

因此，正如博内菲尔德所言，政治经济学批判不是一种经济理论，而

---

① Werner Bonefeld, *Critical Theory and the Critique of Political Economy*, London: Bloomsbury, 2014, p. 64.

② Geoffrey Pilling, "The Law of Value in Ricardo and Marx", *Economy and Society*, vol. 1, no. 3, 1972, p. 283.

③ Werner Bonefeld, "Bringing Critical Theory Back in at a Time of Misery: Three Beginnings without Conclusion", *Capital & Class*, vol. 40, no. 2, 2016, p. 240;Karl Marx, *Grundrisse*, pp. 156–157. 中文版参见《马克思恩格斯全集》第30卷，北京：人民出版社2001年版，第106页。译文略有改动。

④ 转引自 Werner Bonefeld, "Bringing Critical Theory Back in at a Time of Misery: Three Beginnings without Conclusion", *Capital & Class*, vol. 40, 2015, p. 60。

完全是一种整体的社会批判理论①。它拒绝从表面上接受资本主义社会
中凝固的社会关系所表现出来的某些客观表象。政治经济学批判并不以
支配同样客观化的经济社会形式来反映世界本身。我将在下文中指出后
工人主义对"片断"的接受正是如此。并且正如我将继续指明的那样,这
种与事物现状的共谋可能解释了"片断"为什么在今天受到政策制定者和
媒体推动者的青睐。在接下来的部分中,我将考察这些政治影响,并表明
它们源于对"片断"的当代接受中关于价值和劳动的独特理解方式。

四、"片断"思想的政治影响

后工人主义在解读马克思的过程中所强调的价值规律危机,对其追
随者来说是一个在旧世界的外壳中创造新世界的机会。我认为"片断"之
所以能够吸引当代左翼和中左翼,正是因为它提供了关于资本主义崩溃
的承诺性的乐观图景。奈格里从 20 世纪 90 年代和 21 世纪初的"新经济"
发展中解读出"片断"实现的条件,梅森的贡献是在新时代更新了这一预
言,并从许多新发展中解读出一个似乎更加可信的由"片断"展开的故事。
在本节中,我将探讨在这些切近的未来愿景中,价值理论的奥义是如何获
得真正的政治影响力(political purchase)的。

弗兰·通金斯(Fran Tonkiss)在《经济与社会》上发文指出,各种不同
的"后资本主义"思想都倾向于认为"另一个世界不但是可能的,而且已经
成为现实"②。当代对马克思的"后资本主义"解读,即把"片断"置于前台
和中心位置,同样是错位的,它提出了一种与我们所知道的马克思价值理
论彻底决裂的阐释。一种与之相反的解读认为,我们最好将"片断"看作
是对未来共产主义而不是对当前资本主义的可能状况的描述③。它声称,

---

① Werner Bonefeld, *Critical Theory and the Critique of Political Economy*, London: Bloomsbury, 2014.
② Fran Tonkiss, "Postcapitalist Politics?" *Economy and Society*, vol. 37, no. 2, 2008, p. 306.
③ Tony Smith, "The 'general intellect' in the Grundrisse and Beyond", *Historical Materialism*, vol. 21, no. 4, 2013, pp. 235 - 255.

这可以解释这种分歧。

问题在于"片断"的现代流行同这种分歧背道而驰。正如卡劳奇斯所指出的那样,马克思假设的东西发生在未来的某个时刻,而奈格里则认为要把握住此时此刻①。但情况并非总是如此。例如在《超越马克思的马克思》一书中,奈格里认为"共产主义"是在向它过渡的过程中被定义的②,而非暗示这种过渡已经完成。它也许正在进行中,但尚未在任何实质意义上获得完成。在这里,奈格里认为,只有共产主义的实现才符合"片断"中所描述的条件。它通过"否定一切衡量尺度,肯定愤怒的复数和创造力"③来终结价值规律。但奈格里并没有暗示这一点已经到来。

但在《帝国》中,这种"愤怒的复数"作为从马克思转向斯宾诺莎的基础重新出场。奈格里借助斯宾诺莎提出,创造性的欲望内在地推动资本主义朝着"片断"所描述的条件发展。按照贝弗伦根(Beverungen)等人的说法,工作世界的经验变化表达了我们可称之为"资本的共产主义"(communism of capital)的东西④。非物质劳动即创造性的、交流性的、认知性的劳动"似乎为一种自发的初级的共产主义提供了潜力"⑤。

在较早的关于《大纲》的讲座中,奈格里将"片断"视为马克思著作中"运用对抗性和构成性辩证法的最高典范"⑥。但在转向斯宾诺莎的过程中,对抗性和辩证法消失了。这种差异涉及奈格里是如何对历史变迁进行分期的。在《超越马克思的马克思》中,奈格里将"片断"描述为预言了一种通过工人阶级主体性的构成性力量而达到的"共产主义"。他写道:"共产主义具有主体性的形式(form of subjectivity)","共产主义是一种构成性的实践(constituting praxis)"。这是一个反对现在(the present)的运

① George Caffentzis, "Immeasurable Value? An Essay on Marx's Legacy", *The Commoner*, no. 10, 2005, p. 89.

② Antonio Negri, *Marx beyond Marx: Lessons on the Grundrisse*, London: Pluto, 1992, p. 115.

③ Ibid, p. 33.

④ Armin Beverungen, Anna-Maria Murtola and Gregory Schwartz, "The Communism of Capital?" *Ephemera*, vol. 13, no. 3, 2013, pp. 483 - 495.

⑤ Michael Hardt and Antonio Negri, *Empire*, Cambridge, MA: Harvard University Press, 2001, p. 294.

⑥ Antonio Negri, *Marx beyond Marx: Lessons on the Grundrisse*, London: Pluto, 1992, p. 139.

动:"资本中没有哪个部分不被新主体的迅速发展所摧毁"①。但在《帝国》中,斗争消失了。新的主体性,即诸众的主体性,表现为对现在的顺从,而非冲突。这是因为凭借其内在的创造力,现在是以它自身的形象而存在。因此,"片断"中所预言的共产主义将不再需要通过斗争来实现。更确切地说,它是一种要与之顺应的潮流。

这表明后工人主义同它极力宣称要打破的那种生产主义的、目的论的马克思主义正统是如此相近。在描绘"资本的共产主义"时,奈格里向马里奥·特隆蒂(Mario Tronti)的哥白尼式逆转(Copernican reversal)所代表的工人领导的斗争给予了口头支持②。在关于不守规矩的工人如何促使雇主投资新技术的整个章节中,梅森也采取了相同的做法③。但是,《帝国》关于变革和危机的描述最终书写了没有阶级斗争的历史。诸众与帝国同步运动。世界上发生的任何事情都是诸众的"欲望的创造性"④之展开的结果。因此,当托马斯·奥斯本(Thomas Osborne)在"新经济"时代断言"哈特和奈格里经常听起来很像今天的创新管理演说的拥护者",也就不足为奇了⑤。今天,梅森等后资本主义空想家和硅谷的技术专家或许也可以这么说。

在这些共振中,诺伊斯(Noys)所讽刺的"肯定主义"(affirmationism)是显而易见的⑥。它阐明了奈格里对"片断"的当前实现的解读的当代意义。以奈格里本人参与其中的"加速主义"思潮为例⑦。在这里,"片断"思

① Antonio Negri, *Marx beyond Marx: Lessons on the Grundrisse*, London: Pluto, 1992, p. 163.
② Harry Cleaver, "The Inversion of Class Perspective in Marxian Theory: From Valorisation to Self-valorisation", in W. Bonefeld, R. Gunn and K. Psychopedis, eds., *Open Marxism Vol. II: Theory and practice*, London: Pluto Press, 1992, pp. 107 – 144.
③ Paul Mason, *Postcapitalism: A Guide to Our Future*, Ch. 7.
④ Michael Hardt and Antonio Negri, *Empire*, pp. 51 – 52。中文版参见麦克尔·哈特、安东尼奥·奈格里《帝国:全球化的政治秩序》,杨建国、范一亭译,江苏:江苏人民出版社2008年版,第56页。
⑤ Thomas Osborne, "Against 'creativity': A Philistine Rant", *Economy and Society*, vol. 32, no. 4, 2003, p. 511.
⑥ Benjamin Noys, *The Persistence of the Negative: A Critique of Contemporary Continental Theory*, Cambridge: Cambridge University Press, 2012.
⑦ Antonio Negri, "Some Reflections on the ♯Accelerate Manifesto", in R. Mckay and A. Avanessian, eds., *♯Accelerate: The Accelerationist Reader*, Falmouth: Urbanomic, 2015, pp. 363 – 378.

想赋予了"加速主义"一种虚无主义的乐观主义,即无论发生什么,无论多么糟糕,都是好事。促使吸纳和衡量危机加速发展的东西代表了一种解放。例如,斯尔尼塞克和威廉姆斯预言了一个新闻记者将公司倒闭和失业报道为胜利而非悲剧的时代。当资本主义苦难的每一个曲折背后都是诸众的内在驱动力时,人们很容易从生活与劳动之间越来越少的联系中看见一线希望。①

值得肯定的是,斯尔尼塞克和威廉姆斯已经限定了他们先前的热情②,主张如果缺少有组织的斗争来促进新技术的发展,乌托邦就不会出现。但问题在于这里的"斗争"是对一个正在发生作用的过程采取行动。梅森同样认为"片断"编织了一个阶级斗争的故事,因为马克思在这几页文本中强调工人们为"工作自由"和"努力在自由时间作为人接受教育"而斗争③。梅森将这些"旧社会关系中的新社会关系"④的来源定位于一个新的阶级主体。这种受过教育的网络化的个人,是"现在可能出现的后资本主义社会的承担者"⑤。这个新的阶级实体的多样性和无限性,将其直接带入哈特和奈格里所描述的"诸众"领域中,同时又附带着一个旧式工人主义阶级斗争的元素。但"网络化的个人(networked individual)"作为后资本主义"承担者"的地位泄露了其中的秘密:这里存在一种能动的目的论,它表明"社会行动者"由于生产力而崛起,并且只有在生产力允许的范围内才能重塑关系。

这无意中再生产出工人主义想要逃避的旧式共产主义和社会民主主义。正统派坚信历史完全按照计划展开——过时的非理性和技术变革推动资本主义不可避免地走向崩溃。工人们应该顺应潮流,而不是逆流而行。但是,正如本雅明(Benjamin)对他所处时代的社会民主主义所描述

---

① Nick Srnicek and Alex Williams, "Remembering the Future", *BAMN* ♯ 1, 2015. http://www. weareplanc. org/bamn/remembering-the-future/.

② Nick Srnicek and Alex Williams, *Inventing the Future: Postcapitalism and a World without Work*, 2nd ed. , London: Verso, 2016.

③ Paul Mason, *Postcapitalism: A Guide to Our Future*, London: Allen Lane, 2015, pp. 137 - 138.

④⑤ Paul Mason, *Postcapitalism: A Guide to Our Future*, London: Allen Lane, 2015, p. 114.

的那样，它的因循守旧"不仅体现在它的政治策略上，也体现在它的经济观念上……没有什么比那种认为德国工人阶级应该随波逐流的观念更能够腐化德国工人阶级了。它把技术发展看作是它自认为它所顺应的潮流之势能"①。今天，社会民主主义的复兴似乎也会产生同样虚假的安全感。

正如诺伊斯所言，这种因循守旧的"关键症候"表现为对劳动的赞美②。今天，它再次出现在像奈格里这样的后工人主义者的肯定主义的"片断"思想中。与以工作场所之外的空间为中心的反生产主义观点相反，它背离了一种颠倒的生产主义，后者认为资本主义的所有变化与工作场所密切相关，并将其扩展到极限，近乎吸纳一切。在继承马克思主义的劳动解放的基础上，后工人主义对"片断"的接受及其当代后资本主义追随者进一步倡导从劳动中解放出来。两者都是通过上述的技术潮流而共同完成的，并错误地将工作终结看作是资本主义终结的关键。在这里，某类工作及其相应的某类工人预示了一个新的工作世界和可以逃离工作的世界。这在后工人主义和后资本主义那里就是"非物质劳动者"。正如卡劳奇斯敏锐指出的，这展示了从马克思列宁主义那里继承来的一种传统主义的生产主义。在这里，"任何时代的革命主体都是由阶级中最具'生产性的'元素合成的"③。以前是斯达汉诺夫商人（Stakhanovite tradesman），今天则是自由网站设计师或计算机程序员——即梅森所说的"网络化的个人"。

正如后工人主义将工作场所的范围扩展到一切领域，它将劳动力扩展到所有人。正如瑞恩（Ryan）所言，在后工人主义那里，早期马克思主义对生产主体的赞美被一种"斯宾诺莎主义形而上学"（Spinozist metaphysic）所强化，即把"人类的生产力"作为一个整体予以肯定④。每个人都是

---

① Benjamin Noys, *The Persistence of the Negative*: *A Critique of Contemporary Continental Theory*, p. 115.
② Ibid, p. 115.
③ George Caffentzis, *In Letters of Blood and Fire*: *Work*, *Machines*, *and Value*, Oakland: PM Press, 2013, p. 79.
④ Michael Ryan, "Epilogue", in Antonio Negri, ed., *Marx beyond Marx*: *Lessons on the Grundrisse* (pp. 191 – 221), London: Pluto Press, 1992, p. 218.

阶级中最具生产性的元素,今天这个阶级就是"诸众"。这在一定程度上源于梅森所认同的"社会工厂"理论,即生产和斗争的场所变成了社会本身。社会就像一个工厂,而工作本身变得更加社会化。梅森遵循拉扎拉托对"非物质流域"的描述,认为以知识为基础的生产看到了由分散的、去中心化的"交往网络"(communicative networks)所创造的价值,正是通过与资本主义生产明显矛盾的集体方式所进行的生产活动转型,才使得后资本主义即将到来。① 同样地,奈格里是借助将一切视为"一"的斯宾诺莎一元论来解读社会工厂,这为奈格里提供了一个方便的托辞。无限的积极性迎来这样一个世界,其中的任何事情都是由无数无限的"欲望的创造性"所产生的。这个假设就其本质而言是无可争议的。它的唯一论据就是它本身。"历史"变成了"诸众"的同义词,而且同样难以捉摸。这种政治预言在等待的时光里不断回响:放轻松,剩下的事情就让目的论来做吧。你所做的一切都足够好了。

这些分析命题通过描绘"片断"在当下而非未来的实现,将诸众的行动呈现为始终具有"肯定"的维度。这是一种在其宣扬者手中具有真正的政治表现力的主张。该主张认为,资本受制于作为一切变革之内在动力的"反作用力"的社会动因(social agents)的驱动。例如,梅森将其归因于科尔宾背后的运动。② 无论资本主义运转良好与否,这种内在作用都是真实存在的。一方面,全球化回应了游牧诸众(nomadic multitude)跨越边界的无限性。新经济产生于游牧诸众的自治的合作的创造性。另一方面,危机源于诸众对资本极限的挑战。正如诺伊斯所指出的,可衡量性危机源于"直接而不可衡量的生产性"所造成的一种生命的剩余(excess of life)③。因此,诸众既推动资本主义的发展,也造成资本主义的危机。正如安妮·巴伦(Anne Barron)在《经济与社会》的最近一期上所指出的那样,"如果……资本主义需要那些应该体现哈特和奈格里的'自发的初级

---

① Paul Mason, "The End of Capitalism has Begun", *The Guardian*, 17 July, 2015.
② Paul Mason, "Corbyn: The Summer of Hierarchical Things", *Mosquito Ridge*, 12 July, 2016.
③ Benjamin Noys, *The Persistence of the Negative: A Critique of Contemporary Continental Theory*, pp. 113 - 114.

的共产主义'的实践",那么"如何区分合作的根据和竞争的根据——或者如何区分复兴的资本主义和新兴的共产主义?"①。这是一个后资本主义者尚未解决的新的政治问题。

在哈特和奈格里赞扬资本内部的诸众的内在力量时,这种混淆是显而易见的。他们写道,"如果帝国总是一种绝对的肯定,是一个民众政府的实现和一个绝对内在的机构"②,那么它从来不是先验地而总是内在地面临着危机——因为它的极限为构建其自身内部而非外部的替代方案提供了"建设性"的可能。于是,衡量危机就绝不是由于否定资本主义社会关系的展开而被迫产生的。相反,它利用一种已经存在于资本主义内部的剩余之物来明确对抗资本主义本身。这些因素既是资本主义运作的肯定部分——自由时间、生产力、价值、创造力、欲望、劳动和非劳动,也是生命的肯定部分——它在资本的支配下无非是劳动力及其再生产。在超越它们的过程中,诸众肯定了超越界限的东西以及界限本身③。诸众进一步肯定了通常在同一界限的合理范围内展开的关系和事物,亦即价值、劳动、资本等。

博内菲尔德在批判奈格里时重申了人类实践产物所采取的歪曲形式是如何控制和诱骗我们的④。奈格里只解释了那些突破价值增殖界限的东西的来源,而没有解释这些界限本身的根源。它存在于人类实践的歪曲形式中,并被视为一种"外在的强制性力量"⑤。运用辩证的观点可以把握这一点。它包含着抽象社会形式的概念性和生存斗争的非概念性的矛盾统一性。然而,奈格里的斯宾诺莎内在主义只看到了唯一的简单的单

① Anne Barron, "Free Software Production as Critical Social Practice", *Economy and Society*, vol. 42, no. 4, 2013, p. 609.
② Michael Hardt and Antonio Negri, *Empire*, pp. 373 - 374. 中文版参见麦克尔·哈特、安东尼奥·奈格里《帝国:全球化的政治秩序》,杨建国、范一亭译,江苏:江苏人民出版社 2008 年版,第 359 页。
③ Benjamin Noys, *The Persistence of the Negative: A Critique of Contemporary Continental Theory*, Cambridge: Cambridge University Press, 2012, pp. 113 - 114.
④ Werner Bonefeld, "Human Practice and Perversion: Between Autonomy and Structure", *Common Sense*, no. 15, 1994, pp. 43 - 52.
⑤ Geoffrey Pilling, "The Law of Value in Ricardo and Marx", *Economy and Society*, vol. 1, no. 3, 1972, p. 288.

子。它缺乏对矛盾和中介的辩证认识,因而无法触及它所宣称的诸众超越的界限的本质。

就像梅森提出网络化的个人在新技术提供的自由时间里创造出不可估量的价值一样,奈格里乐观地将诸众与打破资本数量的界限联系起来。但在面对挑战资本之界限的东西时,梅森和奈格里都缺乏对那些界限本身的本质的批判性关注。这忽视了人类实践所产生的歪曲形式是如何继续重新强化其自身的。在资本的界限处衰退的活动与那些从一开始就构成资本界限的活动是同一的。在一个以交换价值关系为中介的社会中,人类实践获得抽象劳动的形式。这不仅仅涉及对最抽象的社会过程的分析。相反,这些过程表达了包含在其表象中的被否定的本质。也就是说,对抗的、强迫的、与出卖劳动力之外的生存相分离的具体社会关系。

但奇怪的是,它们在后工人主义和后资本主义对"片断"的阐释中被忽略了。乍看之下,价值规律危机的概念化在其呈现方式上是历史主义的。使它成为可能的条件被置于一系列不断变化的具体现实中。衡量危机伴随着生产关系的变化。对于奈格里和梅森来说,这些都是生产力的同义词。工人们制定他们的劳动所遵循的规则。正如梅森在其《后资本主义》的前几章中所强调的那样,意大利在 20 世纪 60、70 年代的境况是这一预言的核心①。一场对于制宪权的争夺导致关于工资与生产力的凯恩斯主义协议破裂。工人们密切关注着工资要求的飙升和拒绝工作的激增。工人们放弃了将他们的生产力转交给资本家指挥的协议②。这最终产生了一种非物质的、无工厂的新型经济。而对于后工人主义者来说,这些力量的反抗也是一场生产关系的革命。这不是一种辩证的对抗性的关系,而是一种双方共享的奇异性(singularity)。奈格里对斯宾诺莎的内在性的接受清楚地表明了这一点。它为合二为一提供了哲学基础。诸众所引领的地方,帝国不但紧随其后,而且步调一致。这同样适用于网络化的

---

① Paul Mason, *Postcapitalism: A Guide to Our Future*, London: Allen Lane, 2015, Ch. 7.
② Harry Cleaver, *Reading Capital Politically*, Edinburgh: AK Press, 2000, p. 68.

个人同所谓的"信息资本主义"的关系。

很难忽视证明整个世界作为一个整体的直接历史证据。直接工作内容的这种连续变化被当作提出"片断"已经实现的基础。但这种表面上的历史性使得后工人主义无法捕捉到资本主义的势不可当的连续性。这种历史性只强调变化。当我们看到所有的变化都源于工作场所时,就很容易分析一系列划时代的范式了——帝国、后资本主义、信息资本主义,等等。正如奥夫赫本(Aufheben)所指出的,这些范式是按照生产主义的路线来定义的①。它们是根据劳动内容的表面变化而更迭的。但是,要在马克思著作的整体语境中来看待"片断",就必须关注作为劳动直接性之中介的社会形式,哈特和奈格里的分析正是基于这种社会形式展开的。资本主义的特征并非正在发生的具体类型的生产活动。相反,它的特征在于其结果所采取的形式:价值、货币、资本。这就是我们所处的社会形态的特殊性②。

后工人主义者绕过这种特殊性,设想了一种他们无法把握的、正在经历一场无法承受的危机的资本主义。一切策略都被外包给资本主义的有利展开。同样的理论不精确性也破坏了后资本主义的新政治学。对资本主义的误解导致对替代资本主义的可能性的误解。这些关于价值和劳动的神秘辩论不仅是在马克思主义神学或形而上学中展开,而且承受着从长远来看在物质上和政治上都是灾难性的实际影响。因此,我们必须警惕那些试图将"片断"从马克思的更成熟的资本主义理论展开和对其著作的新阅读中剥离出来的人所发出的呼吁。它被错误地应用于当下,并产生了现实的政治效力。"片断"的流行可能与它向两种不同的受众提供的安慰有关。对于那些对资本主义的持续感兴趣的人来说,"片断"是一首展示其不可估量的生产力与和平进步的舒缓安魂曲。而对那些寻求替代方案的人来说,"片断"则是资本主义即将发生转变的承诺。从一种批判

---

① Aufheben. "Keep on Smiling: Questions on Immaterial Labour", *Aufheben*, no. 14, 2007, pp. 23 - 44.

② Geoffrey Pilling, "The Law of Value in Ricardo and Marx", *Economy and Society*, vol. 1, no. 3, 1972, p. 283.

的马克思主义角度来看，两者都依赖于虚假的希望。

五、总结

在本文中，我对后工人主义关于"片断"已经实现的假设以及它如何在当代左翼政治话语中传播提出质疑。基于这里所倡导的"新马克思阅读"的洞见，后工人主义者忽视了价值的现实抽象的持久性以及它所表达和贯穿其中的社会生产关系。我对那种主张与"片断"相关的价值危机和冗余（redundancy）已经实现的观点提出质疑。当后工人主义者与后资本主义者看到"资本的共产主义"已经存在或者初露端倪的时候，我们仍然在资本的统治下生活、工作、挨饿和受苦。

"片断"思想的特征，正如它今天所表现的那样，在后工人主义中有着令人惊讶的政治持久性的理论血统。马克思所说的人体解剖是猴体解剖的钥匙，或者更一般地说，"最发达事物是认识欠发达事物的关键"①，同样的道理也适用于理解梅森与后工人主义的关系。这里，后工人主义的流行暴露了其潜在的生产主义正统。梅森像奈格里一样将他对"片断"图景的整个阐述建立在这样一种假设之上，即直接的具体劳动构成价值，劳动时间的任何减少都会对整个价值规律构成根本性威胁。这种关于价值的理解是一系列理论缺陷的根源，而这些理论缺陷在通过一种后工人主义的方式接近不断变化的世界的过程中被过滤掉了，因而今天仍困扰着左翼思想。

作为一种社会批判理论的政治经济学批判的核心问题在于"为什么这一内容会采取这种形式？"②因此，政治经济学批判就是理解生产活动所采取的形式。直接劳动及其直接尺度的变化本身不能引起价值危机，因

---

① Riccardo Bellofiore, "A Ghost Turning into a Vampire: The Concept of Capital and Living Labour", in Riccardo Bellofiore and Roberto Fineschi, eds., *Re-reading Marx: New Perspectives after the Critical Edition* (pp. 178 - 194), London: Palgrave Macmillan, 2009, p. 179.

② Werner Bonefeld, *The Politics of Europe: Monetary Union and Class*, London: Palgrave, 2001, p. 5.

为价值危机是以一系列抽象形式为中心的。令人欣慰的是,由于这些变化,一种潜在的共产主义即将到来。但是,如果把"片断"置于马克思著作的整体语境下,并不能让人感到欣慰。资本主义的特征是通过社会中介和对抗性的社会生产关系范畴来加以描述的。无论工人使用的是键盘还是锤子,是观念还是螺母、螺栓,它们都将继续存在着。这让那些在"片断"的启发下筹划白日梦的人们停下来进行反思。他们所假设的时代性危机根本就不是危机。资本总是努力去衡量,而被衡量之物又总是挣扎逃逸。这并不是"帝国"或"信息资本主义"的新奇之处,这在破坏和服从普遍存在的工业工厂以及所谓的"社会工厂"中亦是如此。这就是从微观角度关注具体劳动在特定时间所采取的直接形式的失败之处。社会中介形式以及这些形式所隐含的对抗性依然持续存在。伴随着这些持久的矛盾,"片断"思想家们乐观地将其看作一场突如其来的解放危机。

尽管这些理论上的疏忽是有问题的,但如果不是因为它们所带来的政治实践形式,它们就不会有这么大的问题。今天,政策制定者们正在为一个可能会到来、也可能不会到来的技术未来进行筹划,而这在某种程度上要归因于"片断"追随者为他们提供的智力支持。通过媒体宣传,"片断"思想产生了现实的影响。社会民主主义也受到它的影响,杰里米·科尔宾接受了支持他的年轻激进分子对于自动化不工作的乌托邦展望。

错误的世界观会相应地产生错误的人类实践形式。正如卡劳奇斯所指出的那样,与其他所谓的"工作终结"解决路径一样,后工人主义也产生出一种僵化愚昧的政治,认为"资本主义已经在这个系统的高科技端终结了",因而需要做的就是"清醒过来"①。今天,工党领袖杰里米·科尔宾所领导的运动表现出类似的信念。流行的分析赞美了期待发生变化的工作和经济生活中的经验趋势。伹对于理解资本主义的持续否定性并没有做出实质性的批判。只有在这种情况下才能设想一场伴随潜在共产主义的

---

① George Caffentzis, *In Letters of Blood and Fire: Work, Machines, and Value*, Oakland: PM Press, 2013, p. 81.

危机。

这种"如意算盘"①导致左翼太过沉迷于现存世界而陷入战略僵局。他们认为对的东西太多,错的东西还不够多,正如通金斯所言,这是"意志的乐观主义,智力的乐观主义"②。被迷惑的实践方式导致其屡遭挫折,但亦并非完全违背常理。肯定性被赞美,否定性没有被否定。政策制定者发现了"片断"所预示的变革的虚假承诺。与此同时,坚固的社会统治形式仍未受到质疑。

45 年前在《经济与社会》杂志上发表的马克思的几页内容帮助左翼走到这里。但还有更多的内容仍然可以帮助他们走出困境。皮林在该杂志同一期上提出的观点在今天听起来依然是正确的。资本主义社会关系的"必要表象"只能"通过推翻维持它们的经济范畴才能被摧毁"。换言之,"只有重新组织社会才能废除拜物教"③。

① Paul Thompson, "Foundation and Empire: A Critique of Hardt and Negri", *Capital and Class*, vol. 29, no. 2, 2005, p. 89.
② Fran Tonkiss, "Postcapitalist Politics?" *Economy and Society*, vol. 37, no. 2, 2008, p. 307.
③ Geoffrey Pilling, "The Law of Value in Ricardo and Marx", *Economy and Society*, vol. 1, no. 3, 1972, pp. 283 - 284.

马克思"一般智力"概念的来源[①]

马泰奥·帕斯奎内利[②]

（德国卡尔斯鲁厄国立设计学院）

本文结合马克思的《大纲》和《资本论》等相关文本，追溯了马克思一般智力概念的起源，通过分工发明机器、机器异化知识、知识积累导致资本贬值以及总体工人的崛起四个方面，论述了马克思对汤普森、霍吉斯金和拜比吉相关思想的吸收和借鉴。

由于不给妇女和男人所具有的同样的知识，整个社会的一般知识——男人的和女人的——从孩提时期起就被阻碍或者被引入歧途，而通常是二者都有……这种人类半数的家庭奴隶制度几乎是普遍的，要纠正它所产生的弊害，唯一简单的办法就是彻底取消这种制度。给男人和女人以平等的公民权利和政治权利。[③]

——威廉·汤普森

《最能促进人类幸福的财富分配原理的研究》，伦敦，1824 年

---

① 本文译自 Matteo Pasquinelli, On the origins of Marx's general intellect, *Radical Philosophy*, winter 2019, pp. 43 - 56.

② 作者简介：马泰奥·帕斯奎内利(Matteo Pasquinelli)，德国卡尔斯鲁厄国立设计学院人工智能与媒体哲学教授，研究方向：心灵哲学、政治经济学。译者简介：杨雷，华东政法大学马克思主义学院师资博士后，研究方向：马克思主义哲学基础理论、当代资本主义批判。

③ 威廉·汤普森，《最能促进人类幸福的财富分配原理的研究》，何慕李译，商务印书馆 1986 年版，第 228—229 页。

　　自从引入一种新的阅读和写作教学机械系统,采用比以前更便宜、更有效的使用方法,第一次激发了这个国家的一般智力以来,已经将近 20 年了……公众的思想已经无限地进步了。尽管人们对"智力进军"这个说法嗤之以鼻,但不可否认的是,国家的普遍智力已经有了很大的提高。扩展智力的最早成果之一是坚信我们的法律制度远不是世界上最好的,而是一个极其糟糕的体系,迫切需要修订和改革。这种信念现在正迅速变得普及。

——《伦敦杂志》,1828 年

　　固定资本的发展表明,一般社会知识,已经在多么大的程度上变成了直接的生产力,从而社会生活过程的条件本身在多么大的程度上受到一般智力的控制并按照这种智力得到改造。[①]

——卡尔·马克思
《大纲》(即《1857—1858 年经济学手稿》),1858 年

　　漫画家威廉·希思(William Heath)在 1828 年创作了系列漫画《智力进军》,描绘了一个巨型自动机大踏步向前,在尘土飞扬间手持扫帚扫除一大群代表着旧秩序和过时法律的文员、神职人员和官僚。自动机的腹部是一个蒸汽机,它的头部由历史、哲学和(重要的)力学书籍组成,王冠上写着"伦敦大学"。在这样的背景中,正义女神躺在废墟中召唤自动机:"哦,快来救我!"仔细观察后,这幅漫画似乎嘲笑了这样一种信念,即工业自动化技术(已经看起来像机器人)可能会在公共教育的指挥下,成为政治变革和社会解放的真正推动者。希思的一系列讽刺版画最初是受托利党委托,以表达他们对所有阶级知识和技术的潜在民主化的讽刺。尽管如此,凭借他富有远见的画笔,这些漫画意外地成为进步阵营和未来发明的宣言。

　　作为工业革命期间在英国发起的一场运动,智力进军或思想进军要

---

① 《马克思恩格斯文集》第 8 卷,北京:人民出版社 2009 年版,第 198 页。

求通过对底层阶级的公共教育计划来改革社会弊病。工业家和空想社会主义者罗伯特·欧文(Robert Owen)在1824年给《泰晤士报》的一封信中引入了"智力进军"的说法,指出近年来"人类思维对人性和一般知识的认知取得了最迅速和最广泛的进步"①。这场运动引发了精英阶层毫不奇怪的种族主义抵抗,《泰晤士报》开始以"非洲智力进军"等标题蔑视工人阶级的雄心壮志。

作为一项旨在促进扫盲和技术进步的运动,智力进军是所谓"机械问题"的一部分,也就是19世纪上半叶英格兰关于工业机器大规模取代工人的公开辩论。对机器就业和工人随之失业的回应也是对更多关于应用机器方面的教育需求,这采取了诸如机械学会运动等倡议的形式。1823年,伦敦机械学院(后来被称为伯贝克学院)成立。1826年,未来的大法官亨利·布劳厄姆(Henry Brougham)创立了有用知识传播协会,以帮助那些无法接受教育的人。同年,伦敦大学(后来的伦敦大学学院)成立。尽管经常不被承认,但今天英国学术格局中的很大一部分是从工业革命的认知加速中出现的。

1828年,《伦敦杂志》认可了《智力进军》,认为它有利于国家一般智力的发展。由于得益于大众教育,国民将能够理解改革腐朽的立法体系的重要性。1858年,当马克思在《大纲》的"机器论片断"中使用"一般智力"(general intellect)的英文表达时,他呼应了《智力进军》的政治气候和一般社会知识的力量。在马克思的解读中,"一般智力"削弱和颠覆了资本主义的枷锁,但不是旧制度。

但正是在乌托邦社会主义者威廉·汤普森(William Thompson)的一本书中,马克思才遇到了一般智力的概念。更重要的是,汤普森提出,知识一旦被机器异化,就有可能成为一种对工人不利的力量。汤普森的书以乐观的标题"最能促进人类幸福的财富分配原理的研究"出版于1824年,同年欧文发起"智力进军"。这本书可能包含了对脑力劳动的第一个

---

① 转引自 Mike Ashley, 'Inventing the Future'. https://www.bl.uk/romantics-and-victorians/articles/inventing-the-future.

系统论述,随后是托马斯·霍吉斯金(Thomas Hodgskin)自己在《通俗政治经济学》(1827 年)中的阐述和查尔斯·拜比吉(Charles Babbage)在《论机器和工厂的节约》(1832 年)中关于脑力劳动机械化的项目。后来,由于机械学院的衰落和工人运动中的战术决策,脑力劳动的概念在机械问题中遭遇到了敌对的命运。

因此,当 20 世纪的作者开始分析所谓的知识型社会,并认为他们第一次讨论了符号、信息和数字劳动的形式时,他们实际上是在一个"政治失忆"的领域工作。马克思对造成这种"失忆"负有部分责任。他研究了汤普森和霍吉斯金的政治经济学,但认为他们对脑力劳动的强调是对个人创造力的颂扬——作为对天才工匠、独具匠心的工具制造者和勇敢的工程师的崇拜——却反对共同劳动:在《资本论》中,马克思有意使用"总体工人"或 Gesamtarbeiter 代替脑力劳动者。马克思拒绝使用脑力劳动的概念,是因为这一概念很难将集体知识调动到工人一方的运动中。知识和教育的实质是:它们只能被召唤用于普遍主义的斗争(为了国家的"一般智力"),而不是无产阶级一方的党派战斗。此外,自《德意志意识形态》以来,黑格尔的绝对精神观念似乎与马克思历史唯物主义方法形成对立:马克思将他在著名的反对黑格尔的文章中"不是人们的意识决定人们的存在,相反,是人们的社会存在决定人们的意识"①的观点放到工业化的英国,以主张劳动不是由知识决定的,而是劳动决定知识。

传统上,对于马克思主义而言,体力劳动和脑力劳动之间的区别在资本面前消失了,因为任何一种劳动都成了抽象劳动,即为了生产剩余价值而对劳动进行衡量和货币化。接下来的内容分享了这个传统的起点,但始终偏离了正统的马克思主义立场。我希望指出,任何机械的劳动接口都是一种社会关系,就像资本一样。机器和货币调节着劳动和资本之间的关系。这可以被称为以机器为中介的劳动价值论。本文力图与马克思一起思考并超越马克思,我想强调任何技术都会影响抽象劳动的衡量标准。为此,本文追溯了马克思一般智力的起源,以重新考虑早期政治经济

---

① 《马克思恩格斯文集》第 2 卷,北京:人民出版社 2009 年版,第 591 页。

学中尚未解决的问题,例如今天越来越重要的知识计量经济学。在当前关于集体知识异化为企业人工智能的辩论中,事实上,我们仍在听到 19 世纪机械问题的笨拙回声。

一、马克思"机器论片断"的发现

在维多利亚时代初期,关于脑力劳动和知识经济复杂的、唯物主义的概念已经被提出,而且它们已经被给予了非常激进的阐释。马克思在他的著作《大纲》中谈到了技能、知识和科学在经济中的作用,特别是在被称为"机器论片断"的章节中。在那里,马克思探讨了一个在《资本论》中没有得到重申的非正统假设:由于一般智力的积累(特别是体现在机器中的科学技术知识),劳动将成为资本主义积累的次要因素,从而导致劳动价值论的危机,颠覆资本主义的根基。1989 年之后,马克思的"机器论片断"被意大利后工人主义者重新发现,并作为向后福特主义过渡以及对知识社会和信息经济范式的具有先见之明的批判。从那时起,许多作者(包括马克思主义以外的作者)调动起这一深奥的片断,作为对不同经济危机的预言,特别是自互联网泡沫和 2000 年纳斯达克股市崩盘以来的各类危机。马克思的"机器论片断"甚至涉及人工智能和后资本主义的辩论,这是一次值得重述的语言学冒险。

《大纲》是马克思在 1857—1858 年冬粗略起草的七本笔记本系列,主要目的是进行自我澄清。这些笔记本揭示了十年后出版的《资本论》的探究方法和潜台词。然而,《大纲》直到 20 世纪才出版,这意味着在《资本论》出版近一个世纪后,它才进入马克思主义的辩论视野之中。《大纲》于 1939 年在莫斯科首次出版,接着于 1953 年在柏林出版,部分意大利语译文于 1956 年开始流通。完整的英译本直到 1973 年才面世,即德文版出版 20 年后。[①] 由于拉涅罗·潘齐耶里(Raniero Panzieri)的编辑选择,他

---

① Marcello Musto, *Dissemination and reception of the Grundrisse in the world*, in Karl Marx's Grundrisse, ed. Marcello Musto, London: Routledge, 2008, pp. 207 - 216.

在 1964 年的意大利工人主义杂志《红色手册》(*Quaderni Rossi*)上以
"Frammento Sulle Macchine"为名发表了他们的翻译,命名为"机器论片
断",专门定义《大纲》中的笔记本 6 和 7,从而形成规范。同年,赫伯特·
马尔库塞(Herbert Marcuse)在他的《单向度的人》中引用了笔记本 6 和
7①,同时讨论了自动化的解放潜力。1972 年,吉尔·德勒兹(Gilles De-
leuze)和菲利克斯·加塔利(Félix Guattari)在《反俄狄浦斯》(*Anti-Oedi-
pus*)的脚注中,也将其称为"关于自动化的章节"。② 同年,他们在《经济与
社会》杂志上以英文发表了"机器笔记"的段落。1978 年,安东尼奥·奈格
里(Antonio Negri)应路易·阿尔都塞(Louis Althusser)邀请,在巴黎举
行的"超越马克思"研讨会上对"机器论章节"进行了扩展性评论,并将其
置于 20 世纪 70 年代社会对立的背景下进行解读。但直到柏林墙倒塌
后,意大利工人主义者才重新发现并推广了"机器论片断"。1990 年,意大
利哲学家保罗·维尔诺(Paolo Virno)在《老生常谈》(*Luogo comune*)杂志
上提请人们注意一般智力这个概念。在讽刺性地向意大利西部片致敬的
同时,维尔诺对一般智力这个概念的复兴周期提出了警告:

> 通常在西部片中,主人公在面临最具体的困境时会引用旧约中
> 的一段话。……这就是从 20 世纪 60 年代初开始阅读和引用卡尔·
> 马克思的"机器论片断"的方式。我们多次回顾这些章节……从工人
> 罢工史无前例的质量中获得一些意义,将机器人引入装配线,将计算
> 机引入办公室,以及某些类型的青年行为。对"片断"连续解释的历史
> 是危机和新开端的历史。③

维尔诺解释说,"机器论片断"在 20 世纪 60 年代被引用来质疑工业

① 赫伯特·马尔库塞,《单向度的人》,刘继译,上海:上海译文出版社 2014 年版,第 33 页。
② Gilles Deleuze and Félix Guattari, *Anti-Oedipus: Capitalism and Schizophrenia*, vol. 1, trans. Robert Hurley et al, Minneapolis: University of Minnesota Press, 1983, p. 232.
③ Paolo Virno. *Notes on the general intellect*, trans. Cesare Casarino, in Marxism beyond Marxism, eds. Saree Makdisiet al, New York: Routledge, 1996, p. 265.

生产中所谓的科学中立性,在 70 年代作为对国家社会主义中的劳动意识形态的批判,最后在 80 年代作为对后福特主义趋势的认同,但并没有像马克思所希望的那样发生任何解放或冲突的逆转。虽然马克思主义学者的目标是在他们对一般智力的解读中进行更严谨的语言学研究,但激进派则在当前社会转型和斗争的背景下更新了其解释。[①] 后工人主义者令人熟知的是他们从马克思的一般智力中锻造了新的对立概念,例如"非物质劳动""大众智力"和"认知资本主义",强调"活知识"对抗资本的自主性。然而,值得从机器问题中回顾的一个教训是,集体知识的问题永远不应与其在机器、测量仪器和文化技艺中的体现分开。20 世纪人工智能的应用突然提醒每个人,知识可以像体力劳动一样成功地进行分析、测量和自动化。

学者们想知道"一般智力"这个词从何而来,因为它在英语中只出现过一次,那就是在《大纲》中。维尔诺认为他发现了亚里士多德的 nous poietikos(注:意为 agent intellect/active intellect,即主动理智)和卢梭的 volonté générale(注:普遍意志)的回声。由于"机器论片断"遵循类似于《资本论》第 14 章和第 15 章关于劳动分工和机器的论点,缺失的资料可以在《资本论》这些章节的脚注中找到也就不足为奇了。这些常见的论点从根本上说是拜比吉的机器理论,正是通过遵循马克思在《资本论》第 14 章中对拜比吉的解读,一般智力的概念可以可靠地追溯到威廉·汤普森的"知识劳动"概念。

二、马克思对拜比吉的解释

1832 年,拜比吉向他的工业家同事们提议:"[英格兰]的工场内蕴藏着丰富的知识宝库,而这些知识的宝库通常被富裕阶级所忽视。"[②]科学史

---

① Wolfgang Fritz Haug, Historical-Critical Dictionary of Marxism: General Intellect, *Historical Materialism*, vol. 18, no. 2, 2010, pp. 209 - 216.

② Charles Babbage, *On the Economy of Machinery and Manufactures*, Cambridge: Cambridge University Press, 2009, p. vi.

学家西蒙·谢弗(Simon Schaffer)应邀参加作为"平凡的智慧之地"的工业研讨会后,发现"拜比吉最深入的伦敦读者"是马克思。① 马克思在1847年流亡布鲁塞尔期间已经在《哲学的贫困》中引用了拜比吉,并从那时起采用了两条分析原则,这些原则在《资本论》中为机器绘制了一个稳健的理论,并为相对剩余价值理论奠定了基础。

第一个可以定义为"机器的劳动理论",它指出一台新机器会模仿和取代以前的劳动分工。这是亚当·斯密已经提出的一个想法,但拜比吉更好地表达了他的技术经验。

第二个分析原理通常被称为"拜比吉原理",这里更名为"剩余劳动调节原理"。它指出,以小任务(劳动分工)组织生产过程,可以准确地为每项任务(价值分工)购买必要数量的劳动。在这方面,分工不仅提供了机械设计,还提供了一种经济配置来校准和计算剩余劳动的提取。在泰勒主义等复杂的管理形式中,剩余劳动调节原理开启了劳动的发条视图,可以进一步细分和重组为算法组合。两种分析原理的综合理想地将机器描述为一种积极投射新的表达方式和劳动指标的装置。在《资本论》的章节中,工业机器似乎不仅是约束劳动的调节器,而且还是测量相对剩余价值的计算器,与拜比吉那里的计算引擎的数字精确性相呼应。

我的目标是通过拜比吉的两个分析原则来阅读《大纲》和《资本论》,并展示马克思如何使用拜比吉的机器劳动理论将总体工人的形象提升为一般智力的一种化身,以及拜比吉的剩余劳动调节原理如何勾勒出相对剩余价值的概念。综上所述,拜比吉的两个原则表明,《大纲》的一般智力在《资本论》中演变为机械的总体工人,几乎具有原始控制论有机体的特征,而工业机器则成为计算该"半机械人"生产的相对剩余价值的计算器。

在讨论劳动与机器、知识与资本之间的关系时,马克思发现自己陷入了德国唯心主义与英国政治经济学的混合辩证法。《大纲》和《资本论》中关于机器和分工的章节的类似论证遵循着四重倾向,我现在将讨论这些

---

① Simon Schaffer, Babbage's Intelligence:Calculating Engines and the Factory System, *Critical Inquiry*, vol. 21, no. 1,1994, pp. 203 - 227.

倾向:(1)通过分工发明机器;(2)机器异化知识;(3)知识积累导致资本贬值;(4)总体工人的崛起。

三、通过分工发明机器

机器的发明者是谁？工人、工程师还是工厂主？科学、能工巧匠还是劳动？作为英国皇家学会的成员,拜比吉公开赞扬了科学的天赋,但在理论上坚持认为机器是作为劳动分工的替代品而出现的。拜比吉的理论可以定义为机器的劳动理论,因为对他而言,新机器的设计总是模仿先前分工的设计。在《哲学的贫困》(1847)中,马克思已经通过运用拜比吉的观点反对蒲鲁东,蒲鲁东认为机器是分工的对立面。马克思提出相反的观点,认为机器作为分工的综合体出现:"当每一种特殊的操作已被分工化为对一种简单工具的使用时,由一个发动机开动的所有这些工具的集合就构成机器。"①后来,在《大纲》中,马克思继续引用拜比吉的观点,指出技术不是由科学对自然的"分析"创造的,而是通过对劳动的"分析":

> 直接从科学中得出的对力学规律和化学规律的分解和应用,使机器能够完成以前工人完成的同样的劳动。然而,只有在大工业已经达到较高的阶段,一切科学都被用来为资本服务的时候,机器体系才开始在这条道路上发展……发明就将成为一种职业,而科学在直接生产上的应用本身就成为对科学具有决定性的和推动作用的着眼点。但是,这并不是机器体系在整体上产生时所经过的道路,更不是机器体系在细节上不断进展时所走过的道路。机器体系的这种道路是分解——通过分工来实现,这种分工把工人的操作逐渐变成机械的操作,而达到一定地步,机器就会代替工人。②

①《马克思恩格斯文集》第1卷,北京:人民出版社2009年版,第626页。
②《马克思恩格斯文集》第8卷,北京:人民出版社2009年版,第195页。

马克思在方法论上也采用了拜比吉的理论：在《资本论》中，关于机器的章节紧跟在关于分工的章节之后。机器设计与分工之间存在结构上的同源性，马克思以此强调："工具机是这样一种机构，它在取得适当的运动后，用自己的工具来完成过去用类似的工具所完成的那些操作。"①在一个脚注中马克思提到了拜比吉对机器的综合定义（"所有这些简单工具的结合，由马达驱动，构成了一台机器"②）并提供了他自己的解释：

> 作为工业革命起点的机器，是用这样一个机构代替只使用一个工具的工人，这个机构用许多同样的或同种的工具一起作业，由一个单一的动力来推动，而不管这个动力具有什么形式。③

正是在《资本论》的这一点上，马克思提出了进一步的分析原则，该原则将对 20 世纪科学技术史的方法论产生巨大影响。在挑战了机器的起源是科学而不是劳动的信念之后，马克思颠覆了蒸汽机是工业革命主要催化剂的看法。马克思认为，正是劳动分工、工具和"工具机器"的发展，才"必须有一种比人力强大的动力"④，这是一种可以在蒸汽中找到的能量来源。引发工业革命的不是蒸汽机（生产资料）的发明（这是生态话语中流行的理论），而是资本和劳动（生产关系）的发展要求更强大的能源。

> 17 世纪末工场手工业时期发明的、一直存在到 18 世纪 80 年代初的那种蒸汽机本身，并没有引起工业革命。相反地，正是工具机的创造才使蒸汽机的革命成为必要。⑤

工业工厂的"机械怪物"⑥首先由劳动力召唤，然后由蒸汽动力加速，而不是反过来。马克思很清楚：技术的起源是一个由分工驱动的新兴过

---

① 《马克思恩格斯文集》第 5 卷，人民出版社 2009 年版，第 430 页。
②③④ 同上书，第 432 页。
⑤ 同上书，第 431—432 页。
⑥ 同上书，第 438 页。

程。正是从集体劳动的物质性,从有意识和无意识的合作形式中,机器的扩展装置出现了。在这里,智力存在于人类合作的结果中,而不是个体的脑力劳动中。机器智能反映、体现和放大了集体劳动的分析智能。

四、机器对知识的异化

"最蹩脚的建筑师从一开始就比最灵巧的蜜蜂高明的地方,是他在用蜂蜡建筑蜂房以前,已经在自己的头脑中把它建成了。"①马克思在《资本论》中承认劳动是一种脑力劳动和个人活动,然而,集体分工或共同劳动仍然是机器的政治发明者。一旦机器出现在劳动力面前并取代了劳动力,技能和知识的异化过程就开始了。工具从工人手中传递到机器那里,同样的过程也发生在工人的知识上。"使用劳动工具的技巧,也同劳动工具一起,从工人身上转到了机器上面。"②机器不过是集体知识的结晶。马克思谴责这种对人类思想的异化,并附议欧文:自从在不列颠的制造业中普遍运用无生命的机器以来,除了少数的例外,人都被当做次要的和附属的机器,人们对于改善木材和金属等原料远比对于改善人的身体和精神要重视得多。③ 机器的出现标志着劳动史上一个戏剧性的辩证转向,工人不再是机器的主体,而成为资本的对象:"劳动资料使工人独立——使他变成所有者。机器体系——作为固定资本——则使工人不独立,使他成为被占有者。"④在维多利亚时代,人与机器之间的这种权力转移也是一种新意象的开始,在这种意象中,机器获得了活人的特征,而工人则获得了自动机的特征。⑤ 让我们分别比较《大纲》和《资本论》中两段相似的段落,马克思在这些段落中描述了科学与工人的异化。

---

① 《马克思恩格斯文集》第 5 卷,北京:人民出版社 2009 年版,第 208 页。
② 同上书,第 483 页。
③ 参见《马克思恩格斯文集》第 8 卷,北京:人民出版社 2009 年版,第 203 页。
④ 同上书,第 193 页。
⑤ Schaffer, 'Babbage's Dancer and the Impresarios of Mechanism, in *Cultural Babbage*, eds. Francis Spufford and Jenny Uglow, London: Faber & Faber, 1997, pp. 53 – 80.

机器则代替工人而具有技能和力量,它本身就是能工巧匠,它通过在自身中发生作用的力学规律而具有自己的灵魂……只限于一种单纯的抽象活动的工人活动,从一切方面来说都是由机器的运转来决定和调节的,而不是相反。科学通过机器的构造驱使那些没有生命的机器肢体有目的地作为自动机来运转,这种科学并不存在于工人的意识中,而是作为异己的力量,作为机器本身的力量,通过机器对工人发生作用。①

马克思在《资本论》中继续对这种关于知识与工人的异化进行反思,是知识的提取过程促成了作为生产媒介的科学与劳动的彻底分离。

独立的农民或手工业者所发挥(虽然是小规模地)的知识、判断力和意志——他发挥这些东西,正如未开化的人把全部战争艺术当做他的个人机智来施展一样——现在只是对整个工场说来才是必要的。生产上的智力在一个方面扩大了它的规模,正是因为它在许多方面消失了。局部工人所失去的东西,都集中在和他们对立的资本上面了。工场手工业分工的一个产物,就是物质生产过程的智力作为他人的财产和统治工人的力量同工人相对立。这个分离过程在简单协作中开始,在工场手工业中得到发展,在大工业中完成。在简单协作中,资本家在单个工人面前代表社会劳动体的统一和意志,工场手工业使工人畸形发展,变成局部工人,大工业则把科学作为一种独立的生产能力与劳动分离开来,并迫使科学为资本服务。②

马克思对《资本论》的后一段进行了评论,并为威廉·汤普森的著作《财富分配原理的探究》添加了脚注。正如马克思所引用的汤普森的观点:

---

① 《马克思恩格斯文集》第 8 卷,北京:人民出版社 2009 年版,第 185 页。
② 《马克思恩格斯文集》第 5 卷,北京:人民出版社 2009 年版,第 418 页。

有知识的人和生产工人彼此分离得很远,知识不是工人用来为自己增加自身的生产力的手段,却几乎到处都与工人相对立……知识成了一种能同劳动分离并同它相对立的工具。①

汤普森对知识劳动的定义早于 20 世纪知识社会和认知劳动的理论家:"在此前谈到劳动时,我们一直是把指导劳动所必需的一定数量的知识包括在劳动这一名词之内。没有这种知识,劳动将不过是一种蛮力,不能用在有益的目的上。"②他有先见之明地认识到,知识经济遵循与资本经济不同的扩散规则:"财富,劳动的产物,其供给必然是有限的……从知识的获取、拥有和传播所带来的快乐则不然。知识的供给是无限的……它传播得越多,它自身就越多。"③在欧文主义的典型论战中,汤普森描述了机器对工人"一般智力"的羞辱,这些工人被简化为"训练有素的自动机"。工厂是一种装置,它使工人"不知道调节机器的秘密源泉,压制他们的一般思维能力",以致"他们自己的劳动成果被一百种发明夺走了"④。在不同的段落中,汤普森使用了"一般智力""一般智能""一般知识"和"头脑的一般力量"等表达方式,与马克思在大纲中使用的相同或等效术语直接产生共鸣,例如"一般社会劳动""一般科学劳动""人类大脑的一般生产力""一般社会知识"和"社会智力"。在构建以白人男性为主的一般智力与性别和种族歧视问题之间,在汤普森的乌托邦构想中,由于缺乏适当的知识和教育,人们是种族主义者和沙文主义者:

有人可能会问,为什么还建立了对黑人和妇女的奴隶制? 因为在一种情况下是白人,在另一种情况下是男性制定法律:因为没有获得关于这些主题的知识,白人和男性错误地认为压迫黑人和女性是

---

① 参见《马克思恩格斯文集》第 5 卷,北京:人民出版社 2009 年版,第 418 页。
② 威廉·汤普森:《最能促进人类幸福的财富分配原理的研究》,何慕李译,北京:商务印书馆 1986 年版,第 212 页。
③ 同上书,第 214—230 页。
④ 同上书,第 233 页。

他们的利益。①

马克思也认识到工业劳动的病态心理以及使劳动力尽可能不识字的策略。亚当·斯密的密友亚当·弗格森(Adam Ferguson)写道:无知是迷信之母,也是工业之母。思索和想象会产生错误,但是手足活动的习惯既不靠思索,也不靠想象。因此,在最少用脑筋的地方,工场手工业也就最繁荣,所以,可以把工场看成一部机器,而人是机器的各个部分。② 这一切都在提醒我们,人工智能的公共神话一直由资本在其中运作,其背后隐藏着助长人类愚蠢的议程,包括种族主义和性别歧视。

五、知识积累导致资本贬值

知识和科学的经济价值是什么? 它们在资本主义积累中扮演什么角色? 马克思在机械独创性、技术智能和大型基础设施(如铁路和电报网络)蓬勃发展的时代探索了这些问题。在关于一般智力的文章中,马克思从三个方面考察知识:第一,作为"直接的生产力"(unmittelbaren Produktivkraft);第二,在"社会生产力"(gesellschaftlichen Produktivkrafte)的形式下;第三,作为社会实践(gesellschaftlichen Praxis),它本身显然不是抽象的知识。

> 自然界没有造出任何机器,没有造出机车、铁路、电报、自动走锭精纺机等。它们是人的产业劳动的产物,是转化为人的意志驾驭自然界的器官或者说在自然界实现人的意志的器官的自然物质。它们是人的手创造出来的人脑的器官,是对象化的知识力量。固定资本的发展表明,一般社会知识,已经在多么大的程度上变成了直接的生产力,从而社会生活过程的条件本身在多么大的程度上受到一般智

---

① 威廉·汤普森:《最能促进人类幸福的财富分配原理的研究》,何慕李译,北京:商务印书馆1986年版,第226页。
② 参见《马克思恩格斯文集》第5卷,北京:人民出版社2009年版,第418页。

力的控制并按照这种智力得到改造。它表明,社会生产力已经在多么大的程度上,不仅以知识的形式,而且作为社会实践的直接器官,作为实际生活过程的直接器官被生产出来。①

一般智力以某种方式成为社会变革的推动者,这与汤普森对"知识分配"的乐观态度明显相呼应,因为这有利于"自愿平等分配财富"。"机器论片断"包含了在机器中客观化的知识(作为"固定资本的发展")与社会生产所表达的知识(作为"社会个体的发展")之间未解决的张力。马克思指出了知识在生产过程中的首要地位,然后又指出实践高于知识本身。同样的论点出现在《资本论》中,马克思记录了工业劳动对工人神经系统的压力。马克思将个人技能的经济价值与科学的经济价值进行了比较。两者之间的竞争被认为是不公平的,因为在"智力分离"的长期过程之后,在驱动机器的科学、自然能源和社会劳动的重要性面前,工人的特殊技能消失了:

> 生产过程的智力同体力劳动相分离,智力转化为资本支配劳动的权力,是在以机器为基础的大工业中完成的。变得空虚了的单个机器工人的局部技巧,在科学面前,在巨大的自然力面前,在社会的群众性劳动面前,作为微不足道的附属品消失了;科学、巨大的自然力、社会的群众性劳动都体现在机器体系中,并同机器体系一道构成"主人"的权力。②

在"机器论片断"中,我们不仅认识到知识是一种体现在机器中的外在力量(如汤普森发现的那样),而且还试图评估其价值的大小(在汤普森那里没有发现)。在这里,马克思使用了一个标准来评估托马斯·霍吉斯金(Thomas Hodgskin)作品中的知识,霍吉斯金是一个具有自由主义倾

---

① 《马克思恩格斯文集》第 8 卷,北京:人民出版社 2009 年版,第 197—198 页。
② 《马克思恩格斯文集》第 5 卷,北京:人民出版社 2009 年版,第 487 页。

向的李嘉图派社会主义者和理性主义的乐观主义者,他相信集体知识的进步以及社会在资本和国家干预下的自主性。霍吉斯金是伦敦力学研究所的创始人之一,他于 1826 年在那里举行了"论知识的影响"讲座,后来作为他的著作《通俗政治经济学》(1827 年)的一部分出版。马克思经常引用这本书,还赞扬了他的《保护劳动反对资本的要求》(*Labour Defended Against the Claims of Capital*)(1825 年)。霍吉斯金积极强调固定资本是过去劳动、知识和科学的具体积累,反对流动资本的"虚拟"。霍吉斯金的观点呼应了马克思在《大纲》中关于机器是"固定资本的最充分形式"的主张:

> 知识和技能的积累,社会智力的一般生产力的积累,就同劳动相对立而被吸收在资本当中,从而表现为资本的属性,更明确些说,表现为固定资本的属性,只要后者是作为真正的生产资料加入生产过程。因此,机器体系表现为固定资本的最适当的形式,而固定资本——就资本对自身的关系来看——则表现为资本一般的最适当的形式。①

拜比吉、汤普森和霍吉斯金等工业时代的作者将培根的座右铭"知识就是力量"加以现代化,认为知识无疑是一种生产力和经济力量。知识对霍吉斯金如此重要,以至于他甚至抱怨亚当·斯密没有对这个主题做出适当的处理:"那些名为政治经济学基础、政治经济学原理或政治经济学体系的书,没有一本包含并详尽论述了知识对生产能力的全部影响,也未阐明支配社会知识发展的自然规律,因此从本质上说都是(而且必然是)不完整的。"②

对于霍吉斯金和汤普森来说,劳动主要是脑力劳动,即知识。"脑力劳动"是"观察并弄清采用何种方法能使物质世界给予我们最多财富的劳

---

① 《马克思恩格斯文集》第 5 卷,北京:人民出版社 2009 年版,第 186—187 页。
② 托马斯·霍吉斯金,《通俗政治经济学》,王铁生译,商务印书馆 2014 年版,第 93 页。

动"①,"除非有脑力劳动,否则就不会有双手的灵巧,也不会有发明机器的能力。因此它对生产是必不可少的"②。霍吉斯金将知识的增长与人口增长的物质基础联系起来:"需要乃发明之母,而持续存在的需要只能用人口的持续增加来加以解释。"③人口增长需要提高生产和分配财富的技能,从而产生先进的知识。"随着世界年龄的增长,随着人口的增加和繁殖,也就出现一种人们的知识(从而人们的生产能力)不断的、自然的和必然的增长趋势。"④但霍吉斯金评论说,知识经济遵循与资本经济不同的规律:"支配资本的积累和使用的规律与支配知识发展的规律二者是极不相似且没有联系的。"⑤

重要的是,在霍吉斯金的社会观中,既没有知识等级制度,也没有双手和头脑的分工,也没有需要提升的劳动贵族:"几乎每个人都是在完成两种劳动。"⑥事实上,马克思在《资本论》中引用霍吉斯金的话说,技能是工人共享的共同资源并从一代传给下一代。⑦知识是一种集体生产和共享的力量,这种力量(与机器和基础设施一起)构成了固定资本的核心,必须由工人重新分配(这与流动资本的"虚拟"相反)。⑧

《大纲》中最具远见的段落提到了由于劳动中心化危机而导致的资本主义危机,因此也是劳动价值论的危机,也就是说,由于"直接劳动及其数量作为生产即创造使用价值的决定要素就在怎样的程度上失去作用……同一般科学劳动相比,同自然科学在工艺上的应用相比……同产生于总生产中的社会组织的……(一般生产力)相比。"⑨此外,马克思说:

---

① 托马斯·霍吉斯金,《通俗政治经济学》,王铁生译,商务印书馆 2014 年版,第 51 页。
② 同上书,第 52 页。
③ 同上书,第 84 页。
④ 同上书,第 91 页。
⑤ 同上书,第 78 页。
⑥ 同上书,第 52 页。
⑦ 参见托马斯·霍吉斯金:《通俗政治经济学》,王铁生译,商务印书馆 2014 年版,第 53 页。"许多最普通的劳动现在所以被认为易于获得,乃是由于能经由前人留传的习惯、知识和技艺而获得"。
⑧ Maxine Berg, *The Machinery Question and the Making of Political Economy*, Cambridge: Cambridge University Press, 1980, p. 274.
⑨《马克思恩格斯文集》第 8 卷,北京:人民出版社 2009 年版,第 188—191 页。

资本本身是处于过程中的矛盾,因为它竭力把劳动时间缩减到最低限度,另一方面又使劳动时间成为财富的唯一尺度和源泉……一方面,资本唤起科学和自然界的一切力量,同样也唤起社会结合和社会交往的一切力量,以便使财富的创造不取决于(相对地)耗费在这种创造上的劳动时间。另一方面,资本想用劳动时间去衡量这样造出来的巨大的社会力量,并把这些力量限制在为了把已经创造的价值作为价值来保存所需要的限度之内。生产力和社会关系——这二者是社会个人的发展的不同方面——对于资本来说仅仅表现为手段,仅仅是资本用来从它的有限的基础出发进行生产的手段。但是,实际上它们是炸毁这个基础的物质条件。①

马克思体系中看似矛盾的东西(消除劳动的政治中心性)实际上是这种以劳动作为中心的结果。世界各地的工人已经工作得够多了!他们生产的时间如此之长,以至于他们过去积累的劳动力(以机器、基础设施和集体知识的形式)影响了利润率并减缓了经济发展。这是劳动的生产率与资本的非生产率对立的论点,这在霍吉斯金的《保护劳动反对资本的要求》中也能找到。马克思试图证明,固定资本(如机器、基础设施、集体知识和科学)的积累可能会对流动资本产生深远的副作用(除了生产过剩危机的可能性)。正如汤普森和霍吉斯金所设想的那样,马克思在《大纲》中探讨了集体和技术知识的增长可能会削弱资本的主导地位的假设。通过对相对剩余价值的现实计算,《大纲》中的乌托邦热情在《资本论》中被重新吸收,作为机械的衡量标准和知识价值的隐性衡量标准。

六、总体工人的崛起

在《资本论》中,马克思对机械问题的回答是,将一个扩展的社会角

---

① 《马克思恩格斯文集》第 8 卷,北京:人民出版社 2009 年版,第 197 页。

色——总体工人(Gesamtarbeiter)置于工业舞台的中心,而对于资产阶级来说,它是一个拥有蒸汽机的工程师。总体工人的形象取代了对发明者(个人脑力劳动)的个人崇拜,也取代了一般智力(集体脑力劳动)的观念。借助拜比吉的机器劳动理论,将机器解释为分工的体现,马克思断言总体工人是技术的真正政治发明者。《大纲》价值知识论的模棱两可的假设最终建立在经验基础之上:智力在分工的后果中得到逻辑具体化。总体工人是一般智力的化身,更确切地说,是其机械化的化身。

马克思在《大纲》和《资本论》中都严格遵循拜比吉的机器劳动理论,但只有在后者中,他才利用了拜比吉的剩余劳动调制原理,这有助于马克思勾勒出相对剩余价值的概念,并衡量劳动和机器的生产率。马克思引用的拜比吉原理如下:

> 因为把工作分成许多种不同的操作,其中每种操作都需要不同程度的技艺和体力,所以手工工场主能够准确地按照每种操作所需要的数量来购买体力和技艺。如果全部工作由一个工人来完成,那么同一个工人就必须有足够的技艺来完成最细致的操作,有足够的体力来完成最繁重的操作。①

马克思通过拜比吉原则来恢复总体工人的身份(现在是分工的主要参与者),从而扭转了"制造商主人"(the master manufacturer)的神秘化。总体工人获得了超级有机体的特征:

> 工场手工业时期所特有的机器始终是由许多局部工人结合成的总体工人本身……在一种操作中,他必须使出较大的体力,在另一种操作中,他必须比较灵巧,在三种操作中,他必须更加集中注意力,等等,而同一个人不可能在相同的程度上具备这些素质。在各种操作分离、独立和孤立之后,工人就按照他们的特长分开、分类和分

---

① 《马克思恩格斯文集》第 5 卷,第 404 页。

组……现在总体工人具备了技艺程度相同的一切生产素质,同时能最经济地使用它们,因为他使自己的所有器官个体化而成为特殊的工人或工人小组,各自担任一种专门的职能。①

在马克思的语言中,总体工人变成了"机器的物品""社会机制""集体工作的有机体"。生动的机械隐喻伴随着作为总体工人的一般智力的转世。可以从《资本论》的字里行间解读赛博格的史前史:"由许多单个的局部工人组成的社会生产机构是属于资本家的……不仅各种特殊的局部劳动分配给不同的个体,而且个体本身也被分割开来,转化为某种局部劳动的自动的工具。"②

"机器论片断"不仅强调知识和科学日益增长的经济作用,还强调社会合作的作用,即超越工厂系统的社会关系一般机制的作用日益增加。在类似于在工厂内产生总体工人(Gesamtarbeiter)的运动中,马克思在大纲中将"社会个体……作为未来社会的生产和财富的伟大基石":

> 工人不再是生产过程的主要作用者,而是站在生产过程的旁边。在这个转变中,表现为生产和财富的宏大基石的,既不是人本身完成的直接劳动,也不是人从事劳动的时间,而是对人本身的一般生产力的占有,是人对自然界的了解和通过人作为社会体的存在来对自然界的统治,总之,是社会个人的发展。③

看来,随着一般智力向总体工人的转变,马克思放弃了知识作为固定资本的过度生产而导致资本主义内爆的预测。资本主义将不再因知识的积累而崩溃,因为知识本身有助于新机器加剧剩余价值的提取。迈克尔·海因里希(Michael Heinrich)指出,在《资本论》中,在处理相对剩余

---

① 《马克思恩格斯文集》第 5 卷,北京:人民出版社 2009 年版,第 404 页。
② 同上书,第 417 页。
③ 《马克思恩格斯文集》第 8 卷,北京:人民出版社 2009 年版,第 196 页。

价值的生产时,我们可以找到对"机器论片断"的隐含批评。[1] 在《资本论》中,马克思似乎运用了拜比吉的剩余劳动调节原理来设计一种相对剩余价值理论,它承认资本主义维持均衡剥削的能力。根据马克思的观点,剩余价值不仅可以通过降低工资和材料成本来增加,还可以通过提高一般劳动生产率来增加,也就是说,通过重新设计分工和机器。如果按照拜比吉的原理,分工是一种调节技能制度的工具,因此根据技能来调节不同的工资制度,那么分工就变成了对相对剩余价值的调节。作为劳动分工的体现,机器随后成为约束劳动和调节相对剩余价值提取的装置。在拜比吉的设想中,机器成为计算引擎——在这种情况下,它也是测量剩余价值的工具。

七、机器是一种社会关系,而非物

在 20 世纪,哈里·布雷弗曼(Harry Braverman)可能是第一个重新发现拜比吉在计算方面的开创性实验及其对马克思分工理论的影响的马克思主义者。[2] 马克思读过汤普森、霍吉斯金和拜比吉,但从未使用过脑力劳动概念,可能是为了避免支持熟练工匠的劳工贵族作为独立于工人阶级的政治主体。对马克思来说,劳动永远是集体的:没有一种个人劳动比其他劳动更有声望,因此,脑力劳动永远是普遍的。根据定义,大脑是社会性的。马克思所持有的不是像汤普森和霍吉斯金那样把有意识的活动放在首位的劳动知识理论,而是坚持一种承认社会、分布式、自发和无意识劳动形式的认知重要性的劳动知识理论。智能来自工人简单手势和微观决策的抽象组合,甚至是无意识的抽象组合。在一般智力研究和技术史中,这些是集体智慧和无意识合作的中间世界,最终是拜比吉为马克

---

[1] Michael Heinrich, *The Fragment on Machines: A Marxian Misconception in the Grundrisse and its Overcoming in Capital*, in In Marx's Laboratory: Critical Interpretations of the Grundrisse, eds. Riccardo Bellofiore et al, Leiden: Brill, 2013, p. 197

[2] Harry Braverman, *Labor and Monopoly Capital: The Degradation of Work in the Twentieth Century*, New York: Monthly Review Press, 1974.

思提供了一个可操作的范式，以克服黑格尔的精神观念，并将知识、科学和一般智力融入生产。

正如已经强调的那样，在马克思主义中，体力劳动和脑力劳动之间的区别消失了，因为从资本的抽象观点来看，所有雇佣劳动都毫无区别地产生剩余价值。所有的劳动都是抽象劳动。然而，规范劳动价值论的抽象资本之眼使用了一种特定的工具来衡量劳动：时钟。通过这种方式，看似普遍的法则必须处理非常平凡的技术的指标：时钟不是通用的。机器可以强加除时间之外的劳动指标，就像最近在社交数据分析中发生的那样。新仪器定义了新的科学领域，同样，它们在劳动本身发明之后定义了新的劳动领域。任何新机器都是空间、时间和社会关系的新配置，它投射出这些图表的新度量。在维多利亚时代，脑力劳动的计量方法只存在于萌芽状态。基本的知识计量经济学直到 20 世纪才出现第一个信息理论。本文的论点是马克思的劳动价值论并没有解决知识和智力领域的度量标准，这必须在与机器设计的衔接和拜比吉原理中进行探索。

跟随布雷弗曼和谢弗[①]的观点，我们可以补充说，拜比吉不仅提供了机器的劳动理论，而且还提供了机器智能的劳动理论。拜比吉的计算引擎（那个时代的"智能机器"）是工厂主分析眼光的实现以及边沁圆形监狱的复制，它们同时是监视和测量劳动的工具。正是基于这个想法，我们应该考虑并将其应用于人工智能及其政治批判的时代，尽管这个时代的两极分化得到扭转，我们依然需要宣称计算基础设施是共同劳动的结晶。[②]

[①] Schaffer, 'Babbage's Dancer and the Impresarios of Mechanism, in *Cultural Babbage*, eds. Francis Spufford and Jenny Uglow, London: Faber & Faber, 1997.

[②] Antonio Negri, *The Re-Appropriation of Fixed Capital：A Metaphor？*, in Digital Objects, Digital Subjects, eds. David Chandler and Christian Fuchs, London: University of Westminster Press, 2019, pp. 205 - 214; and Fredric Jameson, *An American Utopia：Dual Power and the Universal Army*, London: Verso, 2016.

从形式吸纳到一般智力：基于马克思主义视角解读认知资本主义[①]

卡罗·维塞隆[②]

（法国巴黎第八大学文化与传播系）

自福特主义危机以来，资本主义的特征是知识越来越发挥核心作用，劳动的认知维度也在凸显。这并不是说，处于资本主义中心地位的知识本身是新的。相反，我们必须提出的问题是，我们可以在多大程度上谈论知识的新角色，更重要的是它与资本和劳动关系转变的关联性。从这个角度出发，本文强调了马克思关于知识与权力关系的分析在分工发展过程中的持续有效性。更确切地说，我们关注的是形式吸纳、实质吸纳和一般智力概念的理论意义和启发性价值，以解释当前认知资本主义中资本与劳动关系的变化。通过这种方式，我们将一般智力假说的独创性呈现为对实质吸纳的扬弃。最后，文章总结了认知资本主义的主要矛盾和新的对抗形式。

一、导语

当代历史背景的特征是，知识在生产组织和技术进步动力中的扩展

[①] 本文译自 Carlo Vercellone, From Formal Subsumption to General Intellect: Elements for a Marxist Reading of the Thesis of Cognitive Capitalism, *Historical Materialism*, vol. 15, No. 1, 2007, pp. 13 – 36.

[②] 作者简介：卡罗·维塞隆（Carlo Vercellone），法国巴黎第八大学文化与传播系教授，研究方向：知识经济、认知资本主义、平台资本主义。译者简介：杨雷，华东政法大学马克思主义学院师资博士后，研究方向：马克思主义哲学基础理论、当代资本主义批判。

并愈益发挥着重要作用。这种演变可以用新古典主义的内生增长和知识经济理论,以及一种从资本与劳动对立和从分工结构转换的知识与权力冲突中抽象出来的方法来加以解释。

认知资本主义(cognitive capitalism)假说源于对知识经济的新自由主义理论的政治经济学批判。理解当前资本主义突变的意义不能仅仅将其归结为建立在知识基础上的经济构成,而应归结为由资本积累规律所框定和吸纳的知识型经济。

在此基础上,本文探究了两个理论问题,并尝试列出一些回应的要素。第一个问题,知识扩展的趋势是否标志着自第一次工业革命以来的资本主义分工和技术进步的逻辑得到突破? 第二,在马克思那里,特别是在一般智力(general intellect)的概念中,在多大程度能够寻找到那些用于识别认知资本主义的矛盾和对抗性的全新特征的要素?

为了回应这些问题,本文提出要突出马克思贡献的原创性和现实性,强调决定资本主义分工发展的知识与权力的矛盾关系。具体来说,我们将处理形式吸纳(formal subsumption)、实质吸纳(real subsumption)和一般智力概念的理论意义和启发性价值。马克思使用吸纳的说法来描述劳动从属于资本的不同形式,并用一般智力的概念指出劳动从属于资本的根本转变,阐述分工的第三个阶段。一般智力涉及对工业资本主义特有的斯密式分工逻辑倾向的克服,并以一种与马克思其他著作不同的方式,提出了直接过渡到共产主义的可能性。

我们将看到,这些范畴在历史上对于理论重建的实用性,并能够确定当前的转折点在资本主义长期动态中的重要性。根据这一结果,可以划分出资本主义分工和知识作用的三个主要阶段(即使这三个阶段部分相互重叠)。

1. 形式吸纳阶段发展于 16 世纪初至 18 世纪末。它基于外加工制①

---

① 盛行于 17 世纪的西欧。根据这种制度,商人兼雇主将原料发给农村的手工工人在家里做,制成品交还雇主后,拿到报酬。——译者注

(putting-out system)和集中制造的生产模式。资本与劳动关系的特点是,手工业者和从事某一行业的工人的知识占主导地位,商业和金融类型的积累机制表现突出。

2. 实质吸纳阶段始于第一次工业革命。分工的特征是知识两极分化的过程表现为制造型劳动被分拆和被剥夺资格,而只需发挥智力功能的少数劳动力则拥有过度的资格。立足于价值—劳动规律努力节约时间,同时将复杂劳动简化为简单劳动,并将知识纳入固定资本和公司组织中,资本积累的动力建立在大型工厂(首先是曼彻斯特模式,然后是福特主义)之上,这些工厂专门生产大规模标准化商品。

3. 第三阶段是认知资本主义,它始于福特主义和斯密式分工的社会危机。资本与劳动的关系以知识占主导地位、智力扩展以及知识生产的驱动作用为标志,这些知识以劳动日益非物质化和知识化为特征。分工的这一新阶段伴随着价值—劳动规律的危机以及商业和金融积累机制的强势回归。这种新的资本主义形态及其衍生的冲突的主要要素,在很大程度上已经被马克思的一般智力概念所预见。

二、资本与劳动冲突的第一个也是最基本的领域: 分工和知识/权力的关系

马克思的方法持续提供了一种解释范式,它有助于我们阐释分工的转变和可能创造的轨迹。借用熊彼特的话来说,就是新进化的条件。从方法论的角度而言,马克思的分析构成了对斯密分工理论的最早批判之一。知识两极化以及脑力任务和体力任务的分离不再被视为生产力发展的自然形态和必然结果。相反,这种趋势源于非常特殊的历史模式,即资本通过劳动过程(在使用价值生产的意义上)从属于增殖过程(交换价值的生产和剩余价值的提取手段)。分工的发展始于在技术和组织创新的动态中建立的资本和劳动的冲突关系。例如,马克思在《资本论》第一卷中,将争取减少和调节工作日的斗争(以工资冲突为例)置于逻辑—历史的中心,从绝对剩余价值的概念引出相对剩余价值的概念。

更重要的是,马克思坚持这种冲突和创新的复杂辩证法的一个特定维度,即关于控制"生产智力"(intellectual powers of production)的冲突,并由此产生了技术进步的概念。本文并不局限于强调技术进步对劳动生产率和经济效率的影响,而是把重点放在知识和权力之间的关系上,这种关系构成了关乎劳动层面的技术和社会分工的演变。对"生产智力"控制权的斗争可以由这样一种趋势来解释,即在资本条件下,应用于生产的科学发展与对工人知识的剥夺是以同等速度进行的。然而,这种趋势也解释了技术进步在工薪阶层遭遇的阻力以及可能导致的知识和集体劳动重组的逆反趋势。实际上,如果资本主义形式的技术进步允许剥夺工人的传统知识,那么劳动过程仍然存在着不可调和的冲突。如此一来,一种新型的知识就会不断地在技术和社会分工的资本主义发展水平上自我重构。因此,将技术进步分析为一种关于知识的力量关系的表述,在马克思的著作中无处不在,并允许人们对其思想中的一些关键方面进行另一种解读。

知识与权力关系的冲突动态在解释资本的有机构成和技术构成上升的趋势中占据中心位置。马克思写道,这种趋势源于机器体系整体上产生的方式,"机器体系的这条道路是分解——通过分工来实现,这种分工把工人的操作逐渐变成机械的操作,而达到一定地步,机器就会代替工人"①。实际上,资本的技术构成和有机构成上升的趋势转化为:

> 在价值体系中,资本主义生产方式的一个基本趋势是:在生产力层面,或者更确切地说,在剥削关系层面,生产者和生产资料日益分离……(工人阶级的知识)处于劳动过程的位置中……这种关系构成"生产中的阶级斗争"……结果是控制劳动过程,从而控制相对剩余价值的生产,这种控制权最初由手工业者掌握,后来由技术工人掌握。②

关于利润率下降趋势的讨论,我们在此不再赘述。相反,我们关心和

---

① 《马克思恩格斯文集》第8卷,北京:人民出版社2009年版,第195页。
② Alain Lipietz, 'Derrière la crise: la tendance à la baisse du taux de profit', *Revue Économique*, vol. 33, no. 2, 1982, pp. 204-205.

强调的是,如果把重点放在形成资本有机构成上升趋势的知识与权力关系的质变动态上,那么,假设另一种形式的结构性危机就是可能的。在价值和资本过度积累方面,这种危机是基于与传统马克思主义方法不同的逻辑来阐述的。它假设在资本的技术构成和社会劳动过程的层面发生质变。这颠覆了劳动力中包含的活知识从属于固定资本中的死知识的关系。这是对活知识/死知识关系的颠覆,可以说是"资本对分工进行控制的趋势性下降"①。在马克思的著作中,导致工业资本主义"大危机"的高级假说的诸多因素都被唤起了。然而,在我们看来,它首先在《大纲》(指《1857—1858 年经济学手稿》)中得到阐释,特别是在"机器论片断"的段落中。在这里,马克思宣布,在资本对劳动的形式吸纳和实质吸纳的阶段之后,分工进入新的发展阶段。正是在这里,马克思谈到了"一般智力",用以描述这种变化对分工和技术进步的影响。通过这种方式,马克恩预见到了历史结点的某些关键方面,即智力和科学劳动的生产价值占主导地位,知识使一切重新社会化,成为主要的生产力。② 正是由于这个原因,回到马克思的形式吸纳、实质吸纳和"一般智力"的概念以及这些形式的技术和社会分工之间的演变,对于推进 21 世纪后斯密时代的概念可能极具意义。

三、形式吸纳阶段的经验教训对解读工业资本主义的启示

马克思使用形式吸纳、实质吸纳和一般智力的概念,以便在它们的逻辑—历史连续性中限定劳动过程从属于资本的截然不同的机制(以及它们产生的冲突和危机的类型)。在这项研究中,马克思从劳动从属于资本的形式吸纳阶段开始。在这个阶段,社会和技术的分工从属于资本,这种分工一开始只是在形式上区别于早期的生产方式。资本在本质上通过商

① Carlo Vercellone, *Accumulation primitive*, *industrialisation et rapport sala-ial en Italie*, Thèse de doctorat, Université de Paris 8. 1999.
② Antonio Negri, '*Interpretation of the Class Situation Today: Methodologiccl Aspects*', in Open Marxism, vol 2, Theory and Practice, edited by W. Bonefeld, R. Gunn and K. Psycho-pedis, London: Pluto, 1992, pp. 69 - 105.

业和货币关系的权宜之计,吸纳早已存在的劳动过程。在这个过程中,工人的合作不需要资本主义生产的指导机制,劳动关系中的合作在技术层面相对于资本而言仍然是自主的。对劳动过程和剩余劳动占有方式的控制,首先建立在直接生产领域之外的机制上,例如外加工制模式。考虑到生产性社会合作的自主性(马克思会说,可变资本在质量方面优于不变资本),对剩余劳动的强迫(以雇佣劳动或自主手工业的形式)主要是由于工人在商业方面的从属地位迫使他出卖劳动力(工人缺乏其他获取货币的途径,或者缺乏对生产资料的非商业占有)。

雇佣工人在流通过程中对货币的依赖关系与他们在调节劳动过程中的自主性之间的矛盾,是资本对劳动的形式吸纳的关键特征之一。如上所述,在第一次工业革命漫长而艰难的孕育过程中,这一矛盾导致了经济去社会化政策(圈地、法律不健全等)的关键地位。由于缺乏在生产力中形成真实的强制性,这些政策旨在固定劳动力,并强调雇佣劳动中的货币对劳动者的强制性,以使其真正发挥效用。这些政策的逻辑类似于福特主义危机后采取的新自由主义战略,而在那个时期则是剥夺传统知识的必要前提,构成了随后从形式吸纳到实质吸纳的基础。实际上,形式吸纳的历史阶段与福特主义危机后出现的资本与劳动关系的配置存在诸多相似之处。

这种方法为我们把握当前分工转变的特殊性和利害关系提供了许多经验教训。最重要的是,如果将马克思的贡献与研究资本主义长期动态的历史学家布罗代尔(Braudel)的贡献相结合,情况就是如此。根据布罗代尔,关于资本主义的第一则经验是"一个在第一次工业革命之前和之后的古老故事"[1]。资本主义的工业形式只是其历史的一个阶段。资本主义不是在工业革命中诞生的,而是在其历史的很长一段时期内发展形成的。在此期间,资本主义并没有加速技术进步,而是建立在生产领域中基本上是间接的和外在的剩余占有形式的基础之上——至少在资本主义世界体系的中心国家是如此。事实上,资本主义的基本特征与其支配机制的极

---

[1] Fernand Braudel, *Civilization and Capitalism 15th - 18th century Vol 3*, New York: Harper and Row, 1979, p. 722.

端灵活性、高度适应性以及非专业化的能力有关。

这种灵活性来自资本的一般公式 M—C—M,并解释了资本与生产领域的关系类型。从积累的角度而言,在周期 M 开始时,投资的货币资本具有灵活性、流动性和选择自由的特点。C 只不过是理想化的短暂循环M—M的中断,它(以商业资本和生产资本的形式)带来了物化、僵化和不确定性。因此,对从事生产的资本而言,这种不确定性更大。在面对剩余价值的实现之前,生产资本必须放弃与直接管理劳动组织相关的风险。不确定性的扩大取决于支持调节工资关系的社会制度因素,更一般地说,取决于所有其他形式的依附劳动。其中,最主要的因素无疑是资本主义在控制劳动过程中所依赖的导向性功能对技术和知识的支配程度。正如杰奥瓦尼·阿锐基(Giovanni Arrighi)所证明的,马克思的公式表明:

> 资本主义机构把资本投向随之会丧失灵活性和选择自由的特定的投入——产出组合,本身不是目的。他们这样做,只是一种手段,为了达到在未来某个时候获得更大的灵活性和选择自由的目的。马克思的公式还告诉我们,假如资本主义机构看不到他们的选择自由有增大的可能性,或者这种可能性难以彻底实现的话,资本往往转向更加灵活的投资形式,尤其是转向它的货币形式。①

我们认为,资本主义对劳动组织的控制形式的不稳定性,有助于解释在工业革命之前的几个世纪里,资本渗透生产领域的缓慢程度以及集中制造体系扩张过程中遇到的巨大困难。在控制工作方法和劳动强度方面,管理劳动过程的力量仍然包含在总体工人的活知识中。如此一来,"因为手工业的熟练仍然是工场手工业的基础,同时在工场手工业中执行职能的总机构没有任何不依赖工人本身的客观骨骼,所以资本不得不经常同工人的不服从行为作斗争"。②

---

① Giovanni Arrighi, *The Long Twentieth Century*, London: Verso, 1994, p. 5. 中文译本参见杰奥瓦尼·阿锐基,《漫长的20世纪》,姚乃强等译,南京:江苏人民出版社 2001 年版,第 6 页。
②《资本论》第 1 卷,北京:人民出版社 2004 年版,第 425 页。

　　正因为如此,直到生产过程的机械化到来之前,"集中制造"体系经历了发展的乏力阶段,商人企业家并未把自己变成工业领袖,而是继续享有外加工制模式的特权。这一历史例证可以揭示资本积累动态更一般的趋势性规律。也就是说,生产周期的组织看起来越是建立在独立于资本导向作用的生产合作基础上,或者被一种强烈冲突的动力所贯穿,资本就越倾向于优先考虑间接的生产支配形式以及通过货币和金融流通领域实现的剩余占有机制。这种将分工形式和资本积累形式结合在一起的解释范式,有助于阐明资本积累在不同阶段的历史交替,因此,会出现以生产、金融和商业形式为特征的积累阶段。从这个意义上说,为了从历史角度看待工业资本主义的危机,形式吸纳阶段提供的另一个教训是,今天的资本也可以理所当然地扩展,"以再次摆脱其直接的生产形式……并试图占有剩余,将其从其他关系中提取出来"①。

　　另一方面,正是从"世界经济"历史的角度来看,布罗代尔为我们提供了关于福特主义危机内涵具有启发性的解释要素。根据布罗代尔的说法,福特主义虽然呈现出与康德拉季耶夫长波②下降阶段的某些特征,却代表了一种比新熊彼特学派对长周期所做的解释和诊断更深刻的历史断裂。这将是一种趋势倒置的情况,再次使第一次工业革命所产生的资本主义形式的发展逻辑受到质疑。在布罗代尔的意义上,工业资本主义驱动力的耗尽将有利于真正的资本主义再次享有商业和金融资本主义间接支配工具的特权。在生产资本的支持下,在单个周期的不同时刻,将三个资本周期统一起来,只不过是资本主义历史过渡阶段的主要表现。从这个角度来看,我们可以补充说,当前金融化进程的起源与福特主义危机所决定的分工冲突的转变密切相关。金融全球化也可以被解读为资本试图使其价值循环更加自主地独立于社会劳动过程,而非实际地纳入其中。因此,如果我们将这种关于资本主义长期动态的布罗代尔式方法与马克

---

① Pierre Dockès and Rosier Bernard, *Rythmes économiques, crises et changement social : une perspective historique*, Paris: La Découverte,1983, p. 14.

② 资本主义经济发展存在着一种上升和下降两种趋势相互交替的规律,50—60 年为一个大周期。——译者注

思关于一般智力的假说以及从工业资本主义继承而来的斯密式分工危机的假说重新联系起来,我们就有了一个更有意义的解释范式。

四、实质吸纳与工业化分工的逻辑

资本对劳动进行实质吸纳的过程始于第一次工业革命。它基于向福特主义转变的一系列趋势:脑力劳动和体力劳动的逐步分离,观念任务和物质任务的分离,以及知识的两极分化和分工,这些趋势决定了技术和组织变革的动力。资本通过这些变革逐步确立起它对产品和劳动过程的控制。

必须指出的是,这些要素对理解当前危机的一个方面至关重要——这些分工和技术进步的趋势依赖于建立一个对工业资本主义动态非常重要的社会制度:确定直接劳动时间(直接用于生产活动)的社会规范、主要的计量单位、人类劳动生产力发展所产生的财富的来源。实际上,在工业革命之前,劳动和非劳动的区别几乎不存在(在一个多元活动和个人的多才多艺仍占主导地位的世界□)。劳动(一般的活动)是判定一段时间的尺度,而不是由钟表和计时器从效率方面对其进行衡量。随着资本主义制度的发展,"这种关系颠倒了,时间成为衡量劳动的尺度"①,并因此成为财富生产和分配的价值标准。正是随着工厂制度权威的确立,时间成为衡量劳动的尺度,劳动时间成为社会的中心要素。因此,时钟和计时器作为量化劳动的经济价值和规定其运行方式的手段,与机器一起,象征着工业革命所决定的劳动经济和劳动文化变革的本质。正是这种时间经济的连续形式形成了技术进步的逻辑,在泰勒主义和机械化原则结合的基础上,它将转变为福特主义。这样一来,劳动变得越来越抽象,不仅在交换价值的形式下,而且在其内容上,都没有任何智性和创造性的品质。

当工人被强加于生产过程内部而不再仅仅局限于生产过程外部时,

---

① François Guedj and Vindt Gérard, *Le Temps de travail*, *une histoire conflictuelle*, Paris: Syros, 1997, p. 44.

资本对劳动的吸纳就成为实质的。在某种程度上,这种吸纳是一种强制命令,由技术和总体工人外部的大量知识的性质所决定。这些知识构成了分工并允许协作生产。对雇佣劳动的强迫不再仅仅具有货币性质,而且还具有技术性质(由于技术进步而成为内生的)。这样一来,生产者的个体劳动力就越来越沦为机器体系的简单的活附属物。"现在,他个人的劳动力不卖给资本,就得不到利用。"①从这个角度看,需要从表征劳动力这一概念的两个维度来理解实质吸纳的发展动态:第一,在技术性分工层面,实质吸纳指明了资本控制劳动力的紧迫性内生于技术和组织变革的动态趋势中;第二,在社会性分工层面,实质吸纳指明了工业资本主义通过工资关系和交换价值的普遍化,以及颠覆雇佣劳动的生存条件,将整个社会融为一体的趋势。这种动态在一定程度上转化为消费规范与资本积累相结合的基础。然而,它也产生了一个冲突过程,这将导致国家将劳动力再生产的某些成本社会化。从这个角度来说,随着福利国家制度的发展,大众教育的建立,以及这种教育体系内逐渐出现的紧张关系。原则上,它的主要任务之一是再生产和证明与现有社会阶级相对应的知识等级。教育的"民主化"(尽管是局部的)是知识扩展和实质吸纳的第一维度的根源之一。

总而言之,从形式吸纳到实质吸纳的经济和社会转型动态,使我们能够聚焦工业资产阶级在工人阶级模式(和反对它)的基础上形成的历史过程,并被引导着将冲突整合到资本积累的条件之中,因为它是一种动态的推动力和宏观经济的稳定器。② 解读特定时刻的资本结构在很大程度上意味着:反向重构雇佣工人为重新占有知识和摆脱雇佣劳动的经济强制而进行的不懈斗争所遗留给我们的历史。这种冲突—创新—发展的辩证法,在从第一次工业革命到福特主义期间不同生产范式之间的连续性中起到推动作用。福特主义无论就生产规范还是消费规范而言,在诸多方面都构成了实质吸纳的历史趋势的现实化。即使它包含着容易导致其危机的(主观和客观)矛盾,并决定了进入新的后工业阶段的矛盾。

---

① 《资本论》第 1 卷,北京:人民出版社 2004 年版,第 417 页。

② Antonio Negri, *Marx beyond Marx*:*Lessons on the 'Grundrisse'*, translated by Harry Cleaver, Michael Ryan and Maurizio Viano, ed. Jim Fleming, New York:Autonomedia,1991, p. 131.

实际上,没有什么能逆转对知识的占有和实质吸纳深化的趋势。只有在福特主义所确定的最一般的分工层面对集体再占有的情况下,我们才能最好地理解大众教育的发展在形成一种扩展性智力和新的分工出现时所起的作用,实际上,这种演变似乎实现了马克思关于一般智力的某些直觉。

五、《大纲》的独创性:一般智力作为资本对劳动实质吸纳的扬弃

在《资本论》第一卷中,马克思将他对分工转变的分析局限于引发简单合作以及从制造业到现代工业的阶段。这种逻辑—历史图式可能被错误地认为是对实质吸纳趋势不可超越特征的判断。这种对《资本论》的阐释,有利于解读资本主义发展生产力的限度,强调市场的无政府状态对贯穿资本主义分工的矛盾和资本主义分工冲突所产生的矛盾造成损害。然而,在马克思的所有著作中,对资本主义分工的批判和对以资本主义分工为支点的冲突的分析,代表了他处理危机和动态的方法论核心,这将导致资本"也就促使自身这一统治生产的形式发生解体"[1]。此外,在《资本论》第一卷中,当马克思强调劳动时间的合法减少所代表的历史利害关系如何与更广泛地获取知识的社会化斗争紧密联系在一起时,人们会想到马克思在第一卷中如何欢迎规范工作日法律的颁布,建立初等公共教育普及化的基础。根据马克思的观点,"从资本那里争取来的最初的微小让步"[2],只不过是废除矛盾动力的出发点,即"现行的教育和分工,因为这种教育和分工按照相反的方向在社会的两极造成一端肥胖、一端枯瘦"[3]。在他对资本主义分工发展的解读中,马克思认识到进行教育社会化斗争的核心作用,其"消灭旧分工"的目的与实质吸纳的动力截然相反。在这个意义上,可以肯定的是,对于马克思来说,大众教育的发展是允许雇佣工人积累技术的、理论的和实践的知识,达到资本主义发展的社会分工和技术分工

---

[1]《马克思恩格斯文集》第8卷,北京:人民出版社2009年版,第191页。
[2]《资本论》第1卷,北京:人民出版社2004年版,第561页。
[3] 同上书,第562页。

所能达到的水平,同时这种大众教育也是社会更替的必要条件之一。

实际上,正是在一种冲突动力的压力下,由于必须使教育体系适应劳动力市场的迫切需求,国家才逐步引导发展公共教育,将一部分劳动力再生产的成本社会化,并突破市场的逻辑。大众教育和扩展性智力的发展使教育系统成为福特式工资关系危机的中心场所。因此,在有关控制"智力生产"的冲突中,发展"社会化和自由的"教育主题所发挥的关键作用,是马克思阐述一般智力概念的基本要点。扩展性智力的构建被配置为必要的历史条件,即使在《大纲》中,这种提法也是隐含的。在某些情况下,分工演变的辩证法掩盖了对结构变化的分析,而不是对可能导致这些变化的制度和主体的分析。

因此,我们将遵循马克思论证的主要阶段。通过这些阶段,在《大纲》中,以知识的扩散和驱动作用为基础的经济形态得以凸显出来。在分析伊始,马克思阐述了实质吸纳的含义,它将工人的劳动化约为"单纯的抽象活动"①。然而,在《大纲》中,与《资本论》第一卷中发生的情况相反,马克思并未止步于此,而是继续思考能够对科学和总体工人进行重组的分工动态。从这个角度出发,马克思提出如何深化对实质吸纳逻辑的认识,才能创造出有利于集体重新占有知识的某些条件。因为"活劳动"能够将部分剩余劳动重新转化为自由时间。

在不断努力节约劳动时间的过程中,"资本在这里——完全是无意地——使人的劳动、使力量的支出缩减到最低限度。这将有利于解放了的劳动,也是使劳动获得解放的条件"②。实际上,"节约劳动时间等于增加自由时间,即增加使个人得到充分发展的时间,而个人的充分发展又作为最大的生产力反作用于劳动生产力"③。换言之,生产所必需的直接劳动时间的减少,可以解放用于休闲和教育的时间,这是劳动解放必不可少的条件。这些潜力能否实现在很大程度上取决于教育的社会化程度,即教育转变为一种教育类型,有利于福特制条件下狭隘的工人转变为非物

①《马克思恩格斯文集》第 8 卷,北京:人民出版社 2009 年版,第 185 页。
② 同上书,第 192 页。
③ 同上书,第 203 页。

质的、多功能的工人。"用那种把不同社会职能当做互相交替的活动方式的全面发展的个人,来代替只是承担一种社会局部职能的局部个人。"①

必须强调的是,对一般智力分析的出发点指向活劳动智力特征的初步转变,或者说是对扩展性智力的教育。资本与劳动关系的这种新结构推动了分工新阶段的开始,在这里,"固定资本的发展表明,一般社会知识,已经在多么大的程度上变成了直接的生产力,从而社会生活过程的条件本身在多么大的程度上受到一般智力的控制并按照这种智力得到改造。"②

这种突变重新开启了关于工业资本主义政治经济学主要依据的讨论。

从知识及其扩展被确认为主要生产力的那一刻起,死劳动对活劳动的支配关系就进入了危机。"劳动表现为不再像以前那样被包括在生产过程中,相反地,表现为人以生产过程的监督者和调节者的身份同生产过程本身发生关系。"③在这种新情况下,试图区分资本和劳动的生产贡献(就像新古典主义所做的那样,分离产品中不同"生产要素"的部分)失去了所有基础。用马克思的话来说,主要的"固定资本"变成了"人本身"④。这预见了一种由知识驱动的发展逻辑,其方法比内生增长的"新"理论的还原表示法更为丰富和复杂。

正如我们将看到的,这种转变涉及另外两种后果:首先,建立在直接用于生产的抽象劳动时间尺度上的价值规律陷入危机。"在这个转变中,表现为生产和财富的宏大基石的,既不是人本身完成的直接劳动,也不是人从事劳动的时间,而是对人本身的一般生产力的占有,是人对自然界的了解和通过人作为社会体的存在来对自然界的统治,总之,是社会个人的发展……一旦直接形式的劳动不再是财富的巨大源泉,劳动时间就不再是,而且必然不再是财富的尺度,因而交换价值也不再是使月价值的尺

---

① 《资本论》第 1 卷,北京:人民出版社 2004 年版,第 561 页。
② 《马克思恩格斯文集》第 8 卷,北京:人民出版社 2009 年版,第 198 页。
③ 同上书,第 196 页。
④ 同上书,第 203 页。

度。"①在这些转变中,劳动,特别是知识形式的劳动,仍然是创造财富的主要来源,但不能再根据直接用于生产的劳动时间来衡量。其次,在我们称之为从劳动的时间价值到知识价值的历史转变中,劳动与非劳动的传统对立失去了一切基础。"直接的劳动时间本身不可能……永远同自由时间处于抽象对立之中……自由时间把生产方式本身提到更高的形式。"②

在形式吸纳和实质吸纳之后,拥有一般智力的总体工人的历史性出场,可以被解释为以两种矛盾为标志的一个新的分裂阶段和影响非常广泛的转型危机的起点:

第一种矛盾,生产劳动概念的突变与知识驱动作用的经济相结合,以及资本逻辑的"趋势始终是:一方面创造可以自由支配的时间,另一方面把这些可以自由支配的时间变为剩余劳动"③。简而言之,价值规律的危机并不意味着它消失,资本之所以继续以强制的方式极力维护它,因为它是衡量财富和分配规范的"可怜的基础"。同时,对马克思的思想予以延伸,可以肯定,劳动与非劳动之间传统界限的瓦解,与劳动的非物质性和智力性有关,这导致剩余价值的榨取机制扩展到参与社会生产的整个社会时间当中。

第二种矛盾,在一般智力中,当知识扩散时,"它不再有所有者"④(这与内生增长理论家的假设相反)。资本不再能够通过进一步深化资本主义分工的斯密式逻辑来反对从构想到执行的过程,从而构建新的"客观独立的框架"。从这个意义上说,对劳动的吸纳是形式上的,从本质上说是建立在流通过程中雇佣劳动者的货币依赖关系的基础上的。

这种阐释图式也使我们能够理解,以认知资本主义为特征的薪酬和就业条件的不稳定,绝不能被视为一种不可避免的经济逻辑。这种趋势的历史意义在于,它有力地使工资关系的基本特征得以重现。作为一种货币纽带,它使雇佣劳动成为获得货币的条件。也就是说,收入取决于决

---

①《马克思恩格斯文集》第 8 卷,北京:人民出版社 2009 年版,第 196—197 页。

② 同上书,第 203—204 页。

③ 同上书,第 199 页。

④ André Gorz, *Misères du présent. Richesse du possible*, Paris:Galilée, 1997, p. 18.

定生产量和就业量的资本家的预期。

最后,一般智力的概念为我们提供了许多分析工业资本主义危机基础因素的要素。这些要素突出了适用于认知资本主义模式的新财富来源(以及不断增长的产出)。关于这些要素,我们将提到以下几点:第一,第一次工业革命所产生的社会和技术分工模式的危机;第二,知识的作用和扩展服从一种合作的社会理性,这种理性摆脱了人力资本的限制性概念;第三,重新讨论直接劳动作为主要生产时间的问题,以及不可能将直接劳动时间作为衡量生产率和获得收入的标准;第四,随着从劳动时间价值理论到知识价值理论的转变,其中主要的固定资本是人"头脑里具有积累起来的社会知识"①;第五,主权、"暴力"和货币在工资和商业秩序中的原始特征;第六、有必要违背资本逻辑,承认技术进步的日益集体化性质,以便使其服务于增加个人的有效自由和"生存的多样性",并确认使用价值高于交换价值。

六、认知资本主义与一般智力:价值关系和新对抗形式

马克思的一般智力范畴留给我们极其丰富的遗产,使我们能够理解伴随着工业资本主义危机和认知资本主义出场所产生的新式分工的基础和矛盾。综合如下:

第一,对一般智力构想的肯定对应于工业资本主义本身的结构性危机,它表明了"大危机"的更高级水平,介于"发展方式危机"和"生产方式本身危机"这两种调节性观念之间。这是一场突变危机,挑战了支持劳动分工和资本积累的倾向,并与第一次工业革命背道而驰。资本主义的工业形态(以及标志着其历史的发展模式)只是资本主义长期发展动态中的一个特定阶段。

第二,对马克思而言,认知资本主义的崛起不能通过一种技术决定论来解释。这种决定论将新技术和固定资本中包含的知识理解为通过新式分工产生的主要动力。相反,这种突变的本质维度是在冲突中发现的,这

①《马克思恩格斯文集》第8卷,北京:人民出版社2009年,第204页。

种冲突导致活劳动的知识在质量方面比固定资本和公司组织中的知识更具优势。从这个观点来说，知识既不能被资本吸收（如在人力资本理论中那样），也不能构成补充性的生产要素（独立于资本和劳动，正如对认知资本主义的某些解释所假设的那样）。知识和教育不过是劳动的表现和创造手段，这些都是表征劳动力使用价值的主观生产条件。

第三，在马克思之后，认知资本主义中的资本与劳动关系的新术语可以这样描述：一般智力的资本主义，远没有消除矛盾和对抗，反而取代了它们，并且在一定程度上增加了它们的重要性。

第四，工业资本主义特有的死劳动与活劳动之间的传统对立，让位于一种新形式的对抗，即资本的死知识和劳动的"活知识"之间的对立。因此，"现代突变可以概括为……一句话，我们从资源的静态管理转变为知识的动态管理。生产科学不再'封装'在机器的僵化逻辑中"[1]。另外，在企业内部，就像在社会中一样，集体知识的动员和合作愈发重要，这是唯一能够释放和控制加速变化动态的要素。

第五，对立术语的这种置换对应于资本对劳动的吸纳，从劳动过程的角度来看，这在本质上又是形式吸纳。然而，与老工匠的实践知识不同，今天弥漫着智力的活知识不能被斯密式分工逻辑的深化所"剥夺"，而这种逻辑在泰勒主义和福特主义的劳动组织原则中达到顶峰。这种类型的剥夺只能以降低劳动力的一般教育水平为代价，这一水平被认为是国家财富和企业竞争力的源泉。劳动组织中的自决和生产的社会目标之间的张力取决于对活知识自主性的重申。

第六，在劳动的认知和非物质维度占主导地位的活动中，我们目睹了工资关系的一种结构条件的不稳定，也就是说，工人放弃对其劳动产品财产的任何索取权（但仍由工资补偿）。在产生认知劳动的知识中，劳动的结果仍然包含在工人的大脑中，因此与他本人是分不开的。这与其他因素一起，共同促进了对这一点的解释：为加强知识产权，企业在资本原始

---

[1] Philippe Lorino, 'Être citoyen dans l'entreprise', *Manière de Voir － Le Monde Diploma-tique*, no. 18, 1993, p. 82.

积累的新阶段,重新封闭了知识流通基础上的社会机制。

第七,直接用于生产知识密集型商品的劳动时间变得微不足道,或者用新古典经济理论的语言来说,再生产的边际成本降到极低甚至几乎为零,这些商品应该免费提供。从这个角度来看,资本寻求的解决方案是推进知识产权以收取垄断租金。这一策略对应的情况与政治经济学的创始人在理论上证明私有财产和竞争秩序的效率的原则相矛盾。事实上,现在正是财产的创造产生了稀缺性。因而马克思(甚至可能是像李嘉图这样的古典经济学家)认为,这是一种人为的方式,以维持交换价值(基于生产的困难)相对于财富的首要地位,而财富是基于富余和使用价值,因此也是基于无偿占有的。

第八,在一般智力和价值知识的资本主义中,资本与劳动的关系受到两个新的冲突来源的影响。一方面,正是由于再生产领域和直接生产领域之间传统边界的瓦解,对劳动力使用价值的剥削扩大到了整个社会。另一方面,资本试图维持以直接劳动时间为基础的价值规律的永久性,尽管它存在危机,但会导致失业和劳动力的贬值。其结果是当前在一个知识权力和知识传播与积累逻辑形成对比的经济中,贫富之间存在悖论。租金和利润之间的界限消失了,而新的知识所有权关系通过人为创造的资源稀缺性阻碍了知识的进步。

总之,在认知资本主义中,资本与劳动的关系被呈现为两种逻辑的对立,在这两种逻辑之间似乎不再可能重新稳定斗争与发展的辩证法:一方面,资本积累的逻辑从人为地强制执行价值规律的尝试或意图中呈现出一种越来越寄生的性质,以至于堵塞了知识扩散和积累过程的来源本身;另一方面,总体工人的新形象的逻辑,即"在其大脑中是社会积累的所有知识"①的扩展性智力,是对生产条件和社会目的进行自我管理的全部先决条件。正是围绕这些矛盾,本文提出了批判知识经济的政治经济学和克服认知资本主义的政治计划的一些最本质的问题。

---

① 在这个意义上,我们可以将共产主义定义为真正的运动。知识型社会通过这种运动将有效地将自己从吸纳它的资本主义逻辑中解放出来,释放建立在知识自由流通和一般智力民主基础上的经济中所蕴含的解放潜力。

《大纲》中的一般智力及其超越[①]

托尼·史密斯[②]

（美国爱荷华州立大学哲学与宗教研究系）

在最近的出版物中，保罗·维尔诺和卡罗·维塞隆呼吁人们关注马克思《大纲》中的一般智力概念，以及它在当代资本主义中的扩散所发挥的前所未有的作用。根据维尔诺的说法，马克思认为，一般智力的繁荣只能在共产主义中才能发生，这是后福特制资本主义的特征。维塞隆补充说，马克思关于资本对劳动实质吸纳的描述在当代认知资本主义中是过时的。两位作者都认为马克思的价值理论在历史上已经失去效力。本文认为这些观点是基于对价值和财富的混淆，忽视了马克思对资本"免费礼物"作用的描述，低估了一般智力在后福特制和认知资本主义兴起之前的作用，以及低估了一般智力在当代资本主义中扩散的界限。

> 固定资本的发展表明，一般社会知识，已经在多么大的程度上变成了直接的生产力，从而社会生活过程的条件本身在多么大的程度上受到一般智力的控制并按照这种智力得到改造。[③]

---

① 本文译自 Tony Smith, The 'General Intellect' in the Grundrisse and Beyond, *Historical Materialism*, vol. 21, no. 4, 2013, pp. 235 - 255.
② 作者简介：托尼·史密斯（Tony Smith），美国爱荷华州立大学哲学与宗教研究系名誉教授，研究方向：马克思主义社会理论、政治哲学、批判理论。译者简介：杨雷，华东政法大学马克思主义学院师资博士后，研究方向：马克思主义哲学基础理论、当代资本主义批判。
③《马克思恩格斯文集》第 8 卷，北京：人民出版社 2009 年版，第 198 页。

长期以来,许多意大利马克思主义者一直坚持认为《大纲》中通常被称为"机器论片断"的部分很重要,特别是"一般智力"(general intellect)概念。本文考察了最近翻译的保罗·维尔诺(Paolo Virno)和卡罗·维塞隆(Carlo Vercellone)关于一般智力的文章,他们都试图评估《大纲》在当代的理论和实践意义。

一、维尔诺和维塞隆论历史和理论中的"一般智力"

在"机器论片断"中,马克思从他在其他地方所说的工人被资本"形式吸纳"的时期开始,概述了欧洲资本主义劳动关系主要阶段的历史性重建。在资本对劳动的形式吸纳时期,雇佣劳动者被资本家雇佣为人力资本,生产资本家拥有所有权的产品,同时受资本家代理人的监督。剩余价值是通过延长工作日(绝对剩余价值)的方式从活劳动中被提取了出来,尽管劳动过程本身(最重要的是工具的使用)仍然处于工人的直接控制之下。

当工作日达到极限时,资本转向对劳动的实质吸纳,以及通过提高生产率来榨取相对剩余价值,从而减少工作日中用于必要劳动的部分,即生产"维持活劳动能力所必需的产品"①。这最初是通过劳动过程的分割("精细化劳作")实现的。后来,当科学技术知识即一般智力的成果充分发展时,机器体系就被引入了。活劳动被简化为仅仅是这些系统的"附属品":

> 在机器体系中,对象化劳动在劳动过程本身中与活劳动相对立而成为支配活劳动的力量,占有活劳动的资本就其形式来说就是这样的力量。由于劳动资料转变为机器体系,由于活劳动转变为这个机器体系的单纯的活的附件,转变为机器运转的手段,劳动过程便只

①《马克思恩格斯文集》第 8 卷,北京:人民出版社 2009 年版,第 192 页。

是作为资本价值增殖过程的一个环节而被包括进来。①

当马克思写下《大纲》时,他预见工业资本主义将在不久的将来被共产主义取代。他在"机器论片断"中的论点可以大致概括如下:

1. 资本必然倾向于寻求提高生产率。

2. 生产率的提高建立在一般智力的基础上。

3. 社会成员越是享有创造性学习和实验的自由时间,一般智力就越会蓬勃发展。

4. 资本主义社会中生产率的提高缩短了必要劳动时间,至少从原则上而言,这让所有的社会成员拥有一般智力蓬勃发展的自由时间。

5. 然而,资本缩短必要劳动时间,只是为了延长剩余劳动时间。剩余劳动时间的延长,阻碍了大多数工人致力于创造性的学习和实验。换言之,资本在为一般智力的蓬勃发展创造物质前提条件的同时也削弱了其实际上蓬勃发展的可能性。

6. 只要资本继续占据统治地位,这种矛盾就会随着时间的推移而尖锐化,导致社会非理性的不断增加。

7. 越来越多的社会非理性将激发人们为另一种秩序而斗争,为所有人提供创造性学习和实验的自由时间。这一替代方案的名称是"共产主义"。

但自始至终,马克思的历史预言并未实现。

根据维尔诺和维塞隆的观点,马克思认为他那个时代的资本主义严重阻碍了一般智力的进一步发展,这并没有错。然而,在他们看来,马克思严重低估了一般智力在资本主义社会中发展的能力,以及资本主义吸收扩展的一般智力这种社会能量的能力。

维尔诺和维塞隆都强调了马克思所处时代的技术和社会组织形式与20世纪"福特制"之间的内在连续性,福特制致力于在企业内部大型一体化的标准型流水线上进行规模化生产。它还旨在将构思与执行无情地剥

---

① 《马克思恩格斯文集》第8卷,北京:人民出版社2009年版,第185—186页。

离,使大众总体工人与固定资本中的专业科学知识相疏远。维尔诺和维塞隆也同意马克思阐发的观点,"只要'活劳动'能将其剩余劳动时间的一部分重新转化为自由时间,实质吸纳逻辑的深化可以创造有利于知识的集体重新占有的条件"①。在他们看来,马克思没有预见到的是,这种"知识的集体重新占有"会发生在资本主义,而不是共产主义。

维塞隆描述了工业资本主义的生产力进步如何既推动了"为获取知识的社会化而进行的普遍斗争"②,又为这场斗争的成功提供了物质前提。作为这一成功的结果,资本主义福利国家——已经承诺将劳动力再生产的很大一部分成本加以社会化——开始资助大众教育。③ 作为一个阶级,雇佣劳动者将他们的生活以前所未有的比例用于正式或非正式的教育和培训上,成为"无法在机器中被客观化的认知能力的储存库",包括"语言、学习倾向、记忆、抽象和关联的能力,以及自我反思的倾向"④。就此而言,那些从事活劳动的人不能再说他们与一般智力相疏远了。维尔诺称这种状态为"大众智力(mass intellectuality)",维塞隆称之为"弥散性智力(diffuse intellectuality)"。

两位作者都断言,大众智力的兴起是"福特制危机"背后的核心因素。维塞隆提醒我们,在每个历史转折处,资本都必须决定是否承担与直接管理劳动力相关的风险。在这些决定中,"主要因素无疑是技术的支配制度和资本主义控制劳动过程的功能对知识的依赖程度"⑤。他认为,资本在16世纪初至18世纪末进入生产领域缓慢的原因可以用以下事实来解释:这一时期以"以工匠知识的主导权为标志",这迫使资本"与工人在生产中

---

① Carlo Vercellone, From Formal Subsumption to General Intellect: Elements for a Marxist Reading of the Thesis of Cognitive Capitalism, *Historical Materialism*, vol. 15, no. 1, 2007, p. 28.
② Ibid, p. 26.
③ Ibid, p. 25.
④ Paolo Virno, "General Intellect", *Historical Materialism*, vol. 15, no. 3, 2007, p. 6.
⑤ Carlo Vercellone, From Formal Subsumption to General Intellect: Elements for a Marxist Reading of the Thesis of Cognitive Capitalism, *Historical Materialism*, vol. 15, no. 1, 2007, p. 25.

的不服从作斗争"[1]。只有在"应用于生产的科学发展与对工人知识的剥夺是以同等速度进行的"[2],资本才开始主宰劳动过程。在这一发展和剥夺的过程结束时,"对雇佣劳动的强迫不再仅仅具有货币性质,而且还具有技术性质(由于技术进步而成为内生的)"[3]。然而,这种情况并没有持续下去,智力的弥散引发了"资本对分工控制的倾向性下降"[4]。在这一点上,"工业资本主义特有的死劳动/活劳动之间的传统对立让位于一种新的对抗形式,表现在资本的死知识和劳动的活知识之间"[5]。当活劳动拒绝被当作仅仅是附属物时,福特制的危机就开始了。"对劳动的科学组织的这种拒绝在很大程度上解释了利润率下降和泰勒主义生产力收益的社会衰退,自20世纪60年代以来的福特制危机就通过这种方式表现出来"[6]。然而,资本并没有通过匆忙退出世界舞台的方式回应这场危机。相反,它变异成了一种可以调动和融合弥散性智力的形式。对于维尔诺来说,这解释了"后福特制"生产网络的兴起,这些网络的不同产品线的产品周期较短。这种灵活性需要一支技术成熟、智力投入的劳动力大军,从重复和分散的流水线劳动中解脱出来。后福特制还致力于在设计、生产和营销方面不断创新,所有这些都可以通过利用广泛的活劳动的创造性洞见来推动,包括在资本主义制度之外发展的知识。[7] 简而言之,"一般智力的共享成为各种实践的有效基础"[8]。

在后福特制中,不能归结为固定资本的概念结构和逻辑图式起着决定性作用,因为它们离不开多个活生生的主体之间的互动。"一

---

[1] Carlo Vercellone, From Formal Subsumption to General Intellect: Elements for a Marxist Reading of the Thesis of Cognitive Capitalism, *Historical Materialism*, vol. 15, no. 1, 2007, p. 15.

[2] Ibid, p. 20.

[3] Ibid, p. 24.

[4] Ibid, p. 18.

[5] Ibid, p. 33.

[6] Ibid, p. 27.

[7] Paolo Virno, "General Intellect", *Historical Materialism*, vol. 15, no. 3, 2007, p. 5.

[8] Ibid, p. 8.

般智力"包括正式和非正式的知识、想象力、伦理倾向、心态和"语言游戏"①。

马克思认为,只有在共产主义社会,才能充分实现一般智力控制社会生活过程条件的趋势。相反,维尔诺甚至说"在后福特制时代,马克思所描述的趋势实际上已经完全实现了"。②

不同于维尔诺,维塞隆拒绝"后福特制"这一范畴,认为它低估了当代知识经济在多大程度上脱离了工业时代。他更喜欢谈论"认知资本主义"③。然而,他同意维尔诺的基本观点。他同样认为,今天的资本主义基于"在所有物质和非物质活动方面,活劳动对劳动的认知维度的重新占有"④。

从这个角度而言,只要马克思正确地预见了一般智力弥散的绝对中心地位,《大纲》就仍然就具有巨大的理论和实践重要性。然而,由于他未能预见到这种弥散在资本主义中发生的程度,马克思在《大纲》和其他地方中描述的其他关键方面已经过时了。维尔诺和维塞隆都把马克思的价值理论作为说明这一点的一个典型例子。

对于维塞隆来说,价值理论的前提是"直接劳动"可以通过某种时间,即"时钟和计时器的时间"来充分衡量,然后提供适当的社会财富衡量标准。他认为,在"劳动变得越来越抽象"的历史时期,这些假设是合理的。"不仅在交换价值的形式下,而且在其内容上,都没有任何智性和创造性的品质。"⑤

从早期工业革命到福特制时代,二者都符合这一标准,因为活劳动处于资本的实质吸纳之下(更具体地说,是在机器体系的固定资本之下)。

① Paolo Virno, "General Intellect", *Historical Materialism*, vol. 15, no. 3, 2007 p. 5.
② Ibid, p. 4.
③ Carlo Vercellone, From Formal Subsumption to General Intellect: Elements for a Marxist Reading of the Thesis of Cognitive Capitalism, *Historical Materialism*, vol. 15, no. 1, 2007, p. 14.
④ Ibid, p. 16.
⑤ Ibid, p. 24.

然而,在《大纲》中,马克思本人承认,随着一般智力的发展,直接劳动是生产的主导力量的说法将变得越来越不可信:"马克思为一种很难被称为'马克思主义'的论点辩护。他声称,正是由于一般智力独立于生产之外,抽象知识(主要但不仅仅是科学知识)正在成为生产的主要力量,并很快将流水线上重复的和分割的劳动降低到微不足道的地位。"①马克思再次预言,只有在共产主义中,一般智力才能发展到这种程度。他没有预见到资本主义会转变成一个以大众智力形式的一般智力为"主要生产力"的体系。换言之,他没有预见到一种资本主义形式,在这种形式中,我们不能再把"时钟和计时器作为量化劳动经济价值的手段"②。"所谓价值规律(即商品是由它所体现的劳动时间所决定的)被马克思视为现代社会关系的骨架,但它却被资本主义的发展所侵蚀和驳斥。"③现在必须有一个从劳动时间价值理论到知识价值理论的过渡,其中主要的固定资本是人,"在其大脑中存在着社会的积累知识"④。

维塞隆和维尔诺并不认为由于他们否认了马克思的价值理论对当代资本主义的适用性,他们就被排除在马克思主义的框架之外。两人都继续接受马克思的论点,即资本主义的危机趋势只能暂时被转移,只有共产主义才能永久地克服它们。后福特制/认知资本主义使得资本得以维持其霸权地位,但代价是加剧了最初导致福特制危机的"资本对分工控制的倾向性下降"⑤。资本现在被迫越来越多地依赖形式吸纳机制来维持其社会主导地位,包括加剧就业不安全感、家庭债务大幅增加以及越来越人为地施加稀缺性,所有这些都增强了"雇佣工人在流通过程中对货币的依赖

① Paolo Virno, "General Intellect", *Historical Materialism*, vol. 15, no. 3, 2007, p. 3.
② Carlo Vercellone, From Formal Subsumption to General Intellect: Elements for a Marxist Reading of the Thesis of Cognitive Capitalism, *Historical Materialism*, vol. 15, no. 1, 2007, p. 30.
③ Paolo Virno, "General Intellect", *Historical Materialism*, vol. 15, no. 3, 2007, p. 4.
④ Carlo Vercellone, From Formal Subsumption to General Intellect: Elements for a Marxist Reading of the Thesis of Cognitive Capitalism, *Historical Materialism*, vol. 15, no. 1, 2007, p. 31.
⑤ Carlo Vercellone, p. 31; Paolo Virno, p. 5.

关系"①。然而,资本对形式吸纳的依赖越明显,资本对一般智力开启的历
史可能性的压制就越明显——资本本身就更多地扼杀了自身活力的源
泉。② 对后福特制/认知资本主义的解放承诺的不断背叛,确保了马克思
在《大纲》中对共产主义的呼吁在今天仍然保持了最大的效力,"我们可以
将共产主义定义为真正的运动,通过这种运动,知识社会将有效地将自己
从吸纳它的资本主义逻辑中解放出来,释放建立在知识自由流通和一般
智力民主基础上的经济中的解放潜力"③。维尔诺同意:一般智力只有在
解除其与商品生产和雇佣劳动的联系的情况下,才能确认自己是一个自
治的公共领域。④ 在维尔诺和维塞隆的叙述中应该确认的许多方面中,这
一点是最重要的。

然而,他们的其他观点可能会受到质疑,首先就是对价值理论的
拒绝。

二、一般智力和价值理论

对于维尔诺和维塞隆而言,在马克思的术语意义上,商品的价值是由商
品中所包含的简单直接劳动时间的同质生产单位决定的。在他们看来,马
克思时代的机器带来了对活劳动的实质吸纳,"清空了(活劳动)任何智力和
创造性的品质",使得用抽象劳动时间的简单同质单位来衡量商品的价值是
合法的。然而,今天的生产力是以弥散性的智力形式出现的一般智力。因
此,他们认为,我们不能再把"时钟和计时器的时间作为量化劳动经济价值
的手段"⑤,因为"现在直接和完全依赖于科学的生产过程与财富计量单位
(仍与产品中体现的劳动力数量一致)之间的尖锐矛盾浮出水面"⑥。

---

① Carlo Vercellone, From Formal Subsumption to General Intellect: Elements for a Marxist
Reading of the Thesis of Cognitive Capitalism, *Historical Materialism*, vol. 15, no. 1, 2007,
p. 31.
② Ibid, pp. 34 – 35.
③ Ibid, p. 35.
④ Paolo Virno, "General Intellect", *Historical Materialism*, vol. 15, no. 3,2007, p. 8.
⑤ Carlo Vercellone, p. 30.
⑥ Paolo Virno, "General Intellect", *Historical Materialism*, vol. 15, no. 3,2007, p. 4.

如果价值理论只不过是一种声称体现在商品中的简单劳动是恰当的"财富衡量标准",那么它在今天确实没有最起码的解释力。在之前的任何历史时刻,它也不会有效。资本主义中的财富创造一直严重依赖资本自称属于自己的"免费礼物"——大自然的礼物,如经过数百万年开发的土壤肥力,或水力和风力等。前资本主义社会的文化成就、工作场所以外的认知和身体能力的发展、女性的无偿护理劳动、现代早期发展起来的科学技术知识以及福特制繁盛时期公共资助的研究实验室的产品,都提供了其他例证。这类因素在财富生产中的因果作用一直是不可估量的,因此,从来没有一个资本主义时期将劳动作为财富的适当衡量标准。马克思深知这一点,但他终生致力于价值理论的发展。他可以始终如一地这样做,因为这一理论的目的不是衡量财富。

马克思的价值理论是一个复杂而具有争议的话题。不过,下面的简短总结在这里就足够了。这种理论的出发点是将资本主义生产方式概念化为一种分离的社会性体系,在这种体系中,"毫不相干的个人之间的互相的和全面的依赖,构成他们的社会联系"①。更具体地说,资本主义是一种广义的商品生产,其中生产是由私人进行的,随后必须通过商品与货币的成功交换而得到社会确认。经过社会确认生产的商品获得社会属性,即"价值"("一定比例的可交换性"),不同于它们的各种自然属性。在广义的商品生产中,用商品交换货币是社会认可的形式,因此货币提供了唯一的社会客观价值衡量标准。生产具有特殊价值属性的商品的劳动可以被称为抽象劳动。这个术语是恰当的,因为在这种情况下,抽象是从不同劳动行为的具体且异质的属性中产生,并且因为劳动的这个维度对商品抽象性质的产生负有因果责任,这种抽象性质是以抽象的事物(货币)的抽象单位来衡量的。马克思随后解释说,广义的商品生产是一种资本主义体系,由旨在获得比初始投资金额(M)更多的资金(M')的投资所主导。活劳动现在能以更具体和更复杂的方式概念化为受雇于资本以产生剩余价值的雇佣劳动者的活动。这就是 M' 和 M

①《马克思恩格斯文集》第 8 卷,北京:人民出版社 2009 年版,第 51 页。

的区别。

理解资本主义需要弄清楚一个与社会性无关的社会秩序如何随着时间的推移而被再生产（以及在这种再生产过程中出现的矛盾）。马克思的回答是，这种社会再生产是通过物的中介来完成的：私人劳动的社会性是通过商品和货币的流通建立起来的；更具体地说，当剩余价值被生产和占有时，私人承担的雇佣劳动的社会性得到了验证。货币价值体系不是衡量简单劳动单位对财富生产的贡献的机制。它首先是一种再现资本主义社会关系，尤其是资本/工资—劳动关系的机制："活劳动同对象化劳动的交换，即社会劳动确立为资本和雇佣劳动这二者对立的形式，是价值关系和以价值为基础的生产的最后发展。"①（再）生产价值关系（以事物之间的异质性和历史特定形式的社会关系）和生产财富（从历史特定的社会形式中抽象考虑的使用价值）之间有着根本的不同。

正如我们将在下一节中看到的那样，我认为维尔诺和维塞隆低估了一般智力在从第一次工业革命到福特制时代这一过渡过程中的作用，同时夸大了它在当代资本主义中的繁荣。但他们强调大众智力作为一种生产力如何变得越来越重要，这无疑是正确的。这种发展是否将马克思的价值理论推向了过时理论的垃圾堆？如果社会组织的主要形式仍然是普遍商品生产脱离社会性，如果社会再生产继续以事物的流通为中介，即以商品换取货币，如果社会再生产继续以资本/工资—劳动关系的再生产为中心，情况就并非如此。所有这些事情在今天继续定义着全球资本主义。只要价值关系存在，弥散性智力的成就就会倾向于被资本用作另一种"免费礼物"（例如，当公司使用"开源"计算代码），或者被推到社会生活的边缘。只要情况仍然如此，马克思的价值理论将保持阐述的准确性和解释力。为了理解财富的生产，我们确实必须考虑大众智力，并赋予它相对于简单劳动不断增加的重要性。但这与马克思的价值理论无关，至少与对该理论最令人满意的综合考虑的解释无关。

---

① 《马克思恩格斯文集》第 8 卷，北京：人民出版社 2009 年版，第 195 页。

三、资本主义历史发展中的一般智力

在试图评估维尔诺和维塞隆对资本主义历史发展的重建之前,我想介绍一下《大纲》(以及马克思致力于政治经济学批判的其他文本)中的另外两个重要概念:形式决定和拜物教。这些概念将在随后的评析中发挥核心作用。

马克思的价值理论通过事物之间的关系来考察社会关系的再生产。形式决定是指人类主体的选择、主观偏好和外部行为是由这些事物塑造的方式,这些事物是他们在广义商品生产中所具有的社会形式的结果。由于这些社会形式,货币和资本与其说是社会生活的工具,不如说是社会性的体现,它超越和反对人类主体的个性化:"在资产阶级社会里,工人完全丧失了客体条件,他只是在主体上存在着;而和他对立的东西,现在却变成真正的共同体,工人力图吞食它,但它却吞食着工人。"[1]从形式决定的角度来看,"资本"在本体论上是先于并塑造个体行为者的意图和活动,无论人类机构对其产生和维持负有多少责任。拥有和控制资本之人的选择、主观偏好和行为是由价值增殖命令(valorisation imperative)所决定的,即资本的组合必将产生剩余价值的无情命令。那些为了工资而出卖活劳动的人的选择、主观偏好和行为都是由同样的命令所决定的,尽管是以一种更具对抗性的方式。例如,他们的劳动过程受到以下事实的影响:它是一个价格化过程,而不仅仅是一个活劳动借助过去劳动的客观化来实现其能力的过程。从这个角度来看,将资本仅仅视为人类为实现自身目的而使用的社会权力工具的看法既错误又幼稚。从某种意义上说,它是一种"超验的力量",它使人类服从于它的目的,并将生产的社会力量作为它的力量。

然而,另一方面,物本身并没有超验的力量。它们之所以这样做,只是因为广义商品生产具有特殊的"生产的社会特征",正如马克思在一段

---

[1]《马克思恩格斯文集》第8卷,北京:人民出版社2009年版,第147—148页。

对资本和货币同样适用的段落中所解释的那样：

> 交换的需要和产品向纯交换价值的转化，是同分工按同一程度发展的，也就是随着生产的社会性而发展的。但是，随着生产的社会性的增长，货币的权力也按同一程度增长，也就是说，交换关系固定为一种对生产者来说是外在的、不依赖于生产者的权力……生产者在什么程度上依赖于交换，看来，交换也在什么程度上不依赖于生产者……货币没有造成这些对立和矛盾，而是这些矛盾和对立的发展造成了货币的似乎先验的权力。①

这将我们带入了马克思拜物教理论的核心。由于定义了广义商品生产的"分离的社会性"，即活劳动与其实现条件（生产资料和生活资料）及其产品的强制分离，社会个体的集体权力必然表现为资本的权力。但资本的权力完全依赖于对集体社会劳动的创造力（以及集体社会劳动动员的自然和科技知识的力量）的占有：

> 工人也是为了一个既定量的劳动能力[的价值]而出卖劳动的创造力……他的劳动的创造力作为资本的力量，作为他人的权力而同他相对立……他的劳动如果不是能力，而是运动，是实际的运动，就会是这样的；相反，资本是通过占有他人劳动而使自己的价值增殖。②

简而言之，资本只不过是"孕育在活劳动本身中的可能性，由于生产过程而作为现实性存在于劳动之外"③。

马克思在拜物教理论中确认的具有创造性的活劳动不是传统人文主义的跨历史主题。活劳动的跨历史概念仅仅是一种思维抽象，将创造力赋予思想抽象将是一个严重的范畴错误。《大纲》中所讨论的活劳动指某

---

① 《马克思恩格斯文集》第 8 卷，北京：人民出版社 2009 年版，第 44 页。
② 《马克思恩格斯全集》第 46 卷上，北京人民出版社 1979 年版，第 266—267 页。
③ 《马克思恩格斯文集》第 8 卷，北京：人民出版社 2009 年版，第 103 页。

种商品在被资本购买后成为资本的一种形式,它是历史特定形式的活劳动,它所发展的力量是在这种社会形式之中并且是因为这种社会形式而发展起来的。然而,这种形式决定的最重要的例子并没有破坏资本拜物教理论核心的本体论主张。如果社会关系和物质社会实践发生了结构性的转变,也就是说,如果分离的社会性被一种不同的社会性所取代,那么金钱和资本所声称的表面上的超验力量将立即被揭示为它们的本体论谎言。马克思价值理论的最终目标是帮助我们现在就认清这些谎言,以便让清算的日子更近一些。

维尔诺所定义的一般智力("语言能力、学习倾向、记忆力、抽象和关联的能力,以及对自我反思的倾向")①在整个资本主义历史上一直是集体社会劳动的一种表现形式。它不是 20 世纪首次出现的东西,马克思的拜物教理论告诉我们,任何资本主义的变种都依赖于无法客观化的认知能力的储存库,因为它组织了生产过程和生活世界。在早期资本主义、19 世纪的英国、福特制和当代后福特制/认知资本主义中,一般智力无疑具有不同的形式。但它一直是社会劳动集体力量的核心,以一种外来的形式出现在资本中。

我确信维尔诺和维塞隆低估了从最初的工业革命到福特制的时期一般智力的"扩散"程度。我认为,这是由于他们片面地强调(固定)资本的形式决定,而忽视了固定在机器中的资本权力在多大程度上是集体社会劳动权力的拜物教形式。维尔诺和维塞隆将马克思时代的工业革命描述为一个通过固定资本体现的、专业化的科学技术知识形式出现的时期。与《大纲》相呼应的是,他们强调雇佣工人与机器(从而也与包含在其中的一般智力、科学技术知识)相异化,这种异化随后在福特制中继续存在。然而,当马克思撰写《大纲》时,他还没有考察技术创新的细节。到他创作《资本论》时,情况变得更加复杂。

在《资本论》中,马克思描述了工业革命中机器发展的各个阶段,从机器的最初引入,到发现其初始设计的优缺点,再到在这些优点的基础上进行重新设计,并至少避免了一些缺点。在目前的语境中,需要注意的重要一

---

① Paolo Virno, General Intellect, *Historical Materialism*, vol. 15, no. 3, 2007, p. 6.

点是,马克思强调了科学家、工程师和发明家与其他类别的工人在这一过程中的创造性相互作用。由于集体实践经验,雇佣劳动者对生产过程所拥有的隐性和显性知识发挥了至关重要的(如果几乎被普遍忽视)的作用:

> "每个局部过程如何完成和各个局部过程如何结合的问题,由力学、化学等在技术上的应用来解决,当然,在这里也像以前一样,理论的方案需要通过实际经验的大量积累才臻于完善"①以及"随着力学的进一步发展和实际经验的积累,机器的形式才完全由力学原理决定,从而才完全摆脱了变为机器的那些工具的传统体形。"②

在资本主义中,没有任何特定的机器或机器体系是不可替代的。"社会生产力、交往、知识等的任何发展程度,对资本来说都只是表现为它力求加以克服的限制"③。通过概括马克思的观点,我们必须认识到,随后的技术变革也将是由狭义的科技劳动者和对劳动过程具有大量非正式和隐性知识的熟练工人之间创造性相互作用的结果。

维尔诺和维塞隆正确地强调,从马克思所处的时代到福特制时期,工人往往沦为机器体系的附属物,其结果是个体工人与他们所体现的科学技术知识疏远,这一点是正确的。这些趋势是客观的物质现实,是每个工人都经历过的。但《资本论》的叙述也暗示,劳动力作为一个整体,在其实践经验过程中同时发展了新的能力和新的知识形式。这一时期只关注"去技能化"过于简化了马克思的论点。这种排他性的关注低估了工业革命时期一般智力已经"扩散"到何种程度,也就是说,没有被一小群科学技术专家所垄断。

有趣的是,维塞隆本人承认,在工作场所严格分离构想与实施的福特制始终是一个彻头彻尾的幻想:

---

① 《马克思恩格斯文集》第5卷,北京人民出版社2009年版,第437页。
② 同上书,第440页。
③ 《马克思恩格斯》文集第8卷,北京:人民出版社2009年版,第440页。

重要的是要记住，工人知识的不可简化维度在福特制的大工厂中也很明显，即规定的任务与工人的实际劳动之间的根本区别。没有这个区别……福特制的装配线永远无法运转。[1]

然而，仅仅两页之后，他写道，在福特制中，"生产率现在可以表示为一个变量，其决定因素不再考虑工人的知识"[2]，从而使雇佣工人或隐性或显性知识再次变得不可见。

总而言之，维尔诺和维塞隆在从第一次工业革命到福特制的历史时期对一般智力范畴的应用强调了（固定）资本片面化的形式决定，代价是过度简化了马克思的资本拜物教理论所描述的复杂的本体论状态。在工业革命和福特制的庞大机器体系中，资本的力量既以物质形式也确实以一种超验的力量出现。但它们只不过是集体社会劳动的力量，以及由这种劳动调动的自然和知识力量的一种拜物形式。而这种动员起来的知识绝不仅限于科学家、工程师和发明家的知识。在所讨论的整个时期，一般智力包括劳动力隐性和显性的知识，即使主流的意识形态和物质实践拒绝承认这一点。

维尔诺和维塞隆对后福特制/认知资本主义的分析表现出相反的片面性：他们低估了资本的持续形式决定，以强调资本拜物教理论背后的社会劳动的创造力。

毫无疑问，当今社会劳动的权力越来越多地以似乎不受资本形式决定的方式行使。一个非常引人注目的例子可以在以下通过资本/工资—劳动关系之外的知识工作开发的互联网应用程序列表中找到："诸如免费的基于 Web 的电子邮件、个人网页托管服务、即时通信软件、社交网站和设计良好的搜索引擎等想法更多地来自个人或一小群人，他们想要解决自己的问题或尝试一些巧妙的东西，而不是来自意识到可以赚取利润的

---

[1] Carlo Vercellone, From Formal Subsumption to General Intellect: Elements for a Marxist Reading of the Thesis of Cognitive Capitalism, *Historical Materialism*, vol. 15, no. 1, 2007, p. 17.

[2] Ibid, p. 19.

公司。"①加密软件、点对点文件共享软件、声音和图像编辑器以及许多其他示例可以添加到此列表中,"事实上,很难找到不是由业余爱好者发起的软件"②。这些以及其他当代"弥散智力"表达是否证明了维尔诺的断言,即在后福特制中,"一般智力的共享是否成为每一种实践的有效基础?"③他们是否证明了维塞隆的说法,即资本对活劳动的实质吸纳在认知资本主义中受到了侵蚀? 我相信这些问题的答案一定是否定的。

如上所述,资本一直依赖于在资本形式之外产生的"免费礼物"。在后福特制/认知资本主义兴起之前,资本积累过程在某种程度上依赖于这些"免费礼物"。尽管如此,资本的社会形式阻止了一般智力"真正充分地实现"④。如今,我们必须将大众智力的新产品(例如"业余爱好者"编写的软件代码)添加到免费礼物的清单中。然而,这本身并没有消解资本形式塑造社会生活的力量,正如其他种类的免费礼物并没有消解这种力量一样。具体而言,它并没有消除资本形式的力量,阻碍一般智力按照马克思在《大纲》中的共产主义预期所预见的路线那样得到"真正充分地实现"。

在后福特制/认知资本主义中,"一般智力的共享"受到资本形式系统性限制的例子不胜枚举,以至于人们几乎不知道从哪里开始。在满足商品形式以外的人类欲望和需要的知识方面,投资仍然严重不足,无论这种知识对于满足人类的欲望和需要来说可能有多么重要。正如维塞隆正确指出的那样,知识产权的扩展不仅阻止知识产品作为免费的公共产品进行分配,还阻碍了新科技知识的发展。生产率的继续提高与失业相关,这些进步所产生的收益中有极大一部分被投资者和高层管理者所侵占。这两个因素都削弱了员工分享可能会提高生产力的见解的动力。迫切要求增殖的无休止的外部压力确保了企业网络中的核心企业努力把风险转移到供应商和分销商身上,将"价值链"中最有利可图的部分据为己有,并对

---

① Jonathan Zittrain, *The Future of the Intellect – and How to Stop It*, New Haven: Yale University press, 2008, p. 85.

② Ibid, p. 89.

③ Paolo Virno, "General Intellect", *Historical Materialism*, vol. 15, no. 3, 2007, p. 8.

④ Ibid, p. 4.

分散在不同地理位置的劳动力实施"分而治之"战略。这些因素系统地阻碍了网络内信息的自由流动,这相当于阻碍了一般智力的传播。根据维尔诺的观点,我们确实远离了一般智力不受限制的扩散,这是马克思在《大纲》中构想的共产主义的一个决定性特征。

按照维塞隆的说法,在当代资本主义中,资本对活劳动实质吸纳已经被克服的断言也不能被接受。的确,"业余"软件作者的活体劳动并不受资本主义工作场所的实质吸纳,在雇佣劳动领域内也有一些活动从实质吸纳中解放出来。但我们必须警惕从少数例外情况中进行概括。当代资本主义系统地剥夺了绝大多数工人有效参与创新的时间、培训和物质支持,使得他们无法有效地参与任何接近他们能力范围的事情,同时让他们接受了一种标准化的和监控的极端新形式,以全球南方呼叫中心的工作人员和美国运通公司的"知识工人"为例,他们在受到监控和定时的情况下,必须在计算机屏幕上用预先写好的脚本回答问题。他们在被使用(或更确切地说,被专业信息技术系统使用)的同时处理信贷申请。这一点也不亚于马克思时代的资本主义。

> 专业化的系统授权或拒绝信贷,提出要收取的价格或利率,并考虑到客户的"特殊情况"……由于缺乏研究、计算和判断的大部分要素,交易构造者和计算机操作员的活动最好被描述为"运行",类似于在计算机控制的机器上工作的机床操作员的活动。[1]

对于这些工人以及全球数亿在类似情况下从事有薪劳动的人来说,当代信息技术系统背景下资本对活劳动的实质吸纳,不亚于马克思时代的机器体系对 19 世纪的工厂工人的实质吸纳。"对象化劳动在物质上与活劳动相对立而成为支配活劳动的力量,并主动地使活劳动从属于自己,这不仅是通过对活劳动的占有,而且是在现实的生产过程本身中实现

---

[1] Simon Head, *The New Ruthless Economy：Work and Power in the Digital Age*, New York：Oxford University Press，2003，pp. 72 - 73.

的。"①维塞隆错误地认为信息技术的潜力有助于超越这种实质吸纳,从而超越自身,但二者之间的鸿沟仍然无法估量。

四、结语

维尔诺和维塞隆正确地提醒人们注意马克思的一般智力概念,以及它的传播在今天所发挥的前所未有的作用。从这个角度来看,《大纲》在当代仍然是一部在理论上和实践上都具有极大意义的著作。然而,他们也认为,一般智力的历史发展已经使《大纲》和其他马克思著作的其他重要主题过时了。他们认为,马克思的价值理论已经不适用于当代社会,马克思严重低估了资本主义的灵活性。根据维尔诺的说法,资本主义的灵活性已经发展到在后福特制中,马克思所描述的只有在共产主义社会,一般智力的繁荣趋势如今"实际上已经完全实现"②。维塞隆补充说,一般智力的发展使得马克思关于活劳动被资本实质吸纳的说明已经过时了。

我认为,马克思的价值理论并没有因为资本将一般智力所产生的知识视为免费礼物这一事实,也不是因为这种知识在财富生产中越来越重要这一事实而变得无关紧要。此外,一般智力的发展继续受到资本形式的深刻制约。资本对活劳动的实质吸纳,是信息技术强加在当今全球资本主义的大多数工人身上的,这不亚于工业革命和福特制的机器体系强加在当时的工人身上的情况。

然而,最后要说的是,维尔诺和维塞隆依然是正确的。资本主义仍然容易发生危机,而最深刻的危机形式是活劳动的"拒绝"。通过强调资本相对于一般智力的寄生性质,维尔诺和维塞隆进一步承认了马克思在《大纲》中的观点:

> 认识到产品是劳动能力自己的产品,并断定劳动同自己的实现

---

① 《马克思恩格斯文集》第 8 卷,北京:人民出版社 2009 年版,第 186 页。
② Paolo Virno, General Intellect,*Historical Materialism*,vol. 15, no. 3,2007, p. 4.

条件的分离是不公平的、强制的,这是了不起的觉悟,这种觉悟是以资本为基础的生产方式的产物,而且也正是为这种生产方式送葬的丧钟,就像当奴隶觉悟到他不能作第三者的财产,觉悟到他是一个人的时候,奴隶制度就只能人为地苟延残喘,而不能继续作为生产的基础一样。①

通过这种方式,维尔诺和维塞隆的工作有助于争取基于民主自治的非资本主义社会秩序。与这种贡献相比,任何缺点都完全是次要的问题。

---

① 《马克思恩格斯文集》第 8 卷,北京:人民出版社 2009 年版,第 112 页。

资本主义中的技术变革：一些马克思主义的主题[①]

托尼·史密斯[②]

（美国爱荷华州立大学哲学与宗教研究所）

绝大多数社会理论家都赞同亚当·斯密的断言："消费是一切生产的唯一目的"，并且技术充当这一目的的手段。马克思承认资本主义空前的技术活力为人类带来了极大的益处，但是对马克思来说，资本主义生产的目的是剩余价值的积累。从这种角度来看，在资本主义中，技术首先是资本实现其目的即价值增殖的一种手段，同时技术变革以一种极其片面的、不稳定的方式推动人的目的向前发展。本文重构了马克思的观点来支持这一总论点，并在结尾部分探讨了三个例子。当技术的发展被纳入价值增殖的必然要求下，工作场所中的技术革新往往会巩固强制性、剥削性的社会关系，网络技术的巨大潜力的充分发展将会受到全面的阻碍，技术变革将趋向于引起积累过剩和金融危机。

一、导论

虽然在马克思的著作中存在着关于技术本质的一般性叙述，但他更

---

① 本文译自 Tony Smith, "Technological Change in Capitalism: Some Marxian Themes", *Cambridge Journal of Economics*, vol. 34, 2010, pp. 203-212.
② 作者简介：托尼·史密斯(Tony Smith)，美国爱荷华州立大学哲学与宗教研究所教授。译者简介：刘扬(1998—)，女，南京大学马克思主义社会理论研究中心暨哲学系博士研究生，研究方向：马克思主义哲学史。

感兴趣的是技术变革的方式以及由普遍化的商品交换、投资资本、雇佣劳动和我们时代中其他主导的社会形式所形成的技术变革的社会影响。在转向马克思本人的叙述之前,我们可以先从这些问题的所谓"主流观点"(standard view)入手。

二、主流观点

亚当·斯密声称"消费是生产的唯一目的",并认为这"是完全自明的,简直用不着证明"。[①] 对于主流的社会理论家来说,这一理论毫无疑问适用于资本主义市场型社会,尽管这些社会中的主体似乎常常把获得金钱作为他们的"目的"。在他们看来,如果进一步观察就会发现,金钱不是这些主体的最终目标,而是一种普遍的手段:

> 在一个不确定的世界里,个人在大多数情况下都无法直接达致某些终极目的,只能旨在获取某些在他们看来将有助于他们实现那些终极目的的手段……一个人为之努力的即时性目的,在绝大多数情势中,都在于获取某些可以被用来满足未知的未来需求的手段——在一个发达的社会里,人们最频繁使用的能够有助于实现其大多数特定目的的普遍手段就是金钱。[②]

就像货币被定义为实现人类目的的普遍手段一样,"技术"也被概念化为实现人类目的的一系列特殊手段。根据主流观点,"技术是指可应用于生产商品或服务的设备、技艺和专业知识(包括新的知识和技术)"[③]。

---

① Adam Smith, *An Inquiry into the Nature and Causes of the Wealth of Nations*, Oxford: Clarendon Press, 1976, p. 155. 亚当·斯密:《国富论》,郭大力、王亚南译,北京:商务印书馆 2019 年版,第 631 页。

② F. A. Hayek, *Law, Legislation, and Liberty*, Volume 2: *The Mirage of Social Justice*, Chicago: University of Chicago Press, 1976, pp. 8-9. 弗里德利希·冯·哈耶克:《法律、立法与自由》(第二卷),邓正来等译,北京:中国大百科全书出版社 2022 年版,第 17 页。

③ Titus Galama, James Hosek, *U. S. Competitiveness in Science and Technology*, Washington: Rand Corporation, 2008, p. 6.

事实证明,资本主义是发展这些手段的一种独特的、卓有成效的机制。市场竞争为各个生产单位(units of production)提供了强大的动力,使其引进产品创新,以更新、更好的方式来满足各种愿望和需求,并引入流程创新,以便更高效地生产商品和提供服务。在资本主义中,技术变革并不总是一帆风顺,主流的社会理论家就国家在应对和技术发展相关的市场失灵问题时所扮演的适当角色争论不休。然而,参与这场争论的所有人都接受了以下关于资本主义的技术本质的主流观点:技术在本质上是实现人类目的的一种手段。

三、马克思对政治经济学的批判

或许会令人感到惊讶的是,马克思承认,人类因资本主义空前的技术活力而享受到极大的好处:

> 要从一切方面去探索地球,以便发现新的有用物体和原有物体的新的使用属性,如原有物体作为原料等的新的属性;因此,要把自然科学发展到它的最高点;同样要发现、创造和满足由社会本身产生的新的需要。培养社会的人的一切属性,并且把他作为具有尽可能丰富的属性和联系的人,因而把具有尽可能广泛需要的人生产出来——把他作为尽可能完整的和全面的社会产品生产出来(因为要多方面享受,他就必须有享受的能力,因此他必须是具有高度文明的人)——这同样是以资本为基础的生产的一个条件。①

然而,这和问题的全貌相去甚远。在马克思看来,资本主义的社会本体论(ontology)要比主流社会理论家所设想的那样更加复杂和反人性(perverse)。我们将会看到,社会本体论的反人性也侵染了技术本体论。

---

① Karl Marx, "Economic Manuscripts of 1857－58 (the Grundrisse)", in Karl Marx and Friedrich Engels, *Collected Works*: *Volume 28*, New York: International Publishers, 1986, p. 336.《马克思恩格斯全集》第 30 卷,北京:人民出版社 1995 年版,第 389 页。

在资本主义社会中,生产在很大程度上都是由私人承担的,那么单个生产单位就必须通过售卖自己的产品来试图证明他们的努力对于社会是必要的。这些产品随着交换的成功实现获得了一种特殊的、抽象的、无差别的(homogeneous)社会属性,即价值,以区别于它们各种具体的、不同质的物体属性(这种属性"产生于由私人承担的、被证明是社会必需的劳动")。马克思接着论述,价值需要一种抽象的、无差别的外在的东西,即货币,来充当其社会化的客观衡量标准。

单个生产单位为了使他们私人承担的劳动在社会上得到认可,面临着源源不断的竞争压力,这一事实让货币不再仅仅作为商品流通的简单手段。如果这些生产单位不能够决绝地并顺利地将自己的努力付诸价值增殖,也就是使占有的货币收益(M′)超过最初投资的货币(M),久而久之,他们终将被推向社会生活的边缘,甚至消失殆尽。[①] 因此,

> 决不能把使用价值看做资本家的直接目的。他的目的也不是取得一次利润,而只是谋取利润的无休止的运动……无休止的价值增殖。[②]

诚然,商品的消费是普遍化的商品交换中无数交易的目标,但是每个人的消费机会一般是由他们在"谋取利润的无休止的运动"中的作用所决定的。追求剩余价值的交易(M′和 M 的区别)在商品和货币的循环中占主导地位。

在资本主义中,那些不拥有或者不控制资本的人必须将他们的劳动力作为商品出卖给拥有资本的人,以便获得购买生活资料所需要的资金。

[①] 鉴于所有的人类主体性都伴随着不确定性,这一结果不具有逻辑必然性,但是考虑到资本主义结构中社会资源在主体之间的分配方式,它也不是完全偶然发生的。"趋势"的概念在主体的因果关系和社会结构的因果能力之间取得了平衡(参见 A. Callinicos, *The Resources of Critique*, Cambridge: Polity Press, 2006, ch. 6)。一系列趋势同时在具体历史情境中运作,对这种历史情境中出现的复杂性的讨论,参见 Tony Smith, *Globalisation: A Systematic Marxian Account*, Leiden: Brill Press, 2005.

[②] Karl Marx, *Capital*, *Volume I*, New York: Penguin Books, 1976, p. 254.《马克思恩格斯文集》第 5 卷,北京:人民出版社 2009 年版,第 178—179 页。

马克思认为这是一种强制的形式,即便不存在公然的暴力威胁。雇佣劳动者一旦被雇用,他们的活劳动就从属于"无休止的价值增殖";价值增殖取决于剩余劳动(即生产出相当于其工资的价值量所需劳动之外的劳动)的运作。在这个过程最后,雇佣劳动者将他们的收入花费在生活资料上,他们必须再次向资本持有者出卖自己的劳动力,必须再次使自己的活劳动从属于"价值增殖"。简言之,价值增殖过程同时是资本和雇佣劳动关系的再生产,这种关系的特点在于结构性强制与剥削。

在普遍化的商品生产中,对价值增殖的整体追求是社会总体层面上主导性的组织原则,它渗透到社会生活的每一个角落和缝隙。这种追求不是一张桌子或一棵树意义上的"实体",但它是真实的,无论是资本家还是雇佣劳动者,所有人都听命于它的外在强制。对马克思来说,"资本"不仅仅是指各种形式的商品和货币,它是价值增殖过程背后的统一原则,是一种在其"自行增殖"过程中采取又抛弃了货币形式和商品形式的吊诡的"主体"。①

马克思充分意识到了这里的物化(reification)的危险性。资本所谓自行增殖的"能力"并不是它自己的创造性活动,"资本是通过占有他人劳动而使自己的价值增殖"②。资本本身什么也不是,它是一个伪主体,用马克思耐人寻味的话语来说,是一个"幽灵"或"吸血鬼"。但是,由于在普遍化的商品生产中组织社会生活的历史特殊方式——生产单位相互分离,劳动者同生产资料和生活资料相分离,活劳动从属于价值增殖的必然要求——活劳动的社会力量必然采取"资本"或"自行增殖"的异己形式。只要普遍化商品生产的社会关系存在,在某种意义上,"资本"从本体论上就会优先于个体主体(包括资本家)的目的和活动并塑造着它们,无论人类主体性对于资本的出现和持存负有多大的责任。

---

① Karl Marx, *Capital*, *Volume I*, pp. 255—256. 参见《马克思恩格斯文集》第 5 卷,北京:人民出版社 2009 年版,第 179—180 页。

② Karl Marx, "Economic Manuscripts of 1857 - 58 (the Grundrisse)", in Karl Marx and Friedrich Engels, *Collected Works*: *Volume 28*, p. 233.《马克思恩格斯全集》第 30 卷,北京:人民出版社 1995 年版,第 266 页。

主流的社会理论家并不否认，在普遍的商品生产体系中存在一些投资货币、获取货币收益的主体。但这些理论家断言，货币只是直接目的，它从属于获取商品和服务来满足人类的愿望和需要的最终目的。相反，马克思认为，资本是由一种目的和手段之间深刻的本体论颠倒来定义的。人的目的从属于货币资本的积累，后者本身成了目的，而人的发展也从属于资本的发展。前文提到资本主义"本体论上的反人性"就是鉴于这一颠倒而提出的。

在马克思看来，这一颠倒从根本上塑造了资本主义中技术的本质。仅仅从使用价值的角度将技术定义为"可应用于生产商品或服务的设备、技艺和专业知识"是不够的，这样定义没有错，但是它没有抓住资本主义技术的历史特殊本质，在资本主义的社会秩序中，设备、技艺和专业知识的广泛发展和应用，只有在预期到这样做能够占有剩余价值的情况下才会如此。在这种社会秩序中，技术不再像主流观点所说的那样根本上是一种满足人类目的的手段，它首先是实现资本的目的即价值增殖的手段。

本文接下来的部分将会对上述观点的例证进行考察。

四、从政治经济学批判到技术批判

（一）技术变革与生产中的阶级关系

在马克思看来，如果脱离了占有剩余价值这一必然要求，就无法充分理解资本主义中机器的引进。生产力的提高会降低单位成本，如果下降的幅度足够大——如果被生产出来的商品的个别价值足够低，低于它的社会价值——那么产品就能以一个既低于其竞争者，又可以占取高于平均水平的利润的价格出售。[①] 这实际上是把生产率更高的劳动作为具有平均生产率的劳动来支付，提高了特定生产单位的剩余价值率。由于其

---

① Karl Marx, *Capital*, vol. I, p. 434. 参见《马克思恩格斯文集》第 5 卷，北京：人民出版社 2009 年版，第 368—369 页。

他的资本也会复制这种提高生产力的创新举措,超额利润("技术地租"[technological rents])会逐渐消失。但是当生产工资品(或者把投入用于工资品的生产)的行业的生产率提高时,这种商品的价格就趋于下降。假定实际工资水平和工作日时长不变,用于生产出等价于工资的价值的时间因此减少了,而用于生产马克思所说的"相对剩余价值"的剩余劳动时间增加了。

如果生产工具仍然是由工人直接操控的工具,生产力的提高很快就会达到极限,而机器以人类主体无法比拟的精确规律的运转克服了人类在技巧方面的限制。当机器由发动机驱动,例如马克思时代的蒸汽机,机器也克服了人类在力量和耐力上的限制。那么,生产工具的革命化就不再是资本可有可无的特征,而是资本形式的一个根本决定因素:

> 加入资本的生产过程以后,劳动资料经历了各种不同的形态变化,它的最后的形态是机器,或者更确切些说,是自动的机器体系。……在机器中,尤其是在作为自动体系的机器装置中,劳动资料就其使用价值来说,也就是就其物质存在来说,转化为一种与固定资本和资本一般相适合的存在。①

没有一种机器或机器体系会一直保持"和资本一般相适合";"社会生产力、交往、知识等的任何发展程度,对资本来说都只是表现为它力求加以克服的限制"②。力求克服这一限制会导致科学技术知识对资本的从属程度不断加深:

> 一切科学都被用来为资本服务的时候……发明就将成为一种职

---

① Karl Marx, "Economic Manuscripts of 1857 - 58 (the Grundrisse, conclusion)", in Karl Marx and Friedrich Engels, *Collected Works*: *Volume 29*, New York: International Publishers, 1987, p. 82.《马克思恩格斯全集》第 31 卷,北京:人民出版社 1995 年版,第 90 页。

② Karl Marx, "Economic Manuscripts of 1857 - 58 (the Grundrisse)", in Karl Marx and Friedrich Engels, *Collected Works*: *Volume 28*, p. 465.《马克思恩格斯全集》第 30 卷,北京:人民出版社 1995 年版,第 540 页。

业,而科学在直接生产上的应用本身就成为对科学具有决定性的和推动作用的着眼点。①

一些声称技术变革内在于资本主义,而资本主义演变为"知识经济"的当代经济学家,他们与马克思产生了共鸣。

相比之下,为主流观点辩护的人并未认识到马克思的主张所具有的效力,即一方面是技术变革和知识经济,另一方面是资本和雇佣劳动关系的剥削性,这两者之间存在着不可避免的联系:

> 约翰·斯图亚特·穆勒说道:"值得怀疑的是,一切已有的机械发明,是否减轻了任何人每天的辛劳。"但是,这也绝不是资本主义使用机器的目的。像其他一切发展劳动生产力的方法一样,机器是要使商品便宜,是要缩短工人为自己花费的工作日部分,以便延长他无偿地给予资本家的工作日部分。机器是生产剩余价值的手段。②

始终存在的风险是,对于机器的投资在获得令人满意的收益("道德沦丧"[moral obsolescence])之前,在技术上就过时了,这会导致工作场所的技术变革和减轻辛劳越来越成为两码事。③ 因此,身处办公室和工厂中的劳动者遭受到严重的肉体伤害和精神压力,这在当今时代并不亚于马克思的时代。④ 同样地,人的能力的发展受限于对剩余价值难以抑制的渴求:"既然所有自由时间都是供自由发展的时间,所以资本家是窃取了工

---

① Karl Marx, "Economic Manuscripts of 1857 – 58 (the Grundrisse, conclusion)", in Karl Marx and Friedrich Engels, *Collected Works : Volume 29*, pp. 89 – 90. 《马克思恩格斯全集》第 31 卷,北京:人民出版社 1995 年版,第 99 页。

② Karl Marx, *Capital*, *Volume I*, 1981, p. 492. 《马克思恩格斯文集》第 5 卷,北京:人民出版社 2009 年版,第 427 页。

③ Ibid, p. 528 ff. 参见同上书,第 465 页及以后。

④ Tony Smith, *Technology and Capital in the Age of Lean Production : A Marxian Critique of the 'New Economy'*, Albany: State University of New York Press, 2000, ch. 3; Simon Head, *The New Ruthless Economy : Work and Power in the Digital Age*, New York: Oxford University Press, 2003.

人为社会创造的自由时间。"①

不过,也可能存在一些好的方面。虽然马克思暂定实际工资水平是固定不变的,但是他也明确认识到,劳动力的价值在不同历史条件下是不同的。② 更具体地说,工人的生活水平可能会随着生产力的提高而有所提升。不幸的是,技术的发展也会约束工人共享生产力发展所带来的物质成果的限度,比如说,鉴于许多单个工人在工作场所中接触技术和科学技术知识的方式:

> 机器无论在哪一方面都不表现为单个工人的劳动资料。……机器则代替工人而具有技能和力量,它本身就是能工巧匠,它通过在自身中发生作用的力学规律而具有自己的灵魂。……只限于一种单纯的抽象活动的工人活动,从一切方面来说都是由机器的运转来决定和调节的,而不是相反。科学通过机器的构造驱使那些没有生命的机器肢体有目的地作为自动机来运转,这种科学并不存在于工人的意识中,而是作为异己的力量,作为机器本身的力量,通过机器对工人发生作用。③

在这样的情况下,单个工人体会到一种无力感,这种感觉越是成为他们活生生的经验的决定性特征,他们就越不可能将自己看作能够为了更高的实际工资而斗争的主体。

集体组织可以克服这种个体的无力感,事实证明,集体行动是确保工人从生产力的进步中受益的最为有效的方式。但显而易见的是,集体组织会被劳动力内部的分化所破坏,技术变革也可能以各种各样的方式加剧这种分化。由技术引发的失业,会导致那些急于找到工作的人和那些

---

① Karl Marx, "Economic Manuscripts of 1857 – 58 (the Grundrisse, conclusion)", in Karl Marx and Friedrich Engels, *Collected Works : Volume 29*, p. 22. 《马克思恩格斯全集》第 31 卷,北京:人民出版社 1995 年版,第 23 页。

② Karl Marx, *Capital*, Volume I, p. 528 ff. 参见《马克思恩格斯文集》第 5 卷,北京:人民出版社 2009 年版,第 465 页及以后。

③ Karl Marx, "Economic Manuscripts of 1857 – 58 (the Grundrisse, conclusion)", in Karl Marx and Friedrich Engels, *Collected Works : Volume 29*, pp. 82 – 83. 《马克思恩格斯全集》第 31 卷,北京:人民出版社 1995 年版,第 90 – 91 页。

竭力保住工作的人相互对立起来。① 技术也有可能使对于某个工人群体的投资转移给另一个工人群体的这种威胁起到更大的作用。在《资本论》中，马克思特别关注到工业革命的技术在根据性别不同"分而治之"（divide and conquer）策略中的使用。② 近几十年来，信息技术也使跨国生产链得以建立，让全球某个地区的工人同另一个地区的工人之间的角逐变得更加容易。

技术导致那些享有相对较高水平的薪资、掌控着劳动过程的人"去技能化"（deskill），使资本和劳动之间的权力平衡向前者倾斜。③ 关于这一点，也应当谈一谈技术削弱了罢工的影响：

> 机器不仅是一个极强大的竞争者，随时可以使雇佣工人"过剩"。它还是一种和雇佣工人敌对的力量。……机器成了镇压工人反抗资本专制的周期性暴动和罢工等的最强有力的武器。……可以写出整整一部历史，说明 1830 年以来的许多发明，都只是作为资本对付工人暴动的武器而出现的。④

这段历史尚未画上句号。

必须要强调的是，技术革新的社会影响并不总是能够预见的。为了分化劳动力、使特定领域的工人丧失技能或者破坏罢工而引进的技术，在某些情况下，也有可能促进工人的团结，提升其他领域工人的技能，有助于劳工斗争取得胜利。尽管如此，对资本的所有和控制赋予了资本的持有者在工作场域开启并主导技术革新进程的权力，只要这种权力存在，技术变革就会倾向于加强作为劳资关系之核心的结构性强制与剥削，使人类的发展从属于资本的发展。

---

① Karl Marx, *Capital*, *Volume I*, New York：Penguin Books，1981，ch. 25. 参见《马克思恩格斯文集》第 5 卷，北京：人民出版社 2009 年版，第 23 章"资本积累的一般规律"。

② Ibid，p. 601. 参见同上书，第 542—543 页。

③ Ibid，p. 549. 参见同上书，第 487—488 页。"去技能化"之所以要加上双引号，是因为它通常用于描述从前超出平均水平的技能的真实泛化（generalisation），还因为随着旧的技能被削弱，新的技能或许得到质的发展。

④ Karl Marx, *Capital*, *Volume I*, New York：Penguin Books，1981，pp. 562 - 563.《马克思恩格斯文集》第 5 卷，北京：人民出版社 2009 年版，第 501 页。

（二）网络经济的局限

信息技术革命中最引人瞩目的两个方面是"基于共同体的同侪生产"（commons-based peer production）以及生产并分配知识产品的新型经济。两者都具有潜在的、重要的世界历史意义，但在资本的统治下，两者都无法充分发展。

"基于共同体的同侪生产"是指在资本和雇佣劳动关系之外的信息网络中进行的知识协作，例如：

> 类似免费电子邮件、个人主页服务、即时通信软件、社交网络网站以及精心设计的搜索引擎等想法的形成，大多来自想要解决自己遇到的问题或者玩点新鲜刺激的个人或小组织，而通常不是由意识到有利可图的大公司所创造。①

加密软件、点对点文件共享软件、音像编辑器还有很多其他的例子都可以纳入其中："事实上，很难发现一种软件不是由业余爱好者首先开创的。"②资本主义公司很乐意将这些处于资本和雇佣劳动关系之外的社会劳动的创造性成果作为"免费馈赠"（free gifts），然而，一个基于出售专利产品获利的系统，必然会限制对基于共同体的同侪生产的非专利产品的资源投入。由于大多数人面临着严酷的经济压力，必须出售他们的劳动力并且为资本主义公司从事大量的剩余劳动，人们参与基于共同体的同侪生产所需的时间和精力将会受到严格限制。

知识产品的生产和分配也面临着同样严重的限制。现如今，多种多样的知识产品（软件，信息，文学、科学和文化著作，音乐，视频等）在信息网络中能够以近乎为零的边际成本进行重制和传播。原则上它们可以作

---

① Jonathan Zittrain, *The Future of the Internet and How to Stop It*, New Haven: Yale University Press, 2008, p. 85. 乔纳森·齐特林:《互联网的未来》，康国平译，北京：东方出版社 2011 年版，第 68 页。

② Ibid, p. 89. 同上书，第 72 页。

为公共产品免费提供,但是"无休止的价值增殖"需要商品的销售。于是,大量的资金和人力资源被投入到技术中,而这些技术的唯一目的就是限制知识产品的流动,将它们变成私人占有的商品。[1]

基于共同体的同侪生产以及能够以近乎为零的边际成本进行生产和分配的知识产品具有一种潜能,即将人类能力的发展和人类需要的满足推向新的高峰。[2] 在一个以私有商品的生产和销售为基础的体系中,这种潜能的绝大部分注定是得不到发展的,因为在这样的体系中,技术变革实际上主要是一种推进资本目的实现的手段。

(三) 技术变革和危机

马克思认为,为促进资本积累(通过提高相对剩余价值率)而进行的技术变革投资往往会削减积累过程(通过降低利润率)。众所周知,马克思关于利润率趋于下降的论述在细节上是十分含糊、备受争议的。基尔特·莪腾(Geert Reuten)重构和发展了这一论述,其中最重要的一点是,当效率更高的工厂带着比平均利润更高的预期进入某个行业时,在利润率确保供需平衡的情况下,那些效率较低的竞争者不一定会撤出。[3] 他们的固定资本成本已经沉没,所以他们可能乐于接受其流动资本的平均利润率。他们或许已经与供应商和客户建立了联系,这种联系无论在多么相近的时间范围内都不可能照搬到其他地方(或者说代价过高)。此外,他们的管理层和劳动力也可能具备特定的行业技能,并且政府可能会提供培训、基础设施或研发方面的补贴,如果他们转移到别的行业,就得不到这些补贴。当某个行业中数量足够多的工厂没有在更高效的竞争者进入时撤出,那么后果就是固定资本的过度积累,它表现为产能过剩(excess capacity)和利润率下降。如果这种态势在主导产业中同时出现,那么在较长的历史时期内将会发生整体经济的利润率下降。

---

[1] Michael Perelman, *Class Warfare in the Information Age*, New York: St. Martin's, 1998.

[2] Yochai Benkler, *The Wealth of Networks*, New Haven: Yale University Press, 2006.

[3] Geert Reuten, "Accumulation of capital and the foundation of the tendency of the rate of profit to fall", in *Cambridge Journal of Economics*, vol. 15, no. 1, 1991, pp. 79 - 93.

当过度积累的危机发生时，个别资本就会竭尽全力地通过裁员、降低工资、加强和延长工作日等方式维持利润，这深化了技术变革与对雇佣劳动的结构性强制和剥削之间的联系。越来越多的投资资本也开始在金融行业中流通，这是因为即使非金融行业深受产能过剩问题的困扰，人们也可以从资本资产的投机中获得高额利润。① 当由此产生的投机泡沫破灭时（这是难免的），社会成本也同样不可避免地以不相称的比例施加于劳动者身上。

在我看来，近几十年来金融泡沫在频率上和规模上的不断增长，不能用缺乏管控金融的政治意愿来解释，这是主流观点的捍卫者给出的标准解释。更深刻的一种解释是，非金融行业的技术变革引发了持续性的过度积累难题，于是投机于资本资产成为追求利润最有指望的选择。这也解释了为什么私营部门对信息技术的投资最多、专业计算技术最集中、产品创新率最高（或许是有史以来最高）的行业都是金融行业。技术变革的道路之所以被选中，不是因为它最能够促进实现人类繁荣发展的目的，而是因为它比其他选择更能促进实现资本积累的目的。

在资本主义中，技术变革与周期性的过度积累、金融危机之间的因果关联常常被主流观点的捍卫者置之不理或不予重视。然而，受熊彼特（Schumpeter）影响的理论家却赞同马克思的观点，他们认为这种关联是资本主义的一个决定性特征，并将它看作是为了日后能享受到蓬勃发展的、生活水平提升的"黄金时期"而不得不付出的代价。值得注意的是，新熊彼特主义（neo-Schumpeterian）理论家认为，对我们来说，"日后"的确有可能是一段相当长的时间，对此他们给出了理由。

根据新熊彼特主义者的观点，在过去的"黄金时期"，如果世界体系中某个地区的各资本单位在较长时间内享有一系列核心技术的竞争力优

---

① Karl Marx, *Capital*, *Volume III*, New York: Penguin Books, 1981, pp. 621-623. 参见《马克思恩格斯文集》第 7 卷，北京：人民出版社 2009 年版，第 555—557 页。

势,它们在一段历史时期内就会成为世界市场的增长引擎。[1] 但是在今天,数量空前且相当有效的国家创新体系已经就位——尽管还仅限于最富裕的地区。[2] 这些体系就使用价值层面而言当然会激发技术活力,但是在价值层面上问题要复杂得多。当具有重大商业潜力的一系列创新事物出现时,许多国家创新体系就会迅速调动研究经费、税额减免、信贷分配以及其他的直接或间接补助,以支持相关领域的研发和有望利用这些研发的企业。运行中的国家创新体系越多,创新行业中的过度积累问题就会出现得越早,那么在某一地区,能够广泛占有超额利润的时间就会被压缩得更甚。[3] 在这种情况下,就不太可能出现一段较长的、经济增长且生活水平普遍提高的"黄金时期"。一次新的世界大战或一场深刻持久的全球大萧条通过破坏大量积累的资本(a critical mass of accumulated capital),废除大量的国家创新体系,就会改变这种局面。如果没有发生这样的灾难,那么可以预料到,21 世纪的资本主义世界市场将会深受持续性的过度积累的困扰。

五、结论

马克思承认资本主义空前的技术剧变为人类带来了极大的益处。但是当技术的发展被纳入价值增殖的必然要求下,工作场所中的技术革新往往会巩固强制性、剥削性的社会关系,网络技术的巨大潜力的充分发展将会受到全面阻碍,技术变革将引起积累过剩和金融危机。如果这张清单还有空余,还可以把资本主义技术变革其他令人不安的方面写上,包括

---

[1] Carlota Perez, *Technological Revolutions and Financial Capital*, Northhampton: Edward Elgar, 2002. 参见卡萝塔·佩蕾丝《技术革命与金融资本——泡沫与黄金时代的动力学》,田芳萌译,北京:中国人民大学出版社 2007 年版。

[2] Richard R. Nelson ed., *National Innovation Systems*, New York: Oxford University Press, 1993. 参见理查德·纳尔逊编《国家(地区)创新体系比较分析》,曾国屏等译,北京:知识产权出版社 2012 年版。

[3] 当然,个别企业仍然有可能通过从知识产权到特定事物局部的一系列创新来获得超额利润。

它加剧了环境危机①和严峻的全球不平等②。

这些都不是由"技术的本质"自身造成的,而完全是由于技术变革从属于资本的社会形式,由于技术变革的历史特殊性造成的。资本在本体论上的反人性和对于目的和手段的颠倒,也让资本主义中的技术本质受到了影响。

是否有一种切实可行的、原则上有吸引力的社会组织形式可供选择,在这种组织形式中,技术变革能够以远比今天要平等、稳定的方式来促进人类的繁荣? 我相信答案是肯定的。但这个问题还须再议。

---

① 资本主义企业面临着无止境的积累需求,它们必须生产和出售尽可能多的商品,并且越快越好。因此,马克思认为,用于生产和分配的技术将会倾向于被这样使用,即消耗资源、制造废弃物的速度会超过生态系统所能承受的范围。参见 Karl Marx, *Capital, Volume I*, pp. 637 – 638; P. Burkett, *Marx and Nature*, New York: Palgrave Macmillan, 1999.

② 能够获得先进研发的资本单位,相较于无法获得先进研发的资本单位而言,拥有巨大的竞争优势(参见 Karl Marx, *Capital, Volume III*, pp. 344 – 345; Karl Marx, *Capital*, vol. I pp. 579 – 580)。如今,95％的研究和开发是在全球经济富裕地区进行的,这些地区聚集了众多先进的资本单位(参见 E. Helpman, *The Mystery of Economic Growth*, Cambridge: Belknap Press, 2004, p. 64)。汇率变化将自动地缓和资本主义这一层面的技术变革,这种教条式的假设无论在理论上还是经验上都站不住脚。参见 Tony Smith, *Globalisation: A Systematic Marxian Account*, Boston: Brill Leiden, 2006; Tony Smith, "Technological dynamism and the normative justification of global capitalism", in R. Albritton, R. Westra and B. Jessop eds., *Political Economy and Global Capitalism*, New York: Anthem Press, 2007, pp. 25 – 42.

《资本论》和《大纲》中的机器、生产主体性与资本主义的界限[①]

吉多·斯塔罗斯塔[②]
（阿根廷基尔梅斯国立大学经济与管理学院）

本文认为《政治经济学批判大纲》（以下简称《大纲》）和《资本论》的共同之处在于，都为科学地阐述使革命工人阶级的社会结构得以形成的资本之规定提供了基本观点。我们看到，马克思在《资本论》中对大工业的讨论，与他当初在他的研究手稿即《大纲》中的论述是不同的，这使得许多学者认为这两种视角在某种程度上是互不相容的，甚至可能反映了马克思本人思想的变化：从早期对实际从属形式的解放潜力持有的乐观立场转向了后来较为悲观的立场，而实际从属是以另一种方式表述了死劳动对活劳动的专制统治。本文针对马克思思想发展的这一方面作出了不同的解读。

本文为马克思关于劳动对资本的实际从属形式特别是机器大工业体系的叙述提供了一种新的解读，认为它形成了关于革命主体性的规定性（determinations）的辩证表述。实际从属奠定了革命主体性的基础，这种

① 文章译自 Guido Starosta，"Machinery, Productive Subjectivity and the Limits to Capitalism in Capital and the Grundrisse"，*Science & Society*，vol. 75，no. 1，2011，pp. 42 - 58.
② 作者简介：吉多·斯塔罗斯塔（Guido Starosta），阿根廷基尔梅斯国立大学经济与管理学院教授，著有《马克思的〈资本论〉：方法与革命主体》等。译者简介：刘扬（1998—），女，南京大学哲学系暨马克思主义社会理论研究中心博士研究生，研究方向：马克思主义哲学史。

观点是对马克思在 1844 年《巴黎手稿》中所阐述的"自然历史进程促进了人类发展"这一深刻思想的具体化。根据巴黎手稿的阐述,人类历史的内容就在于作为劳动主体的人所特有的物质力量即人的生产主体性(human productive subjectivity)的发展。马克思总结说,废除资本、实现革命主体性的关键,恰恰就在于生产主体性的物质形式和社会形式的历史性变革。

从根本上来说,马克思的早期观点在《资本论》当中(当然《大纲》也很重要)主要是通过阐述相对剩余价值(即劳动对资本的实际从属)不同生产形式的规定而具体展开的。通过揭示资本形式在占有并改变劳动过程的同时也影响了人的生产主体性的物相(materiality)①,马克思准确地表达了这一观点。换句话说,马克思认为有必要将共产主义的物质决定因素看作是产生于资本形式自我运动中的异化的潜能(potentiality),它必将通过自我扬弃的无产阶级自觉的革命行动而得以实现。②

这些决定性因素仅仅在马克思的个别文本中被一笔带过,它们都这样描述共产主义最纯粹、最典型的特征:共产主义是使自由联合的生产者形成的集体力量即社会劳动完全自觉的组织。在《大纲》中,马克思批判了亚当·斯密将劳动视为牺牲的观点,正是在这一语境中,他对所谓"真正自由的劳动"(really free working)的基本属性作出了最清晰简

---

① 这里参考张一兵教授对于"物相化"概念的定义,将"materiality"引申为"物相"。关于物相化概念,参见张一兵《〈资本论〉雏形中的科学的劳动异化理论及其删除——马克思〈1863—1865 年经济学手稿〉研究》,《华东师范大学学报(哲学社会科学版)》,2023 年第 1 期,第 4 页,注释②:"我所设定的物相化中的'相'却不仅仅是物态之意,而兼有实现出来的主体性爱多斯(eidcs,共相)之意,因为黑格尔、马克思思想构境中的一般物相化,总是指一定的主体目的('蓝图')和理念对象性地实现于对象的用在性改变之中,这是看起来现成事物对象的消逝性之缘起。因为日本学界在日译马克思的事物化(Versachlichung)概念时,通用了'物象化'一词,而中文中与意象相对的物象概念本身带有某种主观显象的痕迹,所以,用物相概念可以更好地表达马克思历史唯物主义所透视的用在性实存对象。马克思在自己晚期经济学的文本中对历史唯物主义的讨论中经常使用 materialisirt(物相化)一词来表达实践活动、生产劳动活动(爱多斯)在塑形对象效用中在物质实在中的消隐。"——译者注
② Karl Marx, *Grundrisse. Foundations of the Critique of Political Economy*, Harmondsworth: Penguin, 1993, p. 159. 参见《马克思恩格斯全集》第 30 卷,北京:人民出版社 1995 年版,第 109 页。

洁的界定。① 马克思不仅声称，为了实现真正的自由，劳动必须成为一种
自觉组织起来的、直接的社会性活动，而且对被解放的生产性活动进行调
节的意识也必须是普遍的、科学的意识，这构成了这些段落有趣且"耐人
寻味"之处。之后我们将看到，马克思在其他地方几乎没有再提及此处的
后一种属性②，这对于我们理解革命主体性的具体内涵来说，将是极为重
要的。

在当前阶段，我只想根据《大纲》中的片断重述上文所提出的资本和
生产主体性之间的关系问题。资本的发展是否会以这样的方式改变人的
生产主体性，即必然致使后者形成马克思所说的两个基本属性？ 此外，工
人阶级是承载这两种属性的实质主体吗？ 在本文中，我将试图通过详细
地解读马克思在《大纲》和《资本论》中关于实际从属最发达形式（机器体
系）的矛盾运动的论述，来回答这些问题。

一、《资本论》中的大工业和工人的生产主体性

马克思首先指出，人类劳动过程的转型构成了大工业的特征，它在本
质上是机器这一特定物质形态的发展，特别是与此相应的工场手工业中
劳动过程的发展。机器的双重物质特性来自工场手工业工人的知识、手
工技能和力量的对象化。③ 一方面，资本致力于用自然力的运转来替代人
的手工活动作为直接动力，从而将劳动对象转化为新的使用价值，另一方
面，它试图取代工人直接的主体经验，而这种经验构成了劳动过程自我调
节的基础，也就是作为劳动过程必要因素的知识的基础。这意味着首先

① Karl Marx, *Grundrisse. Foundations of the Critique of Political Economy*, Harmondsworth：Penguin, 1993, pp. 611 - 612. 参见《马克思恩格斯全集》第 30 卷,北京：人民出版社 1995 年版,第 615—616 页。
② 然而，这一点可见于马克思《巴黎手稿》中关于需要建立一种"人的自然科学"或"关于人的自然科学"作为人类解放的实践基础的评述。参见《马克思恩格斯文集》第 1 卷,北京：人民出版社 2009 年版,第 194 页。Karl Marx, "Economic and Philosophical Manuscripts", in Karl Marx, *Early Writings*, Harmondsworth：Penguin, 1992, p. 355.
③ Karl Marx, *Capital. Volume I*, Harmondsworth：Penguin, 1976, pp. 490 - 491. 参见《马克思恩格斯文集》第 5 卷,北京：人民出版社 2009 年版,第 426 页。

需要把知识的生产转变为一种活动,尽管这种活动毫无疑问仍是属于社会劳动组织内部的环节,但它的存在有别于直接生产过程的即时性。此外,还需要将这种活动对象化为一种以机器为代表的"死劳动"(dead labor)所承载的生产力。因此,知识必须且必然采取科学作为它的普遍形式。①

在第四节②中,通过对"工厂整体"(the factory as a whole)运作的描述,马克思开始揭示大工业中生产主体性的具体的质的规定性。对尤尔(Andrew Ure)的著作片断的讨论,促使马克思将一般意义上的工厂界定为资本主义社会中直接社会生产过程进行自我调节(conscius regula-tion)的场所。虽然这种调节是自发的,但它也被限定为颠倒了的总体社会规范的一种具体形式,后者则是物化的社会关系在其自我扩张过程中形成的特性。正是在工厂中——这也是尤尔的阐释所忽视的问题——这个颠倒的社会存在取得了"在技术上很明显的现实性"③,并得到进一步的发展。

因此,作为大工业的特征,社会劳动科学性的自我调节不再是工人在直接生产过程中从事直接劳动时所具有的属性。对工人来说,他们的力量已经在机器体系中实现了对象化,他们不得不使自己生产的意识、意志的发挥从属于机器体系的自动化运转,以至于成为它的"活的附属物"④。因此,大工业只会加剧"生产过程的智力"同直接劳动者的分离,从而实现巨大的科技发展。就其作为机器体系的存在形式而言,劳动产品在直接生产过程中既在形式上也在实际上支配着工人。因此对这些工人来说,资本就表现为生产过程本身实在的物质主体。

掌握了上述要点,现在我们就可以转而分析大工业条件下工人的生产主体性的具体内涵。基于机器体系的相对剩余价值生产取消了对工人

---

① Karl Marx, *Capital*. vol. I, Harmondsworth:Penguin, 1976, p.508. 参见《马克思恩格斯文集》第5卷,北京:人民出版社2009年版,第443页。

② 指《资本论》第一卷"机器和大工业"章的第四节"工厂"。——译者注

③ Karl Marx, *Capital*. vol. I, Harmondsworth:Penguin, 1976, p.548.《马克思恩格斯文集》第5卷,北京:人民出版社2009年版,第487页。

④ Ibid, p.548. 同上书,第486页。

的一切专业技能与知识的需求,使工人的生产主体性陷入了彻底退化的具体情形。同工场手工业时期的雇佣工人特有的主体性截然相反,大工业以这种残酷的方式诞生了它最真实的产物——普遍工人(universal worker),即能够参与到任何形式的劳动过程中的生产主体。①

随着与任何机器都能共同工作的工人不断产生,从单纯的物质或技术层面上来看,每个人就不必再终生依附于某项单一的生产技能了。② 然而,只要机器越来越专门用于某些特定的生产部门,那么在技术上延续工厂中的劳动分工就仍有可能。事实上,资本家和工人之间的剥削性关系缓滞了社会劳动(作为劳动产品异化特征)物质生产力的发展,导致旧的分工制度在更加令人厌恶的形式上得到了恢复。③ 因此,从大工业中产生出越来越普遍的工人,这一趋势实际上走向了它的对立面,这是通过在"固定化的专业"(ossified particularities)加剧的基础上扩大对活劳动的剥削实现的。因此,当工人生产主体性的专业化发展在技术上不再必要时,单个资本家不可能对此坐视不管。迫于竞争压力,生产出额外的剩余价值就成了资本家唯一的个人动机,如果说让工人"终生专门服侍一台局部机器"④能获得额外的剩余价值的话,那么他就会这么做。实际上,在新的技术条件下重新采用旧的分工制度,意味着可以降低支付给劳动力的价值——因为"工人自身再生产所必需的费用大大减少了"⑤。此外,它还意味着人身遭受剥削的部分会变得更加顺从,因为"工人终于毫无办法,只有依赖整个工厂,从而依赖资本家"⑥。

"工场手工业分工和大工业性质之间的矛盾"⑦运动首先体现在对童工实行初级义务教育这方面上。马克思指出,单个资本家对儿童劳动的

---

① Karl Marx, *Capital. Volume I*, Harmondsworth:Penguin, 1976, p. 545. 参见《马克思恩格斯文集》第 5 卷,北京:人民出版社 2009 年版,第 483 页。

② Ibid, p. 546. 参见同上书,第 484 页。

③ Ibid, p. 547. 参见同上书,第 485 页。

④ Ibid, p. 547. 同上书,第 485 页。

⑤《马克思恩格斯文集》第 5 卷,第 486 页。——译者注

⑥ Karl Marx, *Capital. Volume I*, Harmondsworth:Penguin, 1976, p. 547.《马克思恩格斯文集》第 5 卷,北京:人民出版社 2009 年版,第 486 页。

⑦ Ibid, p. 615. 同上书,第 557 页

无节制剥削不仅导致了"儿童、少年的身体受到摧残"①，而且人为地造成了智力的衰退，"把未成年人变成单纯制造剩余价值的机器"②。由于"这和自然的无知完全不同，后者把智力闲置起来，并没有损坏它的发展能力、它的自然肥力本身"③，资本对儿童劳动力的过度剥削，将会危害资本积累所需要的未来一代成年工人赖以生存的身体与道德状况，最终反作用于社会总资本的价值增殖能力本身。马克思讨论了英国印刷行业的例子，对这一点进行了说明。在引进印刷机器之前，印刷业是围绕学徒制组建起来的，在学徒制之下工人们"经过一段学习时期，最终就成为熟练的印刷工人"，并且根据这项制度，"凡从事这门手工业的人，都必须能读会写"。然而随着印刷机的引进，资本家也可以雇佣 11 至 17 岁的少儿，"他们当中大部分人不识字，他们通常都是非常粗野的、反常的人"。这些未成年工人日复一日地长时间从事最简单的工作，直到已经"长大到不适于从事儿童劳动"而被印刷厂解雇。④ 这些当时只有 17 岁的工人在智力和体力上都遭受了如此严重的衰退，以至于即便还是在同一家工厂，他们也无法提供资本所需的哪怕少得可怜的生产属性（productive attributes）即人的劳动能力，而这种属性直接来自资本的剩余价值。

工厂立法中关于教育的条款不仅使马克思坚信社会资本具有改造人的生产主体性的"普世开职"（universal vocation），而且促使马克思在他整个的辩证叙述中第一次强调，唯有人类生产主体性特定形式的发展，才能把资本在物质力量生产中自我更替的历史性运动表现为支配人类生活的一般社会关系。⑤

但需要注意的是，马克思明确指出这些教育条款代表了"未来的教育"的萌芽——也只是如此而已，换句话说，马克思的论述旨在说明：未来的社会形式实际上是一种潜能，它包含在我们眼下正在考虑的大工业的

---

① Karl Marx, *Capital. Volume I*, Harmondsworth：Penguin, 1976, p. 520. 同上书，第 457 页。

② Ibid, p. 523. 同上书，第 460 页。

③ Ibid, p. 523. 同上书，第 460 页。

④⑤ Ibid, p. 615. 参见同上书，第 558 页。

生产主体性当中,尽管迄今为止它的必要因素已经展现出来,这种潜能仍然不能立刻实现。恰恰相反,教育条款的一无是处表明了这些因素还远未成为"造就全面发展的人的方法",仅仅是对个体的一种设想形式,但这些个体的生产主体性目前仍因于资本增殖所需条件的再生产强加的悲惨情形,还需要其他物质条件的转化来促进这些萌芽因素的充分发展。

社会资本对于普遍工人的需求并没有因为工场(workshop)内部的劳动分工阻碍了资本的价值增殖而消失,正如马克思所说,"关于工场内部的工场手工业分工所谈到的这一切,也适用于社会内部的分工"①。事实上,由于大工业的技术基础在本质上是革命的,它将引发社会劳动的物质条件的永久转变,从而引发单个工人发挥生产主体性的方式以及他们构成直接的总体生产主体的联合方式的永久转变。② 这种持续性的技术变革要求个人能够在相对剩余价值生产不断更新的物质生产方式中工作,马克思总结说,"因此,大工业的本性决定了劳动的变换、职能的更动和工人的全面流动性"③。但是,他也再次指出,社会生产的广泛组织是如何经历了社会资本各个部分的价值增殖,以至于不能立即实现个人全面发展的趋势。社会劳动的私人分离及其经由资本形式而异化了的社会中介,再生产出"旧的分工及其固定化的专业"④,使劳动的转变作为"不可克服的自然规律并且带着自然规律在任何地方遇到障碍时都有的那种盲目破坏作用而为自己开辟道路"⑤。在这一矛盾的形式下,大工业产生普遍工人的趋势仍在不断推进其实现,说明只有当必要因素得到了充分发展,异化的社会形式才会遭遇其自身的极限(absolute limit)。⑥ 也就是说,新社会的物质基础依赖于人的生产主体性普遍特征的充分发展。⑦

通过这一讨论,马克思揭示了社会资本再生产的普遍需求(在这种情

---

① Karl Marx, *Capital. Volume I*, Harmondsworth: Penguin, 1976, p. 615.《马克思恩格斯文集》第 5 卷,北京:人民出版社 2009 年版,第 558 页。

② Ibid, p. 617. 参见同上书,第 560 页。

③④ Ibid, p. 617. 同上书,第 560 页。

⑤ Ibid, p. 618. 同上书,第 561 页。

⑥ Ibid, p. 617. 参见同上书,第 560 页。

⑦ Ibid, p. 618. 参见同上书,第 561 页。

况中,工人具有普遍的生产主体性)如何同它在单个资本个体行为中的具体实现(单个资本致力于保持并增强生产主体性的专业化发展)相矛盾。除此之外,我们也看到这一矛盾是如何进行运动的:它将工人阶级确定为资本增殖的中介条件的人格化,而资本增殖则为无产阶级的政治力量提供了物质基础和社会基础。实际上,大工业的发展使拥有普遍的主体性成为工人阶级成员赖以生存的条件,因为只有通过这样的方式,他们才能向资本出售自己的劳动力(从而将社会资本异化的必然性转变为对工人从事社会再生产和物质再生产的直接需要)。因此,工人们必须联合一致,作为一个阶级进行斗争,以此迫使资本主义国家"把初等教育宣布为雇佣儿童的强制性条件"①。但是,如果初等教育不是培养未来的普遍工人其中的一步——它当然是最基本的一步——那它又是什么呢?换句话说,生产属性的发展使劳动者不再像大工业的总体劳动者(collective laborer)那样在直接社会劳动过程的各种特殊层面上工作,而是根据资本对他产生的任何需要进行工作,对吗?

社会资本对普遍工人的需求,为工人阶级就其社会再生产条件同资产阶级进行对抗的政治力量提供了另外一种物质基础。工厂法(Factory Acts)体现了大工业和工人力量之间的关系,马克思在第十章"工作日"(*The Working Day*)②展开的对于这一关系的首次表述中,阶级斗争似乎没能突破它最一般的规定性,即按照劳动力商品的价值进行买卖的形式。不过,马克思进一步论述道,当生产主体性确切地得到发展时,走向普遍的生产主体性的趋势最终会为阶级斗争提供更庞大的变革性力量,也就

---

① Karl Marx, *Capital. Volume I*, Harmondsworth: Penguin, 1976, p. 613.《马克思恩格斯文集》第 5 卷,北京:人民出版社 2009 年版,第 555 页,译文有改动。——译者注

② Guido Starosta, *Science as Practical Criticism. An Investigation into Revolutionary Subjectivity in Marx's Critique of Political Economy*, Unpublished PhD Thesis, Coventry: University of Warwick, 2005; Iñigo Carrera, *El Capital: Razón Histórica, Sujeto Revolucionario y Conciencia*, Buenos Aires: Ediciones Cooperativas, 2003, pp. 81 – 82; Müller Wolfgang and Christel Neusüss, "The Illusion of State Socialism and the Contradiction between Wage Labor and Capital", in *Telos*, 25 (Fall), 1975, pp. 13 – 90.

是工人阶级建立政治统治（political supremacy）所必需的东西。①

在无产阶级夺取政权的必要性背后还有哪些更具体的规定性呢？遗憾的是，马克思在这些段落中并没有给出答案。实际上我们也可以认为，根本不可能提供任何答案。作为一种具体的社会形式，"无产阶级专政"必要性的展开还需要涉及更多的中介因素，因此它不是由我们在论述时所面对的社会形式，即凭借工人阶级的政治行动而实现的直接潜能所承载的。② 那么，在辩证叙述的这一阶段，无论是后一种说法还是之前所讨论的关于"充分发展的个人是废除资本的基础"的说法，都是未经中介（unmediated）的、外在于大工业生产主体性具体规定的考察。

这一点本身应该是不成问题的。从类似这种辩证研究的视角来看，我们在对马克思关于革命主体性规定性的探索进行批判性重建的重要关头上并不是走投无路，它仅仅表示我们"从抽象上升到具体"（from the abstract to the concrete）的历程还需要继续推进，因为我们的终点——革命主体性——还在前方。然而，如果说在马克思的《资本论》中这一探索的要点已经具体呈现出来，那么站在这样的立场上，问题就会大不相同。就此而言，《资本论》的当代读者在试图发掘这些规定性时，他们所面临的问题简单来说就是"不知所踪"。

现在我们已经看到，在面对大工业的工人趋于普遍（universality）的倾向以及随之而来的社会劳动越发自觉的调节时，马克思是如何从外部反思在真正自由的基础上"重建社会"（build society anew）所必需的生产主体性的特定物质形式的。另一方面，我们也强调了这种反思的方法论针对性，因为后者本身的规定性之一就是作为普遍的生产属性的承担者，即能够进行"一般性质的物质生产"。但是这个普遍的属性并非穷尽了生产主体性形式以及构成"真正自由的工作"直接潜能的必要因素，后者首

---

① Karl Marx, *Capital. Volume I*, Harmondsworth：Penguin, 1976, p. 619. 参见《马克思恩格斯文集》第 5 卷，北京：人民出版社 2009 年版，第 561—562 页。

② 这就需要阐述资本的集中以及资本的集中作为资本主义生产方式中劳动社会化的异化表现形式，当社会总资本直接地作为单个资本存在时，集中就达到了极限。参见《马克思恩格斯全集》第 5 卷，北京：人民出版社 2009 年版，第 723 页。Karl Marx, *Capital. Volume I*, Harmondsworth：Penguin, 1976, p. 780.

先还包含着一种物质生产过程,它的一般社会性质是被直接设定的,这一前提也存在于——至少是倾向于存在——《资本论》所推进的大工业的生产主体性思想中。然而,除此之外,马克思在《大纲》的段落中提到,"革命的"生产主体性的普遍性必须是一种科学意识的体现,它能够将工作作为"支配一切自然力的活动"①组织起来。问题的关键就在这里。

尽管《资本论》中论述的大工业中工人的生产主体性具有普遍化的倾向,但是这种普遍性不是工人自觉调节生产过程的能力科学扩展的结果,而是在劳动过程中关于社会因素和物质因素的全部知识日益丧失(最终是完全丧失)的结果,而工人只是劳动过程的一个部分。对于参与直接生产过程的工人来说,他们的脑力劳动和体力劳动之间的分离达到了最大程度,这样的工人当然能够在资本摆在他面前的任何自动化劳动过程中工作,但不是工人作为"积极行动的主体"而"机械自动机作为客体",相反,对于工人而言,"自动机本身是主体"。② 需要用科学生产力来支配自然力,科学生产力是以它在机器体系当中的对象化存在为前提的,它不是资本置于劳动者手中(确切地说是头脑中)的一种属性。简而言之,关于雇佣劳动者的形象所承载的东西,我沿袭伊尼戈·卡雷拉(Iñigo Carrera)的观点③,称之为"衰退的生产主体性"(degraded productive subjectivity)。科学的意识和普遍性并非相辅相成,而是相互对立,换句话说,这种衰退的生产主体性本身并不直接具备马克思自认为彻底摧毁资本("blow sky high")所必需的历史的、革命的力量。此外,马克思的论述并没有表明,当前异化的一般社会关系的运动本身——资本积累——引发了变革的社会必然性,即以革命的政治形式改变那些劳动者的生产主体性,使他们重新占有在这种异化形式下发展起来的科学知识的力量。

尽管对于革命主体的物质基础的说明是不充分的,但正是在这里,马

---

① Karl Marx, *Grundrisse. Foundations of the Critique of Political Economy*, Harmondsworth: Penguin, 1993, p. 612.《马克思恩格斯全集》第30卷,北京:人民出版社1995年版,第616页。

② Karl Marx, *Capital. Volume I*, Harmondsworth: Penguin, 1976, pp. 544 – 545. 参见《马克思恩格斯文集》第5卷,北京:人民出版社2009年版,第483页。

③ Iñigo Carrera, *El Capital: Razón Histórica*, *Sujeto Revolucionario y Conciencia*, Buenos Aires: Ediciones Cooperativas, 2003.

克思在《资本论》中为关于作为劳动产品异化属性的人类生产主体性规定的论述画上了句号,在《资本论》第一卷其余的部分(和遗留的另外两卷)中,马克思再也没有系统地进一步揭示革命主体的规定性。[①] 从已有论述来看,在转向了剩余价值生产与再生产的内在因素的外在表现后,马克思只是跨了一大步来到了"资本主义积累的历史趋势"一节的结论,即他对废除资本主义生产方式进行判定的那段著名论述。[②]

这一节的高潮部分所包含的工人阶级革命行动的两个质性不同(因此可以分开来分析)的"环节"[③](moments)——即对资产阶级的剥夺(the expropriation of the bourgeoisie)和资本的废除(the abolish of capital)之间产生了具有误导性的混淆,如果我们撇开这个问题不谈,那么剩下的问题就是,马克思在前面的章节中展开的规定性是否足以说明向"资本主义的外壳就要炸毁"[④]的过渡路径是合理的,而对这一点的叙述可以说是过于简单的、总体上很笼统的。[⑤] 从生产主体性的规定性的视角来看,"历史趋势"一节所包含的向革命性政治行动的转向的确是直接而非中介的。那些生产主体性几乎被掏空的工人,如何自愿地去组织分配以自觉的集体力形式存在的社会总劳动力? 不断加深的"贫困、退化、压迫等"肯定会使劳动者面临一种十分极端的、作为他们异化的社会存在方式的直接表现形式,因此,它们能促使劳动者增进他们为劳动力价值而斗争的团结关系,来巩固他们对资本主义剥削的集体抵抗。然而,资本主义异化表现形

---

① 这个说法需要加以限定,这是因为,与积累过程的需求相关,过剩人口的产生也构成了从大工业发展而来的生产主体性的转变。更具体地说,它代表了工人阶级的生产属性遭受肉体残缺(material mutilation)的最极端的情况,也就是说,这些属性不仅仅是衰退了,而且彻底不能恢复了。

② Karl Marx, *Capital. Volume I*, Harmondsworth:Penguin, 1976, p. 929. 参见《马克思恩格斯文集》第 5 卷,北京:人民出版社 2009 年版,第 874 页。

③ 马克思和黑格尔一样,用"环节"一词来指代静止体系中所谓的"要素"或因素。参见 Martin Nicolaus, "Foreword", in Karl Marx, *Grundrisse. Foundations of the Critique of Political Economy*, Harmondsworth:Penguin, 1993, p. 29. ——译者注

④ 参见《马克思恩格斯文集》第 5 卷,北京:人民出版社 2009 年版,第 874 页。——译者注

⑤ 无论马克思在上文提到的"资本积累的历史趋势"一节中的阐述有多含糊,只要粗略地读一下他所谓的"政治学著作"就会发现,马克思对于剥夺资产阶级和废除资本这两者"差异中的统一"(unity-in-difference)是非常清楚的。

式本身无法使阶级斗争从异化的再生产形式转变为它完全自觉的超越形式。社会必然性构成了革命主体历史建构的依据,它的出现还涉及工人生产主体性物相的诸多转变的中介。

因此,在《资本论》相关章节中展开的"人类劳动的辩证法"(dialectic of human labor)与第一卷结尾的革命性结论之间存在着一条鸿沟。在下一节中,我将考察马克思在《大纲》中关于机器体系的表述。虽然缺失的规定性在那里也没有系统地、完整地揭示出来,但从该文本中可以提炼出进一步研究革命主体性的主要内容。

二、《大纲》与机器体系:革命主体性之规定性的缺失环节

作为探讨《大纲》中马克思关于机器体系的叙述的切入点,我们可以回顾《资本论》中对大工业规定性的重构,更具体地说,就是追溯科学和生产过程之间的关系。相对剩余价值的生产形式意味着科学作为一种生产力被广泛应用,然而,后者并不是那些在直接生产过程中参与直接劳动的劳动者在物质上所承载的属性。对劳动者来说,科学知识采取了已经对象化在机器中的异己力量的形式,马克思在《大纲》中也提到了这一点。①

正如马克思在"直接生产过程的结果"一节中所说,科学力量从它们的源头上看是劳动的产物。② 因此,虽然这些力量——以及从人们直接协作的组织中产生的一切力量——形式上的主体仍是资本,但问题马上就出现了:通过自己的(异化的)脑力劳动发展了人类的科学生产力(capacities),并使后者实际应用于直接生产过程的实质主体是谁? 抛弃了作为生产主体的体力劳动者之后,似乎我们唯一的选择就只能是把关注点放在直接生产过程中仅有的角色——资本家身上。是资本家发展了他的生产意

---

① Karl Marx, *Grundrisse. Foundations of the Critique of Political Economy*, Harmondsworth: Penguin, 1993, p. 693. 参见《马克思恩格斯全集》第31卷,北京:人民出版社1998年版,第91页。
② Karl Marx, "Results of the Immediate Process of Production", in *Capital. Volume I*, Harmondsworth: Penguin, 1976, p. 508. 参见《马克思恩格斯全集》第38卷,北京:人民出版社2020年版,第142页。

识和意志,从而将资本对于能够科学地控制自然力的需求人格化了(person-ify)吗? 马克思在《资本论》"机器和大工业"一章的某个脚注中给出了回答:"资本像吞并他人的劳动一样,吞并他人的科学"①。

因此,拥有智力从而让科学知识——它以它在机器体系中的对象化存在为前提——获得发展的,并不是资本家。被直接生产过程吞并的科学是占有"他人"脑力劳动产品的结果,包含在大工业的直接生产过程中的这个"他人"的生产活动是一种必要的中介,马克思在《资本论》中的论述并未明确指出这一点。② 反之,我们能够从《大纲》的一些片断中看到,活劳动的一切活动的物质协作基础被放在首位,其中科学的发展及其技术应用作为基本的构成要素。③

相对剩余价值生产所预设的规定性中包括将商品所有者划分为资本家和雇佣劳动者。如果抛开资本家这一科学劳动的实质主体不谈,显然,只有那些被规定为"双重自由"的个体(double-free individuals)才能将大工业生产过程在当下的发展人格化。④ 因此,虽然马克思没有明确地阐述,但历史的后见之明(hindsight)让我们很容易认识到,社会资本是怎样处理它对科学生产力发展的持续需要的,即产生出总体劳动者的一个特殊的、局部的器官,它的功能是有意识地控制自然力及其在更加复杂的自动化机器体系中的对象化形式的运作。一方面,机器体系导致了那些从事着保留下来的直接劳动的工人逐步去技能化(deskill),以至于除了机械地重复极其简单的任务,他们的劳动毫无内容可言。另一方面,它也导致了总体劳动者中组成智能器官(intellectual organ)的成员的生产主体性

---

① Karl Marx, *Capital. Volume I*, Harmondsworth: Penguin, 1976, p. 508.《马克思恩格斯文集》第 5 卷,北京:人民出版社 2009 年版,第 444 页,注释 108。

② 或者只是一带而过地提到,参见 Karl Marx, *Capital. Volume I*, Harmondsworth: Penguin, 1976, p. 549.

③ Karl Marx, *Grundrisse. Foundations of the Critique of Political Economy*, Harmondsworth: Penguin, 1993, p. 699. 参见《马克思恩格斯全集》第 31 卷,北京:人民出版社 1995 年版,第 94—95 页。

④ 在关于大工业生产过程更深入的规定性的分析方面,我遵循了伊尼戈·卡雷拉发展出的解读路径。Iñigo Carrera, *El Capital: Razón Histórica, Sujeto Revolucionario y Conciencia*, pp. 1-37.

逐步扩展,资本要求这些工人投身于越来越复杂的劳动形式。和《资本论》所讨论的一样,这都是"机器生产对工人的直接影响"。当然,只要这个扩展的生产主体性仅仅是相对剩余价值生产的具体形式之一,那么对新开发的智力生产力的运用也就颠倒为资本自行增殖运动的一种存在方式。

在异化的形式下,资本因而产生了一种物质变革(material transformation),这比产生出仅仅承担着不同生产属性的雇佣劳动者具有更重要的意义。在此,最首要的是人类的劳动本质发生了彻底的、根本的转变①,它逐渐地不再将劳动力直接应用于劳动对象以改变其形态,而是越来越成为一种这样的活动:它致力于发展对自然力运动的自觉操控,以使其自动作用于劳动对象,并以这种方式引起劳动对象形态的改变。根据马克思在《大纲》中对机器体系的阐述,资本达到极限的关键就在于人的生产主体性的特定物质变革的矛盾性、历史性展开。

> 劳动时间——单纯的劳动量——在怎样的程度上被资本确立为唯一的决定要素,直接劳动及其数量作为生产即创造使用价值的决定要素就在怎样的程度上失去作用;而且,如果说直接劳动在量的方面降到微不足道的比例,那么它在质的方面,虽然也是不可缺少的,但一方面同一般科学劳动相比,同自然科学在工艺上的应用相比,另一方面同产生于总生产中的社会组织的、并表现为社会劳动的自然赐予(虽然是历史的产物)的一般生产力相比,却变成一种从属的要素。**于是,资本也就促使自身这一统治生产的形式发生解体。**②

我们需要把握的要点是,在特定资本主义形式中,活劳动这两个环节的对立运动与机器体系的发展是相应的。在资本主义社会中,活劳动这

---

① Iñigo Carrera, *El Capital : Razón Histórica , Sujeto Revolucionarioy Conciencia* , p. 11.

② Karl Marx, *Grundrisse. Foundations of the Critique of Political Economy* , Harmondsworth Penguin, 1993, p. 700. 《马克思恩格斯全集》第 31 卷,北京:人民出版社 1995 年版,第 94—95 页。着重号为作者所加。

一历史的、具体的转变的革命性方面在于：生产过程的规模和复杂性特别是其组织的日益科学化，使资产阶级（非劳动者［the non-labor］）的主体性无力于在他们的资本规律下将当下的直接社会劳动人格化。换句话说，这意味着智力生产力及其运用成为"劳动阶级"（laboring classes）的一种属性。

科学扩展的脑力劳动的生产主体性，就其本质而言，是越来越普遍或全面的。这一形式的人类劳动力的发挥旨在扩展对自然力总和的自觉控制，并且，自然力总和从属于活劳动力量涉及对后者一般规定性的理解：其目的因而是在不断进化的机器体系中拓展其特殊的技术运用。因此马克思在《资本论》第三卷中写道，为了突出它相对于协作劳动（cooperative labor）的特殊性，科学劳动在定义上就是一般劳动。①

在总体劳动者器官（organ）的构造中，伴随着其持久的革命化，资本由此在具有普遍生产主体性的工人的生产中引起了另一种趋势。但这种普遍性不再是因为直接劳动者极度缺乏个人生产能力而注定的空洞的普遍性，而是当它获得充分发展时，它就会变成总体主体（collective subject）器官的一种丰富的、具体的普遍性。这些器官越来越能够自觉地控制他们的生活过程，这是因为他们具有将任何自动化机器体系的生产过程组织起来，从而将大工业基础上的任何社会协作形式组织起来的能力。随着这种生产主体性的扩展，雇佣工人的个性（individuality）再也不"在科学面前，在巨大的自然力面前，在社会的群众性劳动面前，作为微不足道的附属品而消失了"②，因为后者是雇佣工人生产主体性对象化的直接产物："它们是人的手创造出来的人脑的器官；是对象化的知识力量。"③

在《资本论》中，马克思关注的是机器体系通过相对剩余价值的生产，对工人阶级的生产主体性物相产生了消极影响。"充分发展的社会个体"

---

① Karl Marx, *Capital. Volume III*, Harmondsworth：Penguin，1991，p. 199. 参见《马克思恩格斯文集》第 7 卷，北京：人民出版社 2009 年版，第 119 页。

② Ibid，p. 549. 同上书，第 487 页。

③ Karl Marx, *Grandrisse. Foundations of the Critique of Political Economy*，Harmondsworth：Penguin，1993，p. 706.《马克思恩格斯全集》第 31 卷，北京：人民出版社 1995 年版，第 102 页。

这一社会必然性的历史发生呈现为一种抽象的潜能,它和资本机器化生产的发展之间的联系完全是外在的。相反,在《大纲》中,马克思认为资本具有"唤起科学和自然界的一切力量,同样也唤起社会结合和社会交往的一切力量"①的无限趋势,这必然会引起那种具体的普遍的生产主体性本身的历史生成;正如马克思指出:人了解自然界,并通过人作为社会体的存在来统治自然界。②

此外,马克思将这种生产主体性的特定物质形式描述为:它的进一步扩展最终与它在资本主义社会中的异化存在相冲突,因此它作为一种直接的潜能,承载着"创造新社会"的必然性。事实上,在社会生活的生产过程中,资本倾向于取消体力劳动在质和量方面的比重,从而将活劳动的根本因素转化为智力过程③。这样一来,资本对劳动过程的改变最终达到了这样的地步,即脑力劳动与目前在质和量上都微不足道的体力劳动之间的分离,不能再作为人们生活过程的组织形式,从物质方面去获取。社会物质生产力的发展,只能通过当下的直接社会生产体各个局部器官的个体主体性中社会生产智力的体现来维持自身。除此之外,要将"一般智力"的力量纳入每一位个体工人,现在必须采取客观社会知识(即科学)的形式,而不是作为劳动者主体性生产直接经验的结果(如独立手工业生产或资本主义工场手工业中的情形)。④ 接下来我们将会看到,整个工人阶级(无论其生产主体性如何)自觉组织起来的政治行动就是这后一种物质变革得以实现的必要形式。

---

① Karl Marx, *Grundrisse. Foundations of the Critique of Political Economy*, Harmondsworth: Penguin, 1993, p. 706. 《马克思恩格斯全集》第 31 卷,北京:人民出版社 1995 年版,第 101 页。

② Ibid, p. 705. 参见《马克思恩格斯全集》第 31 卷,北京:人民出版社 1995 年版,第 101 页。

③ Karl Marx, *Grundrisse. Foundations of the Critique of Political Economy*, Harmondsworth: Penguin, 1993, p. 700. 参见《马克思恩格斯全集》第 31 卷,北京:人民出版社 1995 年版,第 94—95 页。

④ 关键的是,这也需要科学知识的形式也就是它的方法发生转变,关于这一点的阐述,参见 Guido Starosta, "Scientific Knowledge and Political Action: On the Antinomies of Lukács' Thought in History and Class Consciousness", in *Science & Society*, vol. 67: 1 (spring), 2003, pp. 39 – 67; Iñigo Carrera, "The Method, from the Grundrisse to Capital", in Riccardo Bellofiore, Guido Starosta and Peter Thomas eds., *Marx's Laboratory. Critical Interpretations of the Grundrisse*, Leiden: Brill, 2011.

因此,在"社会智力"的科学生产力扩展和人类劳动被规定为直接社会性的双重基础上,资本直接走向了它作为一种社会形式的历史极限。①但并不是在资本积累停止发展社会物质生产力时达到了这一极限,托洛茨基②及其后的正统马克思主义者都这么认为;相反,资本在这种时候与它的界限发生冲突,即人类劳动力通过相对剩余价值生产同时实现了异化的社会化和科学的普遍化,并出于自身的内在必然性,引起了社会生产力特定物质形式的发展:社会劳动完全自觉的组织,一方面作为一般社会规范调节着人类生活的再生产,因而另一方面也作为构成总体劳动者的每一个个体的生产主体性的一种属性。在这些情况下,社会物质生产力的进步——这取决于资本本身最直接的需要即相对剩余价值生产——与资本主义生产关系相矛盾。用我们的方式来表述,传统马克思主义的观点是,异化的社会必然性是这样产生的:人类被生产为生产主体并且充分意识到个体力量和活动的社会规定,所以人不再把社会视为一种异己的、敌对的并且支配他的力量,反而自觉体会到社会生活的物质性(即生产协作)是使他的个性充分发展的必要条件,从而自觉认识到他在与其他生产者的有机联系中劳动力被消耗的社会必然性。③ 不过,人类主体性的这一形式肯定会和一种社会形式(资本)产生冲突,这种社会形式将人类生产为私人的、独立的个体,因此这些个体将他们普遍的社会依赖性及其历史发展视为社会劳动产品所承载的异己的、敌对的力量。作为物化的社会关系的承担者,劳动过程的物质形式规定性不再是人类生活再生产的中介。因此,资本积累必然行至末路,为个体的自由联合让步。

最后,我们现在能够理解《大纲》"机器论片断"的重要意义了。虽然这个政治经济学批判的较早版本明显是以一种不成体系的方式写就的,

---

① Karl Marx, *Grundrisse. Foundations of the Critique of Political Economy*, Harmondsworth: Penguin, 1993, p. 709. 参见《马克思恩格斯全集》第 31 卷,北京:人民出版社 1995 年版,第 104—105 页。

② Leon Trotsky, *The Transitional Program*, 2002, electronic version, retrieved February 10, 2005, from http://www. marxists. org/archive/trotsky/works/1938-tp/transprogram. pdf.

③ Karl Marx, *Grundrisse. Foundations of the Critique of Political Economy*, Harmondsworth: Penguin, 1993, p. 832. 参见《马克思恩格斯全集》第 31 卷,北京:人民出版社 1995 年版,第 244—245 页。

但是它包含了大量规定性得以系统展开的基本要素,这些规定性构成了超越资本的变革性实践的应有之义,而《资本论》只是片面地实现了这一点。但实际上,其形式的必然性即整个工人阶级自觉的政治行动是在《资本论》中展开的。正如我们所见,马克思通过对《工厂法》的讨论揭示了工人阶级政治行动的规定性,工人阶级的政治行动作为一种必要中介,以自觉组织起来的集体行动的形式展开,以便在资本主义生产方式中对社会劳动实行普遍自觉的管控,也就是作为一种凭借资本形式组织社会生活的具体形式,这样的组织在本质上是不自觉的,因而是颠倒的。但同时,我们从前文中看到,雇佣劳动者的阶级斗争也是一种必要形式,在这种形式中,体现了社会资本对于拥有日益普遍化的生产主体性的工人的需求,而这一需求是由大工业形态的实际从属活动引起的。诚然,在马克思《资本论》第十五章①的论述中,阶级斗争并没有超出它作为社会资本再生产的中介环节的规定性,这是因为马克思没有把阶级斗争内在的物质内容——人类生产主体性的社会化和全面发展——完全地揭示出来。而这恰恰是《大纲》所做的事情,也就是说《大纲》揭示的不是不同的内容,而是内容本身更为复杂的形态,更何况它的具体实现方式仍是一样的:通过雇佣劳动者的阶级斗争。但此处的斗争不再被界定为资本再生产的一种形式,它的内涵可以更充分地表述为,雇佣劳动者的政治行动现在被界定为超越资本的人类实践的存在方式。因此,共产主义革命的一般规定就在于:成为丰富的个性主体性的历史生产所采取的政治形式,"这种个性无论在生产上和消费上都是全面的,因而个性的劳动也不再表现为劳动,而表现为活动本身的充分发展"②。

三、结论

本文认为《大纲》和《资本论》的共同之处在于,都为科学地阐述使革

---

① 即"机器和大工业"一章。——译者注

② Karl Marx, *Grundrisse. Foundations of the Critique of Political Economy*, Harmondsworth: Penguin, 1993, p. 325. 《马克思恩格斯全集》第 30 卷,北京:人民出版社 1995 年版,第 286 页。

命工人阶级的社会结构得以形成的资本之规定提供了基本观点。我们看
到,马克思在《资本论》中对大工业的讨论,与他当初在他的研究手稿即
《大纲》中的论述是不同的,这使得许多学者认为这两种视角在某种程度
上是互不相容的,甚至可能反映了马克思本人思想的变化:从早期对实际
从属形式的解放潜力持有的乐观立场转向了后来较为悲观的立场,而实
际从属是以另一种方式表述了死劳动对活劳动的专制统治(despotic
rule)。本文已经对马克思思想发展的这个方面提供了不同的见解。马克
思从《大纲》到《资本论》的论述发生了变化,这是毋庸置疑的;但是两者的
差异并不代表他关于大工业生产主体性的规定存在两种不一致的看法。
相反,每个文本实际上都聚焦于两个本质矛盾其中之一的发展,这两个矛
盾都体现了实际从属最复杂形式的特征,实际从属的发展又构成了革命
主体性的内在基础。《资本论》的论述关注的是生产主体性发展的普遍性
和特殊性之间"绝对的矛盾"[1],因此马克思强调大工业中雇佣劳动者个性
的实质衰退。而在《大纲》中,马克思把关注点放在了资本统治下的生产
过程中智力和体力因素之间的矛盾发展上,从而揭示了双重自由的劳动
者的主体性具有科学扩展的趋势。然而,这两个矛盾是一个硬币的两面:
它们都是人类在特定的发展阶段、在特定的历史前提基础上生产其类存
在(species-being)物相的异化形式。[2]

　　正如我们所见,这一发展不但涉及社会劳动的主体和产品之间形式
上的颠倒,也涉及雇佣劳动者的生产个性在实质上的残缺。不过,马克思
也很清楚这些形式具有相对的历史必然性,哪怕它们只是作为一个正在
消失的环节,出现在"真正自由的工作"物质性发展的世界历史进程中,因
而也出现在其自我扬弃的必然性的形成过程中。

---

[1] Karl Marx, *Capital. Volume I*, Harmondsworth: Penguin, 1976, p. 508.《马克思恩格斯文
　　集》第 5 卷,北京:人民出版社 2009 年版,第 560 页。
[2] Ibid, p. 927. 参见同上书,第 872 页。

青年学者论坛

"开放马克思主义"视域下的政治经济学批判与批判理论

——访谈维尔纳·博内菲尔德教授[①]

夏　巍　邝光耀[②]

（复旦大学马克思主义学院）

　　"开放马克思主义"将历史唯物主义理解为对特定历史阶段之特定社会关系的批判，在其看来马克思的政治经济学批判本质上乃是对资本主义社会关系的批判以及对资本主义时代无产阶级生存境况的科学判断。著名"开放马克思主义"者、英国约克大学政治学系教授维尔纳·博内菲尔德在本次访谈中详细阐释了"开放马克思主义"的理论源流和思想渊薮、批判理论范式构建与马克思主义政治经济学批判的基础性关系，以及 21 世纪世界马克思主义未来向何处去等相关理论话题。他强调马克思主义是对资产阶级政治经济学的根本批判（critique of political economy），不能将其理解为一种纯粹的政治经济学批评理论（criticism of political economy）。最后，他认为 21 世纪世界马克思主义的未来不取决于象牙塔内对马克思主义理论进行的学术研究，它将取决于

① 本文系国家社会科学基金重大项目"习近平新时代中国特色社会主义思想对唯物史观发展的原创性贡献研究"（项目编号:22AKS001）、中央社院统一战线高端智库重大项目"唯物史观视域下中国式现代化与西方现代化的文明观比较研究"（项目编号:2K202302105）的阶段性研究成果。
② 作者简介:夏巍,复旦大学马克思主义学院教授、博士生导师,研究方向为马克思主义哲学、国外马克思主义;邝光耀,复旦大学马克思主义学院博士研究生,研究方向为马克思主义哲学、国外马克思主义。

此时此地、无时无刻不在发生着的为了自我持存而进行的阶级斗争的结果。

夏巍：您好！维尔纳（Werner Bonefeld）①教授。首先感谢您接受我们的线上采访！尽管上海同英国的约克郡相隔万里，但对马克思主义理论的共同追随却让我们的心彼此靠近。在中国高校中，无论是哲学学院还是马克思主义学院的国外马克思主义研究，都非常重视同国外马克思主义学者的直接交流和理论合作。我们本次的线上访谈将分为四个部分，主要涉及"开放马克思主义"的理论定义、渊源和旨趣，批判理论与政治经济学批判的基础性关系，以及 21 世纪世界马克思主义的未来等方面的话题探讨，请基于您的研究对这些问题进行详细回答。让我们开始这一次的思想碰撞吧！

一、何谓"开放马克思主义"：定义、渊源与理论旨趣

夏巍：您被视为英国"开放马克思主义"（Open Marxism）流派的代表性人物，因此我们想首先听听您自己对这一理论的定位。另外，我们了解到您同时与德国的"新马克思阅读"（the New Reading of Marx）运动②有着长期深入的学术往来，"开放马克思主义"是否直接受惠于"新马克思阅读"运动的理论成果呢？例如"国家派生理论"③等。您能否为我们介绍"开放马克思主义"与"新马克思阅读"运动之间的理论关系？

博内菲尔德：从理论渊源上看，"开放马克思主义"属于长期持存的非

---

① 维尔纳·博内菲尔德（Werner Bonefeld），英国约克大学政治学系教授，"开放马克思主义"代表人物，著有《开放马克思主义》四卷本（1992—2019）、《批判理论与政治经济学批判》（*Critical Theory and the Critique of Political Economy*）等。

② "新马克思阅读"运动（Die Neue Marx-Lektüre）：指始自 20 世纪 60 年代，由巴克豪斯（Hans-Georg Backhaus）和莱希尔特（Helmut Reichelt）等人发起，以《资本论》的价值形式理论为中心，旨在重新审视马克思政治经济学批判的一股后马克思主义理论思潮。

③ "国家派生"理论（the state derivation debate）：指 20 世纪 70 年代后，由赫希（Joachim Hirsch）、霍洛威（John Holloway）等人提出，并在后马克思主义政治经济学理论中得以发展的国家观。该理论认为对国家和社会之间关系的分析必须从资本主义生产方式固有的矛盾中推导出来，国家并不独立于资本和积累过程之外，国家是为资本再生产而建立的关系和组织形式。

正统马克思主义国际传统的一部分。从理论旨趣上看,"开放马克思主义"发展了马克思思想中的这类范畴要求:即为了人类解放,必须废除所有奴役人的社会关系。它建立在马克思揭示"历史不过是追求着自己目的的人的活动"①的唯物史观洞察之上,并认为工人阶级只能通过自身的努力和影响力才能解放自己,而这种解放的实现必然导向一个"去阶级化"社会的创造。换言之,"开放马克思主义"将历史唯物主义理解为对现有社会关系的批判,马克思的政治经济学批判则相当于对资本主义时代无产阶级生存境况的科学判断。因此在"开放马克思主义"看来,资本主义的财富形式乃是建立在那些虽更加自由却仅能作为被剥削的物质材料而存在的劳动者阶级的谋生活动基础之上,在这一财富生产过程中,工人们在金钱的"祭坛"上不断牺牲、献祭着他们的劳动,以换取一份仅能使他们将自身作为可剥削的物质材料不断进行再生产的工资。

对于"开放马克思主义"的理论发展而言,"新马克思阅读"运动和"国家派生理论"具有根本意义上的重要性。前者揭示了资本主义经济形式的非自然性,进而将其解读为历史上一种特定社会关系(即资本主义阶段的社会关系)的神秘化形式,后者则将国家定义为从属于资本主义社会关系的特定政治形式。"开放马克思主义"对资本主义政治经济学的批判是作为对那些自然主义版本的马克思主义理论的批判而发展起来的(实际上马克思在写作《资本论》及其相关手稿时,均蕴含着对资产阶级政治经济学自然主义倾向的批判——例如对资产阶级政治经济学的"理性经济人"假设及其方法论的否定),它反对这些自然主义版本的马克思主义将马克思对资本主义经济范畴的批判仅仅视为一种关于历史与自然的辩证唯物主义。其主要理论目标是将资本主义时代的商品形式(经济关系)、国家形式(政治关系)和价值形式(货币不断增殖为财富过程中的社会关系)破译为特定历史阶段中特定社会关系的抽象形式。正是在资本主义时代商品形式、国家形式和价值形式的遮蔽下,人与人之间的社会关系呈现为抽象物之间的关系形式。因此,"开放马克思主义"不把资本及从属

---

① 《马克思恩格斯文集》第 1 卷,北京:人民出版社 2009 年版,第 295 页。

于资本的国家理解为自然物，而是将其理解为被物与物之间的各种抽象关系中介了的人与人之间的社会关系。一句话，它认为资本主义是对活生生的人及其劳动的不断物化。

邝光耀：您的好友约翰·霍洛威①教授曾明确否认"开放马克思主义"属于后马克思主义（post-Marxism）阵营一方。但从"开放马克思主义"的理论特质来看，例如不再关注国家范式下的无产阶级革命，转向关注新社会运动等理论主张，这一理论似乎暗合拉克劳、墨菲在《霸权与社会主义战略》一著中开创的后马克思主义思想路线。您认为"开放马克思主义"是否应当归属于后马克思主义一派？

博内菲尔德：首先，"开放马克思主义"的理论认为，正是社会主义与民族主义的结合导致了独裁主义国家政府形式的产生。因此，对阶级社会的批判并不应当在"民族国家—社会主义"模式下的劳动组织形式中发掘其积极性，相反，只有基于共产主义的"去阶级化"社会讨论中的阶级革命批判才是有意义的。正因如此，"开放马克思主义"对资本主义政治经济学的批判并不包含对国家范式的争论。其次，"开放马克思主义"承认马克思在《资本论》中关于工人阶级论点的真实性，即在资本主义的生产关系中"成为生产工人不是一种幸福，而是一种不幸"②。通常来说，新社会运动关注的重点包括人类尊严、环境保护、妇女压迫、民族压迫等问题。而无产阶级既是最庞大的社会阶层，同时也是种族和性别最多元化的阶层，因此无产阶级的斗争包括了为人类尊严而斗争。换言之，真正的无产阶级斗争同新社会运动的斗争一样，都是在为人类的生存而斗争，其中包括为清洁的空气而斗争、为住房而斗争、为人与人之间的真诚社会关系而斗争，等等，总之，为人的生命而斗争。

无产阶级最清楚，资本主义财富的积累将会破坏社会财富的两大来源——自然环境和人的劳动。因此，无产阶级要使自身成为最普遍的阶

---

① 约翰·霍洛威（John Holloway），英国"开放马克思主义"代表人物，墨西哥普埃布拉自治大学社会学教授，其著作《裂解资本主义》（*Crack Capitalism*）、《无需夺权改变世界》（*Change the World Without Taking Power*）等被译为十余种文字在世界各地广泛传播。
② 《马克思恩格斯全集》第44卷，北京：人民出版社2001年版，第582页。

级,成为真正为人类解放而斗争的阶级,无产阶级的阶级斗争与革命运动就必须成为一种普遍的社会运动。也就是说,从人类解放的最终愿景来看,无产阶级的斗争绝不是单纯的经济斗争,而是一场关乎重建社会关系、再造新社会的生存斗争。这种意义上的无产阶级斗争与传统马克思主义将整体的社会生活划分为经济、社会、政治和自然环境等各个领域的做法完全不同,相反,这是一场针对整体资产阶级社会的斗争。所以最后,我的答案是这里没有后马克思主义。相反,我认为后马克思主义提出的"马克思主义经济学"①这一概念在术语自洽性上是矛盾的——这种所谓的"马克思主义经济学"理论实际上来源于古典政治经济学,而不是马克思对其展开的政治经济学批判。

夏巍:据我们所知,无论是西方马克思主义学界,还是中国的国外马克思主义研究者们,都曾对"开放马克思主义"的激进左翼主张提出过不同程度的理论批判:例如卡利尼克斯②等人曾批评霍洛威教授"无需夺权改变世界"的口号实在是缺乏组织问题上的明确性。中国学者孙亮③也曾认为"开放马克思主义"过度服从于从封闭走向开放的理论要求,偏离了无产阶级革命斗争、共产党领导与无产阶级专政的传统马克思主义轨道,对马克思主义向来最为强调的夺取生产资料所有权的重视程度也不够,等等。您如何回应这些来自马克思主义理论学界内部对"开放马克思主义"的批评?

博内菲尔德:这些批评当然是有其根据的。因为"开放马克思主义"是激进的,激进意味着直指所有问题的根源所在。但无论问题有多少,我们坚持认为其根源只能是社会关系本身。"开放马克思主义"的批判并不是为了对资本主义时代现存的社会关系进行建设性的批判。我们认为马克思主义是对资产阶级政治经济学的根本批判(critique of political economy),而

---

① 后马克思主义的"马克思主义经济学"(Marxian economics):指20世纪80年代由拉克劳和墨菲(Laclau and Mouffe)所开创的"后马克思主义"思潮中质疑、修正、抛弃马克思主义政治经济学批判的基本范畴和核心理论(如放弃剩余价值理论),转而分析资本积累等经济生活现象的一种经济学思潮。

② 参见 Alex Callinicos, "Sympathy for the devil? John Holloway's Mephistophelian Marxism", in *Capital & Class*, vol. 29, 2005, p. 17.

③ 参见孙亮《从"同质性"的抽象劳动时间中"撤离"——对约翰·霍洛威激进政治理念的阐释及反思》,《理论探讨》2017年第6期。

不能将其理解为一种纯粹的政治经济学批评理论（criticism of political economy）。因此一方面"开放马克思主义"坚持强调,对资本主义统治的批判绝不是对不同形式下的统治或不同条件下的剥削的争论①,另一方面,它并不主张生产资料的国有化,而是主张通过共产主义委员会领导下的直接社会民主形式实现生产资料的社会化。所以对"开放马克思主义"来说,1871 年的公社组织②才是共产主义斗争的正确组织形式,而不是政党的领导组织、政治战略或经济进步主义。正如在巴黎公社的斗争形式中,它并不夺取作为暴力机器的国家,而是通过社会自身对其进行自我组织。

二、"开放马克思主义"与批判理论:对马克思的近阿多诺阐释

邝光耀:"开放马克思主义"与批判理论关系密切,我们注意到,以您和霍洛威教授等人为代表的"开放马克思主义"研究非常重视对马克思主义政治经济学的"近阿多诺阐释"。但在批判理论的思想谱系中,阿多诺更多地是以文化批判理论家、意识形态批判理论家乃至音乐评论家的形象出现。其一生代表性论著的主题也主要集中在如上所述几个领域之中。通过阅读您与其他"开放马克思主义"学者合著的《阿多诺与马克思:否定辩证法与政治经济学批判》③一书,我们了解到,事实上阿多诺从来没有轻视或放弃马克思的政治经济学批判工作,他还基于马克思商品拜物教理论中的等价交换原则来解释其否定辩证法中的同一性问题。另外,您这本著作附录的两篇文章还表明阿多诺在晚年发表过关于马克思政治经济学批判的直接理论探讨的公开演讲。您认为,我们应当如何理解阿多诺作品中政治经济学维度和文化意识形态维度二者的关系呢?

博内菲尔德:马克思对政治经济学的批判本质上是对资本主义社会关

---

① 而是对资本主义统治形式和剥削形式本身的批判。
② 指 1871 年 3 月 18 日至 1871 年 5 月 28 日短暂建立的无产阶级革命政权"巴黎公社",是世界历史上第一个无产阶级专政的政权组织。
③ 参见 Werner Bonefeld and Chris O'Kane, *Adorno and Marx : Negative Dialectics and the Critique of Political Economy*, London: Bloomsbury Academic, 2022.

系的批判。换言之,政治经济学批判是关于被物化的社会范畴作为经济范畴的批判——因此商品拜物教是真实存在的,即一定的社会关系在现实中表现为经济事物之间的关系形式。你方才提到了阿多诺对资产阶级文化的批判。文化的含义是什么? 通常情况下,文化意味着文明(culture means civilization)。若以这种方式理解,阿多诺对资产阶级文化的批判就相当于是对资产阶级文明的批判理论。对阿多诺来说,物化只是一种表象。重要的不是物化的经济范畴,不是作为系统的社会;相反,重要的是社会关系本身,因为它承担了事物现象间物化关系的形式。因此,在阿多诺的论述中,一个被物化的经济范畴的本质实际上在其自身之外。让我试着对此加以解释:物化的经济范畴的本质是由承担其形式的社会关系赋予它的,这也就意味着,社会关系消失在了其被物化的社会形式之中。要知道一定的社会关系与它们所呈现出的一定经济关系并不是完全同一的。例如,资本主义生产方式中的利润是一个经济范畴,是 M...P...M′中的M′①。利润通常被认为表达了一种经济性质,然而,这种经济性质的本质究竟是什么? 和马克思一样,阿多诺认为,它的经济性质的本质是一种社会性质。

经济范畴,概言之,政治经济学的理论范畴将社会视作一个经济过程,并在社会关系的抽象化过程中把社会作为经济学的客体对象重新呈现出来。正是在对经济性质作为社会构成性质的共同批判中,马克思的政治经济学批判同阿多诺批判理论的洞察不谋而合。因此,对马克思和阿多诺来说,政治经济学批判相当于对整体的资本主义文明的否定性批判。资本主义的文明性质表现为"个人现在受抽象统治"②。然而,这种抽象统治得以实现的背后,其实是每个行动个体自身所从事的生产性劳动工作。

夏巍:谈到阿多诺就不得不谈到哈贝马斯。作为第二代批判理论家中的学术领袖,哈贝马斯曾经是阿多诺非常重视的工作助手与理论合作者。请问您又是如何看待由哈贝马斯及其学生霍耐特等人所开启的法兰克福学派批判理论后期的"政治伦理转向"呢? 这种转向是否恰好与马克

---

① M...P...M′:代指资本主义生产过程中剩余价值(M)、利润(P)和利润率的关系。
②《马克思恩格斯文集》第 8 卷,北京:人民出版社 2009 年版,第 59 页。

思本人的理论倾向相左,也与阿多诺晚年的理论倾向背道而驰?

博内菲尔德:就我所知,哈贝马斯于 1954 年在波恩大学获得哲学博士学位。1956 年起,他在法兰克福的歌德大学①继续深造,师从霍克海默和阿多诺。然而,由于他同霍克海默之间种种裂隙所造成的不和,他未能完成在法兰克福大学的博士后研究。后来哈贝马斯在马堡大学完成了他的博士后研究,师从阿本德罗特②,后者是著名的正统马克思主义者。再到后来,哈贝马斯被视为法兰克福学派批判理论的正式继承人。然而,对"新马克思阅读"运动的支持者来说,例如与价值批判理论学派(Wertkritik)③有关的学者,以及施密特④、克鲁格⑤、克劳森⑥、肖尔茨⑦等批判理论家,他们实际上延续的是与阿多诺的否定辩证法有关的社会批判理论传统。因此我认为,将"后阿多诺"(post-Adornean)传统的批判理论与"后哈贝马斯"传统的批判理论相提并论乃是一种简化主义——这种做法实际上将整整一代的非正统马克思主义学者及其理论抛弃了。

夏巍:您的回答非常有趣。然而,有学者认为批判理论的革命性、现实性不断锐减,其妥协性、非现实性却在与日俱增,"批判理论的锋芒逐渐钝化"⑧,您认同这一观点吗?对此,您的好友霍洛威教授认为社会批判理论有必要引入自治主义的理论资源,以弥补其现实性不足的弊端,您又是如何看待霍洛威教授的这一观点呢?当代自治主义(无论是意大利的自

---

① 歌德大学(Goethe University Frankfurt),亦称法兰克福大学。

② 沃夫冈·阿本德罗特(Wolfgang Abendroth),已故德国法学家、政治学家、德国马堡大学政治学教授,哈贝马斯的导师。

③ 价值批判理论学派(Wertkritik):指始自 20 世纪 80 年代,由德国马克思主义理论家罗伯特·库尔茨(Robert Kurz)提出并发展,主张重新定义、理解第三次工业革命后的价值批判理论的资本主义批判学说。

④ 阿尔弗雷德·施密特(Alfred Schmidt):德国哲学家、社会学家和生态马克思主义者。法兰克福学派第二代中的左翼代表者。

⑤ 亚历山大·克鲁格(Alexander Kluge):德国著名导演、作家、社会批评家,深受马克思主义和法兰克福学派批判理论影响。

⑥ 里贝卡·克劳森(Rebecca Clausen):德国左翼学者,生态马克思主义者。

⑦ 特雷博·肖尔茨(Trebor Scholz):德国左翼学者、社会活动家。

⑧ 参见贺翠香《从大拒绝到妥协、驯化:法兰克福学派批判理论的发展进程及其困境》,《中国哲学年鉴》2020 年第 38 卷。

治主义思想,还是霍洛威教授长期关注的"萨帕塔起义"①式自治主义群体试验)的理论与实践可以被视作对马克思主义革命主体思想的新的发展吗?

博内菲尔德:马克思提出的"工人阶级的解放应该由工人自己去争取"②这一论断,在我看来其本质是关于革命主体的独立性和革命行动的自主性的论断。无论是你所提到的意大利自治主义思想,还是发生在墨西哥的"萨帕塔起义"式自治主义群体试验,我对此的观点是:革命的手段必须足以达到革命的目的,方可称之为有效的发展。至于"批判理论的锋芒逐渐钝化",我认为目前的理论发展还不足以让人作出清晰肯定的判断。在我看来,情况正好相反——批判理论的革命性、现实性在与日俱增。与批判理论相反的术语不是"非批判理论",而是传统马克思主义理论。传统马克思主义理论中的许多变化都围绕着对政治经济学批判的两种截然不同的解读:一种是从劳动一般的角度出发对资本主义的批判,另一种是对资本主义雇佣劳动及其经济模式的批判。然而在阿多诺之后,从劳动角度出发对资本主义政治经济学的批判却扭曲了马克思历史唯物主义的批判内涵——这种批判将资本主义劳动及其经济模式个体化,并将资本主义经济范畴自然永恒化。真正批判性的历史唯物主义是对资本主义社会感性现实的批判,在资本主义社会的经济外表下,经济范畴之间的关系并不是某种抽象的经济性质,相反,在这个社会中以理性的"经济人"面目出现的,乃是特定历史阶段上处于特定社会关系中的"感性人"。

三、"开放马克思主义"视域下的政治经济学批判:社会关系与价值形式问题

邝光耀:距离巴克豪斯在 1969 年公开发表《价值形式的辩证法》③一文

---

① "萨帕塔起义"(Zapatistas movement):指 1994 年起,在墨西哥南部的恰帕斯州爆发反新自由主义并受到全球声援的原住民起义运动。"萨帕塔运动"被认为是第一场后现代意义上的自治主义革命运动,亦是霍洛威用以构建反资本主义革命策略的主要理论资源之一。

②《马克思恩格斯全集》第 18 卷,北京:人民出版社 1964 年版,第 44 页。

③《价值形式的辩证法》(Zur Dialektik der Wertform)一文,最先由巴克豪斯 1965 年在阿多诺和费切尔主持的讨论班上发表。1969 年,该文被施密特主编的《马克思主义认识论文集》收录并公开出版。

已经过去半个多世纪的光景。"新马克思阅读"运动关于马克思《资本论》第一卷中价值形式问题的讨论曾经引起西方马克思主义研究界长期的理论关注,也取得诸多文本考据和理论澄清的研究成果。然而在 2008 年世界金融危机之后,"新自由主义"(Neoliberalism)大有卷土重来之势,哈耶克对资本主义社会的自由主义市场秩序性的论证仍然让不少人信服。我们想请问您,在"新自由主义经济学"再度复苏的时代背景下,我们应当如何重新理解"新马克思阅读"运动提出的重建《资本论》价值形式辩证法的理论主张,尤其是其所指出的古典政治经济学范畴非历史性的意义与价值?

博内菲尔德:"新自由主义"堪称是资本主义社会关系的"神学"。只要资本主义存在一天,"新自由主义"作为资本主义神学就会一直存在。然而对马克思主义的资本主义批判来说,新自由主义并不是问题所在,资本主义才是。原因在于,工人阶级能否继续出卖劳动力并以工资为基础获取生存资料,取决于资本家是否还能对其劳动力进行有利可图的剥削。因为无利可图的资本家将减少雇佣劳动力,盈利不断的公司则不断雇佣劳动力。自由劳动者在现实生活中时刻受到饥饿的"鞭笞"。正如马克思在《资本论》第一卷第 23 章中所说,自由劳动者自由的代价是"同生产资料分离了,失去了生产资料"①。

巴克豪斯对价值形式理论的批判性重构认为,价值是一个社会范畴,它并没有体现在单个商品中。事实上,无论这种或那种消耗的劳动是否产生了社会价值,都只有在与货币的交换中才能显现出来。如果耗费的劳动力无法换取货币,那么它生产的商品就是失败的,而耗费在它身上的劳动力从社会角度来说则是多余的。失败的商品生产使投入的资本贬值,并使劳动者面临失业的威胁。因此,重要的是消耗劳动力的交换价值,换言之,重要的是金钱。或者打个比方来说,没有人会吃钱,但没有钱,人却吃不到任何东西。巴克豪斯的价值形式分析是对李嘉图派社会主义传统②的批判,这一传统实际上是那些"马克思主义经济学"的思想基

---

① 《马克思恩格斯全集》第 23 卷,北京:人民出版社 1972 年版,第 798 页。
② 李嘉图派社会主义(the Ricardian socialist),指 19 世纪初在英国出现的一种空想社会主义思想,其理论主张认为劳动是价值的唯一源泉,坚持劳动者对劳动的全部产品权利的要求,主张采取和平方式改变社会制度。

础。在哈耶克的资本主义"神学"和价值形式批判的否定性之间,"神学"似乎显得更为现实,因为它告诉我们一个美好的故事:自我持存(self-preservation)的阶级斗争本质上是资本主义市场竞争、创新、调整和适应的进步发展过程。与此相反,对价值形式的批判则向无产阶级宣告资本主义必须彻底废除。

邝光耀:从另一方面来看,您认为这种政治经济学批判意义上的价值形式批判又有何局限性呢? 或者我们换一个有趣的说法,如果马克思仍在世的话,您觉得他会认同巴克豪斯、莱希尔特等人开启的对《资本论》的"新阅读"吗?

博内菲尔德:当代资本主义的经济问题应该如何理解? 对它的批判最终将揭示什么? 马克思对政治经济学的批判提出了下述问题:为什么人类社会的再生产会表现为自我运动的经济力量? 这种力量隐藏在行为主体的背后,却对主体的真实需要漠不关心甚至充满敌意。马克思通常把经济范畴定义为"超验的东西""奇怪的东西""扭曲的形式",并认为这些范畴充斥着"形而上学的微妙和神学的怪诞",具有"谜一般"的性质等。① 然而,马克思的这些表述显然是"非经济"意义上的,并且直接指向对社会构成理论中经济范畴的政治经济学批判。传统的政治经济学概念,从古典政治经济学到现代经济理论,再到传统的马克思主义理论,无一例外均被社会构成这一"幽灵"困扰。其中传统政治经济学概念的特点是,将作为主体的人类社会现实视为妨碍其经济分析的"形而上学"干扰因素而加以否定。然而,政治经济学如果不再是关于社会组织再生产方式的理论,那么它又是什么呢? 经济学理论只关注经济数量和经济客观规律,它们使用经济范畴的语言并把劳动经济视为一般的经济需要,经济学家们从宏观经济的角度分析经济关系,并宣称经济学是关于人类基本经济问题的真正科学。但实际上,经济学是一种完全不了解其所处社会阶段的历史性的理论。

但无论如何马克思确实已经离开了我们——没有人能够逃脱死亡。

---

① 参见《马克思恩格斯文集》第 4 卷,北京:人民出版社 2009 年版,第 88 页。

我认为对马克思主义理论的研究者而言,学术研究最重要的是诚实性(integrity)——由思想引领学术,无论它可能把我们带到哪里。因此,有决心不断否定谬误乃是一个学者最宝贵的品格,这一点在可悲的资本主义时代尤其如此。在这方面我们可以向马克思学习——当被问及他最喜欢的格言时,他回答说:"怀疑一切"①。

邝光耀:在您授权我翻译的《政治经济学批判与社会构成:论批判理论的意义》②这篇文章中,您曾花费不少笔墨着重批判法国结构主义马克思主义者对马克思政治经济学批判的历史性的错误理解。事实上,正是法国马克思主义者阿尔都塞在西方马克思主义学界掀起了所谓"两个马克思"——"人本主义的马克思"和"科学主义的马克思"之对立形象的争论。从您对阿尔都塞观点的批判来看,我们应当如何准确把握马克思的哲学意识形态批判和他晚年的政治经济学批判二者的理论关系呢?对这一关系的准确理解,是否关系着我们对马克思的革命叙事和科学共产主义理论的正确理解?

博内菲尔德:在我的理解中,"政治经济学批判的马克思"才是真正"人本主义的马克思"。马克思对资本主义经济范畴的批判事实上是对资本主义社会中人类生存状况的判断。马克思的政治经济学批判将经济学意义上的客观经济对象揭示为一个个社会构成的对象,它否定了经济范畴的自然性质并重新发现、确立了其社会性质,它揭示了作为资本主义社会关系构成基础的所有人生活的极度动荡,这种社会关系得以维持运行的活力基础乃是资本家为了逃避破产和工人为了避免饥饿而不断进行的阶级斗争。政治经济学批判视野下的马克思将资本主义经济视为由物化个体组成的社会实践之和,这些在资本主义生产关系中被物化了的个体通过为维持生计而进行的斗争不断喂养着资本的"野兽",这实际上是一

---

① 中共中央马克思恩格斯列宁斯大林著作编译局:《回忆马克思恩格斯》,北京:人民出版社 2005 年版,第 304—305 页。

② 参见 Werner Bonefeld, "Political economy and social constitution: On the meaning of critique", in *Critical Theory and the Critique of Political Economy: On subversion and negative reason*, London: Bloomsbury Academic, 2014, pp. 21 - 52.

个价值化(valorization)的过程,即资本对他们的"活劳动"的价值化。简言之,自由劳动者的再生产取决于社会对他们的价值化过程。

正如马克思在《资本论》第一卷中所阐述的那样,"创造资本关系的过程,只能是劳动者和他的劳动条件的所有权分离的过程,这个过程一方面使社会的生活资料和生产资料转化为资本,另一方面使直接生产者转化为雇佣工人"①。"老年马克思"是不谈论系统制度和生活世界的,也不谈论经济结构和人类能动性。马克思曾经说过,他只承认"一门唯一的科学,即历史科学"②。因此,关于马克思主义的政治经济学批判也只有一个现实,那就是历史上特定的资本主义社会关系的现实。

四、共同的未来:西方马克思主义与21世纪世界马克思主义何去何从?

夏巍:已故的意大利著名学者、国际黑格尔协会前会长洛苏尔多在其著作《西方马克思主义重构:诞生、死亡与重生》③中曾批判,西方马克思主义的理论研究长期以来沉浸在发达资本主义国家的资本逻辑批判这一主流叙事之中,客观上却造成了对广大第三世界国家、被殖民地以及被殖民地人民民族解放运动的忽略,这导致西方马克思主义的理论研究具有欧洲中心主义(Eurocentrism)的局限性和严重的非现实性。您认可洛苏尔多先生的这一批判吗? 西方马克思主义是否应当将更多理论目光转向第三世界呢?

博内菲尔德:对"什么是西方马克思主义"这一问题可以有许多种不同的回答,但无论它在何种意义上被定义,西方马克思主义都不应该被简化为资本逻辑批判——因为这相当于将其矮化为资产阶级意义上的系统理论概念了。无论是西方马克思主义还是东方马克思主义,法国马克思主义抑或中国化的马克思主义,马克思主义都应当被视作是对资本主义

①《马克思恩格斯全集》第23卷,北京:人民出版社1972年版,第783页。
②《马克思恩格斯全集》第3卷,北京:人民出版社1956年版,第29页。
③ 参见多米尼克·洛苏尔多《西方马克思主义重构:诞生、死亡与重生》,李凯旋、李赛林译,北京:当代中国出版社2022年版。

政治经济学的否定性批判。

另外需要指出的是,资本主义社会包含了世界市场,它本身是一个"世界市场型"社会(world market society)。至于你所提到的欧洲中心主义的局限性问题,我认为这一批判实际上是预设了它所要质疑的东西。所谓的第三世界不需要西方马克思主义者的关注,它完全可以自己为自己发声,而且事实上也是如此。西方人也好,东方人也好,问题都是普遍的,思想同样也是如此。我认为欧洲中心主义是一个奇怪的概念。它把那些被认为是(第三世界)他者的人排除在欧洲范围之外——换言之,对欧洲中心主义的批判却反过头来强化了它所批判的东西,它由此成为身份主义的同谋。设想一下,如果不提及那些被"欧洲中心主义"这个词排除在外的人,又怎么能解释"欧洲中心"这一概念?因而我的观点是,无地者、被征用者、被殖民者、被奴役者、被抛弃者、悲惨者、被剥削者和被支配者的斗争——所有这些人的斗争才是马克思主义对资本主义"世界市场型"社会批判的核心和灵魂。

邝光耀:相比于马克思恩格斯所处的时代,"二战"后的全球世界显然已经发生了天翻地覆的变化,尤其是21世纪新兴数字技术、AI技术等第四代工业革命科技的出现,不仅带来了哈特、奈格里等人所言工人运动在非物质劳动基础上新的空间与机遇,显然也向马克思的资本主义批判和革命主体理论提出了新的挑战。您认为在21世纪的今天,我们应当如何理解和处理资本主义再生产批判叙事与共产主义革命叙事,以及传统无产阶级革命主体与新社会运动的多元主体这两对主要矛盾呢?

博内菲尔德:正统马克思主义的观念往往将社会主义视为一种完善的劳动经济模式,社会主义被描绘成劳动的理性与经济的合理性组织在道德上的协调一致。与这种预设人类社会完满性的观念相反,我们的理论目标的出发点应该是人类本身的不完满(imperfection)。人非圣贤,孰能无过?此外,我们应该接受共产主义财富的观念,即真正属人的财富乃是自由支配的时间和那些用于身心享受的时间。在共产主义的理论愿景中,机器应该减轻人们的工作负担,减少大家的工作时间,并将劳动时间转化为可自由支配的时间,这便要求我们建立一个基于人类平等需求的共产主义社会。真正符合马克思理论愿景的共产主义社会乃是一个由"共产主义式个人"(communist individuals)组成的社会,一个"每个人的自由发展是一切人的自由发展的条件"①的联合体。我们还应当补充的一点是,共产主义是对自然之美和自然之安宁的回归与认同(recognition of the beauty and the tranquility of nature)。

夏巍:我们的最后一个问题是,作为当代的西方马克思主义学者,从您的研究视角出发,您认为 21 世纪世界马克思主义的发展会走向更光明的未来吗?要使马克思的理论在当今时代仍具有生命力和解释乃至改变资本主义现象的效力,我们当代马克思主义学者,尤其是身处象牙塔内的理论研究者,应当怎么做?

博内菲尔德:坦白地讲,我认为 21 世纪世界马克思主义的未来不取决于对马克思主义理论进行的学术研究,它将取决于此时此地、无时无刻不在发生着的为了自我持存而进行斗争的结果。真正符合马克思主义精神的学术研究是通过对社会的理论批判来否定现存的资本主义社会关系。这一理论批判是否能付诸实践并成为现实,将取决于所有被剥削者和被压迫者对所有造成人类痛苦的根源条件(资本主义)进行的阶级斗争。

结语

"开放马克思主义"是英国马克思主义研究学界中形成较早、影响甚广的一派。作为英国开放马克思主义流派的重要代表人物之一,博内菲尔德一方面承继了早期批判理论尤其是阿多诺基于商品交换原则的非同一性批判主张,另一方面引入了德国"新马克思阅读"学派对《资本论》价值形式理论的重新发现及其对社会关系抽象化的拜物教批判,进而提出对政治经济学的批判本质上是对经济范畴的批判,并认为这种批判相当于一种批判的社会理论。换言之,批判的目的不是从一些假定经济性质

---

① 《马克思恩格斯文集》第 2 卷,北京:人民出版社 2009 年版,第 53 页。

的跨历史力量中推导出资本主义的经济范畴,而是在社会现实基础上分解经济范畴,并揭示社会关系的特定形式如何表现为神秘的经济形式。值得注意的是,开放马克思主义的当代分析认为,资本主义已经发展成为一种对工人需求漠不关心的新自由主义金融体系,而造成这一结果的整个价值交换动态过程是由分裂为不同阶级的所有个人的社会实践所提供的,因此他们认为对阶级社会的批判无法在更公平理想的另一种阶级社会中找到积极的解决方案,并由此主张无产阶级革命应当直接走向"共产主义个人"式的无阶级社会。基于历史唯物主义立场来审视开放马克思主义者的批判理论,其号召主体行动拒绝抽象劳动、直接创造"去阶级化"社会等改造资本主义社会的构想显然消解了马克思原先的革命观念,走向了一种新的无政府主义,在无法触动资本主义生产关系、变革生产资料所有制前提下的"非同一性抵抗"也显得过于理想化而难以实现。但理想化并不等于没有意义,在当代左翼思潮多依附于资本逻辑批判而陷入话语建构和"无限期等待"之消极情境下,开放马克思主义寻求革命主体突破、重思马克思主义革命方案的尝试便显得弥足珍贵。

论米歇尔·亨利对资本主义中"生命"的现象学批判①

刘少明②

（复旦大学马克思主义学院）

　　米歇尔·亨利的生命现象学认为，生命具有主体性、创造性和个体性特征，是事物显现的现象学条件。但在资本主义中，生命的特征在经济、政治和思想文化领域被抹杀。在自由市场经济中，劳动测量代替生命，交换价值改变需求，技术资本排挤生命劳动，生命在分配和消费端被抹杀。在民主政治中，民主制度的总体性特征和民主制度的管理形式压抑和掩盖了个体生命。在思想文化领域，媒体对生命的扼杀、大学教育与生命的脱节、哲学对真正生命的遗忘，生命失去了批判的能力。亨利对资本主义中生命状态的揭露，是对现象学与马克思主义的成功结合，也是对资本主义当代特征和未来趋势的重要思考。但由于对经济领域的分析集中于自由市场经济，仍未提出改造当代资本主义的有效手段。

　　米歇尔·亨利（Michel Henry）是法国当代著名的思想家，他通过阐发独特的现象学生命理论，以亲马克思的态度对资本主义进行了激烈的批判：资本主义导致了生命的危机（他称之为生命的死亡）。关于米歇尔·亨利对资本主义中的生命的批判，相关的研究成果表现为两个方面。

① 本文为教育部 2022 年人文社会科学研究青年基金项目《〈资本论〉及其手稿中的时间哲学研究》（项目号 22YJC710039）的阶段性成果。
② 作者简介：刘少明，男，复旦大学马克思主义学院讲师，主要研究马克思主义哲学、现象学。

第一,对亨利的生命现象学中"生命"本身的研究。有学者认为亨利的现象学中"一切的显现基础是显现的自我显现,也是生命的自我显现"①。第二,对亨利的政治经济学中生命的"异化"的研究。有学者指出亨利阐述了"马克思在后期的政治经济学中,对劳动、商品、价值、货币、剩余价值等概念的分析也是一种异化理论"②。但是,已有成果没有专门研究亨利对资本主义中生命的现象学批判。

亨利从生命现象学出发,认为资本主义从经济、政治和思想三个方面消除了作为现象学显现条件的生命的主体性,导致了生命的抽象、压抑、萎缩等状况。同时,他还从资本社会的技术发展趋势中揭示了未来资本主义中生命消亡的可能性。生命在资本主义中的危机不仅指其生物意义上的消亡,更主要指生命难以保持现象学主体的特征,从而"仅仅是'物',仅仅是死亡"③。在资本主义中走向未来的道路就"被定义为一条死亡的道路"④,因为其主体性随时受着抽象的威胁或者已经被抽象化。生命作为唯一的现象学真理,在资本主义抽象、压抑和抹杀中,失去了其真理的特质,"闪现在人们眼睛中的真理不是民主的也不是资本主义的真理——不是技术的真理也不是科学效用的真理"⑤。生命不再能成为现象学显现的条件,也不再能"回到事物本身",不再能从自身之中显现自身。

一、生命的内涵:作为现象学显现条件的生命的三重特征

人与生命在亨利的资本主义批判语境中是等同的。通常来讲,生命概念与人的概念的外延不是等同的,因为"生命"概念还包含非人的动物、植物

---

① 刘宏:《从米歇尔·亨利的生命现象学谈生命的自我显现与哲学语言》,《哲学动态》2021 年第 8 期。
② 刘少明:《论米歇尔·亨利对马克思政治经济学异化理论的生命现象学解读》,《世界哲学》2022 年第 6 期。
③ Michel Henry, *Barbarism*, Trans by Scott Davidson, London and New York: Continuum, 2012, p. 18.
④⑤ Michel Henry, *From Communism to Capitalism: Theory of Catastrophe*, Trans by Scott Davidson, London and New York: Bloomsbury, 2014, p. 118.

和微生物等种类。亨利之所以将生命与人等同起来,是因为他从一种严格的马克思式的对人类历史进行分析的框架内讨论生命,在其中其他生命暂不被考虑。不符合亨利对生命的严格定义的"生命",将被排除在其对资本主义的生命批判理论之外。他认为,生命"与任何生物学的研究没有关系……在生物学的意义上,生命是'物':分子、氨基酸链和神经不能感受自身,也不能'意识'"①。他从三个方面对人的生命进行了现象学阐释。

第一,生命是具有显现条件地位的主体。主体性概念"无非是意味着对自身的感受,也即是对生命自身的感受的事实"②。"感受"不仅仅指主体内在的喜与悲,也包括对外在事物的主观感觉。但不管是内在或"外在"的,它们都是主体的内部感受。要理解这一点,必须对"主体"作更进一步的分析。具体来说,"'主体的'一词可以从三个层面来理解:'每一件事都是主体的',或者'每一件事都是相关的',或者每件事物依赖于每一个人的看它的方式:'对于每一个他或她的真理'"③。亨利所阐述的三重对主体的理解实际上将主体当做"形而上学或本体论的条件"④:任何与主体相关的事物都只能在主体的条件中被显现出来。这是亨利在现象学上的突破,实现了海德格尔的现象学追求:"'现象'就是显现,它意味着在自身之中显示自身"⑤。从显现条件与被显现物的角度来看,生命既扮演了条件的角色,也扮演了被显现物的角色。亨利也称这种生命对自身的揭示的本质为自感发(pathetic)。

第二,作为主体性的生命,其自身的存在具有自身的目标,并在其生存中展现创造性。"生命的第二个特点是一种力,创造力。也就是说它能够创造没有生命就不存在的某物"⑥。创造力能够创造两种物:"一种服务于生命的目的并通过其意图被制造出来……另外一种物是为了生产第一

---

① Michel Henry, *From Communism to Capitalism : Theory of Catastrophe*, Trans by Scott Davidson, London and New York:Bloomsbury, 2014, p. 14.

②③④ Ibid, p. 15.

⑤ Martin Heidegger, *Being and Time*, Trans by John Macquarrie & Edward Robinson, Oxford: Basil Blackwell, 1962, p. 51.

⑥ Michel Henry, *From Communism to Capitalism : Theory of Catastrophe*, Trans by Scott Davidson,London and New York:Bloomsbury, 2014, p. 15.

种物而被制造出来的工具"①。对自然界不存在的事物的创造展现了创造力的能动性和想象力,对工具的使用展现了创造力的非直接性。生命对物的创造是对生命主体性的巨大补充,让纯粹主体的感受能够超越自身。"生命的这种力量不是行为也不是意志,它是行为的反面,是存在的热情"②。在存在的热情中,生命想生存,有欲求,才能去创造。这也说明创造力的所有特性都服务于人的"目的性"。创造力最终落脚于目的性,将有用性来衡量被创造物,因此所有被创造之物要"放入'使用价值'的范畴"③。

第三,生命作为现象学主体只能是个体的。生命的主体性表明生命必须是个体的,因为主体性意味着生命只是主体自身的,不能假手于人。他人的感受与主体自身的感受之间有一条不可跨越的鸿沟。"'活着的个体'是实现生命的唯一样式,并且将被当做所有现实的唯一基础……'真实的个人'作为'所有历史的前提'。"④亨利认为他的这种论述与马克思在《德意志意识形态》中论述"全部人类历史的第一个前提无疑是有生命的个人的存在"⑤,是一个意思。从而"经济与社会结构在个体主体性中发现它们的现实性和法则"⑥。因此,所有的整体、阶级和组织都必须还原为真实的个体及其感受才能得以理解。

当然,生命的三个现象学特征预设了生命的身体,因为"原初的身体属于绝对先验主体性的领域"⑦,即身体与生命的主体性是不可分离的。因此不需要将身体当做人的生命的第四个特征,因为身体的感受就是生命的感受。生命的三个特征是亨利批判资本主义中的生命的理论基础。他的基本思路就是阐述生命的主要特征在资本主义中被压抑和抽象了。

---

① Michel Henry, *From Communism to Capitalism : Theory of Catastrophe*, Trans by Scott Davidson, London and New York: Bloomsbury, 2014, p. 15 - 16.
② Michel Henry, *The Genealogy of Psychonalysis*, Trans by Douglas Brick, California: Stanford University Press, 1993, p. 177.
③④ Michel Henry, *From Communism to Capitalism : Theory of Catastrophe*, Trans by Scott Davidson, London and New York: Bloomsbury, 2014, p. 16.
⑤《马克思恩格斯选集》第 1 卷,北京:人民出版社 2012 年版,第 146 页。
⑥ Michel Henry, *Marx—A Philosophy of Human Reality*, Trans by Tom Rockmore, Bloomington: Indiana University Press, 1983, p. 105.
⑦ Michel Henry, *Philosophy and Phenomenology of Body*, Trans by Girard Etzkorn, Hugue: Martinus Nijhoff, 1975, London and New York: Bloomsbury, 2014, p. 58.

二、生命的失落:亨利对资本主义中的生命的现象学批判

(一)自由市场经济对生命的遗忘、扭曲、排挤和抹杀

亨利对资本主义经济的分析,主要集中在对自由市场经济的分析之上。贯穿他理论始终的仍然是作为生命如何被抽象的问题。这里的关键就是将对生命的分析,转入对经济中的生命的分析。为了达到这个目的,他借用了马克思的分析方法,"根据生命的定义,个体作为一种力而呈现,这种力是整个经济全体的原则。在这个原则中,力被称为'劳动'"①。他将马克思用以分析资本主义经济的"劳动"概念,置换成了生命或生命力的概念。在这个意义上,"主体性的劳动,活劳动,和真实的劳动是等同的术语"②,因为"活劳动就是生命力的运用"③。在此基础上,生命经历四重意义上的抽象或压抑:经济运行对其生命基础的遗忘,交换价值改变需求,技术资本对生命劳动的排挤,生命在分配和消费端被抹杀。

1. 经济运行对其生命基础的遗忘

第一,用对劳动的测量代替生命的劳动。自由市场经济之所以会用劳动的测量代替生命的劳动,是为了达到所谓的"公正"。在生产过程中,生产了同样的劳动成果的两个人,或者经历了同样的可观测的劳动过程的两个人的主体性过程却是不一样的:即二者可能经历了不同的心理挣扎和努力的体验。对亨利来说,主体所体验的心理挣扎和努力才是真正的活劳动。但由于主体的个体性和体验的流逝性,真正的活劳动是无法被测量和观测的。"为了克服对每个人痛苦与努力进行测量的不可能性,作为替代者的经济体系就被发明了"④。这种可测量性就达到了"公正",

---

① ② ③ Michel Henry, *From Communism to Capitalism : Theory of Catastrophe*, Trans by Scott Davidson, London and New York: Bloomsbury, 2014, p. 57.

④ Ibid, 2014, p. 72.

因为"公正就是给予同样的劳动以同样的工资"①。它不管主体经历了什么样的个性体验和努力,只是对可见的劳动过程和劳动结果进行测量,从而给予相应的工资。但这种看似公正的经济体系,恰恰是一种不公正,因为可见的生命与不可见的生命不是一回事,所以它是"给予不同的劳动以同样的工资"②。用所谓"客观的"的衡量标准来替代真实劳动的绵延,真实的主体性在衡量中就消失了。所以经济体系用以测量真正生命劳动的时间、价值、工资和商品都是对生命的掩盖和抹杀。"真实的生产过程被可以用来测量它的表象的或客观的、理想化的等同性所替代,这就是死亡何以在这里出现的原因。"③

第二,剩余价值出现加剧了用对劳动的测量代替生命的劳动。劳动的测量掩盖了它的生命基础,但"在这个阴影的掩盖之下,这个更为重要的现象,也就是剩余价值的生产——剥削——被掩盖了"④。在理想状态下,用社会必要劳动时间来测量工人的价值,可以得出工人在一段工作时间内的工资。但资本家在签订的合同中规定的工资或往工资卡里面打的工资,是一种用直接少于工人应得的工资作为衡量生命劳动所得的形式完成的。资本家从一种更为隐蔽的"公正"测量行为中拿走了工人的生命劳动。用理想化的社会必要劳动时间来衡量的工资已经是对其生命基础的掩盖,而被剥削了剩余价值的工资却比理想化的工资更少。无论是绝对剩余价值还是相对剩余价值,都是通过掩盖生命的测量完成的。生命在剩余价值的剥削中被进一步抹杀。

第三,商品的流通和资本的积累彻底遗忘了生命。商品和资本都表现为一定的价值,它们的基础都是生命及其劳动。生命在这个意义上被亨利称作"元—经济"(meta-economic)。但对商品和资本的价值衡量"仅仅描述了它们当下的价值和变化的历史。它们却没有以任何方式解释这

---

① Michel Henry, *From Communism to Capitalism : Theory of Catastrophe*, Trans by Scott Davidson,London and New York:Bloomsbury, 2014, p. 72.

② Ibid, 2014, p. 73.

③ Ibid, 2014,p. 77.

④ Ibid,p. 72.

些价值的形成,同时对它们的起源保持了缄默,也就是对产生它们并让它们存在和生长的力量保持了缄默"①。亨利所指的历史是资本变换的历史和商品的流通历史。资本的变换历史是指资本如何增殖的过程,仅仅是形式化、数字化的运算,而没有将其价值基础建立在生命或劳动的基础上。类似的,商品的流通历史是商品从生产者到生产者、销售者、消费者的流通,完全是以价值为中介的形式化交换,所以也将"元—经济"抛诸脑后。这两者都被当下的价值和表面的历史所规定,从而对其价值的起源保持了缄默。因此,商品的流通和资本的积累是让价值成为一个体系和体制,是对生命劳动的更为严重的掩盖。

2. 交换价值对生命需求的扭曲

如果说生命作为价值的起源只是被抹杀的话,交换价值对人的需要的改变则改变了生命自身的特性。"在传统经济中,交换仅仅是每一个参与者通过给予,反过来获得他或她所想要的物体的一种手段:交换被产品的使用价值所驱动"②。即生产和交换的目的就是为了获得一种产品的使用价值,满足生命的需求。但是在现代资本主义中,"交换的目的有一个反转:不再是为了使用价值,而是为了金钱而交换。交换的公式就变成MCM(金钱—商品—金钱)"③。具体来说,资本家的需求在逐利的过程中,早已变成了对数字的追求。而无产者在资本家的企业中工作,也只能服从于这个企业的逐利行为,从而导致生命所需与其生产之间的断裂。且人们的消费心理也会在生产者的攻势下被绑架,导致生命所需被绑架和改变的困境。"当生命的过程服从于经济过程时,它们的内在结构被深刻地改变了。"④被改变了的生命结构失去了生命为了自身真正需要而有计划地进行创造性活动的特征,从而"驱尽了生命的活力"⑤。生命需求被交换价值所改变是建立在自由市场经济中的趋势,"这个建立在历史中的

① Michel Henry, *From Communism to Capitalism : Theory of Catastrophe*, Trans by Scott Davidson, London and New York:Bloomsbury, 2014,p. 76.

②③ Ibid, p. 73.

④⑤ Ibid, p. 74.

趋势进入了生命的反面，从而成为一个让生命死亡的趋势"①。

3. 技术资本对生命劳动的排挤

亨利认为人在技术资本的生产领域中将被排挤。何谓技术资本呢？资本主义为了更多地获得剩余价值，就会大力发展技术。因为技术的提高，能够提高工人在单位时间创造的价值。在同样的时间内，工人能够生产更多的产品，但是工资却不会与其成正比增长。这是一种相对剩余价值的生产方式。技术与资本共同作用能够满足资本家对剩余价值的剥削，二者交汇就成为技术资本。"资本主义因此刺激技术的增长，因为这意味着让工人的生产能力提升，同时不断地减少必要劳动。"②但资本对技术的无限提高，生产自动化的能力不断提高，必要劳动会越来越小，小到可以被忽略的程度。马克思也认为资本"以技术上更加完善的形态再生产出来，在这种形态下，用较少量的劳动就足以推动较多量的机器和原料。由此必然引起对劳动需求的绝对减少"③。技术的进一步发展就会将与技术无关的人（包括资本家和工人）排挤出劳动领域。当下人工智能进一步发展会让许多可被机器人替代的人失去工作正好说明了这一点。"这是一个没有生命留存的生产过程，这是一个死亡的过程"④。

生命的劳动被技术资本排挤会导致更严重的后果：生命作为价值基础的地位的彻底丧失。价值衡量、商品流通和资本增殖只是掩盖和压抑了生命，因为生命仍然在这个过程的起始点，仍是它们得以产生的基础。但是被排挤出劳动领域的生命，就不再参与这个经济过程了，也不再作为生产的起始点和基础。这时候劳动仅仅是技术和人工智能的旁动，它们生产的产品也只是为了获得与人的需求无关的交换价值。生产、交换、价值、资本都与生产的人不再有关系。技术资本的极端化也导致作为生命的人在生产、交换、价值和资本领域的彻底消失。

---

① Michel Henry, *From Communism to Capitalism : Theory of Catastrophe*, Trans by Scott Davidson, London and New York: Bloomsbury, 2014, p. 78.
② Ibid, 2014, p. 88.
③ 马克思:《资本论》第1卷，北京：人民出版社2018年版，第724页。
④ Michel Henry, *From Communism to Capitalism : Theory of Catastrophe*, Trans by Scott Davidson, London and New York: Blcomsbury, 2014, p. 92.

4. 分配和消费领域对生命的抹杀

亨利认为,技术资本在对人的劳动进行排挤之时,甚至连交换都不再可能。"一个完整的自动化过程和一个高阶—定义的技术能够无限制地生产使用价值,但却意味着不再能够生产交换价值"[①]。因为没有参与劳动的无产者无法通过市场出卖自己的劳动力,也就没有办法获得收入工资。"人们没有钱去获得这些商品并去使用它们"[②]。这种窘境就是机器在生产大量的产品,人们却不能消费。"成千上万的人被宣告只能住在贫民窟,注定只能贫穷和挨饿"[③]。这虽然尚未成为一个最终的现实,但已经成为隐含在技术资本发展中的一个趋势。亨利认为这个趋势可以从"销售员比工程师更为流行,市场训练超过传统学校"[④]的现象中看到它彻底实现的端倪。

发生在消费和分配领域中的生命死亡,与在单纯的生产和流动领域是不同的。市场流通虽然是以交换价值、金钱和数字为中介的流通,但人的消费仍然参与这个过程,消费仍然是可能的。在极端的技术资本社会中,与技术无关的人已经不再能够消费。究其根源,正是由于自由市场经济崇尚的是"公正"的分配,所以失去工作的无产者最终会在分配领域中被排挤。技术的进步让拥有技术、器械和装备的人能够活下来,不拥有技术的人将越来越贫穷。在当代没有彻底实现自动化的资本主义社会中,无产者已经产生了巨大的分化:"1980年以来美国超高劳动收入激增……这一变化可以解释为偏向技术的技能进步带来的结果……顶层劳动的收入的增长较平均工资的增长快得多,只是因为独特的技能和新技术使这部分人的生产力水平较平均水平高得多"[⑤]。当人的技能都不被技术资本需要的时候,无产者就会全部站到贫穷的队列。分配领域的失败直接延伸到消费领域。而当最基本的维持生命的消费都不能被满足时,生命就不是被压抑、被掩盖和被排挤的问题,而是从肉体上被消灭的问题。这时

---

①②③ Michel Henry, *From Communism to Capitalism：Theory of Catastrophe*, Trans by Scott Davidson, London and New York：Bloomsbury, 2014, p. 90.

④ Ibid, p. 91.

⑤ 托马斯·皮凯蒂:《21世纪资本论》,张曙松等译,北京:中信出版社2014年版,第321页。

候无产者的萎缩就是包含连生物体特征都不再的彻底的"死亡"。

（二）资本主义民主政治对生命的替代和掩盖

1. 民主的总体性对生命个体的替代

亨利认为真实的现实和存在是个体的生命,所以作为许多个人组合起来的总体就存在着抹杀个人的风险。但是这种抹杀不是必然的,因为如"自由人联合体"的这种总体性不仅没有抹杀个人,却充分尊重了个人的生命,释放了个人的生命力。资本主义民主政治的总体性何以会取代具体的生命,造成生命的死亡呢?

第一,"人民"概念的虚假性造成了个体生命在资本主义民主制度中的死亡。"尽管人民的概念找寻一种包含个体的总体性,但它却不是任何个体。这个概念偷偷地废除了生命最重要的特征,废除了它作为一个个体生命的特征。"①个体生命有其自身的主体性和目的性,而人民概念将许多的个体放在一起来讨论,就将个体性生命独特的感受、创造和欲求给掩盖了。比如代表人民共同意志的"民意"不是真正的民意,也不能真正代表人民。民主政治在进行选举的时候,会进行一种选举投票的方式,从而认定被选出的领导人是人民民意的结果。"所谓的调查和投票只不过是一种对人进行抽象化之后的结果,真正的生命并没有在民主投票中被活生生表达出来。"②因为民主国家实行的选举人团制度并不是真正的普选,它不是所有人的民意。即使选举出的人是普选的结果,它仍然是违背了反对者的意志选举出来的。而且,参选的人是有限的,人们被迫在有限的参选人里面选出领导人。所以,从"人民"民意中我们可以看到具体的个人在总体性概念中受到的是压迫,运到的是可能违背自身意愿的妥协。至于个人的主体性、创造性和目的性,在这里都被表面的总体性及其结果所替代。所以亨利认为"人民就获得了它真正的名字:对所有人的否定,

---

① Michel Henry, *From Communism to Capitalism : Theory of Catastrophe*, Trans by Scott Davidson, London and New York:Bloomsbury, 2014, p. 104.
② 刘少明:《生命拯救是可能的吗? ——论米歇尔·亨利生命拯救理论的困境》,《中南大学学报》(社会科学版)2017 年第 3 期。

也就是死亡"①。

第二,公众事务对个体事务的替代。"人民"在资本主义政治中只是一个起点,而要具体到现实操作中,就要涉及民主制度了。民主,顾名思义,人民当家做主。但亨利认为"在一个民主制度中,是人民在统治。不幸的是,'人民'并不存在:它也同样不能统治它所劳动的领域和种植的土地。民主的概念是一个诱惑"②。人们之所以不能真正统治自己脚下所劳动的土地,是因为它们处理的事务被公众事务所替代,它们的利益被公众利益所替代。而这些所谓的公众利益不是真正的公众利益,而是少数人的利益。"政治所处理的公众事务被认为是关涉它宣称的所服务的公众的事务,但现实中真正的事务是资本家的事务。就如我们今天在日本和其他地方看到的那样,政府自身仅仅是'上层资产阶级的管理代理人'。"③上层资产阶级或者直接参选,或者支持其代理人参选,从而在政府中施加影响力,让其为自身的事务和利益服务。这也是为什么民主只是一个诱惑,它让人民遗忘自身不能真正统治,遗忘自身的利益被资本家的利益抢先一步的事实。"民主也就被一种整体性的独裁所取代……它不是关注的个人内部特殊的努力,不是关注的个人的痛苦和欢乐等私人事务。"④公众事务以一种整体性和普遍性的形式出现,最终是对具体的个体生命的压抑甚至剥夺。

2. 民主制度的管理形式对生命的掩盖

亨利认为民主管理方式陷入了形式和内容的分离。形式是指它的管理的方式和方法,内容是个体的生命。形式与内容的分离是政治管理对生命的掩盖和忽视。这种分离来源于民主管理者决策的不专业性,进而导致的对生命本身的不了解。亨利认为"具体事务总是根源于被特殊个人所拥有的特殊技能:城市设计者、农业工程师、大学教授等人的特殊技能"⑤。但是

---

① ② Michel Henry, *From Communism to Capitalism : Theory of Catastrophe*, Trans by Scott Davidson, London and New York:Bloomsbury, 2014,p. 104.

③ Ibid, p. 97.

④ Ibid, p. 105.

⑤ Ibid,pp. 105 - 106.

这些具体事务的安排往往不是白拥有特殊技能的人决定的,而是被民主政治的管理者所决定的。"一块纪念碑的选择——比如,其位置和风格的选择——来源于政治委员会的决定,而不是来自擅长这一领域的艺术家和发明家的决定。"①假如作出这个选择的管理者不知晓人民在纪念碑身上需要得到什么,或者什么样的纪念碑能够真正起到纪念碑的作用,这个决定就是一种形式化的政治决定。形式化决定建造的纪念碑是对建造者、对被纪念者和纪念者的生命的忽视与掩盖。而艺术家和发明者知道纪念碑以一种什么样的形式展示出来,并且放到什么合适的位置能够抓住人心、纪念亡灵。

亨利认为对生命的需求或感受的忽视"比整体性对个体性的取代更为糟糕,因为形式的政治决定与其处理的具体事务的内容之间有一个鸿沟。而具体的内容总是生命的内容"③。整体性虽然是一种对生命的掩盖,但它仍然涉及了部分人(上层资产阶级)的生命需求与体验,或者试图将人的意志、愿望和需求纳入进来,但形式化的政治决定与具体生命内容的鸿沟是不可跨越的,是与生命的绝对的脱离。民主政治的本质本来扎根于生命之中,是需要对生命负责的一种政治,但由于它的管理形式与内容的脱离让其目标难以达成。在民主制度中,"政治管理是一种外在的力量和一种死亡的力量……它将一种非生命之物置于生命的之上;它悬挂了一个死亡的威胁在生命的头上"④。

(三)资本主义思想文化对生命的压抑、漠视和遗忘

与经济和政治领域相伴随的死亡是生命在思想文化领域的死亡。思想的死亡不是一种单纯的外在力量对生命的打压,而是思想本身被"植入"和"篡改",从而不能真正实现自身的目的和发挥创造力,也不能实现对自身主体性的肯定。这一领域的生命死亡表现为三种主要的形式:媒体对生命能力的压抑、大学教育对生命的漠视、哲学对真正生命的遗忘。

①③④ Michel Henry, *From Communism to Capitalism : Theory of Catastrophe*, Trans by Scott Davidson, London and New York:Bloomsbury, 2014,p. 106.

371

1. 媒体对生命感受能力的压抑

亨利认为媒体宣传对当代资本主义中的生命具有巨大的改造作用。这种改造的方式是以新闻、广告和其他节目的方式进行的。它们让生命的感性能力非生命化，让生命的欲望改变的同时不能真正理解自身的欲求，让人陷入想象的生命之中。以电视为例，"电视的'感性'实际上是对所有的感性的否定。'现场直播'就是让所有的事物被直接获得，而没有加入任何构造和准备。真理到最后就被还原为事实的粗糙性，被还原为即刻的消失和死亡"①。因为人们在电视的直播或其他的节目中只能感受到不断的画面的切换，追求的是不断的新的画面对人的刺激，于是陷入了一种对感性的即刻性迷恋之中。在不断切换的画面与节目中，"生命只是满足于看，但不是以观众看待作品和艺术的看那样看。相反，它以这些形式看：以什么也没看到的方式去看，以不使用内在生命力量的方式去看。这种对生命力量的忽视，甚至看起来他不是在看"②。媒体的画面与声音也不是在与生命相联系，而是与生命相隔绝。

反过来，那些最能够提升人的感性能力的领域在对即刻性迷恋中式微。比如，人们将欣赏电视节目的方式带入了欣赏艺术甚至自然的过程之中，将它们"节目化"。"艺术家的理念和作品注定要像报纸一样被扔掉。"③因为艺术家灌注了思想和感觉的作品在快餐式的欣赏消费中，在人们只要求即刻感受的死亡性感受能力中，不再能够成为永恒的作品。因为"生命能量的历史在于感性和理智之中"④，而走向死亡的感性失去了他的能量，也已经在即刻性的画面中将理智抛弃，从而不能够把握艺术家要表达的真实感觉和理念。艺术在市场经济中的命运就是用之即扔的一次性消费品。这种对待真正感性的非反思性和模式化让媒体宣传营造了一种类似阿多诺所说的"文化工业"，它让文化和思想被工业化，而"文化工

---

① Michel Henry, *Barbarism*, Trans by Scott Davidson, London and New York: Continuum, 2012, p. 111.
② Ibid, p. 113.
③ Ibid, p. 111.
④ Ibid, p. 105.

业成为资本主义世界自我繁殖能力的集中体现"①。

总的来说,媒体宣传造成感性及其能力压抑的原因可以总结为四个。第一,即刻性的画面在时间中是不断消失的,所以就只能在时间中不断走向迟钝。第二,节目对于生命是没有意义的,是无关生命的。它们的意义只是在于"刺激观看者从一个节目跳到另一个节目",让观众成为"流量"和"收视率"的保障,从而为广告收入提供基础。人在这个观看行为中,被当成了一个赚钱的工具,成为文化工业的一个环节。第三,即刻性的满足也是随时不满足。"这种不能满足的力量让他以某种方式遗忘自身,既是忘记自我也是忘记自我的感受。"②"因为一般的媒体世界带来的是想象的满足"③,所以生命在无聊的节目中被外在化的东西所抓住,遗忘了自己的真正所需。生命的感性能力也不能在真正所需的感受中得到提高,只是陷入了被"塑造"的过程之中。第四,对即刻性的迷恋也会延伸到消费领域。广告对人们购物欲望的刺激,让人不断地想从新的购买中获得满足。在即刻性的消费满足中,人更加满足消费本身而不是在消费中重塑和提升自己的感性能力。这样,电视的宣传转入了经济对生命的替代过程之中。所以,媒体宣传让人们的思想被改造、需求被刺激、主体性的感受与创造能力沦为工业零件的地位。

2. 大学教育对生命的漠视

亨利认为在思想文化领域,生命被压抑还发生在学生在大学受教育的阶段。"在大学的事例中——法国大学会被当做我们的例子——毁灭的原则在它的现实中和环境中将被探测到。"④而大学的毁灭不是大学机构的垮台和难以运行,而是一种自我毁灭,"大学的自我毁灭是文化和生命的自我毁灭"⑤。他以现代法国大学为例子,将资本主义大学中教育与生命的脱离和忽视揭示了出来,从而为生命批判理论找到了重要的论据。

---

① 陈学明等:《二十世纪西方马克思主义哲学》,北京:人民出版社 2012 年版,第 184 页。

② Michel Henry, *Barbarism*, Trans by Scott Davidson, London and New York: Continuum, 2012, p.110.

③ Ibid, p.113.

④ Ibid, p.115.

⑤ Ibid, p.124.

亨利首先阐述了大学教育的重要意义。"教育有一种交流的本质……这个纯粹交流的教育理论是第一哲学。"①交流是一种知识的交流，是老师的知识传递到学生的过程，也是知识被不同人重复的过程。而"每一个知识或证明行为的理论性重复在一般意义上就是自感发的重复"②。自感发就是生命的本质："自感发让知识传递得以理解，先于并外在于表象化和客观化的知识。"③因为知识仅仅是对生命理解的一种表象化和客观化表达，而生命自身的理解超越表达出来的知识。所以生命在知识的理解和传承中承担着条件性的作用，因此他才认为教育具有第一哲学的功能。从最基础的意义上，教育在两个人交流的意义上是生命的交互主体性，是生命对生命的影响和传承。在传承的过程中，学习者生命得到发展。而真正的大学教育包含所有教育真正的功能："作为教育、学习和研究的场所，重新将所有的生命自我发展和自我实现过程结合起来"④。而这三重目的最终落脚点，也就是大学教育最核心的功能和理想，是生命的发展和自我实现。

但是，在现代资本主义世界中，大学不仅没有承担其功能，还阻碍了生命的发展和自我实现。这就是亨利所说的大学的毁灭，它表现为三种形式。第一，"到目前为止区分了大学和社会的功能差异的界限被取消。"⑤大学的功用是生命的发展和实现，而"社会及其内容则是实践……它关乎的是调整一个房间、核查一张支票，或者测算一种压力。它必须应用一种方法，在此之后行为才能有效"⑥。可见，社会的功用在于设定一套规则和方法，为生命的实现给予可能性。但这二者毕竟是不一样的。社会提供的是方法，生命的提升才是目的。一旦二者的界限不明，大学最终的功能就会被遗忘。

第二，"一旦这个界限被拿掉，技术就会出现在大学的核心，同时压制

---

① Michel Henry, *Barbarism*, Trans by Scott Davidson, London and New York: Continuum, 2012, p. 125.
②③ Ibid, p. 124.
④⑤ Ibid, p. 120.
⑥ Ibid, p. 118.

大学作为一个文化的场所。"①在亨利的语境中,文化不是外在的行为规则,而是生命的传承与提升。技术占据大学的核心表明生命的发展和自我实现不再被当做大学主要功用,这是对功能遗忘之后的必然结果。技术入侵大学的核心可以表现为两个方面。首先,大学将实用性的知识放在教育的核心,成为一种犯罪。"它是一种犯罪,因为它是对个人潜能发展的阻止。它故意将个人的存在还原为一个技术—经济机器齿轮的境地。"②在这个地方,大学教育的目的一开始就被市场经济、被技术—资本所统治。其次,大学自身也被纳入技术性统计之中,被各种数学化的大学排名所支配,在形式化的"发展"中与生命所真正关注的东西脱离。

第三,随着大学被技术所控制,"管理者抓住机会,为不合格的公共教育的公职人员支付低廉的工资,掌控了大学的才智之士。尽管才智之士在过去已经明显地被降低了"③。这样,大学失去了自治能力,失去了对自身功能定位和管理的能力,被脱离大学教育的政府管理者控制起来。这是对生命自我发展和实现功能的进一步抹杀。所以亨利认为法国的大学在过去三十年中,"新的教师和他们的学生一样没文化……他们所有人停止了智识上的努力和化育自己的理想"④。当然没文化不是指的没知识,而是对大学功能和理想的遗忘,对生命发展与自我实现的漠不关心。这样,生命就被大学教育所忽视,在大学教育中萎缩。

3. 哲学对真正生命的遗忘

如果说生命在传媒和大学教育中被压抑代表着群体性的思想文化的衰落,生命在哲学领域的死亡则是人们反思和批判非人化的思想文化的可能性与能力的消失。因为"哲学不是生命但却是生命的结果。在其中生命的主体性被其自身所陶醉,并将自身体验为绝对"⑤。哲学作为一种真正关注生命的学问,是对生命的喜乐与痛苦的关怀与阐发,也是对生命

---

① Michel Henry, *Barbarism*, Trans by Scott Davidson, London and New York: Continuum, 2012, pp. 120 - 121.

② Ibid, p. 121.

③④ Ibid, p. 123.

⑤ Ibid, p. 130.

作为知识、规则和思想的显现条件的自我认识。假如哲学都认识不到这一点,反而陷入非生命的思想之中时,哲学也就导致了生命的"消失"。哲学对真正生命的遗忘表现为三种形式。

第一,哲学在自然领域中被驱除,被当做科学的附庸。亨利认为,在当代资本主义社会中,"哲学被还原为作为唯一有效的科学知识的反思。哲学变成了知识论。又或者,假如科学变成了对科学自身本真的反思的话,那么哲学就纯粹是科学史。"[①]在这个过程中,哲学为了获得自己存在的合法性,就不得不时常宣称自己的科学性。导致这一结果的原因是"通过让主体性不再起作用,伽利略规划拿走了哲学的专有对象"[②]。伽利略计划是亨利继承胡塞尔和海德格尔对当代科学技术视域的描述,即通过将主体及其存在排除在外,用统一的数学化的方式描述自然的规划。在自然领域,没有了自己研究对象的哲学也就不能再让生命扮演先验条件的角色,哲学就变成了科学的一个总结者。作为科学之科学的哲学失去了先验性,就变成了经验性的学科。作为不关注主体性的科学史或知识论,是对生命的有意排除,是让生命在哲学领域中消失。

第二,主体性领域的哲学被科学化,变成了心理学。"对先验生命的教条性否定不仅败坏了哲学,而且因为它获益于新的学科:实证主义和科学心理学,从而消灭了哲学。"[③]这里灭亡的是真正的哲学,而心理学却仍然作为一种"主体性哲学"而存在。实证主义从行为主义心理学中将人的心理变成外在的客观的行为,科学心理学将主体生命当做可以通过科学实验、记录和调查得以把握的心理现象。它们是伽利略计划的一部分,让生命自身也成为"客观的心理知识"。与此类似的,另外一种对人的心理进行描述的精神分析"是一种杂交的心理学——一半主观一半客观——仅仅由于它的混淆,它试图用一种经验性的概念(与父亲、肛门性欲等)扮演先验的角色"[④]。心理分析由于不知道真正生命的自我运动和先验条件作用,只是试图用看似先验性的概念去解释经验现象,仍

---

① ② ③ Michel Henry, *Barbarism*, Trans by Scott Davidson, London and New York: Continuum, 2012, p. 130.
④ Ibid, p. 132.

然在客观或外在于生命自身体验的范围内讨论问题。实证主义、科学心理学和精神分析遗忘了真正的生命，让经验性或科学性的研究方法抢占了话语权。这三种"主观哲学"代表了哲学在主观领域对先验生命的遗忘。

第三，作为继承了先验哲学的现象学，也存在着遗忘真正的生命，造成生命被歪曲描述的风险。亨利认为现象学为了让事物得以显现，必须让其在某一个视域得以显现。而以胡塞尔、海德格尔为代表的现象学家总是用时间作为事物显现的视域。"正是时间的三一维度视域塑造了世界的可见性和世界的真理。在这个视域背景的衬托下，每件事物作为时间性之物，对我们来说成为可见的。"①但生命只是自身对自身的感受，不是以时间河流或变化的方式去观察一种外在和反思性的观察：绽出（ek-stasis）。"在绽出的时间中，向我们走来之物总是外在于我们的位置。"②这就造成了生命的观察者和体验者之间的间距，"现象学间距使事情本身和其显现之间总是无法完全等同，因而经典现象学家并没有实现现象学面向本身的目标。"③时间"将每一个事物抛向自身之外并将它从其自身中剥离出来，使其陷入虚无之中"④。时间让事物的显现本质与伽利略计划中让一切事物以数学的方式显现出来是一样的。"假如每一事物都以这种方式向我们呈现出来……在各方面就不会再有现实存在，而只有死亡。"⑤因此以现象学为代表的对先验哲学进行继承的哲学，对生命的描述仍然是不真实的，只是描述了理论构建中的生命。它们仍然忽视了真实的生命，使得生命中的思想消失了。

① Michel Henry，*I am the Truth* ——*Toward a Philosophy of Christianity*，Trans by Susan Emanuel，Stanford：Stanford University Press，2003，p. 18.
② Michel Henry，*Material Phenomenology*，Trans by Scott Davidson，New York：Fordham University Press，2008，p. 40.
③ 孙伟：《论米歇尔·亨利的现象学间距》，《国外社会科学前沿》2019 年第 8 期。
④ Michel Henry，*I am the Truth* ——*Toward a Philosophy of Christianity*，Trans by Susan Emanuel，Stanford：Stanford University Press，p. 19.
⑤ Ibid，p. 20.

三、亨利对资本主义中生命现象学批判的贡献与缺陷

亨利从生命现象学的角度对资本主义中的生命的批判，在方法上体现了现象学与马克思主义理论的创新性结合，在内容上也从经济、政治和文化多个角度推进了对资本主义批判的广度和力度，具有重要贡献。但由于他过分强调自由市场经济阶段的资本主义批判，对资本主义的历史性认知和改造方法存在不足。

（一）贡献：新的方法运用与新的批判视角

其一，方法上的创新。亨利对资本主义的批判始终从现象学的生命角度出发，但他又将生命与马克思对资本主义批判时使用的概念结合起来①。这表现为以下几点。第一，在揭示生命内涵的时候，他将生命与劳动力、活劳动等同起来，所以生命自身的主体性、创造力和个体性都被转移到了劳动力概念之中。这也让他能够将马克思主义对资本主义的批判嫁接过来。第二，认为马克思在西方思想家中"是唯一一个探讨将经济事实的世界以一种彻底的方式回到其根源的思想家"②，从而将劳动力或生命当做他与马克思分析资本主义经济、政治和文化的共同基础，并将生命和劳动力当做唯一的现实。第三，在阐释生命被经济过程所掩盖和压抑时，他采用了马克思在《1844年经济学哲学手稿》中对人的异化进行的规定：外在化。马克思指出，"劳动对工人来说是外在的东西，也就是说不属于他的本质"③，而亨利则将这种外在化进一步阐释为经济过程对劳动的替代和压抑：生命不仅外在于劳动的过程，而且外在于整个资本主义经济过程。第四，从现象学生命的角度将马克思前后期的理论很好地结

---

① 不仅这里列举的几个概念，亨利在《马克思：一个人类现实的哲学》中对马克思的实践、阶级等核心概念都进行了生命化的解释，并且称自己是一个真正的马克思主义者。
② Michel Henry, *From Communism to Capitalism：Theory of Catastrophe*, Trans by Scott Davidson, London and New York：Bloomsbury, 2014, p. 13.
③ 马克思：《1844年经济学哲学手稿》，北京：人民出版社2018年版，第50页。

合成了一个整体。他认为马克思前期人本主义的异化理论与成熟期的历史唯物主义都奠基于生命之中,都是对生命在资本主义中如何被压抑、忽视、剥削的探讨。由于将生命的发展和自我实现当成生命的真实形式,也将马克思对共产主义中人的自由自觉劳动的向往当成了前后期共同的主题。第五,他这种将现象学与马克思主义结合的方法,继承了马尔库塞、萨特和梅洛-庞蒂开启但又逐渐被忽视的现象学马克思主义传统,并通过对现象学的生命化阐释,为进一步研究马克思主义提供了新视角。

其二,拓展了对资本主义批判的领域,主要表现为对资本主义的当代新特征和未来可能趋势的展望。首先,亨利对资本主义当代新特征的描述主要体现为五点。第一,将当代经济过程中的自动化越来越高的特征纳入生命批判理论之中。第二,以生命哲学的方式,将资本主义当代民主政治的虚伪面纱揭了下来。第三,将传媒当做生命内部结构的变化的重要力量,将法兰克福学派对资本主义文化工业的批判推向前进。第四,创造性地将资本主义大学教学的技术化、行政化和去生命化特征揭示了出来。第五,将当代哲学的科学化、去主体化、去先验性和对真正生命的忽视的特征进行了很好的总结。其次,预测自由资本主义在未来难以应对极端的自动化社会中的分配与消费问题。一方面,这表明劳动者在资本主义的未来前景比较悲观,甚至可能出现一定程度的历史倒退。另一方面,这也反映了当代新自由主义不能真正找到反对福利国家的既得成就的理由,也不能真正面对即将到来的人工智能社会对生产资料私有制基础的挑战。

(二) 缺陷:批判领域与改造方法的不足

其一,对经济领域的批判集中在自由市场经济。亨利在对资本主义经济的未来趋势进行批判时,认为它最终会生产大量产品却又无法消售,大量的无产者极度贫困甚至面临生物意义上的死亡。虽然这种状况在当下已有征兆,但资本主义国家仍然推行了一系列的福利政策来克服自由市场经济的缺陷。福利政策是对自由市场一定程度的修正:"有目的地运用民主国家的权力以规范和修正经济和政治力量的自发作用。"①尽管他对思想领域的批判已经涉及当代福利国家的行政干预特征,但由于在经济领域中没有涉及这个问题,他不能综合更多的因素去分析福利政策是否能够真正消除自由市场经济的矛盾,因此他的理论解释范围是受限制的。只有在经济领域证明人们"对福利国家及其未来的那种无可置疑的信心现在都已迅速消失"②,才能弥补这个缺陷。

其二,改造资本主义的方法不足。在批判的最后,亨利认为资本主义的出路在于社会主义,并且"社会主义作为一种历史形式已经内在于资本主义的生产与主体性之间的矛盾中"③。但如何让资本主义社会进入社会主义社会呢? 亨利除了对马克思在19世纪提出的革命理论进行重新阐释而外,并没能提出新时代资本主义社会向社会主义社会转变的可能性与方法。随着东欧剧变和苏联解体的发生,亨利对旧的社会主义模式的去生命化特征也有所觉察,希望通过对马克思真正关怀生命的思想、政治和经济的理论的阐释和推广,让人们意识到什么是真正的社会主义。不过由于具体的建设性的方法不足,他只能悲观地认为当前的资本主义只能在抽象和压抑的道路上继续前行。

---

① 鲍尔、贝拉米主编:《剑桥二十世纪政治思想史》,任军锋,徐卫翔译,北京:商务印书馆2016年版,第11页。

② 克劳斯·奥菲:《福利国家的矛盾》,郭忠华译,长春:吉林人民出版社2011年版,第1页。

③ Michel Henry, *Marx—A Philosophy of Human Reality*, Trans by Tom Rockmore, Stanford: Stanford University Press, p. 306.

重思情感异化：微观生活视角

周春林　李　振①
（同济大学马克思主义学院）

　　异化概念的再次兴起揭示了资本主义在当代的新变化，不同于马克思植根于生产和劳动过程的主客统一的全面社会异化，当代西方学者将焦点瞄准心理的和情感的主观异化，这种强烈的疏离感不仅导致社会行动者陷入行动的危机，而且使人们的行动变得没有意义，阐释性劳动被迫陷入思想的围城。从微观生活视角重思情感异化，既是对当代情感问题的诊断作出一种事后的智性反思，也是通过挖掘情感异化的深层运行机制以激活社会行动者的情感能力的一种探索，更是将马克思思想与当代社会问题相连接的一种积极尝试。

　　随着生产资本和金融资本在全球范围内的扩张和积累，当代资本主义远比马克思时代的资本化程度要高得多，异化在日益泛化的同时也变得更加深入骨髓，这种泛化本身就是一种深化。"如今，许多工人疏远了自己的社会生活。对他们来说，社交只是工作的注脚，而不是平等和独立的价值来源。工作已成为许多人生活的主要特征，社会兴趣和活动充其量只能处于次要地位。结果，个人与他们的亲密关系以及作为一个

① 周春林（1993—），同济大学马克思主义学院博士研究生，主要研究方向为马克思主义生活批判研究；李振，同济大学人的发展研究中心主任、马克思主义学院教授、博士生导师，上海市习近平新时代中国特色社会主义思想和高校伟大建党精神研究中心研究员，全国经济哲学研究会副秘书长。本文为2023年上海市哲学社会科学规划"研究阐释党的二十大精神"专项课题："作为'文明方法论'的中国式现代化研究"（项目编号：2023VZH009）；2018年国家社科基金项目：中国特色哲学社会科学话语体系创新研究（项目编号：17BKS1153）。

整体的社会生活脱节。这使得许多人过着缺乏意义的单一生活,以工作为导向,而忽略了其他重要的价值来源。"①作为一种普遍流行的感觉和情绪,异化简单而直接地切中了当代社会生活的基本特征,对情感异化的考察是从微观层面透视 21 世纪资本主义新变化和新发展的新视阈。

情感异化主要是指人们未能与他们真正渴望和在乎的人或物建立起健康而有效的亲密关系,由此陷入情感压抑的失衡状态。在资本主义数字化、金融化与全球化的过程中,情感发生了一场拓扑式转变:它不再是能够用信任换来信任和用爱换来爱的社会要素,而是蜕变为婚恋市场上可交易和数字化的情感商品;情感不仅能够作为具体的和固定的实体而存在,而且能够被分离、观察、操纵和控制,用以实现资产的增加和阶层身份的跨越。情感的理性化使得原本具有特殊性的亲密关系被"通约"为去人格化的、具有一系列抽象标准的泛在性关系。在当代经济社会学家薇薇安娜·泽利泽(Viviana A. Zelizer)看来,经济与社会并非两个相互侵蚀和玷污的"敌对世界",而是能够相互融合、彼此促进的复杂生活关系,情感世界并没有因为金钱的加入而被彻底地腐化,恰恰相反,货币能够有效地购买和巩固亲密关系。但从社会批判的角度来看,伊娃·易洛思(Eva Illouz)认为"情感资本主义"操纵情感理性、压抑本真情感、促使自我真空,因为情感在货币化的同时也能够被资本化,正是情感的赋能推动了亲密关系的资本化转型,21 世纪的当代人正在遭遇自我意识过剩而亲密关系冷却的危机,也就是说,共在感的丧失使得情感人陷入智性的孤独困境。韩剧《鱿鱼游戏》极端化地呈现了情感异化的场景,一群沦为赤裸生命的负债者和破产者在展开鱿鱼游戏过程中身体自然分泌的紧张、焦虑、恐惧和痛苦,被转化为观看他们生存斗争的富人眼中的一种刺激精神的情绪商品,人们被迫陷入被冷漠萦绕的囚笼。

一、主观异化:作为一种情感的异化

作为马克思思想的遗产尤其是青年马克思资本批判的一个重要主

---

① Chris Bousquet, "Work and Social Alienation", in *Philosophical Studies* 180,2023,pp. 133 – 158.

题,异化常常与被剥夺的生产和劳动紧密结合在一起,核心聚焦于由资本主义制度下劳动异化和生产异化而导致的劳动者与其所处社会生活世界之间的一种疏离感,这是一种主客统一的异化观,它既直指市民社会的物质生活状况,也包含市民社会的精神生活形态。20 世纪 80 年代以来的政治动荡①使得马克思主义陷入思想的危机,异化概念逐渐从经典领域退缩至模糊化的边缘地带,尽管社会批判领域仍然有异化的位置,但它早已不再处于批判的中心。"要重建一个垂死的概念,光是掸掉灰尘让其重新运转是不够的:新的应用需要新的表述。然而,我们不应该就此抛弃经典的洞见,它洞察了这个主题的深度和动态。"②在这种语境下,当代西方学者尤其是以拉埃尔·耶吉(Rahel Jaeggi)和哈特穆特·罗萨(Hartmut Rosa)为代表的第四代法兰克福学派提出的"新异化"概念,既是理解当代资本主义新变化的一面镜子,也是重建经典与现当代进行对话的一个通道,更是深化和扩展 21 世纪马克思主义的一个着力点。

在当代西方学者的现代性视野中,异化常常与剥夺权力、无意义、自我疏远、不正常和孤立等社会心理形式密切相关,尽管异化依然聚焦于人与世界的关系并且具有鲜明的现实性色彩,但它早已不再局限于资本与劳动斗争的生产场域,而是更多地偏向主观的、心理的和精神的异化,并且这种异化"披上了自由、自我实现和自我完善的外衣"③。耶吉将新异化诊断为一种反本质主义的"无关系的关系",即人与世界的缺乏关系,由于这个世界的运行已经超出人们所能掌控的能力和范围,他们不能把他们所建构的世界把握为自己的世界,不论在工作时间,还是生活时间,他们总是感觉不自在。人们陷入一种普遍不稳定的状态,他们能够深刻地体验并表现出沮丧、削减与受限的可能性,除了自己再无任何可能的事业,共同世界的丧失"造成了通往自私的'肘部社会'的原子化"④。这是一种

---

① 这里主要指苏联解体、中国建立市场经济体制、朝鲜陷入贫困。
② Daniel Silver. "Alienation in a Four Factor World", in *Journal for the Theory of Social Behaviour*, 2019, vol. 49 (1), pp. 84–105.
③ 韩炳哲:《他者的消失》,吴琼译,北京:中信出版社 2019 年版,第 57 页。
④ 拉埃尔·耶吉:《世界与人》,郑朗译,北京:北京师范大学出版社 2023 年版,第 119 页。

存在论意义上彻底的不安：家园仍在，但是却被不在家的感觉所充斥。"'在家'的感觉包含着熟悉感、亲切感、温暖感、可靠感、安全感、信任感、放松感、安宁感、安逸感、自在感、温情感……"，它是情感世界的基础和核心，"'不在家'并不意味着人没有住所，没有家庭成员，而是人内心世界中一种失落了与天然日常生活世界的自在联系、无家可归、流浪漂泊的体验。这种'不在家'的感觉会导致意义世界和情感世界的衰落，导致日常生活的灾变，使人无所依托，缺少安身立命的支柱，处于孤寂、孤独的状态之中"①。无世界性和无自身性在本质上是一种极权统治下的"遗弃"状态，痛苦不再是一无所有者的专利，而是逐渐扩展为人与社会空间关系的一个基本特征。

这种自主性的丧失被罗萨把握为"共鸣"的隐退，以此为参照，异化被他重新界定为社会加速所导致的社会生活世界在时间结构上的断裂，人们无法专心去做自己真正想做的事情，他们"自愿"去做那些他们并不是真正想去做的事情，自我被掏空了，在时空匮乏的环境中，他被严重削弱了生产力和创造力，甚至在更深刻的层面上，他不再有条件去成为他可能成为的那种人。在这种系统状况下，不论是工作，还是家庭、情谊、爱的共识都开始松动了，"到了晚期现代，有一种趋势是，一个家庭的生命循环，可能比一个人的生命阶段还要短"②。在罗萨这里，技术的自反性与资本的自反性具有一致性，本来致力于释放自由空间的技术加速，反而招致了时间的浪费，人们的生命时间被强烈地削减为当下。如果人们想要维持过去的生活方式，那么他们就需要付出更多的劳动，去承受更多的异化。共鸣的丧失使得每个人都活在智性的孤独的煎熬之下，社会行动者遭遇着痛苦却并不知道自己将要承受怎样的代价。

耶吉和罗萨的社会异化理论的共性在于他们都看到了人与世界亲密关系的缺失，社会亲近性与物理邻近性的脱节使我们活在一个"熟悉的陌生人"社会：那些每天与我们打照面的人没有与我们建立起深度关联，而

---

① 参见衣俊卿：《现代化与日常生活批判——人自身现代化的文化透视》，北京：人民出版社 2005 年版，第 84—86 页。
② 哈特穆特·罗萨：《新异化的诞生：社会加速批判理论大纲》，郑作彧译，上海：上海人民出版社 2018 年版，第 19 页。

那些与我们有着亲密关系的人很可能在物理距离方面相距甚远。人们宁愿在数字化网络被虚拟—现实的情感过剩所炙烤，也不愿意在现实世界中表露出最真实的情感。这种"世俗的不经意"与冷漠不同，"它展示的，是对可被称之为礼貌的疏远的刻意控制"①。他们的不同在于异化的后果，"世界变得异化，在这个意义上意味着无法行动。世界不再是人以行动的方式加以指涉的塑造空间。人与人便没有了共同的'操心'对象，也无法再保证彼此是不同的"②。耶吉尤为关注由于人们未能积极适应世界而招致的行动危机，而罗萨则更多的是忧虑异化所带来的危险，即异化在某种意义上使得行动变得没有意义。

总的来说，新异化切中了当代资本主义的新变化，如果说马克思的异化概念着重于揭示发生在资本主义上升时期的物质与身体之间的对抗性，那么当代左翼的异化概念更加侧重于凸显可能与现实之间的对抗性，异化不仅营造出一种无能为力的感觉，而且把人们仅剩的情感也变得微不足道。因此，"我们主张将异化视为无未来性。一段时间以来，可以说无未来性已经在空气中弥漫开来"③，而这种无未来性必然表现为新异化创造和生产出来的被阻塞、削减与收缩的可能性。

二、客观异化：资本生产与再生产的情感理性

耶吉异化理论的精彩之处在于其符合并贴近大众的精神生活，人们在大多数时候并不在意资本主义究竟在何种意义上制造了异化，他们在乎的是如何过好自己的日子，如何在加速变迁的社会生活过程中做到不糊弄自己。"在耶吉的类比中，一个角色就像一个剧本。我可以自动阅读一个脚本，永远不会偏离它，但随后我将忽略这样一个事实，即必须对所有的脚本进行解释，才能作为脚本运行。如果我拒绝解释，电影就不能制

---

① 安东尼·吉登斯：《现代性的后果》，田禾译，南京：译林出版社 2011 年版，第 71 页。
② 拉埃尔·耶吉：《世界与人》，郑朗译，北京：北京师范大学出版社 2023 年版，第 135 页。
③ Tad Skotnicki and Kelly Nielsen，"Toward a Theory of Alienation：Futurelessness in Financial Capitalism"，in *Theory and Society*，2021，*vol.* 50(6)，pp.837－865.

作,剧本也无法实现。同样地,如果我不适合我的角色——如果我不解释它——我将无法令人信服地扮演这个角色。如果我机械地扮演父亲的角色,我的孩子将会困惑,并且很有可能生气,如此我就是一个失败的父亲。我必须解释和适应这个角色。在这样做的过程中,我改变了自己以适应角色,并改变了角色以适应我的特殊情况。如果这是正确的,那么即便不预设一个本真的、透明的自我,那么我依然会异化。我们的异化是一个功能性悖论:没有恰当地占有一个角色,就在矛盾地扮演角色本身的功能。"①但是,这又使得她的异化理论无力将异化的情感生活与资本现代性社会紧密结合起来,情感异化不再是资本主义的历史特殊性与结构性特征,而是泛化为一切社会都存在的潜在危险。

这种隔靴搔痒式的批判和马克思走的是相反的路径,马克思总是尽量把复杂的问题用一条最根本的线索凸显出来。诚然,异化在前资本主义时代同样现实地存在着,甚至社会主义国家也存在疏离的情况,但这并不意味着我们要放弃现代资本主义社会中异化的特殊性,倘若没有资本的力量,我们可能会进入另一种生活。对可能生活的向往引导着我们重返异化的社会面向,尤其是情感异化的深层运行机制,追问究竟是什么造就了社会行动者的情感麻木?"作为第一步,社会异化指的是一种安排,即一个人的社会生活只是事后的思考,而他的工作是他生活的默认活动。"②如果我们把资本主义理解为一个有机变迁的经济社会系统,那么异化则是这一系统的基本表征。

马克思在《1844 年经济学哲学手稿》中采用渐进抽象法推演出资本主义生产条件下工业无产阶级的四重异化:首先,以旧时代的小生产者为参照,指出由于资本与土地的分离以及在此基础上资本与劳动的分离,小生产者因负债而沦为新晋无产者,他与他创造的劳动产品不再是感性的直接占有关系,而是一个异己的对象关系。其次,工人之所以与自己活动的产品相对立,根源于劳动过程本身的异化和外化,无产者进行的是非自愿的、被迫的

---

① Justin Evans, "Rahel Jaeggi's Theory of Alienation", in *History of the Human Sciences*, 2022, vol. 35(2), pp. 126 - 143.

② Chris Bousquet, "Work and Social Alienation", in *Philosophical Studies* 180, 2023, pp. 133 - 158.

强制劳动,产品不过是物化的劳动力的凝结,"劳动的异己性完全表现在:只要肉体的强制或其他强制一停止,人们就会像逃避瘟疫那样逃避劳动"①。再次,当工人的感性活动钝化为维持肉体生存的手段,工人也就无法在他能动的生产生活中识别自身,从而人类相对于动植物的自由意识不再具有确证人的类生活的独特性,这使他同他的精神本质和人的类本质相异化。最后,当人不能保有自己的主体意识,他必然同他人相异化,因为人是社会关系的存在,"人对自身的任何关系,只有通过人对他人的关系才得到实现和表现"②。因此,生活共同体的瓦解就必然导致一切人对一切人的斗争。

然而,马克思第二个结论的说服力显然是不够的,它无法从第一个结论直接论证出来。在马克思和恩格斯那里,资本世界中的每一个人都是异化的牺牲品,其中就包含有产者,但是那些和无产者从事同一劳动、拿着等额薪资的有产阶级(有产者或有产者的家庭成员),他们在劳动过程中会有深刻的异化感吗?恰恰相反,他们不仅不会在刻板工作中感到不幸,反而通过此种社交关系来避免成为他人眼中的另类尤其是规避沦为赤裸生命的命运。因为这份工资并非他们收入的主要来源,显然这点工资根本不足以支撑他们的消费生活,对他们来说,工作只是维系他们亲密社交的一个平台,人们普遍认为一个没有亲密的社交关系的人生是有缺陷的。不仅如此,那些生活在发达国家中的工人阶级和生活在后发国家中的工人阶级对异化的理解和克服异化的认识也是完全不同的。人们并非想要完全不工作,而是尽可能地少工作。如此,要想第二个结论能够站得住脚,那就必须上升到社会再生产的高度。此时的马克思还没有完全走出形而上学的牢笼,这个问题也就留待《资本论》去解决了。

情感异化是生产资本的结果,更是资本再生产的前提。在亚当·斯密看来,自由市场的好处在于人们一旦获得舒适的社会地位,就不会继续勤奋地渴望追求更多的财富和更显著的优势地位,因为这不仅是没有意义的,甚至是病态的。斯密的《国富论》以《道德情操论》为前提,后者的核

---

① 《马克思恩格斯文集》第 1 卷,北京:人民出版社 2009 年版,第 163 页。
② 同上书,第 164 页。

心思想就在于人类有着同情和怜悯的天性,他们能够感知他人的不幸和痛苦,幸福生活源于被爱的意识,正是爱的欲望和同情的天性引领着社会增长和进步。但是,欲望越是强烈,就越是容易疲劳和倦怠。"我们夸耀自己的财富而隐瞒自己的贫穷,是因为人们倾向于共情我们的快乐而不是悲伤。我们不得不在公众面前暴露出自己的贫穷,并感到我们的处境虽然在公众面前暴露无疑,但是我们受到的痛苦却很少得到人们的同情。对我们来说,再也没有什么比这更为耻辱了。"①不论是爱、信任还是同情都是脆弱的,由于无产者人数众多、认知有限并长期处于弱势地位而难以得到处境上的根本改善,善良的旁观者很容易"同情疲劳",因此他们常常会选择有礼貌地无视他们所正在遭受的苦难。只有垄断痛苦、把愤怒的无产阶级改造为趋利避害的生活机器,才能确保不断地再生产出资本主义生产过程所需要的当事人,即资本家和雇佣劳动者,因此作为资本主义占有世界的一个重要方面,情感的异化和迟钝是实现资本再生产的必要条件。正如马克思在《资本论》中所指出的那样,一旦资本主义进入黄金成熟期,光是依靠暴力国家机器是不够的,必须经过经济和社会的无声同意。马克思的"纯粹资本主义(pure capitalism)"②模型是把资本经济权力指认为玷污社会世界的祸害根源:一方面,资本的直接生产过程就是资本的劳动过程和价值增殖过程;另一方面,资本主义又是一个积累或规模扩大的再生产过程,"积累,剩余价值转化为资本,按其实际内容来说,就是

---

① 亚当·斯密:《道德情操论》,蒋自强等译,北京:商务印书馆 2020 年版,第 60 页。

② 马克思的经济发展理论采用的是一种"纯粹资本主义"的分析方法,这个术语表达的是马克思借助简化的条件和假设来揭示理想主义形式下资本主义生产的发展规律,比较典型的表现就是马克思把现实社会中的阶级极化为资产阶级与无产阶级,正因为此,20 世纪中产阶级的崛起也使得马克思的这一理论模型饱受批评与争议。大卫·格雷伯曾指出:"马克思十分明白,在他那个年代的伦敦,擦鞋童、妓女、管家、士兵、小贩、烟囱打扫工、卖花女、街头音乐家、罪犯、保姆和马车司机远比工厂工人要多。他从来没有说,他的模型就是世界的真实模样。"引自大卫·格雷伯:《债:5000 年债务史》,孙碳、董子云译,北京:中信出版社 2021 年版,第 367 页。"不过马克思本人从未使用过这一术语,亨利克·格罗斯曼(Henryk Grossman)在他的《累积论》(Das Akkumulations)中的《资本主义制度的积累和崩溃定律》(und Zusammenbruchsgesetz des kapitalistischen Systems["The Law of Accumulation and Collapse of the Capitalist System"])(莱比锡,1929 年版)(Leipzig, 1929)章节中第一次使用了这个词"。引自 Abram L. Harris, "Pure Capitalism and the Disappearance of the Middle Class", in *Journal of Political Economy*, 1939, vol, 47(3), pp. 328 - 356.

规模扩大的再生产过程,而不论这种扩大是从外延方面表现为在旧工厂之外添设新工厂,还是从内涵方面表现为扩充原有的生产规模"①。但是,要再生产出资本主义生产方式所需要的劳动主体不能通过直接的生产过程而实现,必须经过社会生活的再生产才能得以实现,因此资本逻辑的必然性就表现为用生产吃掉生活,把商人、工厂主尤其是更多的小生产者转化为负债者,逼迫他们自主地参与超额劳动的游戏过程,从而不断地再生产出维持资本活性的生产关系,最终构造出资本主义的物质生活、社会生活和精神生活高度统一的生活世界结构。

资本逻辑的内在稳定性在 21 世纪最为突出的一个表现就是情感的理性化将原本处在符号界和想象界的抽象情绪和感觉具化为实在界的商品,家庭作为保护个人身体和精神独特性的最后一道壁垒也被攻破了,爱情、性和婚姻变成了可以用金钱和权力得以占有的攻略对象,以爱换爱、用信任交付信任的精神生命僵化为社会行动者权衡利弊后的情感理性。情感的理性化催生出一种"情感本体论",如同易洛思的考察,"情感是具体的离散性的实体存在,它们以某种方式被锁定在自我之中。它们也可以被转化为文本,作为固定的实体而被人理解,并与自我分离,被观察、操纵和掌控"②。情感不再是外在于社会关系理性化的幽灵,而是包裹着资本主义精神的礼物在数字化网络世界肆意流转,时刻拨弄着情爱的烈火。就此而言,婚恋市场、虚拟恋人和元宇宙的流行完全是符合情感资本主义的理性预期的,它的运行机制非常简单,就是通过最大化地刺激人们对亲密关系的欲望来收割人们的情感过剩,因此它绝不可能解决人们的情感匮乏和空虚,因为对痛苦的垄断本身就是一种剥夺,剥夺人们感知真实世界的情感能力。这也是最为残忍的一种剥夺,如果被削减为肉体的无产阶级连感知痛苦的能力都丧失了,那么他们势必裸化为无关紧要的透明生命,降格为娱乐他人的情绪商品。正如我们所知道的那样,为资产阶级创造情绪价值本身并没有什么创造力和生产力,因为资本文明以榨取雇

---

①《马克思恩格斯文集》第 6 卷,北京:人民出版社 2009 年版,第 355 页。
② 伊娃·易洛思:《冷亲密》,汪丽译,长沙:湖南人民出版社 2023 年版,第 49 页。

佣工人的血汗为动力机制,从来就不存在剥离资本生产力的社会工人。不同于机器生产世界的日新月异,日常生活世界是一个以习惯为核心构成且充满了日常惰性的基本场域,也就是说,情感、婚姻和家庭不仅是最不具有自反性的非资本主义领域,而且是反资本主义的重要阵地。情感本不是商品,而一旦情感也堕化为资本的领地,这就意味着资本逻辑具备了全面策反生活逻辑的能力,不论是物的世界,还是人的世界,都流淌着资本的血液。从此,一切可能都变得不再可能了,即便资本主义已经陷入生产力发展停滞的现代晚期,那它也是最为强大的生命晚期,尽管它千疮百孔,却完全可以"病而不死"。

三、智慧赋能:治疗情感异化的一种方式

易洛思的诊断没有什么问题,她的理论不仅切中了当代情感生活的新异化,而且这种分析也符合马克思的极化分析方法,是对马克思异化理论和资本批判在微观生活领域的一种延伸和扩展,问题是这样做势必会让阐释性劳动陷入思想的围城,最终只能诉诸想象的力量。马克思在《资本论》中指出:"如果我们设想一个社会不是资本主义社会,而是共产主义社会,那么首先,货币资本会完全消失,因而,货币资本所引起的交易上的伪装也会消失……在资本主义社会,社会的理智总是事后才起作用,因此可能并且必然会不断发生巨大的紊乱。"①也就是说,这种"纯粹资本主义"的理论模型所揭示的是一个最终为资本主义所全面覆盖和遮蔽的世界,资本主义俨然一座密不透风的铁笼,而我们只能被动地对这个世界的变化作出反应。这显然不是我们想要的结果,我们究竟是生活在一个资本主义统摄一切的系统世界,还是一个由资本主义占据主导地位的生活世界,这两者不仅是程度上的区别,还有质性的差异,前者是资本逻辑的必然展开趋势,而后者才是人类正在经历的现实生活过程。马克思在《资本论》第一版序言中曾指出,"问题本身并不在于资本主义生产的自然规律

---

① 《马克思恩格斯文集》第 6 卷,北京:人民出版社 2009 年版,第 349 页。

所引起的社会对抗的发展程度的高低。问题在于这些规律本身,在于这些以铁的必然性发生作用并且正在实现的趋势。工业较发达的国家向工业较不发达的国家所显示的,只是后者未来的景象。"①事实上,马克思所致力于的"纯粹生活"在历史上从未现实地存在过,一个纯粹的资本主义社会也从未真实地发生,他的"纯粹资本主义"模型更重要的目的在于揭示人们要为资本主义的发展所要付出的社会生活代价,从而唤醒无产阶级作为生活世界主体的能动性力量。

　　站在马克思主义的立场上,重要的不仅仅是澄清问题,还必须揭示出改变现状的可能空间,因此我们还必须探索克服异化的方式,而这正是社会批判理论所要实现的"智慧赋能",即用我们通过认识、揭露和批判而获得的智慧来治疗情感异化和矫正情感过剩的后遗症。我们通常会认为,阶级革命是马克思和恩格斯为解决社会异化所作出的基本方案,但这显然过于固化马克思和恩格斯革命导师的角色了,革命是要流血牺牲的,他们的确主张阶级斗争具有优先性,却没有主张革命第一性,因为革命在任何时候都一定是迫不得已的选择,而具有转折性的社会革命往往是在社会的薄弱环节而必然发生的自然而然的断裂。恩格斯到了晚年写作《〈英国工人阶级状况〉1892 年英国版序言》时指出:"共产主义不是一种单纯的工人阶级的党派性学说,而是一种最终目的在于把连同资本家在内的整个社会从现存关系的狭小范围中解放出来的理论。这在抽象的意义上是正确的,然而在实践中在大多数情况下是无益的,甚至是有害的。只要有产阶级不但自己不感到有任何解放的需要,而且还全力反对工人阶级的自我解放,工人阶级就应当单独地准备和实现社会变革。"②暴力当然是一种生产力,但是跳出历史循环的革命性暴力往往需要等待合适的契机,当全人类的共同事业变成一种遥远的宏大历史叙事,工人阶级的现实生活利益就必须另寻出路。就此而言,社会批判理论需要承担的使命不能继续停滞于法兰克福学派只破不立的一贯做派,它必须做得更多,要在给社

①《马克思恩格斯文集》第 5 卷,北京:人民出版社 2009 年版,第 8 页。
②《马克思恩格斯文集》第 1 卷,北京:人民出版社 2009 年版,第 370 页。

会行动者照镜子的过程中激活他们保持自我和重塑自我的力量,毕竟"自我本质上是认知的现象而不是情感的现象"①。

　　共产主义在本质上是把资本的转化为社会的,让属于人的复归于人。马克思在《资本论》第三卷中指出:"资本主义生产极度发展的这个结果,是资本再转化为生产者的财产所必需的过渡点,不过这种财产不再是各个相互分离的生产者的私有财产,而是联合起来的生产者的财产,即直接的社会财产。另一方面,这是再生产过程中所有那些直到今天还和资本所有权结合在一起的职能转化为联合起来的生产者的单纯职能,转化为社会职能的过渡点。"②如果资本没有积极进步的社会面向,它不可能一直存续至今。马克思对资本有一个基本认识,那就是资本不仅仅是物,其本质是一种剥削性的社会奴役关系。不论怎样,资本总要以物的价值形式来连接资本和劳动,那么这里就必然还有一个现实的积极空间:尽管作为资本的货币和作为货币的货币发挥的作用是截然不同的,甚至有时是对立的,但是两者依然能够相互融合并且营造出和谐的局面。虽然资本具有破坏性,但是市场和货币具有遮蔽其创伤和灾难的功能。"要想对社会生活做出令人满意的解释,就必须指出反映在社会生活上的各种现象是怎样互相协助,以使社会自身达到和谐并与外界保持和谐的。"③泽利泽在《亲密关系的购买》中指出,金钱和亲密关系并非一旦交汇就会发生冲突、混乱和败坏,"在各种各样的亲密关系中,人们都设法实现将金钱转移整合到更大的相互义务网络中,而不破坏其中的社会关系。金钱经常与亲密关系共存,甚至维系亲密关系"④。金钱至上、利益至上的美国人既没有因为社会的货币化而腐化和抛弃亲密关系,也没有为了捍卫情感世界的纯粹而远离金钱,亲密社会交易和货币交易经常是共存的和相互支撑的,亲密关系的购买意味着亲密关系只要具有足够强大的控制力就能反过来影响和组织经济生活的方式。这个观点非常接近于对大卫·格雷伯

──────────

① 米德:《心灵、自我与社会》,赵月瑟译,上海:上海译文出版社 2018 年版,第 196 页。

②《马克思恩格斯文集》第 7 卷,北京:人民出版社 2009 年版,第 495 页。

③ E. 迪尔凯姆:《社会学方法的准则》,狄玉明译,北京:商务印书馆 2017 年版,第 111 页。

④ 泽利泽:《亲密关系的购买》,陆兵哲译,上海:上海人民出版社 2022 年版,第 29 页。

(David Graeber)社会货币思考的当代性延伸,在格雷伯的债务史考察中,社会货币在人性经济中充当的首要职能并不是增加和囤积财富,它在"安排婚姻、确定孩子的生父、防止结下世仇、在葬礼上安慰送葬者、犯罪后寻求宽恕、谈判条件、赢得追随者"等情况下最初和最重要的职能在于"创造、摧毁、重新安排体系中人与人之间的关系",比如聘礼并不意指男性通过购买而获得了随意处置妻子的权利,而是用于承认男子欠下了用钱无法解决的债务,因为生命是无价的,女子是能够孕育新生命的生命,因此货币并不仅仅是生命的替代品,而是用以践行远比有金钱珍贵得多的价值来源。① 债不仅是一切经济生活的道德基础,而且是资本主义唯一的一种道德,马克思在《资本论》中花费大量篇幅论证了金融资本主义的信用根基,并非只要在货币量充足的情况下才能实现资本主义的流通和生产,事实上纸币在大多数时候都是不充分的,企业家和资本家通常会通过贷款的方式追加货币资本,而这无疑是一种以信用为前提的未来资本的冒险,因为债在本质上是信用制度和信用关系的产物。马克思基于此解决了一个"毫无意义的问题"——"资本主义生产按它现在的规模,没有信用制度(甚至只是从这个观点来看),只有金属流通,能否存在? 显然,不能存在"②。一切资本主义危机在根本上并非货币量的不足,而是信用的匮乏和失效,"信用制度固有的二重性质是:一方面,把资本主义生产的动力——用剥削他人劳动的办法来发财致富——发展成为最纯粹最巨大的赌博欺诈制度,并且使剥削社会财富的少数人的人数越来越减少;另一方面,造成转到一种新生产方式的过渡性质"③。

那么,构建亲密关系并非必须是需要留待社会革命以后的社会任务,情感自由不是社会自由的结构,恰恰相反,情感自由应该并且需要具备唤起社会自由的行动能力,换句话说,人们没有必要因为身陷世俗的囹圄就放弃爱的能力。在当代社会日益兴起的如火如荼的数字化亲密关系中,

<hr>

① 参见大卫·格雷伯:《债:5000年债务史》,孙碳、董子云译,北京:中信出版社2021年版,第143—150页。
②《马克思恩格斯文集》第6卷,北京:人民出版社2009年版,第383页。
③ 同上书,第500页。

虽然数字技术很好地保障了个人的隐私,但是这种情感欲望的膨胀由于脱离了身体的行动能力而必然追加和加剧他们更深的情感焦虑。"能拯救我们的,能维持共有的办法,是我们懂得调整;我们每个人都有个专业,这样就不会分裂,不会有太僵化的权威,每个人都是自己领域的主人,也负相应的责任。"①"世人皆苦,凡人有爱",结构的强大并不能吞没个体的情感,它只能被压抑和转移。情感异化是一个矛盾的命题:一方面,当劳动者被削减为肉体的存在,内在于他的情感被外化为束缚和囚禁他的经济权力,本真的情感撤退至与身体无涉的私密领域;另一方面,这种撤退并非单纯的情感过剩,而是情感的压抑和匮乏,它既是表达情感不自由的一种无声的愤怒,也是向往情感自由的有声的呼唤。因此,尽管情感能够被表达和书写为文本或其他形式的实体,它也只能暂时地离开感性的、现实的和具体的人,而不能彻底摆脱它的肉身载体。虽然现在的人工智能已经能够表达和书写曾经独属于人的情感,但是人们只会惊叹智能机器的精巧,而不会对其陶醉和痴迷,因为情感人的一个基本本能就是对情感共同体的追求,机器是冰冷的,它不能与人共情因而不能缓解和克服情感异化,最重要的是机器不能感知痛苦,正因为此,这几百年来人们才能充分地享受到 24 小时不间断地剥削和奴役机器所带来的自由空间。归根结底,人与机器不是同类,人工智能会在外形和思想方面无限地趋近人,这却绝不意味着它能够上升到与人同类的高度。类不仅是社会人的根本属性,也是情感人的价值归依;类也不仅仅是一种属性的划分和共性的高度凝结,在社会层面上它具有激活社会行动者相互团结、信任和爱的力量,而这很有可能成为反哺社会自由的力量。

此外还需强调的是,我们要求的智慧赋能不同于精神分析式的"疗愈性现在主义(therapeutic nowism)"②。精神分析和心理咨询虽然能够看

---

① 皮埃尔·布尔迪厄:《实践理论大纲》,高振华、李思宇译,北京:中国人民大学出版社 2017 年版,第 157 页。
② 也可直译为"治疗性现在主义"或"治疗性当下主义",结合精神分析、心理咨询以及瑜伽和禅坐等修行方式的特点翻译为"疗愈性现在主义"似乎更为贴切。原文参见 Tad Skotnicki and Kelly Nielsen. "Toward a Theory of Alienation: Futurelessness in Financial Capitalism", in *Theory and Society*, 2021, vol. 50(6), pp. 837-865.

到问题,但是它的疗愈作用是有限的,由于它只能缝合创伤,不能消灭痛苦,因此面对长期难以根本改善的社会境遇,被掏空为躯壳的无产者常常会陷入自我真空的威胁,他们重拾自我的精神疗愈方式是锻炼反复咀嚼痛苦的能力,直到健康地接受,或者否认未来,通过撤退至私密领域展开浪漫主义的遐想,逃避现实生活提出的社会化期望和要求。显然,这种疗愈性现在主义是一种故意的努力,是埃里克·欧林·赖特(Erik Olin Wright)反资本主义类型中最无力也最没有未来的"逃避资本主义(escaping capitalism)"①。"教育的目标在于追求一种被认为理应是'有教养的'人生行为质量,而不是就某种专长进行的专业训练。"②情感人最根本的不仅仅是要保存情感的本真性,因为情感生活不是一种停滞的状态,而是一种流动的和坚韧的精神生命形态,它要求"你对人和对自然界的一切关系,都必须是你的现实的个人生活的、与你的意志的对象相符合的特定表现。如果你在恋爱,但没有引起对方的爱,也就是说,如果你的爱作为爱没有使对方产生相应的爱,如果你作为恋爱者通过你的生命表现没有使你成为被爱的人,那么你的爱就是无力的,就是不幸"③。情感异化作为一种精神性的脆弱和疏离,有着顽强的社会性底蕴,克服情感异化只是借助耶吉的积极挪用是不够的,它只能在有限的私人生活领域内让角色扮演赋有更多的可能性,这种治疗性的缓解或许能够提升人们的生活质量,却不足以强大到有效地克服异化。另外,耶吉忽略了一个社会事实,角色扮演的失败不仅仅是问题的表征,它还一直作为一种原因在起作用,情感的困顿和麻木本身就是同情倦怠生产出来的生活机器所特有的情绪特

---

① 赖特在《如何成为21世纪的反资本主义者》一书中指出20世纪反对资本主义的策略主要包括五种,分别为:摧毁资本主义(smashing capitalism)、废除资本主义(dismantling capitalism)、驯服资本主义(taming capitalism)、抵制资本主义(resisting capitalism)和逃避资本主义(escaping capitalism),不过他的目的在于提出一种反资本主义的新策略,即"侵蚀资本主义(eroding capitalism)"。参见段忠桥:"侵蚀资本主义——赖特论21世纪反对资本主义的新战略",《国外理论动态》,2022年第2期,第120页。在此之前,赖特在《雅各宾》(*Jacobin*)杂志2015年2月12日发表过一篇名为《今天如何成为一个反资本主义者》的文章,在这里他探讨的则是摧毁资本主义、驯服资本主义、逃避资本主义和侵蚀资本主义,并分别阐释了这四者之间相互交错和叠加的逻辑,详见【中文马克思主义文库】纪念赖特系列之六的译文。
② 马克斯·韦伯:《经济与社会:第2卷》,阎克文译,上海:上海人民出版社2019年版,第1376页。
③《马克思恩格斯文集》第1卷,北京:人民出版社2009年版,第247—248页。

征,剥夺情感也是在剥夺人思考的能力,这种无能为力的未来感的丧失决定了他只能日复一日地"糊弄"自己。

四、余论

情感生活的时间结构本是一团活火,然而情感异化通过干扰有意义的社会关系而造就出情感压抑和膨胀相互交织的停滞结构,因为渴望更加亲密的美好生活,所以我们对文明表达出不满甚至是愤怒。作为一个指示器,情感异化意味着社会生活向社会行动者发出了病危通知,逃避问题和无视问题除了加剧矛盾,它还有什么其他的前途和命运吗? 这种事后的反思要求我们必须平衡好经济与社会之间的权重,在发展经济的同时更多地考虑活生生的人的处境和问题。另一方面,如果我们不能看到中国作为后发国家中典型的社会主义国家在现代化道路上与经典西方国家之间在时间模式和社会结构之间的区别,那么我们对现代性与现代化的理解就是片面的和狭隘的,中国式现代化并不意味着社会主义已经能够完全规避发达资本主义国家所遭遇过的社会问题和情感困境,我们所要实现的是"弯道超车",正如马克思所言,"一个社会即使探索到了本身运动的自然规律——本书的最终目的就是揭示现代社会的经济运动规律——,它还是既不能跳过也不能用法令取消自然的发展阶段,但是它能缩短和减轻分娩的痛苦"[①]。中国式现代化是在尊重客观经济规律的前提下,尽可能削减社会阵痛的一种积极调试,它既需要马克思主义的方法和原则为引领,也需要社会行动者给予充分的智慧支撑与耐力支持。

---

① 《马克思恩格斯文集》第 5 卷,北京:人民出版社 2009 年版,第 9—10 页。